U0000078

The OPEN SOCIETY And Its ENEMIES

Karl R. Popper

|TF|

目錄

上冊

下冊

第二部　預言的高潮：黑格爾、馬克思及其餘波

神論哲學的興起

第二部

預言的高潮：黑格爾、馬克思及其餘波

現代世界很遺憾地使開明的人們黨同伐異的道德分裂，可以追溯到人文科學的一敗塗地。

——李普曼（Walter Lippmann）

神諭哲學的興起

第十一章

黑格爾主義的亞里士多德根基

219
在此我們並不想對於我們關心的觀念寫一部歷史，也就是歷史定論主義以及它和極權主義的牽連。我希望讀者記住，我不過是想作幾點零散的評論，以突顯這些近代版的觀念的歷史背景。它們的發展史，特別是自柏拉圖至黑格爾和馬克思，在本書有限的篇幅裡是不可能說清楚的，因此，我不會認真探討亞里士多德，除了他的柏拉圖本質主義版本對於黑格爾和馬克思歷史定論主義的影響以外；雖然我們只討論亞里士多德的若干觀念，而且在批評柏拉圖時已經看過了，但是這對於亞里士多德的傷害不會如乍看下的那麼大。因為亞里士多德雖然學識淵博，但是他的思想原創性並不顯著。他在柏拉圖的觀念上增補的，主要是對它們的系統化，以及對於經驗性的問題（特別對生物學）的狂熱。當然，他是邏輯的發明者；由於這方面及其他成就，正如他的自述一樣（〈辯謬篇〉〔*Sophistic Refutations*〕卷末），我們確實要衷心感謝他並且原諒他的缺失。然而對柏拉圖的讀者和擁護者來說，這些缺失卻是相當可怕。

220
1

在柏拉圖晚期著作裡，我們看到他對於當時雅典政治發展的反應，亦即民主的鞏固。即使是柏拉圖似乎也開始懷疑某些民主形式還沒有扎根。在亞里士多德的著作裡，我們看到他不再有任何懷疑了。雖然他不是民主的朋友，但他認為民主是不可避免的事，而願意和敵人妥協。

在亞里士多德有如百科全書一般的著作裡有個顯著的特性，那就是妥協的傾向，其中卻又夾雜著對於古人和當時人們（尤其是柏拉圖）的挑剔。亞里士多德的著作沒有悲劇性或激情澎湃的衝突跡象，而那卻是柏拉圖寫作的動機。不同於柏拉圖，它們不是璀璨奪目的洞見和大膽的思想，我們看到他的著作枯橾的系統化，並且喜歡以對每個人一視同仁的「合理而持平的判斷」解決所有問題，這是後來許多平庸的作者採用的方法，那意味著有時候會太瑣細認真而抓不到重點。在亞里士多德著名的「中庸說」裡，這個傾向被系統化，並使得他後來對於柏拉圖的批評有時顯得牽強而笨拙。[1]亞里士多德在歷史的洞見上極為貧乏（他也是歷史學家），例如說，當馬其頓帝國決定採用君主專制而放棄民主的時候，他卻以為民主正要壯大；他竟然沒有注意到這個歷史事件。亞里士多德和他父親一樣，都在馬其頓宮廷服務；國王腓力（Philip）請他當亞歷山大大帝的教師，他似乎低估了這些人和他們的計畫（也許他自以為很了解他們）。唐培茲恰如其分地評論說：「亞里士多德和專制君主一起晚宴而不自知。」[2]

亞里士多德的思想整個被柏拉圖支配。他有點不情願地、在脾氣可以忍受的範圍裡、亦步亦趨地跟隨他的老師，不僅是在一般性的政治觀點上，更包括實踐方面。他贊同柏拉圖自然主義的奴隸理論，並把它系統化：「有些人天生即是自由的，有些人天生就是奴隸，對於後者來說，被奴役不僅有益而且是公正的……那些要屬於他人而且確實屬於他人的人……天生就是奴隸……那就是（希臘）人們何以願意稱他們自己為奴隸，而寧願把這個名詞加給外邦人的原因……。奴隸完全缺乏推理的能力。」[3]自由的女性多少還有一點推理的能力。（我們對雅典廢奴運動的了解，大部分是來自亞里士多德對它的非難和批判。在和自由鬥士的辯論當中，他替我們保存了他們的說法。）在若干小問題上面，亞里士多德替柏拉圖的奴隸理論緩頰，持平地責難他的老師太過嚴厲。他一方面不放棄批判柏拉圖的機會，另一方面又想要調停，即使是和當時的自由派。

不過，奴隸理論只是亞里士多德承襲自柏拉圖的許多政治理論之一。特別是「最好的國家」理論，據我們所知，是依據柏拉圖的〈國家篇〉和〈法篇〉的理論而形成的。他的觀點有助於理解柏拉圖的理論。亞里士多德的「最好的國家」是在三種東西之間的妥協：浪漫的柏拉圖貴族政治、「一種合理而持平的」封建主義以及若干民主觀念；不過他認為其中封建主義是最好的。關於民主，亞里士多德認為所有公民都有權參與政府。不過這種說法當然不會多麼激進，因為亞里士多德立即解釋說，不僅是奴隸，所有生產階級的成員都不算是公民。於是，他和柏拉圖一樣，主張生產階級不可治人，統治階級不可以生產也不可賺錢（不過他們的財產已經相當闊綽了），他們擁有土地，但是自己不種地；只有打獵、打仗之類，才被

222

認為是封建統治者該從事的。亞里士多德比柏拉圖更害怕任何賺錢的形式，害怕任何職業活動。柏拉圖用「低賤卑下的」[4]形容庶民卑劣、墮落的心智。亞里士多德把這種誣蔑的說法延伸到任何閒暇消遣以外的事物。事實上，他所謂的「低賤卑下的」接近我們所說的「專門技術」；不只是因為它不符合餘興競賽的條件，更因為它適用於專家身上，例如醫生。對於亞里士多德來說，任何形式的職業都意味著失去階級的身分。他認為封建的自由人「的知識領域，某些人大致可以不失身分地參與其中……」[5]。因為如果浸淫太深，就會有危害：他會成為專門工匠而喪失階級身分。這就是亞里士多德**人文教育**的觀念，有別於奴隸、農奴、僕役或專門工匠的自由人教育，一個至今很遺憾地仍然沒有廢除的觀念[6]。當他堅持「閒暇是人生唯一的本原」時，也是基於上述起點[7]。亞里士多德對於有閒階級的讚美和敬重，似乎透露了某種不安的奇特感受。看來這位馬其頓宮廷醫生的兒子，似乎是被其自身社會地位的問題困擾著，特別是他可能失去階級身分的問題，因為他的學術興趣可能被認定是專門技術。康柏茲說：「我們相信他害怕被貴族友人公開抨擊……。身為史上最偉大的學者的亞里士多德，竟然不希望成為專業學者，實在令人訝異。他寧可是個業餘愛好者，以成為上流社會的一員。」[8]除了想要證明他不依賴柏拉圖，除了他自己「專業」創見以及無疑的職業「辯士」（他甚至教授修辭學）之外，他的自卑感還有另外的來源。對亞里士多德來說，柏拉圖的哲學使他放棄了野心，放棄了權力的追求。自此，哲學只能成為教職。同時，除了封建領主之外，任何人都沒有財力和閒暇研究哲學；哲學就只能成為自由人傳統教育的附屬品。抱著卑微的希望，亞里士多德覺得有必要說服封建領主相信哲學的思辨和沉思是他們「美好生活」裡最重要的部分。因為如果沒有忙於政治陰謀或戰爭的話，哲學是最快樂、高貴、優雅的閒暇消遣。正如亞里士多德所說的：「沒有人會為此而掀起戰爭。」[9]

我們應該可以假設這樣的宮廷哲學必定是樂觀主義的，否則就難以成為討人喜歡的休閒品。事實上，我們看到亞里士多德在替柏拉圖的哲學系統化時，以樂觀主義的方式作了個重要的修正[10]。柏拉圖對於變動的感受表現在其理論裡；他認為一切變動，至少在宇宙的某些階段，都是向下沉淪的；所有變動都是墮落的。而亞里士多德的理論卻承認變動有增上的作用，因此變動也可能是進步的。柏拉圖認為所有發展都從源初完美的理型開始，因此演變中的事物會因為變動而失去完美，而和源初的完美理型漸行漸遠。柏拉圖的繼承者和侄子史波西普斯（Speusippus）和亞里士多德同樣放棄了這種理論。不過，亞里士多德批評史波西普斯的說法太極端，因為他的理論中蘊含著朝向更高形式發展的生物演化；亞里士多德似乎反對當時甚囂塵上的生物演化理論[11]。不過他對於柏拉圖學說特殊的樂觀主義，卻是生物學思辨的成果。它是建立在**目的因**（**final cause**）這個概念上的。

依據亞里士多德的說法，目的因是任何事物、運動或改變的四種原因之一，或者說是變
223 動的目標。就其為目的或想要達成的結果來看，目的因也就是**善**。於是，某些「善的」事物

不僅存於運動的起點（柏拉圖所主張和亞里士多德所承認的）[12]，也有存在於結果之中。尤其是有某個時間起點的東西，或用亞里士多德的話說，有個存在起點的事物。**任何發展中的事物之理型或本質，等同於其發展之目的或終點或最終狀態**，於是，我們就得到類似於史波西普斯對於柏拉圖學說的修正的說法，雖然亞里士多德否認它。亞里士多德追隨柏拉圖，也認為理型是善的，但它們並不是在起點，而是在終點。他的樂觀主義取代了柏拉圖的悲觀主義，在這裡可見一斑。

亞里士多德的目的論，強調變動的目的或目標作為變動的究竟原因，充分表現在他對於生物學的強烈興趣；這是受到柏拉圖**生物學**理論的影響[13]，更包括柏拉圖把他的正義理論引伸到宇宙。因為柏拉圖並不只是說，社會各個階級成員各有其自然的地位，有屬於他自己和自然裡的正當地位；他更試圖以相同的原則解釋物理世界的事物及其不同的種屬。他試圖解釋諸如石頭或泥土等重物的重量及其下墮傾向，以及火和空氣的上升傾向，他假定這些傾向是因為它們想恢復其本然位置所致，石頭和泥土之所以下降，是因為要歸於它們所在的地方，回到大自然替它們安排的寓所，回到屬於它們的地方；空氣和火之所以上升，是由於要回到空氣和火（天體）所在的地方，回歸它們在自然的正當秩序[14]。這種運動理論使得亞里士多德這位動物學家感到興趣；它很容易就可和目的因的理論結合起來，用以把所有運動都解釋成馬慢慢跑回馬廄一樣。他把它開展成有名的**自然場所**理論：每個事物如果離開了自身自然的場所，都有回到原來場所的自然傾向。

亞里士多德對於柏拉圖本質主義的闡述，雖然有若干更改，卻只是些無關緊要的差異而已。當然，亞里士多德不像柏拉圖那樣，他不認為理型是獨立於可感知事物存在的。不過因為這種差異很重要，所以它和亞里士多德的變動理論息息相關。因為在柏拉圖的理論裡，理型或本質或原型（或先祖們）是先於可感知事物的，因而是獨立於可感知事物存在，因為可感知事物漸漸離開了理型。亞里士多德讓可感知事物朝向其究竟原因或目的而運動，而究竟原因或目的又等同於本質或理型[15]。作為生物學家，他認為可感知事物在自身中就潛伏著目的的種子，亦即究竟狀態或本質。於是，亞里士多德得以說理型或本質是存在於事物之中，而不像柏拉圖那樣，認為是先於或外於事物。亞里士多德認為一切變動或運動都意味著內在於事物本質的潛能（potentiality）的實現（actualization）[16]。例如木頭可以在水上漂浮或燃燒，這是它本質的潛能。即使這塊木頭沒有置於水裡或火中，其潛能仍然內在於本質。不過，如果燃燒或飄浮的話，它的潛能就會實現，因而有了運動或變化。如此一來，涵攝著事物所有潛能的本質就像是事物的運動變化的內在源頭。這種亞里士多德式的本質或理型，這種「形式」或「目的」原因，其實相當於柏拉圖的「天性」或「靈魂」。而且亞里士多德自己也確認了這個同一性。他在《形上學》（*Metaphysics*）裡寫道：「自然也與潛能同種，因為它是運動的本原。」[17]另一方面，他把「靈魂」定義為「生命體的第一圓極（entelechy）」，因為他又把「圓極」解釋為理型或形式因，認為它是個動力[18]，透過這種有點複雜的術語，我們又回到柏拉圖的原始觀點：靈魂或本性是和理型同性質的東西，不過是內在於事物，而且是它的運動原理。（當齊勒〔Zeller〕稱讚亞里士多德「明確使用和完備地發展科學術語」時，我想他在用到「明確」〔definite〕這個語詞時應該會有點不安[19]。不過，「完備性」〔comprehensiveness〕倒是形容得很恰當。遺憾的是，亞里士多德的這些複雜而做作的術語，竟然迷惑了許多哲學家；誠如齊勒所說的，「幾千年來，他一直在指引著哲學的道路」。）

亞里士多德是個百科全書式的歷史學家，但對歷史定論主義沒有什麼直接貢獻。柏拉圖認為洪水和其他反覆出現的災害不時摧毀人類，只留下少數倖存者，亞里士多德對這種理論做了有限的修正[20]。不過，除此之外，他自己對於歷史趨勢的問題似乎興趣缺缺。儘管如此，我們還是要指出他的變動理論如何被歷史定論主義者借用，而且它還包含了建構龐大的歷史定論主義哲學所需的所有元素（在黑格爾之前的人們沒有充分利用這個機會）。我們可以區分源自亞里士多德的本質主義的三種歷史定論主義：一、唯有從一個人或一個國家的發展及其歷史，我們才能**知道**其「隱覆而沒有開展的本質」（黑格爾的說法）[21]。後來，這個理論
225 導致後人採用歷史定論主義者的方法；也就是說，如果要認識社會實體或本質，就必須使用歷史的方法並且研究社會的變動。不過這個理論更推論出歷史崇拜，把它舉揚成「實在界的大劇場」以及「正義的世界法庭」（在結合了黑格爾的道德實證主義之後更是如此，黑格爾

的道德實證主義把已知的和現實的東西等同於善）。二、變動是開顯原本隱覆而沒有開展的本質，讓那些原先就內在於變動中的事物自身裡的本質、潛能或種子顯露出來。這個理論推論出歷史定論主義者的歷史命定論的觀念，或不可避免的本質宿命觀念。因為，如黑格爾後來指出的，「我們所謂的原理、目的、**命運**」只不過是「隱覆著的、沒有開展的本質」[22]。這意味著一個人、民族、國家，不論有什麼遭遇，都要視為在這個人、民族或國家裡開顯自我的本質、實在物、現實的「人格」。「一個人的命運是和他自身的本質息息相關的，他或許會抗拒它，但是它其實是他的生命的一部分。」關於黑格爾命運說的這種描述（來自凱爾德〔Caird〕）[23]，明顯是亞里士多德理論的歷史性的、浪漫主義的對應面；他的理論認為一切物體都在尋求其自身的「自然場所」。如前所述，那不只是我們生活的陳腔濫調的誇大表現而已，我們會說：一個人的遭遇，不但要歸因於外在環境，也要歸因於自身，亦即他對於環境的反應。不過，天真的讀者卻很開心能夠認識到這個深奧智慧的真理，尤其是這種智慧還用到「命運」、「本質」之類聳人聽聞的語詞。三、為了成為實在或現實，本質必須在變動中開顯自身；後來被黑格爾界定如下：「只為自身而存在者……僅是潛在性：它還沒有成為存在……。唯有透過活動，理念才被實現。」[24]因此，如果我想要「成為存在」（當然這是個很卑微的希望），我就必須「堅持我的人格」。這種一直受歡迎的理論，如同黑格爾看到的，變成在替奴隸制度理論辯護。就人際關係來說，堅持自己的權利意味著支配他人[25]。

事實上，黑格爾指出，所有人際關係都可以化約為一種主人和奴隸、支配和服從的基本關係。每個人必須努力肯定和證明自己；沒有勇氣和能力堅持自身的獨立的人，就必定要被奴役。當然，這種迷人的人際關係理論，也被黑格爾應用到國際關係理論。在歷史舞台上，國家必須主張其自身的權利；企圖支配世界，是國家的責任。

所有這些影響深遠的歷史定論主義的結論，會在下一章從不同的角度討論；兩千多年來，它們「隱覆而沒有開展地」沉睡在亞里士多德的本質主義裡。比起大多數歌功頌德的人所認識到的，亞里士多德主義其實更豐富而且有前途。

2

> 我們的哲學中主要的危險，除了疏懶和混亂外，就是煩瑣的士林哲學……。這種士林哲學把含混當作精確……。
>
> ——拉姆塞（F. P. Ramsay）

我們已經準時來到該分析黑格爾歷史定論主義的哲學的時間點。或者至少可以概述從亞里士多德到黑格爾之間的種種發展，以及像第三節一樣，對於前一章做出結論，亦即基督宗教的興起。但是我想先離題一下，探討一個技術性的問題，也就是亞里士多德在「定義」的問題上採用的**本質主義定義方法**。

定義和「語意」的問題，並不會直接推論出歷史定論主義，不過它是混淆和贅詞的無窮源泉，一旦和黑格爾心裡的歷史定論主義結合在一起，就孵化出我們這個時代的知識有毒病症；這個病症我稱之為**神諭哲學**（**oracular philosophy**）。它是亞里士多德仍然盛行一時的思想影響最重要的源頭；也是所以玩弄文字遊戲的、空洞的士林哲學（Scholasticism）的源泉，它不僅瀰漫在整個中世紀裡，也出沒在我們時代的哲學裡。因為即使如現代的維根斯坦的哲學[26]，我們也看到它深受影響。我想，自亞里士多德以來的思想發展可以概括地說，每個使用過亞里士多德的定義方法的學派，都陷在空洞的贅詞和貧乏的士林哲學裡，而各種科學的進展也取決於是否有辦法脫離這種本質主義方法（這就是何以我們的「社會科學」仍有許多停留在中世紀）。對於這方法的討論會有一點抽象；因為問題已經完全被柏拉圖和亞里士多德搞混了，而他們的影響導致了根深柢固的偏見，以致尾大不掉。儘管如此，分析這些混淆和贅詞的源頭，似乎不是那麼索然無味。

227 亞里士多德依循柏拉圖的方式，區分了**知識與意見**[27]。依據亞里士多德的說法，知識或科學有兩種：其一是證明的（demonstrative），另一種是直觀的（intuitive）。**證明的知識**也是一種「原因」的知識。其中包含可以推論出來的結論和三段論法的證明（在三段論法的「中項」展示出「原因」）。**直觀的知識**在於把握事物「不可分割的形式」、本質或本性（彷彿是直接的「原因」，也就是它的「原因」等於其本質天性）；它是所有科學的本原，因為它把握了所有證明知識的原始基本前提。

當亞里士多德無疑堅持說，我們不要企圖證明或推論出我們**所有**的知識，他的堅持是對的。每個證明必須自前提開始，這樣的證明也就是說，從前提推衍出來的證明，永遠沒辦法判斷結論的真偽，它只能指出，**如果**前提為真，結論必定為真。如果我們也被要求證明前提時，那麼就要轉到另一組前提去證明真偽，如此以致於無窮。為了避免無窮回溯（正如邏輯學家所說的），亞里士多德認為必須設定若干無疑為真的前提而不需要任何證明，他稱之為「基本前提」。如果我們接受自前提演繹出結論的方法，那麼就可以說，依據亞里士多德的說法，整個的科學知識都包含在基本前提裡；只要我們窮盡基本前提，就擁有整個科學知識了。然而，如何獲致這些基本前提呢？就像柏拉圖一樣，亞里士多德相信我們基本上是以對事物的本質直觀去獲得的。亞里士多德寫道：「只有當我們知道了個體的是其所是，才算認識了個體。」[28]根據他的看法，「基本前提」不是別的，只不過是描寫事物本質之陳述而已。不過，這種陳述正是他所謂的定義[29]。因此，**所有**證明中的**「基本前提」，都是定義**。

定義是什麼東西呢？譬如：「小狗即年紀小的狗」。這種定義語句中的主詞「小狗」稱作**被定義項**，「年紀小的狗」則稱作**定義式**。通常，定義式會比被定義項更長而複雜，有時甚至非常冗長複雜。亞里士多德認為被定義項是事物本質的名字，定義式則是對於本質的描述[30]。同時，他認為定義式必須窮盡描述該事物的本質或本質特性。因此像「一隻小狗有四
228 條腿」的陳述，雖然為真，但不是充分的定義，因為它並沒有窮盡說明可以稱作小狗的本質；對馬來說，馬也有四條腿。同樣，「小狗是褐色的」，雖然對某些小狗來說為真，但對所有的小狗來說並不為真；它所描述的並非本質，而只是被界定項的特定性質罷了。

然而，最困難的問題是，我們如何把握定義或基本前提而確定它是正確的呢？我們怎麼知道掌握的不是錯誤的本質呢？雖然亞里士多德沒有說得很清楚[31]，但是他無疑還是依循著柏拉圖的學說。柏拉圖認為透過某種無謬的**知性直觀**，我們可以把握到理型[32]；也就是說，我們能以「心靈之眼」透視它們。他把這種過程類比成「觀看」，不過它完全依賴我們的知性，排除依賴任何感覺元素。亞里士多德的觀點沒有那麼激烈，當然也就沒有那麼振奮人心，不過到頭來結果還是一樣[33]。因為他雖然告訴我們，只有在許多觀察以後才能作成定義，卻也承認感覺經驗並不能把握普遍本質，因此不能充分決定定義。最後，他只能假定我們有某種知性直觀；一種心靈能力，得以幫助我們正確無誤地把握和知道事物的本質。同時，他更假定說，如果我們直觀認識某種本質，那麼我們就一定能描述且定義它。（在《後分析篇》（*Posterior Analytic*）中，他為這個理論所作的論證極為脆弱。它們只是指出，我們基本前提的知識是無法由推論得出的，因為這樣會導致無窮回溯，同時，基本前提至少應該和奠基於

229

前提的結論一樣的真實和確定。他寫道：「除了理會而外，沒有其他知識比科學知識更為精確。基本前提比證明更為無知，而且一切科學知識都涉及根據。由此可以推出，沒有關於基本前提的科學知識。由於除了理會（知性直觀）外，沒有比科學知識更為正確的知識，所以把握基本前提的必定是理會。」在《論靈魂》（*De Anima*）及《形上學》論及神學的部分，我們看到更多的論證；因為在此我們看到一種知性直觀的**理論**，它描述知性直觀和對象本質的接觸，最後甚至和對象合而為一；「真實的知識是和對象同一的」。）

總結上述簡短分析，我想可以公正地評論亞里士多德心目中完美和完備的知識了，他認為所有研究的終極目的是在編纂一部百科全書，羅列所有本質的直覺性定義，包括本質的名字和定義式；他認為知識的進展就在於這部百科全書的逐漸累積，不斷擴大和填滿其中的間隙，當然也在於自三段論導衍出的「整個事實」，後者就構成了證明性知識。

現在我們知道，所有這些本質主義者的觀點和現代科學方法形成強烈的對比（我指的是經驗科學，也許不包括純粹數學）。首先，我們雖然在科學中盡力發現真理，但我們都意識到一種事實，那就是我們永遠無法確定找到了什麼。從過去許多失望的經驗裡，我們學習到不要期望獲得最後的真理。我們也學習到，如果我們的科學理論被推翻，我們也不會失望；因為在大部分情況中，我們所能做的，只是以相當的信心決定兩個競爭理論中何者為優。所以，我們只知道我們在進步當中；而這也彌補了我們對於「終極性」及「確定性」的錯覺的幻滅。換句話說，我們知道我們的科學理論必須停留在假設的階段；不過，在許多重要情況中，我們可以發現新假設是否優於舊假設。因為如果它們有所不同的話，就會導致不同的預測；而這些預測常可以由實驗加以驗證，依據關鍵性的實驗，有時我們會發現新的理論會得出更好的結果，而舊理論就被推翻。因此可以說，我們在探求真理時，是以科學進步替代了科學的確定性。科學的發展更加證實了這種科學方法的觀點。因為科學的發展並不如亞里士多德所想的，是對於本質知識的漸進累積，而是由更具革命性的方法成就的；科學的進步是來自大膽的觀念、陌生的新理論（例如地球不是平的或賦距空間〔metric space，度量空間〕不是平的）及舊有理論的推翻。

不過這種科學方法的觀點意味著科學裡並沒有柏拉圖或亞里士多德設想的那種「知識」，亦即終極的**知識**[34]。在科學裡，我們永遠沒有充足的理由相信我們獲得真理。我們所稱的「科學知識」一般不是這種意義的知識，而是關於各種競爭假說的資料，以及各種驗證它們的方法及結果。用柏拉圖和亞里士多德的話來說，就等於是關於最近且最好的驗證結果的「**科學意見**」的資料。尤有甚者，這種觀點意味著在科學中沒有任何「證明」可言（當然純粹數學和邏輯是例外）。如果說「證明」是指能一勞永逸地證實理論為真的論證，那麼在唯一能提供我們生活世界任何訊息的經驗科學裡，是不會出現這種「證明」的（倒是可能看到某些科學理論被反駁）。另一方面，可以證明的純粹數學和邏輯，卻沒有辦法提供我們任何關於世界的訊息，而只是開展一種描述世界的方法而已。這樣我們便可以說（如同我在別處指出的）[35]：「只要是涉及到經驗世界的科學陳述，就必須是原則上可以否證的；同時，只要它沒有被否證的可能，它們就不涉及到經驗的世界。」不過雖然「證明」（proof）不在經驗科學中扮演任何角色，然而論證（arguments）卻是要角[36]；它的重要性其實並不下於觀察和實驗。

在科學中，定義的角色也和亞里士多德設想的不一樣。他認為我們在定義時首先要指出本質，也許是命名，然後以定義式去描述它，就如日常語句裡的「這隻小狗是褐色的」。我們首先指稱某個種事物「這隻小狗」，然後形容牠是「褐色的」。亞里士多德告訴我們，以這種定義的方式去描述本質，也就解釋或決定了「被定義項」的**意義**[37]。因此，定義可以同時回答兩個密切相關的問題。第一個問題是：「它是什麼？」例如「小狗是什麼？」；它問的是定義式所指涉的事物的本質為何。另一個問題是：「它的意義是什麼？」例如「『小狗』的意義是什麼？」；這裡問的是某個語詞的意義（即指涉本質的語詞的意義）。現在我們不必對這兩個問題作區分，重要的是理解這兩個問題有什麼共同點。尤其我要讀者注意到一件事，**這兩個問題都是以定義的方法提出的，問題在左端（上方），為被定義項，答案在右方（下方）為定義式**。這個事實表現了本質主義者的觀點；而科學的觀點則是大相逕庭的。

儘管我們可以說，本質主義的詮釋是以「正規的方式」解讀定義，即**從左至右（由上至下）**。然而**現在科學正規使用的方式，卻必須是從後面讀到前面，或者從右讀到左（由下至**

下）。因為現代科學的定義說從定義式開始的，要求替它下一個簡短的標籤。因此，現代科
學會認為「一隻小狗是一隻年紀輕的狗」這個定義是在回答「我們要把一隻年紀輕的狗叫作
什麼？」這個問題，而不是回答「一隻小狗**是什麼**？」（就像「人生**是什麼**？」或「重力**是**
什麼？」在科學中是不扮演任何角色的）。以「由右至左的讀法」為進路的科學定義方法，
可以叫作**唯名論（nominalist）**的詮釋，而和亞里士多德或本質主義的詮釋相對[38]。現代科學
裡只有唯名論的定義，也就是說，為了長話短說而下一個簡便的符號或標籤[39]。於是我們看
231 到，定義在科學中並不重要。因為簡便的符號隨時都可以用比較長的定義式取代它。在某些
情況下，這使我們的科學語言變得非常笨拙、浪費時間和紙張。不過，我們也不會漏掉任何
事實資訊。我們的「科學知識」（就其正當的使用來說），如果捨棄所有定義的話，仍然不
受影響；唯一的結果是對我們語言的影響，使它不再簡潔，而沒有喪失精確性[40]。（但是我
們不能說科學不會為了簡便的理由而有引進定義的迫切需求。）現代科學的觀點和亞里士多
德觀點的最大差異，就在於定義的角色。因為亞里士多德的本質主義的定義是衍生出所有知
識的原理，因此包含我們一切的知識；它們以冗長的語式代替簡短的。相反的，科學或唯名
論的定義不包含任何知識甚或「意見」；它們只導入約定的速記標籤；它們是把冗長的敘述
裁剪成簡短的標記。

在實務上，這種標籤是很有用的。為了理解這點，我們只要設想，如果一位細菌學者每

次提到一種細菌時都要從頭到尾描述一遍，那是多麼煩人的事（其中包括染色體等等，因唯有染色體才能辨別相似的細菌）。基於同樣的考慮，我們可以理解為什麼就連科學家也常常忘記科學定義應該是如上述的「自右至左」地解讀。因為大部分人初次研究科學時，例如細菌學，都必須試圖找出他們遇到的所有術語的意義。因此，他們確實是「自左至右」在學習定義，就像本質主義的定義一樣，以非常冗長的定義式替代簡短的被定義項。不過，這只是個偶然的心理現象，再說，一個教師或一本書的作者，實際上可能採取非常不同的程序；也就是說，只有在需要的時候，他才會引進新的術語[41]。

至今我已設法指出，科學或唯名論的定義，迥異於亞里士多德本質主義的定義方法。不過我也可以指出，本質主義的定義觀點本身就站不住腳。為了不想離題[42]，我只批判本質主義學說的兩種理論；這兩種理論之所以有意義，是因為現代若干有影響力的學派仍是以它為基礎。其中之一是知性直觀的祕教理論，另一個流行的理論則是說，如果我們想要精確，「就必須定義我們的語詞」。

232 亞里士多德和柏拉圖認為我們擁有一種知性直觀的能力，據此得以照見本質，找出何者是正確的定義；許多現代的本質主義論者都在重複這個理論。康德哲學的信徒則認為我們沒有這種能力。我的看法是，我們可以爽快承認我們具有某種叫作「知性直觀」的東西；或更明白的說，我們某種知性經驗可以如是描述。每個能「理解」一個觀念、看法或算術方法（例如乘法）的人，意即對它「有所感」的人，都可以說是直觀地理解該事物；這種知性經驗不勝枚舉。但是另一方面，我要堅持說，這些經驗對於我們的科學研究也許很重要，但是決不足以證明任何觀念或學說的真偽，不論某人再怎麼強烈地直覺到它為真或是「自明」的。[43]這樣的直觀甚至沒辦法當作論證，雖然它們可以鼓勵我們尋找論證。因為對其他人來說，他可能強烈直覺到同一個理論為偽。科學道路上遍佈著各個被宣稱為「自明的」卻又被捨棄的理論。培根就曾經嘲笑那些否認地球中心說為自明真理的人，因為地球顯然是靜止的。在科學家的生活中，就像詩人的生活一樣，直覺無疑佔了大部分。它引導他的許多發現，卻也導致許多挫敗。直覺永遠是所謂的「私人事務」。科學並不過問科學家如何得到他的觀念，它只對於大家都可以驗證的論證感到興趣。大數學家高斯（Gauss）對此有個簡潔的描述，有一次他感嘆道：「我已得到我要的結果；但是我不知道是如何得到的。」當然，所有這些都可應用到亞里士多德所謂的對於本質的知性直觀[44]；而黑格爾和我們這個時代的胡賽爾（E. Husserl）及其許多門徒，也都廣為宣傳他的觀點。這種「本質的知性直觀」或胡賽爾所謂的「純粹現象學」，並不是科學或哲學的方法（這個備受爭論的問題，即純粹現象學的思考是不是個新發現，或只是對於笛卡兒學說或黑格爾學說的一個版本？現在倒很容易解決：其實它就只是亞里士多德學說的版本而已）。

我們現在要批判的第二個理論和當代觀點更加密不可分；它特別涉及語言表達的問題。

233

自亞里士多德以來，大家都知道我們並不能證明所有陳述，任何這種企圖都會失敗；因為它只會導致證明的無窮回溯。然而亞里士多德和許多現代的作者似乎都不知道，如果要定義我們所有語詞的意義，也必然會導致定義的無窮回溯[45]。下引克羅斯曼所著《今日的柏拉圖》的說法，就是這種典型的觀點，許多現代哲學家們都默默使用它，例如維根斯坦，他說：「……如果我們不確知我們使用的語詞的意義，就不能從事任何有益的討論。大部分浪費時間的無益討論都是由於我們使用自創的、意義含混的字眼，而且認定對方也是以相同的意義在使用。如果一開始就定義我們的語詞，就可以有更多有益的討論。同時，每天報紙上都可以看到，宣傳（修辭學的難兄難弟）主要是憑藉著混淆語詞的意義。如果立法規定政客定義他們的任何語詞，他們會喪失群眾感染力，演講會變短，同時會發現他們的許多歧見只是用語不同罷了。」[46]這段話就是亞里士多德所造成的顯著偏見之一；而這種偏見認為使用定義可使語言更精確。讓我們看看是否真的做得到。

首先，我們清楚看到，如果「立法規定政治（或其他任何人）定義他們的任何語詞」，他們的講詞不但不會更短，而且會無限冗長。因為我們沒辦法用定義建立一個語詞的意義，正如我們不能以邏輯證明或演繹去證明陳述為真[47]；兩者都是使問題回溯。演繹是把問題回溯至前提，定義則使意義的問題回溯至定義式（亦即回溯至構成定義式的語詞）。但是由於許多原因，它又會導致和被定義項一樣的含混。[48]同時，在任何情況中，我們都必須反覆定

234

義語詞；如此又出現新的語詞而又要定義它們。於是，我們不得不無窮延伸。所以我們明白，要定義所有語詞，就如同要求證明所有陳述一樣，都只是在緣木求魚。

乍看之下，這個批判似乎不太公道。我們可以說，如果人們要求定義，那只是想要消除某些語詞中常見的歧義，例如「民主」、「自由」、「責任」、「宗教」之類的語詞[49]；我們顯然不可能定義所有語詞，卻可能定義這些比較危險的語詞；至於定義式則只要接受它們就好，也就是說，為了避免無窮回溯，在一、兩個定義步驟後就該停止。然而這種辯護是站不住腳的。眾所周知，上列的語詞都被廣泛誤用。不過，我不認為定義它們就可以改善這個誤用的情況。這麼做只會雪上加霜。就算要求政客們「定義他們的語詞」並容許他們不對於定義式下定義，他們顯然還是沒辦法縮短他們的講詞，因為任何本質主義的定義，亦即「定義我們的語詞」（和唯名論者引進新的技術性語詞相反），意味著用冗長的解釋取代簡短的東西。此外，企圖對語詞作定義，只有增加含混與混淆。我們既然不能要求所有定義式再作定義，那麼聰明的政客或哲學家就很容易滿足定義的要求。例如說，我們問他「民主是什麼意思？」他可以說是「共同意志的統治」，或「人民精神的統治」；因為他下了定義，所以應該滿足了最高的準確要求，所以沒有人敢批評他。的確，他怎麼能受批評呢？假使要求對「統治」、「意志」、「精神」、「人民」這類語詞再作定義，我們就會陷於無窮回溯，如此一來，大家就會猶豫是否還要提出這個要求了。不過，假使有人不顧一切地提出定義的要求，他也同樣可以輕易滿足要求。另一方面，為了定義是否正確或真實而引起的爭端，只會導致空洞的語詞混戰而已。

這樣一來，本質主義的定義觀點就瓦解了，即使不再像亞里士多德要求把定義當作知識的「原理」，而僅是謙卑地要求「界定我們語詞的意義」也不可得了。

但是，要求說話清楚而沒有歧義，無疑是非常重要，也是必須滿足的事。唯名論觀點是否能滿足這點呢？是否能避免定義的無窮回溯呢？

當然可以。因唯名論者的立場並沒有無窮回溯的困難。如我們所看到的，科學不會以定義來決定語詞的意義，而只是引進簡便的標籤。科學並不依賴定義；即使省略了所有定義，也不會喪失任何的訊息。由此可以推論說，在科學中，**所有真正需要的語詞都必定是沒有定義的**。那麼，科學如何確認使其語詞的意義呢？對於這問題已經有了各式各樣回答[50]；不過，我並不認為有哪個回答是令人滿意的。情況似乎是如此：亞里士多德的學說及相關的哲學長久以來告訴我們，確認語詞的正確意義是非常重要的事，我們也都相信這點，並且繼續秉持這個信念，而無視於以下不容置疑的事實：兩千多年來，一直為語詞意義問題操心的哲學，
235 到頭來除了咬文嚼字之外，依然是含混和歧義，而科學，譬如物理學，就很少為語詞及其意義的問題操心，它們關心的是事實，卻獲致相當的精確度。這點足以指出，在亞里士多德的影響下，語詞意義的重要性被誇大了。不僅如此，斤斤計較意義的問題，不僅未能建立語詞

意義的精確性，反而成為含混、歧義和混淆的淵藪。

在科學中，我們會注意陳述絕對不可以**依賴**語詞的意義；即使定義了這些語詞，我們也不會想要從定義裡推論出任何知識，或拿它作為任何論證的基礎；這就是為什麼科學語詞沒什麼困擾的原因。我們不會使它負擔過重，我們會盡可能地減輕它的負擔，也不會太過執著它們的「意義」。我們一直知道語詞總有一點點含混（因為我們只是學習到如何實際使用那些語詞），但是我們並不以減少含混而使語詞更精確，而是說話謹慎，使得語詞意義的細微差別變得無關緊要。這便是我們避免對於語詞產生爭論的方法。

有人認為科學和科學語言的精確性繫於語詞的精確度，聽起來好像有點道理，不過，我認為那只是個偏見罷了。語言的精確度其實取決於是否讓語詞的意義負擔過重。就像「風」或「沙丘」這類的語詞，其實是相當含混的。（究竟要幾英尺高的沙子才可以叫作沙丘？空氣究竟要移動多快才稱作「風」？）但是，對於許多地質學家而言，這些語詞已經夠精確的了；為了其他的目的，如果真要再做區分時，他當然可以說「沙丘是四至三十英尺高的沙」，或「空氣在每小時移動二十至四十英里時叫作風」。在更嚴謹的科學裡情況也是一樣的。例如在物理測量裡，我們會注意有誤差範圍，但是精確性並不在於減少誤差範圍或者假裝沒有這種範圍存在，而是在於公開承認它。

即使科學中的語詞造成困擾，例如在物理學裡的「同時性」（simultaneity），這並不是

236 由於其意義不精確或含混，而是由於某些直覺性的理論，使我們替該語詞加上太多的意義，或者是太在意精確而過度限縮它的意義。愛因斯坦在分析「同時性」一詞時發現到，當談到同時的事件時，物理學家做了個錯誤的假設，如果速度是無限的話，這個假設就無法被挑戰。錯誤並不在於它們沒有任何意義，或意義含混，或者語詞不夠精確；愛因斯坦發現，只要除去一個習焉而不察的理論性假設，就可以排解決科學裡既有的困難。因此，他其實不是關心語意的問題，而是理論的真理問題。如果有人捨明確的物理問題不談，而孜孜於分析「同時性」的「本質意義」或物理學家在使用該詞時的「真正意義」，我想是不可能有多大收穫的。

我想從這個例子可以明白一個道理，那就是船到橋頭自然直。我也知道，愛因斯坦的例子當然不能證成對於語意的問題（例如含混或歧義）的執著。這種執著是奠基於一個假設，它認為我們語詞的意義是至關重要的問題，而我們也都在使用該意義；它最後導致咬文嚼字而煩瑣的士林哲學。從這個觀點來看，我們可以批評諸如維根斯坦之類的理論[51]；他認為科學在探求事實，而哲學則在釐清語詞的意義，清洗我們的語言，解決語言學上的難題。該學派的特點是，他們不會推論出任何可以作理性批評的論證，而只是從事那個祕不示人的小圈子才會做的瑣細分析[52]。這似乎暗示著對於語意問題的執著必定導致典型亞里士多德主義的結果：煩瑣哲學和神祕主義。

我們概述一下亞里士多德主義導致的兩種典型結果。亞里士多德堅持推論（或證明）和

237

定義是獲得知識的兩個主要方法。我們首先考慮證明的學說。不能否認的是，它導致人們企圖證明無法證明的事。中世紀的哲學充滿這種煩瑣哲學，而在歐洲大陸，直到康德為止，也可看到同樣的傾向。康德對於上帝存在之證明的批判，導致了費希特、謝林和黑格爾等人的浪漫主義反動。這個新的潮流主張拋棄證明和任何理性論證。由於這種浪漫主義，一種新興的獨斷論就在哲學和社會裡蔚為風尚。它只會給我們格言式的結論，**要不就接受，要不就拒絕**。這個神諭哲學的浪漫主義時期，叔本華稱之為「不誠實的時代」，他說：「誠實的性格是和讀者一起從事探求的精神，充滿在以前所有哲學家的著作裡，現在卻完全不見了。這些所謂的哲學家在著作中的任何一頁，都不是企圖教導讀者，而是蠱惑讀者。」[53]

亞里士多德的定義理論產生了類似的結果。首先它導致許多吹毛求疵的問題。不過後來哲學家開始覺得定義是沒辦法辯論的。於是，本質主義不僅鼓舞了咬文嚼字的風氣，而且也導致了論證的幻滅，理性也跟著幻滅了。煩瑣哲學、神祕主義以及對於理性的失望，都是柏拉圖和亞里士多德的本質主義的必然結果，柏拉圖的公開反對自由，也和亞里士多德一樣，成為對於理性的祕密反叛。

我們從亞里士多德的著作看到，他最初提出本質主義和定義理論時就遇到強烈的反彈，特別是蘇格拉底的舊時夥伴安提西尼的批評，他似乎是當時最有識見的[54]。不過不幸的是，他的反駁被擊敗了。這個失敗的結果，從人類的思想發展來說，幾乎是難以估計的。我們會在下一章討論它。至此，我想結束這個離題的問題，也就是對於柏拉圖和亞里士多德的定義理論的批判。

3

我應該不必再次強調了，我對亞里士多德思想的探討是相當概略的，甚至比探討柏拉圖的思想更有限。我之所以要談到他們，主要是指出他們在歷史定論主義的興起和對於開放社會的抨擊裡扮演的角色，並指出他們對於我們時代的種種問題的影響，也就是現代歷史定論主義和極權主義之父，黑格爾，其神諭哲學的興起。我們沒辦法在這裡探討從亞里士多德到黑格爾之間的發展。為了對他們公平起見，至少需要另外撰寫一本書。無論如何，在本章所剩篇幅裡，我會設法指出為什麼可以就開放社會和封閉社會的衝突去詮釋這個時期。

柏拉圖、亞里士多德的思辨，以及伯里克里斯、蘇格拉底、德謨克里圖斯等「大世代」精神之間的衝突，延伸了許多世紀。犬儒學派（Cynics）多少完整保存了這個精神。就像早期
238 基督教一樣，犬儒學派宣揚博愛，而這種博愛和一神論的天父有關。亞歷山大和奧古斯都的帝國深受這些觀念的影響；它們最初是在伯里克里斯的雅典帝國形成的，並且深受東西方文明接觸的刺激。這些觀念很可能影響了犬儒學派本身甚或基督教的興起。

早期基督教和犬儒學派運動一樣，反對柏拉圖的理型論以及「文士」（scribes）的主知主義（「你對智者和謹慎的人隱藏這些事物而愚弄他們」）。我不會懷疑那是在反對廣義的猶太柏拉圖主義（Jewish Platonsim）[55]，亦即抽象地崇拜天主和聖言。它當然也是在反對猶太人的部落主義，反對其僵化的和空洞的部落禁忌以及部落排他性。例如在選民理論裡把神詮釋為部落的神，就表現出這種排他性。如此強調部落的法則和團結，與其說是原始部落社會的特徵，不如說是要恢復舊有部落生活型態的強烈企圖；在猶太人的情況，它似乎也是在反抗巴比倫控制猶太人部落生活。不過，隨著這種運動越來越僵化，我們發現另一種運動也在這時候萌芽；它孕育了人道主義的觀念，猶如「大世代」對於希臘部落主義沒落的反應。當羅馬人澈底摧毀猶太人的獨立時，似乎重現這種歷程。它導致兩種可能的解答之間更深層的分裂，第一種解答以正統猶太人為代表：回到部落主義；第二種解答則是基督徒的人道主義，它包容了蠻族（外邦人）和奴隸。在〈使徒行傳〉裡，我們看到了這些問題有多麼迫在眉睫[56]，它們既是社會問題也是民族問題。從猶太人的發展史也可以看到這點；它的保守派以另一種運動去回應相同的挑戰，那就是鞏固和強化他們的部落生活形式，硜硜自守於他們的部落法則，柏拉圖地下有知，一定會讚不絕口。這種發展就像柏拉圖思想的發展一樣，無疑來自對於開放社會觀念的強烈敵意；基督教的教義現在就是他們的敵人。

不過「大世代」（特別是蘇格拉底）和早期基督教兩者的信念又更加相似了。早期基督

239

教的力量無疑來自信徒的道德勇氣。我們從一個事實就看得出來，那就是他們拒絕羅馬要求「迫使人民違反自己的良知行事」。[57]基督教的殉教者拒絕主張以強權建立公理標準，而蘇格拉底也是為此而殉道的。

當基督教的信仰在羅馬帝國裡漸漸壯大，情勢便有了明顯的變化。問題起因自官方是否要承認基督教會（它後來的組織是依據背教者尤利安〔Julian the Apostate〕新柏拉圖主義的敵基督教會模式設立的）[58]，是不是當權者巧妙的政治動作，旨在瓦解主張平等主義的宗教沛然莫可禦的道德影響力，一個不管是以官方武力或是污蔑為無神論或不敬神都難以撼動的宗教。換句話說，問題在於（特別是尤利安以後）羅馬是否不覺得必須聽從帕累托的忠告：「**要利用人的情緒，不要白費力氣去摧毀它們**。」這個問題很難回答；不過不能（像湯恩比那樣）僅憑著我們的「歷史感」[59]去解決問題，「這個歷史感警告我們不可以認為君士坦丁及其追隨者那個時代的動機是一種時代錯置的嘲弄」，這種動機「和我們當代西方對生活的態度倒是頗契合的」。因為我們看到西元前五世紀早期三十僭主領袖克里底亞就已經公開地、「嘲弄地」、或更確切地說是「無恥地」表現了這些動機；早期希臘哲學史裡也可以看到類似的動機[60]。無論如何，當查士丁尼迫害異教徒、異端和哲學家時（西元五二九年），黑暗時代就開始了。基督教會沿襲了柏拉圖、亞里士多德的極權主義，在宗教裁判裡發揮得淋漓盡致。特別是宗教裁判的理論，可以說就是柏拉圖的思想。在〈法篇〉的最後三卷中，他證明了這個理論。柏拉圖指出，不惜一切代價維護法律的嚴格性，特別是維護宗教的理論和實際，以保護羊群，是身為牧人的統治者的義務。即使是公認的老實人，只要他違背良心而不聽從強權的命令，也要殺一儆百。

在若干知識圈裡，中世紀基督教威權主義儼然蔚為風尚[61]，這是我們這個時代對於文明壓力的顯著反應。那無疑不只是因為我們把更為「有機的」、「整全的」過去予以想理化，更是因為我們對於現代文明裡把人壓得喘不過氣來的不可知論的強烈反感。人類相信神統治世界。這種信仰減輕了人類的責任。新興信仰卻要人自己治理這世界，使人承擔了幾乎難以承受的責任。這一切都是要承認的。但我並不懷疑，即使基督教徒也不會認為中世紀的統治比現代西方民主治理更好。因為我們在福音書裡看到，「法學家」質問基督教的建立者如何分辨神諭的真假。而他則以祭司和利未人（Levite）的寓言回答說，有一次祭司和利未人看到一個不幸受傷的人，兩個人卻「從那邊過去了」，反而是撒馬利亞人（Samaritan）關心他的傷處、照應他的物質需要。有些基督徒不僅懷念教會鎮壓自由和良知的時代，更懷念在教會的權威和監視以無以名狀的高壓使人民絕望的時代，我想這些基督徒應該想一想這個譬喻。關於當時人民的水深火熱，以及當今汲汲於復辟中世紀精神的「基督教」，漢斯・秦瑟的《老鼠、蝨子與歷史》（H. Zinsser, *Rats, Lice, and History*）[62]有一段動人的評論，他在書中談到中世紀流行的舞蹈狂（dancing mania），如大家所知道的「聖約翰舞蹈症」（St. John's dance）、「聖維脫斯舞蹈症」（St. Vitus' dance）等等（我不想把秦塞當作中世紀權威，我們不需這種權威，因為現在要談的事是沒有爭議的，不過，秦瑟的論述有一種罕見而奇特的撒馬利亞人風格，一個偉大和仁慈的醫生）；「這些奇特的癲狂，雖然以前也聽說過，但是在可怕的黑死病之後旋即流行起來。大部分的舞蹈狂並沒有神經系統傳染病的特徵。他們似乎很像**群衆歇斯底里症，在遭受大規模的壓迫、饑饉和難以想像的不幸中，因恐怖和絕望而產生這種病症**。在不斷的戰爭、政治和社會分裂的災難之外，加上可怕的、逃不了的、神祕而致命的疾病。無助的人們陷於恐怖和崩壞的世界而無法抵抗。在那些日子裡，神和魔鬼是活生生的概念，悲慘的遭遇使人們軟弱，他們相信所有苦痛都是超自然力量加諸他們身上的。對那些在這種壓力下仆倒的人來說，除了以宗教狂熱作為精神錯亂的內心避難所之外，根本無路可逃。」秦瑟接著探討這些事件和我們的時代的若干反應的相似性，在《老鼠、蝨子與歷史》中說：「經濟和政治的歇斯底里症取代了早期的宗教歇斯里症。」然後，他概述在威權主義底下的人們的特徵說：「生活在難以相信的艱苦和危險壓力下的人民仆倒了，他們是惶惶不可終日的可
241 憐人。」我們有必要問哪個態度更像是基督徒嗎？是想要回到「沒有分裂的和諧和團結的中世紀」？或是想要以理性拯救人類免於瘟疫和壓迫？

不過，中世紀威權主義的教會至少成功地替人道主義貼上了「世俗的」、「伊比鳩魯主義的」（Epicureanism，享樂主義）、「像野獸般填飽肚子的人」的標籤。在此方式下，所謂「伊

比鳩魯主義」、「物質主義」、「經驗主義」，諸如「大世代」的偉大希臘哲學家德謨克里圖斯，變成了邪惡的同義詞，而柏拉圖和亞里士多德部落主義的理型論則被誇大為基督以前的基督教。中世紀的威權主義採用了他們的哲學，使得即使在我們今日，柏拉圖和亞里士多德仍然具有無限的權威。但是，我們不可忘記，在極權主義的陣營之外，他們只是徒具虛名，對於我們的實際生活沒什麼影響。而雖然沒有多少人記得德謨克里圖斯的名字，但是他的科學和道德典範卻仍然與我們同在。

注釋

640 注1：許多研究哲學史的人都認為，亞里士多德對於柏拉圖的批評往往是不當的，包括若干重要的地方。就是讚賞亞里士多德的人在這方面也很難替他辯護，因為他們通常也讚賞柏拉圖。我們茲舉一例。齊勒爾（Zeller）批評亞里士多德「最好的國家」裡的土地分配問題（見：*Aristotle and the Earlier Peripatetics, English translation by* Costelloe and Muirhead, 1897, II, 261, n. 2）：「柏拉圖（*Laws,* 745c ff.）有同樣的計畫；不過，亞里士多德卻批評柏拉圖的計畫不足取（*Politics,*

1265b24），事實上他們兩者之間的差異是極微細的。葛洛特（Grote）也有相同的批評（見：*Aristotle*, Ch. XIV, end of second paragraph）。有鑑於亞里士多德對於柏拉圖的許多批評其實是出於妒嫉他的原創性，他那段膾炙人口的話（*Nichomachean Ethics*, I, 6, 1）「吾愛吾師，吾更愛真理」，在我看來未免有點虛偽。

注2：見：Th. Gomperz, *Greek Thinkers*, German edition, III, 298, Book 7, Ch. 31, section 6。特別見：Aristotle, *Politics*, 1313a。

費爾德（G. C. Field, *Plato and His Contemporaries*, 114 f.）替柏拉圖和亞里士多德所遭受的指責辯護說，「因為……尤其後者，對這個事實（即馬其頓的征服）竟然未置一詞。」不過，費爾德的辯護（也許是針對康培茲）雖然對於批評者措辭強烈，卻不怎麼成功。（費爾德說：「這種批評無意中顯露他……根本就沒腦筋。」）當然，費爾德下述的說法是對的：「像馬其頓那樣的霸權並不是什麼新鮮事。」然而，在柏拉圖的眼中，馬其頓至少一半是蠻族，因此自然是他的敵人。費爾德說「馬其頓沒有完全摧毀獨立」，這種說法也是對的；但是柏拉圖或亞里士多德是否預見到不會完全被摧毀呢？我相信像費爾德之類的辯護是不成立的，因為他的辯護要證明的實在太多了；也就是說，對任何觀察家而言，馬其頓的威脅的意義當然還不十分明朗。不過，我們當然可由德謨斯齊尼斯（Demosthenes）的例子得到反證。問題是：柏拉圖和伊索克雷茲一樣熱中於全希臘民族主義（見：第八章注48至注50；*Republic*, 470; *Eighth Letter*, 353e）（費爾德認為這封信是「確實可靠的」），而且很清楚腓尼基人和鄂斯干人（Oscan）對於敘拉古的

641

威脅，怎麼會忽略馬其頓對於雅典的威脅？這問題如果擺在亞里士多德身上，可能的回答是：因為他是偏向馬其頓的。齊勒爾替亞里士多德的偏向馬其頓所做的辯護也適用於柏拉圖（見：op. cit., II, 41），他說：「柏拉圖很清楚當時政治立場的不寬容，所以要求徹底的改變。」（齊勒爾繼續說：「柏拉圖的追隨者」（指的是亞里士多德）既然對人與事物有更敏銳的洞察力，豈會作不同的看法？）換句話說，回答應該是：柏拉圖對於雅典民主的憎恨遠甚於全希臘民族主義，以致於和伊索克雷茲一樣期待馬其頓的征服。

注3：以下引文見：*Politics*, 1254b-1255a; 1254a; 1255a; 1260a。另見：1252a, f.（I, 2, 2-5）；1253b, ff.（I, 4, 386; esp. I, 5）；1313b（V, 11, 11）：*Metaphysics*, 1075a（自由人和奴隸也是「天生」對立的）。不過我們也看到以下的內容：「某些奴隸也有自由人的心靈，自由人也有奴隸的身體。」（*Politics*, 1254b）另見：*Timaeus*, 51e；引文見：第八章注50（2）。對於，亞里士多德替〈法篇〉的緩頰以及典型的「平衡判斷」，見：*Politics*, 1260b，亞里士多德在：「那些禁止人們去和奴隸交談，並認為我們只需要發號施令的人（這是亞里士多德提到柏拉圖時的典型方式）之所以犯錯，其原因就在於此，因為奴隸比兒童更需要教導（柏拉圖在〈法篇〉〔777e〕說不必勸諭奴隸）。」齊勒爾（op. cit., II, 44）羅列了亞里士多德的個人德行，談到他「種種高貴的原則」以及「對奴隸的仁慈」。然而我不禁想到或許比較沒有那麼高貴卻更仁慈的原則，那就是更早之前由阿爾西達馬斯和呂哥弗隆提出的：奴隸制度必須完全廢除。羅斯（W. D. Ross, Aristotle, 2nd ed., 1930, pp. 241 ff.）為亞里士多德的蓄奴態度辯護時說：「對我們來說，他似乎是反動的，然而對他們來說，

642

卻似乎是很革命性的了」，亦即當對於當時的人來說，他似乎是革命性的。為了支持這個觀點，羅斯談到亞里士多德的一個理論，那就是希臘人不應奴役希臘人。不過，這實在不算什麼革命性，因為早在半個世紀之前，柏拉圖就這麼說過。亞里士多德的觀點實在是反動的，因為他一再認為必須反對「沒有人天生是奴隸」的理論，以維護他自己的理論，而他也說過雅典的民主有反奴隸制度的傾向。

葛洛特（G. Grote: *Aristotle*, Ch. XIV）對亞里士多德的《政治學》有很精闢的說明，茲引述幾句：「亞里士多德在其《政治學》最後兩卷裡提出的政府結構……，代表他自己關於完美的觀念，而這顯然奠基於柏拉圖的〈國家篇〉：他與柏拉圖的關鍵性差異在於他不承認共同擁有財產和妻子兒女。兩位哲學家都承認有個獨立的階級，他們不必勞役或受雇賺錢，並且單獨構成國家的公民。這個小小的階級其實就是**城邦和國家**：其他人並不是國家的一部分，他們只是國家的附屬物，雖然不可或缺，卻仍然是附屬物，正如奴隸或牛馬一般。」葛洛特承認亞里士多德的「最好的國家」是沿襲自柏拉圖的〈國家篇〉，大部分模仿柏拉圖的〈法篇〉。亞里士多德對於柏拉圖的倚賴極其顯著，即使他默認民主終將勝利：特別見：*Politics*, III, 15; 11-13; 1286b（類似內容另見：IV, 13; 10; 1297b）。該段末尾是在談論民主：「沒有其他政府形式會比民主更長久」；然而，這個結論是推論自柏拉圖在〈國家篇〉卷八、九的衰亡和沒落的故事；但亞里士多德仍然嚴厲批評柏拉圖的故事（*Politics*, V, 12; 1316a, f.）。

注4：見：*Politics*, VIII, 6, 2; 1340b; esp. 1341b。明白指出亞里士多德以「職業」或「賺錢」的意義使

用「專業」（banausic）一詞。任何職業，例如吹笛人，當然包括各種藝人和工匠，都是「專業者」，不是自由人或公民，雖然並不是奴隸；「專業者」的身分是「部分或有限制的奴隸」（見：*Politics*,I, 14; 13; 1260a/b）。我想「專業」（banausos）衍生自古希臘之前的「燒火的人」，意味著人的出身和階級「不足以從事戰場上勇武的事。」（見：Adam, *Republic*, note to 495e30；摘引了格林尼基〔Greenidge〕的說法。）這個語詞可以譯為「下層階級的」、「卑躬屈膝的」、「丟臉的」，或者在某些句子裡也有「暴發戶」的意義。柏拉圖的用法和亞里士多德一樣。在〈法篇〉（741e, 743d），「專業」（banausia）是指人的墮落狀態，這種人沒有繼承土地，必須以其他方法賺錢。另見：*Republic*, 495e, 590c。不過。如果我們想起傳說中蘇格拉底是個泥水匠；還有贊諾芬的故事（見：*Mem.* II, 7）；安提西尼讚美艱苦的工作；以及犬儒學派的人生態度；那麼蘇格拉底似乎不會同意這種貴族式的偏見，認為賺錢就一定是墮落的。牛津英文字典建議把「banausic」解釋為「單純機械性的；適合某種機械的」，並且摘引：Grote, *Eth. Fragm.*, vi, 227=*Aristotle*, 2nd edn, 1880, p. 545；不過這種意義太狹窄，葛洛特的內容並未支持這種解釋，它也許是源自對於普魯塔克的誤解。有趣的是，莎士比亞在《仲夏夜之夢》裡的「mere mechanicals」正是「banausic」的意義；這種用法可能和洛茲（North）翻譯的《馬賽拉斯的一生》（*Life of Marcellus*）提到的阿基米德的內容有關。

泰勒和康福德有一段有趣的討論（*Mind*, vol. 47），前者為他的觀點辯護（pp. 197 ff.），認為柏拉圖在〈蒂邁歐篇〉裡提到「神」時，心中神的形象可能是個以勞力維生的農夫；康福德則予以批評，我認為他的批評極具說服力（pp. 329 ff.）。柏拉圖對「專業」工作者的態度，特別是工匠，和他們兩人討論的問題有關；泰勒以這個論證（note to p. 198）主張說：柏拉圖將把他的神比喻成「看管牛羊的人或狗」。但是我們必須指出，柏拉圖始終認為**遊牧和狩獵的活動**是高貴甚至神聖的，而安土重遷的「農耕」卻是專業（卑下）且墮落的。見：第四章注32及正文。

642

注5：以下兩段引自：Aristotle, *Politics,* 1337b-4, 5。

注6：牛津袖珍字典（*Pocket Oxford Dictionary,* 1939）仍舊說：「文學的……教育，適合紳士，這是指一般的文藝，而不是技藝。」充分顯示亞里士多德的深遠影響。

我承認專業教育有個嚴重的問題，那就是**量小器淺**。不過，我不相信「文學」教育就可以解決這個問題；因為它也可能創造它自己奇特的識見狹隘，奇特的勢利眼。在我們這個時代，如果有人不對科學感興趣，那麼他就算不上有學問。一般人會辯稱，對於電學或地層學的興趣未必像對於人類事務的興趣那麼啟迪人心，我想這種辯護只是顯露出對人類事務的無知，因為科學不只是累積關於電的事實而已；科學是我們這個時代最重要的心靈運動之一。任何不想了解這個運動的人，就算不上有學問的人。我們所謂的文學院，通常是奠基在一種理論上，那就是透過文學和歷史的教育，引領學生探索人的心靈生活，但這種理論形式已經落伍了。排除了人的知識奮鬥和成就的歷史，就沒有什麼人的歷史可言。排除了科學觀念史，也就不會有什麼觀念史。不過，文學教育有個更嚴重的層面。它不僅沒辦法教導學生（那些學生常會成為老師）理解他自己時代最偉大的心靈運動，也沒辦法教導學生在知識上誠實不妄。只有當學生經驗到人有多麼容易犯錯，領會到在知識領域的任何一點進展有多麼不容易，他才會感受到知識誠實的標準是什麼，才會尊重真理，才會拋棄權威和自大。宣導這種謙虛的知識德行，在今日沒有任何事比它更緊要的了。赫胥黎（T. H. Huxley, *A Liberal Educatlon*）說：「不畏權威，養成就事論事的能力；這是你的一生中最重要的事……。然而，你在學校和大學裡找不到真理的源泉，而只有權威。」我承認赫胥黎所說的，不幸的是在科學的許多課程中也是如此；有些教師仍然把它當作古人所說的「知識體系」。不過，我希望這個想法有一天會消失；因為科學也可以當作引人入勝的人類歷史來教授，它是由大膽的假設、實驗的控制和**批判的精神**造就的快速成長。以此方式來教，把它當作「自然哲學」歷史的一部分，「問題和觀念」歷史的一部分，那麼它可以成為新的自由主義大學教育的基礎教材；這種教育的目的或許不會造就什麼專家，但是**至少會造就出有辦法區分解事家和江湖郎中的人**。這種謙虛的、自由主義的目的，不是我們現在的文學院做得到的事。

注7：見：Aristotle, *Politics,* VIII,3, 2 (1337b)：「這裡我們需要再次強調，閒暇是人生唯一的本原。」在前面（VII, 15, 1 f. (1334a)）則說：「既然個別的人與城邦共同體所追求的是同一個目標……，閒暇的德性是二者共同的目的……，俗諺說：『奴隸無閒暇。』」另見：注9：Aristotle, *Metaphysics*, 1072b23。

關於亞里士多德「讚美閒暇階級以及替閒暇階級辯護」的問題，見：*Politics,* IV(VII), 8, 4-5 (1293b/1294a)：「因為教育和高貴的出身更經常地伴隨著那些更加富有的人。富人差不多已經擁有了誘使人們為之犯罪的諸般事物，由此博得了高尚、善良和通情達理的美譽。……由最優待之人當政的城邦，不可能不實施優良的法制。」但，亞里士多德不僅稱讚富人，他還像柏拉圖一樣，是個種族主義者（見：*Politics*, III, 13, 2-3, 1283a）：「出身較高貴的人比出身低微的人更有資格作公民……。出身較優秀的先輩的人有可能較他人更為優秀，因為高貴的出身即是門第方面的德性。」

注8：另見：Gomperz, Greek Thinkers, German edition, vol. III, 263, i.e. book 6, ch.27 section 7。

注9：另見：*Nicomachean Ethics*, X, 7, 6。亞里士多德的「美好人生」一詞，讓許多欣賞他的人聯想到基督教的意義下的「美好人生」，一種捨己為人、追求「更高價值」的人生。然而，這種詮釋是把亞里士多德的原意錯誤地理想化的結果；亞里士多德關心的是封建領主的「美好人生」；他不認為美好人生是善行的人生，而是指**優雅閒暇的生活**，並且和同儕推杯盃換盞、吟風弄月。

注10：亞里士多德的「專業」意味著「庸俗」，而他自己當然也是柏拉圖哲學的專家，就此而論，我並不認為「庸俗化」一詞的語氣會太過分。齊勒爾在歌頌亞里士多德時也承認，亞里士多德是有點駑鈍（見：*op. cit.*, I, 46）：「他畢竟沒辦法像柏拉圖那樣振聾發聵。和柏拉圖相比，他的著作更顯枯燥而更專業化……。」

注11：柏拉圖（Timaeus, 42a f., 90e f., esp. 91d；另見第三章注6（1），以**墮落的觀點提出人類起源的一般理論**；墮落是從諸神到最初的人。男人首先墮落為女人，然後墮落為高等和低等的動物以及植物。正如康培茲所說的：「從字義來看，這是一種下降或退化的理論，和近代演化論正好相

645

反，後者假設定一種向上的相續作用，可以稱為上升的理論。」（*Greek Thinkers*, book 5, ch. 19, section 3; German edn, vol. 11, 482）柏拉圖這種神話式的、語帶諷刺的向下墮落的理論，沿襲自奧菲斯祕教和畢達哥拉斯學派的靈魂轉世論。當我們看到亞里士多德說，史波西普斯以及畢達哥拉斯學派提到演化論（最美好且神聖的等級在年代序上是最後才出現），必須記住上述的看法（重要的是，低等形式在時間序上先於高等形式出現的演化理論，至少在恩培多克里斯時代就開展出來了）。亞里士多德說：「有些人，像和畢達哥拉斯中人和斯潘西波（史波西普斯），認為最美好和最善良不在本原中，不在事物之始。」（*Metaphysics*, 1072b30）我們也許可以就此推論說，畢達哥拉斯學派可能以靈魂轉世論（可能受到贊諾芬的影響）的神話作為「上升理論」的主軸。亞里士多德的說法支持了這個假定；他說：「有些有神論者似乎和現在某些人一致（我想是指史波西普斯）……，主張只有在物的本性進步了的時候，善和美才會出現。」（*Metaphysics*, 1091a34）也有可能是史波西普斯認為世界會發展成巴門尼德的「一」，也就是有組織而和諧的整體。（見：*Metaphysics*, 1092a/14。有個思想家認為更完美的東西永遠來自不完美。亞里士多德引述說：「『一』本身還沒有存在。」另見：*Metaphysics*, 1091a11。）亞里士多德在摘引的地方一再表示反對這些「上升理論」。他的論證是說，完全的人生出人，有缺憾的種子是不會早於人而存在的。從這個態度來看，齊勒把亞里士多德的理論歸到史波西普斯，很難說是正確的。見：Zeller, *Aristotle*, vol. II, 28 ff.。類似的詮釋見：H. F. Osborn, *From the Greeks to Darwin*, 1908, pp. 48-56。我們可能得接受康培茲的詮釋，他認為亞里士多德主張**人類的不變性**

和永恆性，至少在高等動物都是如此。因此他的形態學（morphological）秩序不可以年代或系譜去詮釋。（見：Gomperz, *Greek Thinkers*, book 6, ch. 11, section 10; esp. ch. 13 sections 6 f.。）當然也可能是，亞里士多德的論點不一致，如同他的其他許多論點一樣，而他之所以反對史波西普斯，只是想要標新立異而已。另見第三章注6（6），第四章注2以及注4。

注12：亞里士多德的「第一原動者」（First Mover）就是神，在時間中是最早的，因為祂是永恆的，同時具有善的謂語。關於形式因和目的因同一的論證問題，見：本章注15。

注13：關於柏拉圖的生物學式的目的論，見：*Timaeus*, 73a-76e。康培茲評論得很對（Gomperz, *Greek Thinkers*, book 5, ch. 19, section 7; German edn., vol. 2, 495 f.），他說唯有認為「動物是退化之後的人類，而它們的構造可能顯示出人類才有的目的」，才有辦法理解柏拉圖的目的論。

注14：關於柏拉圖對於**自然位置或場所**的理論修正，見：*Timaeus*, 60b-63a; esp. 63b。亞里士多德也採用這個理論，只是略加修改，並且和柏拉圖一樣，以物體朝著其自然位置「向上」和「向下」的自然運動去解釋物體的「輕」和「重」；見：Aristotle, *Physics*, 192b13；另見：*Metaphysics*, 1065b10。

注15：亞里士多德在這個問題上的說法，並不是始終確定和一致的。因此他說：「人的形式是什麼？是是其所是（他的本質）。他是為了什麼？是目的。這後兩者**也許**是相同的。」（*Metaphysics*, 1044a35）在其他地方，他似乎更確定地把變動或運動的**形式**等同於**目的**。例如說：「萬物在變化，某物被某物所變，又變成某物。被什麼所變動，被最初運動者；……變成什麼，

形式。」（*Metaphysics,* 1069b/1070a）又說：「實體有三種，一是質料……，其次是本性或自然，它也是某一這個並且是某一狀況，此外還有第三種，它是由前兩種而來的個別事物。」（1070a, 9/10）現在既然亞里士多德時常把本質稱為形式，因此我們得到一個公式：**形式等於目的**。

注16：關於運動是潛能的具體化或實現的理論，見：*Metaphysics,* Book IX, 1065b17，在此「能被建造的」是用來描述預期的房子的特定潛能：「一所『能被建造的』……現實地存在，就必須去進行建築，這整個的過程就是建造活動。」另見：Aristotle, *Physics* , 201b4。另見：Gomperz, *Greek Thinkers*, book 6, chapter 11, section 5。

646

注17：見：*Metaphysics,* 1049b5。另見：Book V, ch. IV, esp. 1015a12; Book VII, ch. IV, esp. 1029b15。

注18：關於把靈魂定義為「第一圓極」（the First Entelechy），見 Zeller, *op.cit.*,vol.II, p. 3, n. 1。至於內在目的性當作形式因的意義，見：Zeller, *op.cit.*,vol. I, p. 379, n. 2。亞里士多德用這個詞的意義並不很嚴格。（另見：*Metaphysics,* 1035b15；第五章注19及正文。

注19：關於本注釋和下一個注釋，見：Zeller, *op.cit.*, vol. I. p. 46。

注20：見：Aristotle, *Politics,* Book II, ch. 8, section 21 (1269a)。其中談到柏拉圖「地生人」的各種神話（見：*Republic*, 414c; *Pol*. 27a; *Tim*., 22c; *Laws*, 677a）。

注21：見：Hegel, *Lectures on the Philosophy of History*, trans. by J. Sibree, London 1914, Introduction, 23；另見：Loewengberg, *Hegel: Selection* (The Modern Student's Library), 366。該書引言及其後幾頁明白指出黑格爾承襲自亞里士多德學說。黑格爾自己也知道這點，因為他影射了亞里士多德（p. 59,

Loewenberg, 412）。

注22：Hegel, *op. cit.*; Loewenberg, 365。

注23：見：Caird, *Hegel* (Blackwood 1911)）, 26 f.。

注24：下一個引文出自注21及注22所提的地方。

注25：關於以下評論，見：Hegel, *Philosophical Propaedeutics*, 2nd Year, *Phenomenology of the Spirit*, trans. by W. T. Harris (Loewenberg's edition, 68 ff.）。我的看法和該譯本有一點不同。我的評論涉及下列有趣的段落：第二十三節：「自我意識的衝動（「自我意識」在德文中也意指自我肯定；見：第十六章末）在於：實現它的……『真正本性』。……因此它是……主動的……外在地肯定自我……。」第二十四節：「自我意識在文化或運動中有三個階段……二、**就它和另一個自我的關係來說，是主人和奴隸的關係（支配和被奴役的關係）**。」黑格爾沒有提到其他「和另一個自我的關係」。我們又看到：三、**主人與奴隸的關係**……（第三十二節）為了肯定其自身為自由的存在，並使其**得到承認**，自我意識必須向另一個自我開顯自身……。（第三十三節）……因著相互要求承認，便產生了……主人和奴隸的關係……。（第三十四節）因為……每個人必須追求肯定和證明自己……，因此，喜愛生命甚於自由的人，遂進入奴隸的狀態，並顯示出他沒有能力（若是柏拉圖和亞里士多德就會使用「本質」一詞）……保持他自己的獨立……。（第三十五節）……服事者是缺乏自我的，是另一個自我來代替他自己……。相反的，主人視僕人為被揚棄者（ein aufgehobenes），視自己的個體意志為被保存者……。（第三十六節）僕人的個

647

體意志……，因恐懼主人而消失了……。」我們難以忽視這種把人際關係化約為主奴關係的理論裡的歇斯底里元素。我不得不認為，黑格爾以大量文字掩蓋他的思想，使讀者必須撥開它們才能了解其意義，這個方法正是他的歇斯底里症狀之一（比較我的引文和他的原文即可知）；它是一種規避，一種躲避陽光的方法。我敢說，他的這種方法和他對支配和臣服的狂熱夢想，真是心理分析的最佳題材。（必須一提的是，黑格爾的辯證法，使得他把主奴關係擴展到「普遍意志和轉向積極自由」的論點。見：第十二章，特別是第二節和第四節。這些話術正是替極權國家幫腔的委婉說法。如此一來，主人和奴僕正好可以「化約成極權主義的組成分子」。）關於引文中黑格爾的評論（第三十五節）：奴隸是寧可要生命也不要自由的人，另見：Plato, *Republic*, 387a：自由人是那些畏懼奴役甚於死亡的人。從某種意義來說，這種說法是正確的。那些不想為自由而戰的人，終究會喪失自由。然而，柏拉圖和黑格爾的理論裡卻蘊含著（後來許多作者亦然）：屈服於優越力量，或者寧肯屈服於武裝的盜匪而不犧牲自己的人，就是「天生的奴隸」；他們不配過好日子：我認為只有文明的敵人才會主張這種理論。

注26：關於對維根斯坦的批評，亦即他認為科學在探究事實問題，哲學則在釐清意義，見本章注46，特別是注51及注52。（見：H. Gomperz, *'The Meanings of Meaning'*, in *Philosophy of Science*, vol. 8, esp. p. 183。）

關於這個枝節問題**（一直到本章注54）**的整個問題，亦即**方法學的本質論相對於方法學的唯名論**，見：第三章注27至注30及正文。另見：本章注38。

注27：關於柏拉圖乃至於巴門尼德的區分知識和意見（近代許多作者，例如洛克和霍布士，仍然喜歡作這種區分），見第三章注22及注26正文；另見：第五章注19，第八章注25至注27。至於亞里士多德類似的區分，見：*Metaphysics*, 1039b31; *Anal. Post.*, I, 33 (88b30 ff.); II, 19 (100b5)

關於亞里士多德的區分「證明的知識」和「直觀的知識」，見：*Anal. Post.*, II, esp. 100b5-17; 72b18-24, 75b31, 84a31, 90a6-91a11。至於證明的知識和事物的「原因」之間的關係（事物的原因不同於該事物的本質，所以需要一個中項〔middle term，中詞〕），見：*Anal. Post.*, II, 8, esp. 93a5, 93b26。理性直觀及其把握到的「不可分割的形式」的類似關係——不可分割的形式和相當於其原因的不可分割的本質，見：*Anal. Post.*, 72b24, 77a4, 85a1, 88b35, 90a31。「知道了事物的『是什麼』就等於知道了它的『為什麼』。」（亦即理解其原因）（90a31）；又說：「有些『是什麼』（本質）是直接的，是本原。」（93b21）亞里士多德認為在證明或說明的回溯過程中，我們必須適可而止，並採用若干不必證明的**原理**，例如見：*Metaphysics*, 1006a7：「不可能對萬事萬物都有著證明，不然便會步入無窮……。」另見：*Anal. Post.*, II, 3 (90b, 18-27)。

我對於亞里士多德的定義理論的分析，大部分和葛洛特的觀點相符，但有一部分觀點不同於羅斯。這兩位作者的詮釋的差異，可以從兩段引文看出來，它們都是對於《後分析篇》卷二的分析。

「在卷二裡，亞里士多德轉而考察如何以證明為**定義的**工具。」（Ross, *Aristotle*, 2nd edn, p. 49）比較以下：「定義是不能被證明的，因為定義只是宣示主詞的本質……，而證明則要假設本質為已知……。」（Grote, *Aristotle*, 2nd edn, 241; 240/241。另見：注29。）

648

注28：見：Aristotle, *Metaphysics*,1031b7, 1031b20，另見：996b20：「當我們是什麼（本質）的時候，就認為具有了知識。」

注29：「定義乃揭示事物本質的短語。」（Aristotle, *Topics*, I, 5, 101b36; VII, 3, 153a, 153a15; *Metaphysics*,1042a17）「定義揭示『是什麼』。」（*Anal. Post.*, II, 3 91a1）「定義被認為是對事物是什麼的解釋。」（93b28）「所以是其所是就是那些其原理即是其定義的事物。」（*Metaphysics*,1030a5）「它還是指是其所是，它的原理即是定義。它被認為是對個別事物的實體。」（*Metaphysics*,1017b21）「定義就是是其所事（本質）的原理……。」（*Metaphysics*,1031a13）關於原理，亦即證明的起點或基本前提的問題，我們必須先區分兩種原理。（一）、邏輯原理（見：*Metaphysics*, 996b25。）（二）、一組證明必須依循的前提，它是不能證明的，否則會無窮回溯。（見：本章注27。）後者才是定義：「證明中的基本前提為定義」（*Anal. Post.*, II, 3, 90b23; 89a17, 90a35, 90b23）。另見：Ross, *Aristotle*, 2nd edn, pp. 45/46；評論《後分析篇》（I, 4, 20-74a4）。羅斯說：「在《後分析篇》中，科學的前提在本質上或為（一）的意義，或為（二）的意義。」（p. 46）我們在前頁知道，如果**前提是基於定義**，則它在本質上必然是（一）和（二）的意思。）

注30：亞里士多德說：「如若有個名稱，則此物依存於彼物，就要有個它意指什麼的原理。」（*Metaphysics*,1030a14；另見：*Metaphysics*,1030b24）他指出並不是所有關於名字意義的說法都是定義；但是如果名字是一個屬（genus）的種（species）時，該說法才是定義。

請注意在我的用法中，「定義」是依據現代意義的，它始終指涉著整個定義語句，然而亞里士多德有時把它當作定義項（definiens）的同義語（有些人也和亞里士多德一樣，例如霍布士）。定義不涉及殊相，而涉及共相（見：*Metaphysics*, 1036a28），並且只涉及本質，亦即涉及某個屬的種（即種差；見：*Metaphysics*, 1038a19）以及不可再區分的形式。另見：*Anal. Post.*, II, 13, 97b6。

注31：亞里士多德的處理方式並不十分明確；我們可以從本章注27末以及這兩種詮釋的進一步比較看出來。在亞里士多德的探討方式中最曖昧不清的地方，是以歸納的程序而把原理變成定義。特別見：*Anal. Post.*, II, 19, 100a。

注32：關於柏拉圖的理論，見：第八章注25至注27及正文。葛洛特說：「亞里士多德自柏拉圖承襲了一種絕對無誤的睿智或知性的理論；它完全免於錯誤。」（*Aristotle*, 2nd ed., 260）葛洛特繼續強調說，亞里士多德和柏拉圖相反，他並不輕視觀察的經驗，反而認為他的睿智（知性直觀）是其終點，而和歸納的程序串連起來（見：*loc. cit.*; *op. cit.*, 260）。這種說法是正確的。不過，在亞里士多德的思想中，觀察的經驗顯然只具有啟動和開展知性直觀的功能，知性直觀的任務則在於對於普遍本質的直觀；而其實沒有人解釋過如何以歸納法得到**絕對無誤**的定義。

注33：最後說來，亞里士多德和柏拉圖都不是訴諸論證。他們所說的都只是**獨斷地主張**某個定義是對於本質的真實描述；如果問到何以是這個描述而不是其他描述時，他們仍然訴諸「本質直觀」。

亞里士多德提到歸納時至少有兩種意思，一種則是比較啟發性的意義，可以引導我們直觀普遍原理（見：*An. Pri.* 67a22 f.; 27b25-33; *An. Post.*, 71a7, 81a38-b5, 100b4 f.），另一種是比較經驗性的意義（見：*An. Pri.*, 68b15-37; 69a16; *An Post.*, 78a35; 81b5 ff.; *Topics*, 105a13; 156a4; 157a34）。

然而，有個待釐清的明顯矛盾是：我們看到定義既非共相也非殊相（77a4）。我認為解答不在於說一個定義「嚴格說，並不是一種判斷」（例如：穆爾〔G. R. G. Mure〕在牛津版譯本建議的），而是說它不只是共相，更是「共量的」（commensurate），它既是普遍又是**必然的**。（見：73b26, 96b4, 97b25。）

關於在正文中提到的《後分析篇》的論證，見：100b6。至於在《論靈魂》（*De Anima*）中談到能知和所知的神祕合一問題，見：425b30, 430a20, 431a1；對我們的目的而言，關鍵性內容是：「它思維（直觀）著與是其所是（本質）有關的定義乃是真實的……，這就好像看見某個視覺對象總是真實的。」（430b27 f.）至於在《形上學》中談到神學的內容，見：1072b20（論「接觸」）；1075a2。另見第十章注2，第十一章注36，第二十四章注3、注4、注6、注29至注32及注58。

在下一節所談到的「事實整體」問題，見：*Anal. Post.*, 100b15。

霍布士的觀點和亞里士多德方法學的本質論到底有多麼相似，相當值得注意（霍布士是唯名論者，但不是方法學的唯名論者）。霍布士也相信定義是所有知識的基本前提（知識和意見不同）。

注34：我對科學方法的這種觀點，詳見：*Logic of Scientific Discovery*, pp. 278 ff., pp. 315 ff.：「我們要習

慣於把科學詮釋為種種假設的系統（以替代『知識體系』的觀念），也就是種種預期，我們沒辦法證實它們，但是只要它得到足夠的支持（corroborated），我們就會使用它，不過不能說它是『真』或『或多或少的確定』，甚至說它『有可能』。」

注35：引自：*Erkenntnis*, vol. 3 (1933); *Logic of Scientific Discovery*, pp. 318 ff.。這是把愛因斯坦在《幾何與經驗》（*Geometry and Experience*）裡關於幾何學的論述加以擴充和修改。

注36：評估理論、論證、推理或其他觀察和實驗，對於科學究竟是否更有意義，我們自然是不得而知；因為科學永遠是**由觀察與實驗來驗證理論**。不過，「實證論者」確定是錯的，因為他們試圖指出科學是「我們的觀察總合」，或者說科學是觀察而不是理論的。理論和論證在科學裡扮演重要的角色。關於證明和邏輯論證的一般關係，見：本章注47。

注37：見：*Metaphysics*,1030a, 6, 14（另見：本章注30）。

注38：我想要強調的是，我完全是從方法學去談論**唯名論和本質論**的問題。至於以**形上學**的觀點談論共相的問題，亦即唯名論和本質論之間的形上學問題，我不打算採取任何立場（我建議以本質論代替傳統的唯實論〔realism〕）；雖然我主張方法學上的唯名論，但是我當然不是主張一個形上學的唯名論。另見第三章注27和注3。

650

在正文中談到唯名論者和本質論者在定義的觀點上的對立，是企圖重建「名目」（verbal）定義和「實質」（real）定義之間的傳統分別。**但是我要強調的問題是應該從左至右或從右至左去解讀一個定義；換句話說，它是由短語替代冗長的說明，或者是用冗長的說明替代短語的問題**。

注39：我認為在科學裡**只會有**唯名論的定義，現在我再加以辯護（我所說的都是外顯定義〔explicit definition〕，既不是指隱含定義〔implicit definition〕，也不是遞迴定義〔recursive definition〕）。它當然並不是暗示說在科學裡沒以「直覺」使用語詞的。我們只要考慮以下的事實就明白了：所有定義的歷程都必須以**未定義詞**為起點，它們的意義只能舉例言之而不能被定義。再者，在科學裡，特別是數學，我們往往會先直覺地使用語詞，例如「維度」以及「真」之類的，然後才再定義它。不過，這是比較粗率的描述；更精確地說：某些直覺使用的未定義詞，有時可以由已定義詞替代，只要它可以被證明滿足了使用未定義詞的意圖；也就是說，包含未定義詞的任何語句（例如分析語句）有個相應的語句，而在其中出現有新的已定義詞（來自於定義）。我們當然可以說，孟格爾（K. Menger）以遞迴的方式定義「維度」，或者說塔斯基（A. Tarski）定義過「真」；不過，這種說法可能導致誤解。事實上，孟格爾替他所謂「n維度」的點的集合下了一個名目（nominal）的定義，因為在所有重要的文脈裡，這個定義皆可以用來代替「n維度」這個直觀的數學觀念；而塔斯基的「真」的概念也是如此。他以替「真」下了一個名目的定義，因為被邏輯學家或哲學家視為具有「真」的性質的語句，例如「排中律」，都可以自此定義衍生出相對應的語句。

注40：如果我們避免使用定義，而不厭其煩地以定義項去代替被定義項，那麼我們只是使語言精確一點而且。因為在現行的定義方法中有個不精確的源頭；卡納普（Carnap）在一九三四年率先提出一種避免在使用定義的語言裡產生不一致的方法。見：Carnap, *Logical Syntax of Language*, section 22, p. 67。（另見：Hilbert-Bernays, *Grundlagen d. Math.*, 1939, II, p. 295, note 1。卡納普指出，大抵上，在一種承認定義的語言裡，即使定義滿足了形成定義的一般規則，也會是不一致的。而這種其實不太重要的不一致，主要來自一個事實，即我們始終可以用定義項去替代被定義項。

651

注41：只有在必要時才引進新詞的方法，在本書裡可看到若干例子。例如哲學立場的問題，為了簡便而難免要使用若干**名字去**稱呼這些立場。這就是為什麼我使用那樣多的「主義」的原因。不過，在許多情況中，我們只有在實際描述其哲學立場時才引進它們。

注42：在對本質論的方法提出更系統性的批評時，可區分三個問題，它們是本質論既不能逃避也無法解決的。一、名目的約定俗成（verbal convention）和「真正」描述本質的本質論定義，這兩者如何明確地區分。二、我們如何區分「真的」本質論定義和「假的」本質論定義。三、避免定義的無窮回溯的問題。我只簡短處理第二和第三個問題。第三個問題會在正文中處理，至於第二個問題則見本章注44（1）、注54。

注43：一個陳述（statement）為真，這個事實時或有助於解釋為什麼它讓我們感覺它是自明的。「二加二等於四」或「太陽發出光與熱」的句子就是這種情形。但是它的反面就顯然不成立了。事實上，一個語句對我們某些人甚至所有人是「自明的」；或說我們某些人甚至所有人都相信它為真而不能想像它為假，這個事實絕對不是它之所以為真的理由。（我們無法想像一個陳述為假的這個事實，在許多情況下，只是會讓我們懷疑自己的想像力不夠而已。）哲學若以自明性作為論證去證明一個語句為真，那會是最嚴重的錯誤；然而，所有唯心論哲學家卻都是這麼做的。

這顯示了唯心論哲學往往只是為了若干獨斷的信仰做有系統的辯護罷了。有人推說除了自明性之外，我們沒有其他更好的理由去接受某些語句，這種推論是無效的。邏輯和科學方法的種種原理（特別是「歸納原理」或「自然齊一律」〔law of uniformity of nature〕通常都被說成我們必須接受的陳述，或者是只能以自明的證據去證成的。即使如此，我們倒不如坦承那是因為是我們沒辦法證成它，所以只好放著不管它。不過，事實上，吾人並不需要接受「歸納原理」。）（見：*The Logic of Scientific Discovery*。）就「邏輯的原理」而言，近來的成就指出，自明的理論也者，其實是過時的想法。見：Carnap, *Logic Syntax of Language*; *Introduction to Semantics*）；另見注44（2）。

注44：一、如果我們把這些考量應用到本質的知性直觀上，就會明白本質論沒辦法解決以下問題：一個在形式上是正確的定義，如何能夠發現它也為真呢？特別是在有兩種定義的情況下，我們如何才能決定那一種定義為真呢？很顯然，對方法學的唯名論者而言，這些問題不值得回答。現在讓我們假設有人定義說（依據牛津字典）：「『a puppy』指愛慕虛榮、沒腦筋、粗魯的年輕人。」而現在他堅持要依據這個定義而反對我們以前的定義。這時候唯名論者一定會說，他對這種「記號」之爭一點興趣也沒有，這純粹是各人喜好的問題；同時，他或許會建議，如果有任何歧義的危險，那我們可以採用兩種不同的標示，例如「puppy1」（指小狗）、「puppy2」（指愚蠢自大的青年）。這時候，如果有第三方堅持說「puppy」是指棕色的狗，而又我們這位唯名論者耐心夠的話，他會再建議他們使用「puppy3」這個符號。不過，萬一各家各派仍然爭論不

652

休呢？譬如，有人可能堅持說唯有「愚蠢而自大的青年」才是「puppy」的合法定義，或某人堅持說，他的定義至少也得使用「puppy1」這個記號才行，這時，就算是再有耐性的唯名論者，也只有雙手一攤聳聳肩。（為了避免誤解，我必須說，**方法學的唯名論者**並沒有討論到共相是否存在的問題；這樣說來，霍布士並不算是方法學的唯名論者，我應該把他稱作存有學的唯名論者。）

然而，這個瑣屑的問題也替本質論的方法造成難以克服的困難。我們都知道，本質論者認為「『puppy』是棕色的狗」並不是「puppy」的本質的正確定義。但這觀點有什麼依據呢？只有訴諸他對本質的知性直觀。但是這個事實有個現實的結果，那就是如果他的定義遭到挑戰時，他就一籌莫展了。因為他只能從兩方面作反應。一方面是頑固地認為他的知性直觀才是唯一真正的直觀，而他的對手當然可以用相同的方式回答他。這麼一來，他們就陷入僵局了，而不是亞里士多德所保證的絕對而究竟的明確知識。另一方面，他可能承認他的對手的直觀和他一樣，只是直覺到的本質不同，卻不幸地以同一個名稱去指謂，於是就會建議兩種不同的名字應用在兩種不同的本質上，例如「puppy1」和「puppy2」。然而，這種步驟就意味著完全放棄本質論的立場，因為它意味著我們是從一個定義式出發，把它貼上某個標籤，亦即「自右至左」進行定義；它也意味著我們以可隨意選擇標籤。這點可以從下面事實看出來：若有人堅持「puppy1」本質上是一隻小狗，而棕狗只能是「puppy2」，這也會使本質論者陷入相同困難的兩難。如此一來，他必須承認每個定義為真（假設它們在形式上是正確的）；依據亞里士多德的用語來說，

653

這意味著某個基本前提和另一個矛盾的基本前提皆為真，「就不可能提出一個假的陳述」。（安提西尼似乎早就指出這點；見本章注54。）亞里士多德原本主張說知性直觀是和意見相反的知識源泉，是無謬且可靠地為真，而且它提供我們種種定義，作為所有科學演繹的安全而必要的基本前提，但是如此一樣，他的這個主張就全盤皆墨了。而且，一個定義原來只是個語句，它告訴我們被定義項和定義式的意義相同，而且可以互相取代。唯名論的定義方法可以把長話短說，因此有實務上的便利。然而，本質論的定義方法只能替我們用冗長的定義代替另一個簡短的定義，而這個冗長的定義和原來簡短的定義的意思相同；它只會鼓勵人們咬文嚼字而已。

二、關於批評胡賽爾（Husserl）的本質直觀問題，見：J. Kraft, *From Husserl to Heidegger* (in German, 1932)；另見第二十四章注8。在所有學者的相關觀點裡，韋伯（M. Weber）對於社會學問題的探討也許最具影響力。他主張替社會科學提供一個「直觀理解的方法」；而且他的「理想型」（ideal types）大抵上相當於亞里士多德和胡賽爾的本質論。值得一提的是，儘管有這種傾向，他仍然看到這種訴諸不證自明的方法並不可取。「一個詮釋具有高度的自明性，這個事實並不能證明它在經驗上的有效性。」（M. Weber, *Ges. Aufsaetze*, 1922, p. 404）；他也正確地說，直覺性的理解「**永遠必須以日常的方法加以約束**」。（*op. cit.*。黑體字是我所強調的）不過，如果情形是如此的話，那麼它就不是他所想的「人類行為」科學的獨特方法，它更像是屬於數學、物理學等。而且那些相信直觀理解是「人類行為」科學的特殊方法的人，原來只是因為他們沒有想像到數學家或物理學家也會那麼熟悉他們的對象，他們也可以「感受」其研究對象，就像社會學家可以「感受」人類的行為一樣。

注45：「科學假定了它使用的所有名詞的定義……。」（Ross, *Aristotle*, 44; Anal. Pos., I, 2。另見本章注30。

注46：引自：R. H. S. Crossman, *PlatoTo-Day* (1937), pp. 71 f.。

柯恩（M. R. Cohen）和納格爾（E. Nagel）說：「關於財產、宗教、法律……種種真實性質的許多爭論，如果以嚴格界定的同義語去替代那些語詞，那些爭論應該會消失。」（*An Introduction to Logic and Scientific Method* (1936), p. 232。另見本章注48及注49。）

維根斯坦在《邏輯哲學論叢》（*Tractatus Logico-Philosophicus*, 1921/22）及追隨者對這問題的觀點，沒有克羅斯曼、柯恩和納格爾那麼明確。維根斯坦是個反形上學者（anti-metaphysician）。他在該書前言中說：「這本書所處理的是哲學問題，而且顯示——我相信——這些問題之所以提出的理由，是我們的邏輯遭遇到誤解。」**（按：引文中譯見：《邏輯哲學論叢》，陳榮波譯）**他試圖指出形上學「根本是無意義的」，要在我們語言的有意義和無意義之間釐定界限：「只有在語言中，才能釐定這界限，而這個界限的另一面只是非意含（Unsinn；沒有意義的）。」依據維根斯坦的說法，命題（proposition）是有意義的。它們非真即偽。哲學的命題是不存在的；它們只是看起來像命題而已，其實是沒有意義的。這個有意義和無意義的界限，剛好就是自然科學和哲學的界限：「真命題的總和是個自然科學的全部（或是自然科學的總和）。哲學不是自然科學之一支。」（4.11, 4.111）因此，**哲學的真正任務不是形成命題；哲學毋寧是在釐清命**

654

題：「哲學的成果不在造一些『哲學命題』，而是在澄清命題。」（4.112）那些看不清這點又要提出哲學命題的人，就只是在形上學上面沒有意義地胡扯一通了。

（應該記住的是，就這方面問題來說，嚴格區分具有意含的有意義陳述〔meaningful statement〕，以及看起來像個陳述卻無任何意含的無意義語言表式的，其實是羅素（Bertrand Russell）在解決他所發現的弔詭時首先提出的。羅素把看似陳述的表式一分為三，一是真的陳述，二是假的陳述，以別於第三種「無意義或無意含的」（meaningless or non-sensical）擬似陳述（pseudo-statements）。要注意這種「無意義」或「沒有意含」的說法，和我們一般所說的意思部分一致，不過更深刻些——因為往往有人把真實的陳述說成「無意義」，例如說它們是「荒謬的」，亦即自相矛盾或明顯為偽，便說它是「無意義」。因此，斷定某物同時在兩個不同位置的這個陳述，並不是沒有意義的陳述，而只是個為偽的陳述，或者是牴觸了古典物理學的「物體」（body）用法而已；同樣的，主張說一個電子有確切的位置和動能，這樣的陳述並不像某些物理學家或哲學家所說的「無意義」；它只是牴觸了現代物理學而已。）

我們總結如下：維根斯坦想要對於意含（sense）和非意含（nonsense）釐定界限，並且發現這個區分正是形上學和科學的分野，也是科學語句和哲學的擬似命題的區分。（至於他誤把自然科學的領域等同於真命題，則不在我們的討論範圍；見本章注51。）我們讀到下列語句，就證實了我們對他的目的的詮釋沒有錯誤：「哲學的任務是在對自然科學中可爭論的範圍釐定界限。」（見：pp. 75, 77。）

這個界限終究要怎麼釐定呢？「科學」如何和「形上學」區分開來，從而區分「意含」和「非意含」？從對於這個問題的回答，可以看到維根斯坦的理論和克魯斯曼以及其他人的相似性。維根斯坦暗示說科學家使用的語詞或「記號」是有意義的，而形上學家「在他的命題中有一些記號未能給予指謂意義」（p. 187, 189）：「哲學的正確方法陳述如下：除了可以說的東西（即自然科學的命題）——亦即與哲學毫無關係的東西——以外，什麼也沒有說。然後，不管是什麼時候，如果有人想要說形而上的東西，我們就要向他指明，在他的命題中有一些記號未能給予指謂意義。」實際上，這蘊含著我們應該問形上學家：「你這些語詞的意義是什麼？你那些語詞的意義是什麼？」換句話說，**我們要求他對其語詞下定義；如果沒有定義，我們就說那是沒有意義的**。

在正文中所指出的理論，疏忽了一些事實：一、一個機智但肆無忌憚的形上學家，在被問到「你那些語詞的意義是什麼」時，他可能很快就提出定義，因此整件事就變成耐力比賽了；二、自然科學家在邏輯上的地位並沒有比形上學家好到哪裡去；就算和莽撞的形上學家相比，他們的地位可能更低劣。

值得一提的是，史立克（Schlick, *Erkenntnis*, vol. p. 8）在探討維根斯坦的理論時提到無窮回溯（infinite regress）的困難；不過他所的解決之道既不清晰，也不足以解決釐定界限的問題（他的方法似乎是以歸納性的定義或「構成」〔constitutions〕或操作論〔operationalism〕為基礎；見：本章注5）。我認為在維根斯坦和史立克尋求意義哲學的意圖中，似乎有一部分已經被某種邏輯理論完成了，塔斯基（Tarski）把這種邏輯理論稱為「語意學」（Semantics）。不過，我也相信這些意圖和語意學沒有太多相對應的地方；因為語意學也會**提出命題**，它不僅僅是「釐清」命題而已。在本章注50至注52，會繼續評論維根斯坦。見：第二十四章注32及注8（2）；第二十五章注10及注25。

655

注47：區分一般的邏輯演繹以及個殊的證明或推論，是很重要的事。**證明或推論**是個演繹論證，可以證明結論為真；亞里士多德是這樣使用這個詞語的，他（*Anal. Post.*, I, 4, 73a）主張應該證明結論「必然」為真；卡納普也是這樣使用這個詞彙的（見：*Logical Syntax*, sec. 10, p. 28; sec. 47, p. 171），他指出結論若是「可證明的」，它就是「分析的真」（analytically true）。（我不打算在此處理「分析」和「綜合」的問題。）

自亞里士多德以來，大家都知道，並非所有的邏輯演繹都是證明（或推論式的證明）；有些演繹不算是證明；例如我們可以從公認為偽的前提演繹出結論，但是這類演繹不能叫作證明。卡納普把非證明的演繹稱作「推導」（derivation，見：*Logical Syntax*）。有趣的是，早期並沒有關於非證明的演繹的名稱；這顯示出早期學者心目中只有證明，這無疑是受亞里士多德的偏見影響，亞里士多德認為「科學」或「科學的知識」必定證明其所有的陳述為真或者被證明為真。然而事實上：**除了純粹邏輯和純粹數學外，沒有什麼是可以證明的**。在其他科學中的所有論證都不算是證明，而只是推導而已。

值得一提的是，**推導和定義**之間的問題，很類似**語句的真和詞彙的意義之**間的問題。

推導是從前提開始，而得出一個結論；定義是從定義項開始（如果從右至左讀的話），而得出被定義項。假若前提為真，推導就告訴我們結論為真；假若知道定義項的意義，定義就會告訴我們被定義項的意義。因此，推導就把真偽問題還給前提而沒辦法解決；而定義則是把意義的問題還給定義項而沒辦法解決。

注48：為什麼定義項似乎總是比被定義項更不清晰且不精確，那是因為定義項往往更抽象且概括。如果利用現代的定義方法，那麼這種情形不必然為真（例如使用符號邏輯的方法「抽象定義」〔definition by abstract〕）；不過，克羅斯曼所想像的定義，以及亞里士多德利用**種差**（*genus and differentia*）得到的定義，都會有這種情形。

若干實證論者，特別是在洛克和休謨影響下的實證論者，認為可以就個殊而具體的觀察甚或感覺的詞彙去定義諸如科學或政治學裡的抽象語詞（見下一個注釋）。卡納普稱這種「歸納式」的定義方法為「構成」（constitution）。不過我們可以說，不可能以殊相去「構成」共相。（關於這問題，見：*The Logic of Scientific Discovery*, esp. sections 14, pp. 64 ff., 25, p. 93; Carnap,'Testability and Meaning', in *Philosophy of Science*, vol. 3, 1936, pp. 419 ff., vol. 4. pp. 1 ff.。）

注49：這裡引用柯恩和納格爾為了定義建議的例子（op.cit., 232 f.）。另見本章注46。

在此我們可以附加說，本質主義的定義何以是無用的。（見：本章注44（1）。）

一、透過定義去解決事實性的問題，通常只是意味著以語句問題去替代事實問題。（亞里士多德《物理學》卷二第六節末尾部分有個最佳例子。）下面的例子可以指出這點。（a）事實的

656

問題：我們能回到部落主義的牢籠中嗎？而且要用什麼方法？（b）道德的問題：我們是否應回到那個牢籠中？

探討意義的哲學家在面對（a）或（b）問題時會回答說：那取決於你的含混語詞的意義；請告訴我，你如何定義「回到」、「牢籠」和「部落主義」？**透過這些定義，我或許可以幫助你解決問題**。我反對這種說法，認為如果透過定義就可以做決定，或者說如果這個決定是從定義得來的，那麼所決定的問題就只是個名目上的問題；因為這樣的解決和事實或道德決定無關。

二、一個探討意義的**本質主義**哲學家，他的方法可能更加不可取，特別是處理（b）問題時；例如他可能認為它取決於我們文明的「本質」或「本質性格」，或者是我們文明的「命運」，才能決定我們是否要回到部落主義。（見：本章注61（2）。）

三、本質主義和定義理論都在倫理學裡導致驚人的發展。其中之一是增加了抽象性，因而**忽略了所有倫理學的基礎**，也就是說，道德的實踐問題必須由我們當下去決定。它首先導致一個一般性的問題：什麼是善？其次是「善的意義是什麼」？然後是「善的意義」是個有答案的問題嗎？或者說「善」能夠被定義嗎？最後一個問題是謨爾（G. E. Moore, *Principia Ethica*）提出的，他的主張其實是對的，他說：從道德的意義來說，「善」是不能用「自然主義」的語彙去定義的；因為實在說來，如果可以定義的話，它的意義就會像「苦」、「甜」、「紅」、「綠」一樣，和道德完全不相干。就像我們不必定義苦或甜等等，也沒有道德的理由要對於自然主義者的「善」感興趣。不過，雖然謨爾或許在主要的論點上是正確的，我們仍然認為善或其他概念

657

的本質分析對於倫理學的基礎問題沒什麼貢獻，我們必須解決的是當下的道德問題。這種分析只會是用文字問題去替代道德問題而已。（見：第五章注18（1），特別是談到和道德判斷無關的部分）

注50：我想到的是「構成」的方法、「隱含定義」（implicit definition）、「相關定義」（definition by correlation）以及「操作定義」（operational definition）。操作論的論證大致上似乎為真；不過他們不能克服一個事實，就是他們的操作性定義要用到普遍的語詞，而這些語詞是未經定義的；上述的問題便又產生了。

關於「使用我們的語詞」的方式問題，也許可以提示一下。為了簡明起見，這些提示會涉及不加解釋的專門東西；因此在目前的形式，它們可能會難以理解。

關於所謂隱含定義，特別是數學裡的隱含定義，卡納普指出（見：*Symposion*, vol. 1, 1927, p. 355 ff.; Carnap, *Abriss*），若以「定義」一詞的一般用法，隱含定義其實並沒有在下定義；我們不可把隱含定義的系統視為界定一個模式（defining a model），它是定義一個整個類的「模式」。這樣一來，由隱含定義加以界定的記號系統，不可以視為一個**常元**（**constant**）系統，而必須視為**變元**（**variabie**）系統（具有確定的範圍，被系統綁在一起）。我相信這種情形有點類似我們在科學裡「使用我們的詞彙」的方式。而這種相似性可以描述如下：我們在數學的一個分支裡操作時所用的符號，是用隱含定義去界定的；事實上，這些沒有「確定意義」的記號，並不會影響我們對於它們的操作或者理論的嚴格性。何以如此？因為我們並沒有讓記號負擔太多，除了由隱含定義所賦予的意義外，我們沒有附加其他「意義」。（如果我們附加直觀的意義，就會把它視為私人的輔助工具，而不讓它干涉理論本身。）依此方式，我們試圖保持在適度的歧義或「含混度」（penumbra of vagueness）範圍，同時避免涉及含混程度或級距的準確性問題；這樣，我們就不必討論這些語詞的意義，也可以達到相等的成就，因為我們不怎麼**依賴**它們的意義。我相信依此相同的方式，我們也可以使用那些在操作時了解其意義的語詞。我們就這樣使用這些語詞而不必依賴它們的意義，或至少把依賴降至最低。我們的「操作定義」有個好處，它把我們的問題轉到另一個領域中，其中沒有（或很少）對於字詞的依賴。因而，**只要說得清楚，用什麼語詞根本無關緊要**。

注51：維根斯坦在《邏輯哲學論叢》（見：本章注46）中說，哲學不能提出命題，又認為所有哲學命題其實都是非意含的擬似命題。他認為哲學的真正任務不在提出語句，而在釐清語句：「哲學的目的是對思想作邏輯的澄清。哲學不是一種學理，而是一種活動。一部哲學著作，在實質上，是由闡述組成的。」（p. 77）

問題在於，這種觀點是否和維根斯坦的根本目的一致？也就是揭開形上學無意含的胡說以摧毀它。我在《科學發現的邏輯》（pp. 311 ff.）試圖指出維根斯坦的方法只是在語言上的解答，不管它外表看來多麼極端，並不會摧毀或排除形上學，也不會釐定形上學的界限，而只是侵入科學領域，和科學混淆。理由很簡單：

一、讓我們看看維根斯坦的句子，例如：「哲學不是一種學理，而是一種活動。」當然，這不

658

是屬於「整體的自然科學」的語句（或者屬於自然科學全體的語句）。於是，依據維根斯坦（見本章注46），它不屬於「全體真命題」。另一方面，它也不是假命題（因為如果它是假命題的話，它的否定應該就是真命題，而屬於自然科學的命題了）。**如此，我們可以推論說它必定是「無意義的」、「非意含的」或「缺少意義的」；而且維根斯坦大部分的命題都是這種情形**。維根斯坦自己承認他的學說會有這種結果，因為他（p. 189）說：「我的命題在於向任何瞭解我的人闡述如下：當他以它們為階梯，爬過它們之後，畢竟會認知它們為非意含的。」（6.54）而這種結果相當重要。維根斯坦自己的哲學是非意含的，而且也被承認是非意含的。正如維根斯坦在前言裡說的：「另一方面，這裡所傳達的思想之真理，在我看來是無法抗拒的與明確的。因此，我認為這些問題在實質上已有決定性的解決。」這等於說，我們可以藉著公認沒有意義的命題，**無法抗拒而明確地傳達為真的思想**，以及藉著闡述非意含，「終於」解決問題。（見：第二十四章注8（2）b。）

讓我們看看這是什麼意思。它意味著培根、休謨、康德和羅素等哲學家，幾個世紀以來所抨擊的形上學的胡言亂語，現在終於可以平息，並且坦承這些形上學是非意含的。（海德格也是如此；見：第十二章注87。）因為我們現在有一種供我們使用的非意含，它可以傳達既不可抗拒又明確地為真的思想；換句話說，它是**深具意義的無意含**。

我不否認維根斯坦的思想是無法抗拒而明確的。因為誰能攻擊他的論點呢？很顯然的，任何人反駁他時，所說的必定是哲學的東西，因此是無意含的而可以置之不理。於是，我們面對和黑格爾哲學有關的一種立場，那就是**加強版的獨斷論**（見：第十二章注32）。我說過：「一切你所需要的，是以一種適當的精密方法決定『有意思』或『有意義』的概念，同時你可以對任何令你不愉快的問題，說它們都是沒有『意思』或沒有『意義』的。只要承認唯有自然科學的問題才是『有意義的』，則任何對『意思』和『意義』概念的爭論就成為無意義了。一旦以此為法寶，這有關『意義』的獨斷教條就可免於任何的攻擊，當然，它就成為『無懈可擊的、確定的』」。（*The Logic of Scientific Discovery*, p. 51）

二、然而，維根斯坦的理論不僅僅使任何形上學無意含的問題看起來都煞有介事，更模糊了我所謂**釐定界限的問題（the problem of demarcation）**（見：*op. cit.*, p. 7）。那是因為他天真地認為有某種事物「本質地」或「自然而然地」是科學的，另外有一種事物「本質地」或「自然而然地」是形上學的，而我們的任務在於找到兩者之間的「自然」區分。我再引用《科學發現的邏輯》第八頁的一句話：「實證論以自然主義的角度去解釋釐定界限的問題，而不依據實際的使用方法，它尋求一種『自然』存在的差異。」但是顯然哲學的或方法學的任務只是在建議或設計一種有用的區分。僅僅說形上學是「無意義」或「非意含」，是很難做到這點的。因為它只是在發洩對於形上學或形上學家的不滿，而不是作為專門的分野。其次，它只是把轉移問題而已，因為我們還是要問：「所謂『有意義』和『無意義』是什麼意思？」如果「有意義」只是說「科學的」，而「無意義」是「非科學的」，那麼我們顯然是在原地打轉。基於這些理由，我便建議（pp. 8 ff., 21 f., 227）在方法學的討論中，除去「意義」、「有意義」和「無意義」

之類情緒性的字眼。（我建議用「可證偽性」〔falsifiability〕、或「可驗證性」〔testability〕、或「可驗證的」，作為科學系統的經驗性格的判準，以解決釐定界限的問題；我認為把「有意義」情緒化地等同於「可驗證」，那是沒什麼好處的。）

補注：即使我明白表示我不想以「可證偽性」、「可驗證性」（或任何其他東西）作為**「意義的判準」**，但我發現仍有些哲學家認為我做了這種建議。（例如見：M. Farber, *Philosophic Thought in France and the United States*, p. 570。）

不過，即使我們除去維根斯坦理論裡所有涉及「意義」或「意含」的部分，他對於科學和形上學的區分提出的方法，仍是不適當的。因為他把「整體真命題」等同於整體自然科學，並且排除「自然科學」領域以外的假設，認為它們不是真命題。而我們永遠無法確知任何假設的真偽，所以我們永遠不知道它是否屬於自然科學的領域。另一個不同的結果是，他的區分把所有假設排除在自然科學之外，而歸於形上學體系中，如同我指出的（*Erkenntnis,* 3(1933), p. 427），這也是由於維根斯坦有名的「檢證原則」（principle of verification）所致。（因為嚴格說來，假設是無法檢證的，而若放寬標準，那麼我們也可以說，就連早期原子論的形上學系統，也已經被檢證過了。）維根斯坦後來也得出這個結論，根據史立克（Schlick）的說法，他在一九三一年認為科學的種種理論「並不是真正的命題」，亦即不是有意義的。（見：*The Logic of Scientific Discovery*, note to section 4。）理論、假設，亦即科學陳述裡最重要的東西，就這樣被逐出自然科學的殿堂，被擺到和形上學同一個層次上。

維根斯坦在《邏輯哲學論叢》中最初的觀點，只能由一種假設來解釋，那就是他輕忽了科學假設的地位的這個難題（**科學假設不僅是事實的闡述而已**）；他忽略了普遍性或概括性的問題。在這方面，他沿襲了以前的實證論者，特別是孔德（Comte）。孔德說（見：*Early Essays on Social Philosophy,* edited by H. D. Hutton, 1911,p. 223; F. A. von Hayek, *Economica*, VIII, 1941, p. 300）：「觀察事實是人類知識唯一的堅固基礎……凡不能化約成簡單事實的命題，不論是個殊的或概括的，都沒有實在的或可理解的意義。」孔德雖然仍舊不理解隱藏在「一般事實」背後的重大問題，但是他至少用了「是個殊的或概括的」這個語詞，而**提到了**這個問題。如果我們省略這些語詞，則其內容就如同維根斯坦在《邏輯哲學論叢》中所呈現的，而和維根斯坦的意義或意含的基本判準形式若合符節（所有的命題都是原子命題的真值函數，當然也就可以化約成原子命題〔atomic propositions〕，原子命題即原子事實的圖像〔pictures of atomic facts〕），而這也是史立克於一九三一年所主張的。——穆勒（J. S. Mill）後來也採用了孔德的意義判準。

總結說來，在維根斯坦的《邏輯哲學論叢》裡反形上學的意義理論，完全無法對抗形上學的獨斷論和神諭哲學；反而更強化了獨斷論，為其敵人（深具意義的形上學無意含）大開方便之門，而又把它的摯友（科學的假設）擲出門外。

注52：這種非理性主義（irrationalism），並不提出層層相關而可以討論的論證，而是提出要不「理解」就是拒絕的箴言和獨斷陳述，它勢必成為一小撮圈內人的財產。事實上，這種預測似乎被維根斯坦學派的若干刊物證實了。（我不願意一竿子打翻一船人；例如我看到的魏斯曼〔F.

Waismann〕的著作，裡頭都是合理而明確的論證，完全沒有「**不是接受它就是拒絕它**」的態度。）

這些小圈子的刊物似乎沒有什麼嚴肅的問題要談；在我看來，它們好像是為煩瑣而煩瑣。重要的是，他們的學派正是標榜抨擊以往哲學無聊而煩瑣地探討種種假問題。

660

且讓我概述上面的批評。我不認為打擊形上學是多麼必要的事，也不認為這種打擊會有什麼有價值。形上學和科學的劃分畛域是必須解決的問題。但是我們要知道，許多形上學系統曾經促成了許多重要的科學成果。德謨克里圖斯的形上學系統即為一例；而叔本華的形上學系統也和佛洛伊德非常接近。此外，像柏拉圖或馬勒布朗雪（Malebranche）或叔本華，他們的形上學系統都有很美的思想結構。不過我也相信應該攻擊那些使我們混淆和迷惑的形上學系統。然而同樣的，對於非形上學或反形上學的系統來說，如果它們有這種危險的傾向，我們也應該如此口誅筆伐。我認這不是一蹴可幾的。我們寧可耐心分析那些系統；一定要先了解作者的本意，而同不同意則是另一回事。（所有獨斷的思想體系、特別是那些封閉的體系，其擁護者總是認為批評者不了解他們的系統；不過，這些擁護者忘了一件事，那就是了解並不等於同意；批評者在若干無關緊要的句子上可能會同意，但在其他地方可以既了解卻又不同意。）

注53：見：Schopenhauer, *Grundprobleme* (4th, edn, 1890, p. 147）。他評論說：「知識上的直觀理性從神諭的祭壇上作種種宣諭。」（這就是所我說的「神諭哲學」。）他又說：「緊接在康德以後的階段的哲學方法就是源自於此，那是一種神祕化的哲學方法，欺騙群眾、遮蔽他們的眼睛，有一天哲學史會理解這個時代是**不誠實的時代**。」（接著就正文中引述的那些話。）關於非理性主

義者「**要麼接受它，不然就捨棄它**」的態度，見第二十四章注39、注40。

661

注54：經由亞里士多德發展和系統化的柏拉圖的定義理論（見：第三章注27以及第五章注23），主要的反對者有安提西尼、伊索克雷茲學派，特別是提奧龐普斯（Theopompus）的反對。

（一）關於這個極為可疑的問題，最好史料來自辛普利丘斯（Simplicius），他說安提西尼反對柏拉圖的理型論，事實上，他也反對柏拉圖的本質論和知性直觀理論（見：Aristotle, *Categories*, 66b, 67b）。安提西尼曾說：「柏拉圖，我看到一匹馬，但我看不到什麼『馬性』（horseness）。」（另外，根據比較次要的史料，指出犬儒學派的戴奧吉尼斯也有類似的評論〔D. L., VI, 53〕，我們看不出戴奧吉尼斯有什麼理由不用這種論證。）我想我們可以信賴辛普利丘斯，因為亞里士多德在《形上學》的說法（1043b24）和安提西尼的反本質論非常一致。

亞里士多德在《形上學》有兩段提到安提西尼反對本質論的定義理論，都很有趣。第一段是在《形上學》（1024b32），我們首先看到安提西尼提出一個論點（本章注44（1）），那就是我們沒有方法分辨「真」的定義和「假」的定義（例如「puppy」的定義），因此，兩種明顯矛盾的定義，只是指涉兩種不同的本質罷了，「puppy1」及「puppy2」；這樣一來就不會有矛盾，但是也就不可能有所謂假的語句了。亞里士多德寫道：「安提斯泰尼（安提西尼）過於簡單，他認為，除了事物本身固有的定義外，都不值一提，定義是一對一。由此得到結論，不存在矛盾，大致也不存在錯誤。」（這段內容通常被詮釋為在描述安提西尼的實證理論，而不是他對於定義理論的批評。不過，這種詮釋忽略了亞里士多德的上下文。整個的內容是在探討假的定義的可能性，亦即處理如注44（1）所說的，由於知性直觀理論的不當而引起的種種困難問題。明顯的是，從亞里士多德的文中得知，這些困難以及安提西尼對於這些困難的態度困擾著他。）下一段（*Metaphysics*, 1043b24）也和本章對於本質論定義的批評一致。安提西尼指摘說，本質論的定義是無用的，**它只是用冗長的定義替代簡短的定義**；而且，安提西尼進一步表現出他的睿智，他說雖然**定義**是徒勞無功的事，但是我們卻可以藉著和某個已知事物之間的相似處來描述或**解釋**另一個事物或分析其構成。亞里士多德說：「所以那個困擾著安提斯泰尼（安提西尼）的追隨者和其他同樣沒受過教育的人的難題倒有點用處。（即，什麼是不可下定義的，因為定義是個一長串的原理。）而某物是什麼樣子倒允許傳授，例如銀，它是什麼不可說，但是可說它像錫。」亞里士多德進一步說，這種理論得出一個結論：「所以有一種實體的定義和原理允許存在，例如組合的實體，不論是可感的還是可思想的，但構成它的最初的東西，卻是不可定義的……。」（亞里士多德又離題把這個討論和他自己的理論扯在一起，他認為定義式包含兩個部分，也就是屬和種差；它們相互關連並且聯合在一起，就像物質和形式一樣。）

我在此處理這方面的問題，因為安提西尼的敵人，例如亞里士多德（見：*Topics*, I, 104b21）提及安提西尼思想的方式，容易使人誤以為安提西尼主張實證理論，而不是在批評本質主義。這種印象有一部分是因為安提西尼另一個思想的混淆；我指的是安提西尼的單一性理論，就是必須以一對一的方式去說明事物，這樣我們就能避免以定義理論徒勞無功地解決種種困難。

這一切問題因為證據有限，所以不是很確定。不過，葛洛特說「安提西尼和柏拉圖之間的爭論」

662

是「唯名論和極端唯實論（我們會說是極端的本質主義）的第一次論戰」，我認為他的說法是對的。因此，葛洛特的看法可以用來反駁費爾德的抨擊（見：*Plato and His Contemporaries*, 167），費爾德認為把安提西尼視為唯名論者是「大錯特錯的」。

為了佐證我對於安提西尼的詮釋，我可以再提一下笛卡兒，他用以抨擊煩瑣哲學的定義理論的論證，和我們前面提到的很近似（見：Descartes, *The Philosophical Works*, trans. by Haldane and Ross, 1911, vol. I, p. 317）。洛克也比較隱晦地使用這個論證（見：*Essay Concerning Human Understanding*, Book III, ch. III, section 11, to ch. IV, sections 4-11; esp. ch. IV, section 5）。但是，笛卡兒和洛克，特別是洛克，仍舊是本質論者。霍布士和柏克萊曾經抨擊本質論，而後者可以說是最早的**方法學的唯名論者**，而這又不同於他的存有學的唯名論（ontological nominalisim）。（關於笛卡兒和柏克萊在這方面的角色，見：第二十五章注7（2）。）

（二）關於其他人批評柏拉圖及亞里士多德的定義理論問題，茲舉提奧龐普斯為例（見：Epictetus, II, 17, 4-10; Grote, *Plato*, I, 324）。不同於時下的看法，我認為蘇格拉底本人可能不會贊成定義理論，他似乎極力反對僅僅就語言去解決倫理學的問題；他所謂對於倫理學語詞的暫時定義，就其負面效果來看，可以說是在摧毀名目論者（verbalist）的偏見。

（三）另外要多作說明的是，雖然我在這裡對於亞里士多德不假辭色，卻仍然尊敬他的若干成就。他是邏輯的創立者，一直到羅素與懷德海的《數學原理》（*Principia Mathematica*），整個邏輯可以說都是在推廣和闡揚亞里士多德開頭的邏輯問題。（我認為邏輯的新時代已經開始了，雖然不是所謂「非亞里士多德的」或「多值的」邏輯系統，而是「對象語言」（object-language）和「後設語言」（meta-language）之間的明顯區分。）尤有甚者，亞里士多德試圖以他的常識性進路馴服唯心論而成果斐然，認為只有個體的事物是「實在」（而它們的「形式」和「質料」只是不同的面向或抽象作用而已）。

補注：然而這個進路也使得亞里士多德沒有試圖解決柏拉圖的共相問題（見第三章注19和注20），也就是解釋為什麼某物和另一物相像，而其他則否。因為事物裡為什麼不能有亞里士多德所謂的多個不同的本質存在？

注55：柏拉圖主義對於《約翰福音》的影響昭然若揭；這個影響在早期福音書裡沒有那麼顯著，但是並不意味完全沒有影響。不過，福音書仍然透露了一種明顯反智論和反哲學的傾向。它們不僅迴避哲學思辨，更公開反對學問和辯證法，例如反對「文士」；而在當時所謂的學問，是指以辯證法和哲學的意義去詮釋聖經，特別是以新柏拉圖學派的意義。

注56：民族主義以及取代猶太人地方性部落主義的國際主義，在早期基督教歷史裡扮演要角。在〈使徒行傳〉（esp. 10, 15 ff.; 11, 1-18；另見：*St. Matthew* 3, 9; *Acts,* 10:10-15〔反對部落禁忌〕）可以看到這類對抗的記載。有趣的是，這個問題和財富、貧窮、奴隸等社會問題糾纏不清；見：Galatians 3, 28; esp. Acts, 5, 1-11（認為保有私人財富是最大的罪惡）。到一九一四年的東歐猶太社區，以及歷史更久遠的僵化的猶太部落主義的殘存問題相當耐人尋味。（試比較蘇格蘭的部落堅守他們的部落生活的方式。）

注57：引自：Toynbee, *A Study of History*, vol. VI, p. 202。探討羅馬統治者迫害基督教的動機，而他們原本對於宗教事務是相當寬容的。湯恩比說：「羅馬帝國政府之所以無法容忍基督教，主要在於基督徒拒絕接受政府的主張它有權迫使人民做違背良心的事……。基督教的擴張不但沒有停止，殉教反而成了扭轉逆境的最佳戰術……。」

663

注58：關於尤利安（Julian）的新柏拉圖學派反對教會及其柏拉圖主義的階級制度，以及他的反對「無神論者」（基督教思想），見：Toynbee, *op. cit.*, vol. V, pp. 565, 584；茲引用格夫肯（J. Geffken）的一段話（湯恩比摘述在《歷史研究》中）：「楊布里柯斯（Jamblichus）的個人宗教經驗……被排除了（楊布里古斯是異教哲學家、神祕主義者以及敘利亞新柏拉圖學派的創始人，大約在西元三百年）。取而代之的是主張聖體聖事的神祕主義教會、恪守禮儀的正確性、幾近於巫術的禮儀，以及教會執事……。尤利安要提高神職的觀念……，正好符合楊布里柯斯的標準，他對司鐸的渴望、禮拜形式的細節、系統化的正統理論等，為建立異教教會準備了基礎。」在敘利亞柏拉圖主義者和尤利安的原則裡，我們看到真正柏拉圖主義的發展（或許包括晚期的猶太教，見本章注56），這個傾向反對任何強調個人良心和人道的革命性宗教，阻礙任何改變，建立嚴厲的教條，並由哲學僧侶階級和嚴格的禁忌去守護。（見：第七章注14、注18、注23；另見：第八章注34。）隨著查士丁尼迫害非基督徒及異教徒，並於西元五二九年壓迫哲學，使得情勢大變；繼之而起的是基督宗教的時代，它採取極權主義的方法，用暴力控制人們的良心。黑暗時代開始了。

注59：湯恩比警告說不要用帕累托（Pareto）的方式去詮釋基督教的興起，見：Toynbee, *op. cit.*, vol. V, p. 709。（關於帕累托的說法，見：第十章注65，第十三章注1。）

注60：克里底亞、柏拉圖、亞里士多德的犬儒學說，認為宗教是人民的鴉片，見：第八章注5至注18，特別是注5、注18。另見：Aristotle, *Topics*, I, 2, 101a30 ff.。至於波利比烏斯（*Polybius*）和史特拉波（*Strabo*）的例子，見：Toynbee, *op. cit.*, vol. V, pp. 646, 651。湯恩比的引文見：Polibius, *Historiae*, VI, 56：「我認為羅馬制度相對於其他制度的最顯著優點，是它對於宗教的處理……。羅馬人努力建立一套屬於自己的社會秩序制度……而免於宗教迷信。」湯恩比引用史特拉波的話說：「暴民……是無法循循善誘去遵從哲學理性召喚的……。為了處理這種人，就不得不利用迷信。」看到柏拉圖化的哲學家們接二連三地認為宗教是人民的鴉片，我實在難以了解為什麼主張說君士坦丁也有相同的動機會是個**時代錯置**。

阿克頓爵士（Lord Acton）的說法（見：*History of Freedom*, 1909, p. 30 f）和湯恩比正好相反。阿克頓談到君士坦丁和基督教徒的關係時說：「君士坦丁在接受基督教信仰時，既沒有捨棄前人的政治謀略，也沒有放棄威權的魅力，他只是**利用宗教去鞏固他的王權**，它的反抗力量已經震驚全世界……。」

注61：和任何人一樣，我欣賞中世紀的大教堂；我也完全承認中世紀獨特而偉大的藝術。但是我更相信美學不可以用來作為反人道主義的理由。

對於中世紀的歌頌似乎是肇始自日耳曼的浪漫主義運動，不幸的是，我們現在看到這個浪漫主義的復辟，中世紀化成為時尚。它當然是反理性主義的運動；我們會在本書第二十四章從另一觀點討論這個問題。

對中世紀的兩種態度：理性主義和反理性主義，對應於對**「歷史」的兩種詮釋**（見：第二十五章）。

（一）理性主義者的歷史詮釋觀點，認為當時人們試圖理性處理自己的事務。從大世代（特別是蘇格拉底）、早期基督宗教（直到君士坦丁）時代、文藝復興和啟蒙運動到近代科學，他們看到歷史的部分真相，看到人們自我解放的種種努力，看到人們打破封閉社會的牢籠，建立開放社會。我們要知道，這些運動並不代表「進步的法則」之類的事物；它只是說，我們唯一憑藉的就是我們自己，如果我們不防止反動、懶惰和停滯，這種運動便會立即煙消雲散。這個詮釋看到的黑暗時代，是柏拉圖的權威、祭司階級以及部落主義的騎士團。

對於這種詮釋，阿克頓有個經典的說法（見：*op. cit.*, p. 1；黑體字是我加上的）。他說：「自從兩千五百六十年以前在希臘播種以來，自由就成為僅次於宗教的善行動機以及犯罪藉口……。自由在各個時代的進程裡，被自然的敵人、無知和迷信、貪婪的征服者、好逸惡勞者、貪求權力的強人、為五斗米折腰的窮人圍攻。其中有很長的時期，自由完全會遭到扼殺……。一旦涉及到真正自由的性質時，其混亂和不安定，實在是最持久且難以克服的困難。**如果說敵對的利益曾經形成莫大的傷害，那麼錯誤的觀念的傷害就更大。**」

黑暗時代的人們感受到的黑暗，其強烈程度真是不可思議。他們的科學和哲學籠罩在被一種感受裡，那就是「**真理曾經被認識，現在又不見了**」。這不僅透露了對於古代鍊金術散佚的祕密的信仰，對於古代占星學智慧的信仰，也透露了厚古薄今的態度，如果觀念是新的，就不可能有任何價值，任何觀念都必須有古代權威的支持（亞里士多德和聖經的權威）。但是，相信打開智慧祕密的鑰匙已經遺落在過去裡的人，他們是對的。因為這種鑰匙正是對於自由和理性的信仰；它是思想的自由競爭，而如果沒有思想自由，它是是不可能存在的。

（二）另一種詮釋則類似於湯恩比對於希臘、近代理性主義（文藝復興以降）的詮釋，認為它們是偏離了信仰的道路。湯恩比（*A Study of History*, vol. V, pp. 6 f., note；黑體字是我加的）說：「古希臘和西方文明的理性主義的共同元素，並沒有明顯到可以使它們和其他社會區分開來……。如果我們把西方文明的基督宗教元素當作它的本質，**那麼希臘文明的復興就不能說是西方基督王國的潛力的實現，而應該是偏離開了西方成長的正途——事實上，不管是否可能恢復它，這個步驟都是錯誤的。**」

與湯恩比相反，我一點都不懷疑復辟的可能性，而回到中世紀的牢籠、壓迫、迷信和瘟疫裡。不過，我相信我們最好不要這麼做。而且我也認為我們到底該怎麼做，唯一的依據就只是我們自己的決定，而不是依賴於歷史定論主義的本質主義；也不像湯恩比認為的，依賴於我們西方文明的本質特性。（見本章注4（2）。）

（這段引文是湯恩比回答比文博士〔D. E. Bevan〕的書信；我認為引文中比文的第一封信代表了我所說的理性主義詮釋。）

注62：摘自：H. Zinsser, *Rats, Lice, and History* (1937), pp. 80, 83。

關於本章文末提到的德謨克里圖斯的科學和道德仍然與我們同在的問題，我可以提及一個事實，從德謨克里圖斯、伊比鳩魯、魯克雷修斯（Lucretius）到加桑地（Gassendi）之間，有個直接的歷史關聯，無疑也延續到洛克身上。「原子和虛空」是他們的典型用語，顯示他們一直受到這個傳統的影響；一般說來，「原子和虛空」的自然哲學，往往也會主張利他主義的快樂主義（hedonism）或功利主義。就快樂主義和利他主義來說，我相信有必要以一種原則替代他們的原則，也就是快樂的極大化（maximize pleasure）。而替代的原則也許更加符合德謨克里圖斯和伊比鳩魯原來的觀點，也更加中庸且更迫切；這個原則就是：痛苦的極小化（minimize pain）。我相信企圖使人民獲致最大的快樂或幸福，不僅是不可能的，而且是危險的（見：第九章、第二十四章及二十五章），因為這樣的企圖很容易導致極權主義。不過德謨克里圖斯大部分的追隨者（直到羅素，仍然對於原子論、幾何學和快樂主義深具興趣），對他們的快樂原則的這個修正形式，只要不誤解為倫理學的判準，而是當作行為原則，我想應該不會有什麼爭論。

第十二章

黑格爾與新部落主義

黑格爾的哲學，是……對思想的考究，它是那樣的深奧，絕大部分難以理解。

——史德林（J. H. Stirling）

1

242 作為現代歷史定論主義的源頭的黑格爾，是赫拉克里圖斯、柏拉圖、亞里士多德的嫡系傳人。黑格爾成就了極為神奇的事物；他是邏輯大師，就像兒戲一樣，他以強大的辯證法，從純粹形上學的絲絨帽子裡變出有形體的兔子。他以柏拉圖的〈蒂邁歐篇〉及其幾何數的神祕主義為起點，用純粹哲學的方法（在牛頓《自然哲學的數學原理》問世一百一十四年以後），證明行星應該是依照克卜勒定律在運行。他甚至演繹出行星的實際位置[1]，因而證明火星和木星之間不會有其他行星（不幸的是，他不知道早在幾個月之前就發現了小行星帶）。他又同樣證明鐵的磁化會增加重量，而認為牛頓的慣性理論和重力理論互相**矛盾**（當然他也沒辦法看到愛因斯坦指出慣性質量等於重力質量）以及諸如此類的事物等。如此強大的哲學方法之受到重視，只能說一部分是因為當時日耳曼自然科學的落後。事實上，我想博學深思的人起初並沒怎麼重視這套方法（例如叔本華或弗里斯〔J. F. Fries〕），科學家們無論如何也
243 不屑一顧，他們像德謨克里圖斯一樣[2]，「寧可發現一個因果法則，也不願作波斯王」。黑格爾的名聲是被某些人吹捧出來的，他們寧可一步登天地窺探世界的奧祕，也不想大費周章地學習科學技術，這種技術缺少了揭開萬有奧祕的力量而使他們大失所望。但是他們隨即發

現，沒有任何其他方法，可以像黑格爾的**辯證法**（一種足以取代「單調的形式邏輯」的神祕方法）那樣，輕易應用在任何困難（雖然只是看起來很難）的問題上，而且效果迅速而驚人有力，它既廉價又不需要科學訓練和知識，而又像科學一樣令人嘆為觀止。黑格爾的成功是「不誠實的年代」的開始（這是叔本華對於德國觀念論的形容）[3]，以及「不負責任的年代」的起點（正如海登〔K. Heiden〕對於現代極權主義的描述），首先是知識的不誠實，而其結果就是：道德上的不負責任；這個新時代是由高唱入雲的巫術和術語的力量去支配的。

為了不要讓讀者對於黑格爾驚人而神祕的咒語望而生畏，我要引述一段他對於聲音的探討，特別是聲音和熱的關係。這是出自黑格爾《自然哲學》（*Philosophy of Nature*）[4]的一段段譫語：「三〇二節：聲音是若干物質部分在特殊隔離狀況下的變化以及該狀況的否定的結果；——僅僅是個殊化的一種**抽象物**或是一種觀念的**理想性**。但是這種變化是物質個殊存在自身的直接否定；因此，它是特殊重力和內聚力的**實在理想性**，也就是**熱**。燃燒發聲的物體，就像打擊或摩擦發聲的物體一樣，是熱的表象，在概念上和聲音一起產生的。」如果還會有人相信黑格爾的真誠，或者懷疑他的祕密力量其實沒有多麼深刻或充滿思想，反而是空洞無物的，那麼，我希望他仔細讀到最後一句，那是該段落裡唯一可以理解的部分，因為黑格爾在該處露出了馬腳。那句話的意思顯然只是說：「燃燒發聲的物體……是熱……和聲音。」於是問題來了，黑格爾究竟是欺騙自己，用他自己鼓舞人心的術語來催眠自己呢？還是厚顏

無恥地欺騙且迷惑他人？我確信答案是後者，尤其是證諸他的一封信。那封信的日期是他在
《自然哲學》出版兩年以前，黑格爾談到他的好友謝林的《自然哲學》：「我有太多事要
244 作……數學……微積分、化學。」黑格爾在信裡吹牛說（只是虛張聲勢而已）：「我也來講
一講自然哲學的鬼話，我不需要事實知識就可以對於自然從事哲學思考……**僅僅以幻想、甚
至是低能的幻想，例如觀念**，去探討自然哲學。」這段話很公平地刻劃了謝林的方法特徵，
也就是故弄玄虛、虛張聲勢。黑格爾很清楚，如果用來對大眾說話，那一定會很成功，於是
他複製了這個方法，甚至變本加厲。

不管如何，如果沒有普魯士政府威權的支持，他是不太可能在德國哲學裡那麼呼風喚雨的。事實上，在拿破崙戰爭以後、封建「復辟」的時候，他被指定為第一個普魯士主義的官方哲學家。後來政府也支持他的徒子徒孫（德國只有公立大學，至今仍是如此），這些弟子們又轉而相互酬唱。而且，雖然他們大部分的人都公開宣布和黑格爾主義（Hegelianism）決裂，但是黑格爾化（Hegelianizing）的哲學家們卻操控著哲學教育，甚至間接影響到中學（德語區的大學，像奧地利天主教大學一樣，猶如洪流中的小島一樣，完全不受干預）。在歐洲得到這麼大的成就之後，黑格爾主義於是很難不受到英國人的支持，他們覺得這麼沛然莫可禦的運動不會是空穴來風，因此開始探索史德林（Stirling）所說的「黑格爾的祕密」。當然，他們對於黑格爾的「更高的」觀念論及其要求更高的道德心醉神馳，也多少擔心黑格爾弟子們

245 鳴鼓而攻之，害怕被貼上不道德的標籤，因為即使是最謙虛的黑格爾信徒，也會宣稱他們的學說是：「要克服所有和精神以及道德價值為敵的力量。」[5]某些真正傑出的人士努力建構觀念論的思想，而且超過黑格爾的水平（我想到的主要是麥克塔加特〔McTaggart〕）；不過他們也同樣成為批評的箭靶。我們可以說，在歐洲大陸以外，特別是在過去二十年來，對於黑格爾哲學的興趣已經漸漸消散了。

然而，如果說對於黑格爾哲學的興趣漸漸消散了，為什麼還要擔心黑格爾呢？答案是，雖然科學家其實從未認真重視他，而且除了「演化論者」外，許多哲學家也差不多對他失去興趣，但他的影響仍是最有力的[6]。黑格爾的影響，特別是他的術語，在道德和社會哲學中，以及在社會和政治科學中（除了經濟學之外），仍是極具力量的。特別是歷史、政治和教育學的哲學家，仍然被籠罩他的勢力下。在政治學裡，極端左翼的馬克思主義者，極端右翼的法西斯主義者，以及保守的中間派，他們的政治哲學都奠基於黑格爾；左翼以階級戰爭取代了黑格爾歷史定論主義架構裡的民族戰爭，右翼則以種族戰爭替代民族戰爭；不過兩者都或多或少刻意地沿襲黑格爾。（保守的中間派通常比較沒有意識到黑格爾的恩賜。）

我們如何解釋這個巨大的影響呢？我的主要企圖並不是要解釋這種現象以克服它。不過，我可以稍作提示。基於某些理由，即使到我們今日，哲學家仍在其四周營造某種巫術氣氛，哲學被認為是個詭異深奧的東西，探討著宗教裡的種種奧祕，但對於幼童和一般人卻毫無啟示。它是如此諱莫如深，以致成為知識份子、學者和智者的宗教和神學。黑格爾主義正是其中翹楚。它剛好是大眾迷信裡以為的那種哲學。它無所不知，對任何問題都有個答案。的確，誰能確定答案不是真的呢？

不過這不是黑格爾成功的主要原因。如果我們簡短地考慮一下當時整個歷史情境，或許更能夠理解它的影響以及何以要抨擊它。

隨著文藝復興的到來，中世紀的威權主義開始瓦解。但在法國革命以前，它在歐洲大陸的政治對應面，也就是中世紀的封建主義，並沒有遭到嚴重的威脅（宗教改革只是強化它而已）。直到一七八九年所宣揚的種種觀念，才重新開始為開放社會而奮鬥；而且，封建的君主不久就經驗到這種危險的嚴重性。一八一五年，反動派在普魯士掌權，發現自己需要一種意識型態。於是黑格爾雀屏中選，就這樣，他復辟了開放社會最初的幾個死敵：赫拉克里圖斯、柏拉圖和亞里士多德的觀念。就如法國革命的時候，重新發現「大世代」和基督宗教的自由、平等、博愛的千年觀念；黑格爾也在這些千年觀念裡找到柏拉圖用以反對自由和理性的觀念。黑格爾主義是部落主義的復甦。黑格爾的歷史意義由以下事實可見一斑：它象徵著柏拉圖和近代極權主義之間的「失落的環節」。近代極權主義者大多不很清楚解他們的觀念原來可以溯及柏拉圖。但是許多人知道黑格爾對於他們的恩賜，他們都是在黑格爾主義的氣

246 氛下成長的。他們被教導說要崇拜國家、歷史和民族。（我對黑格爾的觀點當然會預設他對

於柏拉圖學說的詮釋和本書裡的並無二致，用現代的標籤來說，就是極權主義；而且，我們可以證明說，從黑格爾在《法哲學原理》裡對於柏拉圖的批評可以看出來他對於柏拉圖的詮釋和我們一致。）[7]

為了使讀者一窺黑格爾對於國家的柏拉圖式崇拜，在開始分析他的歷史定論主義哲學之前，我會引述幾段話。指出黑格爾的激進集體主義既依賴於柏拉圖，也依賴於普魯士國王威廉三世在法國革命前後的危機時期的立場。他們的理論是：國家就是一切，個人什麼也不是。一切都歸於國家，無論是個人的身體或精神存在。這便是柏拉圖、腓特烈．威廉三世的普魯士主義政治以及黑格爾的福音。黑格爾寫道：「普遍者唯有在國家裡能找到，國家是存在於人間的神聖理念……。我們必須把國家當作神在人間的開顯去敬拜它，而如果說自然深奧理解，那就更不容易把握國家的本質。國家是神在世界的巡禮……。我們必須把國家理解為生命體……。整個國家本質上都屬於意識和思想。國家知道其意志是什麼……。國家是實在的；同時……，真正的實在就是必然的。凡是實在的永遠是必然的……。國家……是為己之有……。國家是真實存在的、實現了的道德生命。」[8]以上幾段話應該可以充分說明黑格爾的柏拉圖主義以及他如何主張國家的絕對道德威權：國家的道德威權超越任何個人道德和良知。當然它是一種誇大而歇斯底里的柏拉圖主義；不過，這只有使事實更加明白，那就是近代極權主義和柏拉圖主義的掛鉤。

247

有人也許要問，黑格爾對於普魯士的這些服務及其歷史影響，不就證明了他的天才。我並不認為這個問題是重要的，因為我們經常會以「天才」的觀點去思考，這只是我們的一部分浪漫主義而已；除此以外，我並不認為它證明了任何事，或者說歷史就是我們的判斷[9]；這些教義毋寧是黑格爾主義的一部分。不過，就黑格爾來說，我甚至並不認為他是天才。他是個難以消化的作家。即使是最熱誠的辯護者也必須認他的寫作風格「的確很可恥[10]」。就他的寫作的內容來說，他唯一獨佔鰲頭的地方，就是他引人側目的缺少創造力。在黑格爾的著作裡，沒有任何內容說得比以前人好。在他的辯解的方法裡，沒有任何東西不是抄襲自前人辯解的方法[11]。不過黑格爾的這些拾人牙慧的思想和方法雖然不甚出色，卻只針對一個目的：攻擊開放社會，進而為他的雇主普魯士國王腓特烈・威廉服務。黑格爾的混淆和貶低理性，一部分是達到該目的必要方法，一部分則是無心插柳，卻也是他的心態極為自然的表現。若非它所導致的惡果顯示小丑有有多麼容易成為「歷史的創造者」，黑格爾的整個故事根本就不值一哂。「德國觀念論」崛起的悲喜劇雖然作惡多端，倒極像一齣鬧劇；這些開場白有助於解釋我們何以難以斷定其後的英雄人物是否擺脫了華格納（Wagner）「偉大條頓民族歌劇」或奧芬巴哈（Offenbach）的荒誕劇的舞台。

我認為黑格爾哲學是基於不可告人的動機，也就是說，他想要恢復腓特烈・威廉三世的普魯士政府權威，因而不必認真看待他的哲學，這不是什麼新的主張。熟悉當時政治情境的人都知道這個故事，少數獨立思考的人也都樂於告訴我們這個歷史。叔本華就是最好的證人，他自己是柏拉圖的理型論者，就算不是反動派，也應該是個保守派，但是他是個重視真理甚於一切的正直人士[12]。在哲學問題上，他無疑是當時最有資格評斷的人。叔本華很清楚黑格爾的底細，他建議用莎士比亞所說的「腦袋腐爛掉、滿口胡言亂語的人」來形容黑格爾的哲學[13]。叔本華對這位哲學大師生動地描述說：「以政府權力作為配備的黑格爾，似乎取得了大哲學家的證書一樣，他頭腦平凡、說話無味、令人作嘔；他只不過是粗鄙的騙子而已。他在厚顏無恥的胡扯上可謂登峰造極，滿口盡是瘋狂的、神祕的廢話。專以金錢為目的的追隨者呶呶不休地宣稱這些廢話是不朽的智慧，所有笨蛋都欣然奉之為智慧，就這樣他們湊成空前完美的歌功頌德的合唱隊。由於當權者對於黑格爾的支持，更伸張他在其他領域的精神影響，使得他對於整個世代造成知性的敗壞。」叔本華在他處也描寫了黑格爾主義的政治遊戲：「在康德重振哲學的威望之後，哲學必須又立即成為某些目的的工具；在上，是國家目的的工具；在下，是個人目的的工具……。那掩藏著的動機，儘管人們道貌岸然，莊嚴保證，卻只是現實的而非理想的目的，也即是個人的、官方的、教會的、國家的目的；一句話，他們心中所有的只是物質利益……。使得這些冒牌世界睿哲們的筆尖這樣緊張活動的也
248 只是黨派目的……。至於真理，那就肯定是他們最後才考慮到的東西了……。沒有一個時代對於哲學還能比這樣可恥地誤用它，一面拿它當作政治工具，一面拿它作為營利手段的時代

更為不利的了……。或者還有人相信……真理也並未被忽視，也可在夾邊一見天日呢？……**政府既拿哲學當作達到國家目的的手段，那麼，在另一方面，學者們就視將哲學講座為一種職業……。」（按：引文中譯見：《作為意志和表象的世界》，石沖白譯。）**叔本華認為黑格爾的身分就像是由普魯士政府付錢的代理商，黑格爾一個優秀的學生史威格勒（Schwegler）便證實了這點[14]。史威格勒說：「無論如何，黑格爾的整個聲名和事蹟，是從他於一八一八年被召至柏林時開始。許多人簇擁著他，聲勢日益擴大……漸漸成為呼風喚雨的學派；由和普魯士官僚的結合，他的哲學系統不但成為官方哲學，也對政治影響甚巨；這並非完全由於他的哲學的內在自由和道德價值所致。」史威格勒的編輯史德林（J. H. Stirling）是英國黑格爾主義的首位信徒，當然為黑格爾辯護而反對史威格勒[15]，他警告其讀者不要拘泥字義，以為「史威格勒暗地裡不認為黑格爾的哲學是『國家哲學』」。但在接下來幾頁，史德林無意中卻印證了史威格勒提到的事實和觀點，那就是黑格爾本人也認為他的哲學有黨派政治功能以及為黨派辯解的功能（史德林指出黑格爾也自嘲他的哲學這方面的功能）[16]。史德林接著以詩意而預言式的啟示，影射了一年前（一八六六年）普魯士對於奧國的閃電攻擊，不知不覺地洩漏了『黑格爾的祕密』：「現在普魯士強大的生活和組織的迅速發展，難道不應歸功於黑格爾，特別是歸功於他的倫理和政治哲學嗎？普魯士的強大組織難道不是以嚴峻的黑格爾作為中心嗎？這組織由不可見的神祕大腦中樞精心策劃，像閃電一般指揮著群眾。不過許多人都很清楚這個組織的價值，那就是在憲政制度的英國，公司債券和關稅特惠所有人的利益，廣被流行的商業上的不道德損害時，在普魯士一般的鐵路股票持有人，卻至少有平均百分之八點三三的安全保障。這點終究要歸功於黑格爾。」[17]

「我想有關黑格爾的大要，對每個讀者來說，現在應該很明白了。」史德林繼續說：「我從黑格爾那裡獲益良多。」我也希望現在有關黑格爾的大要是很明白了，同時我也相信史德林所得到的，是免於在非黑格爾式的、憲政制度的英國裡流行的商業的不道德威脅。

249 （在上述內容裡，我們要提到一個事實，那就是馬克思主義哲學家總是責怪對手的理論受到其階級利益的影響，卻習慣性地避開黑格爾。他們不敢斥責黑格爾是普魯士專制政治的辯護者，反而遺憾說辯證法創立者的著作，特別是他的邏輯學，沒有在英國更加流行——它反而是在俄國流行起來，整個黑格爾哲學，特別是他的邏輯學，都被官方正式認可。）[18]

現在讓我們回到黑格爾的政治動機問題。我想我們有足夠的理由懷疑他的哲學受到雇用他的普魯士政府的利益影響。不過，在腓特烈・威廉三世的專制統治箝制下，這種影響的蘊含遠非叔本華或史威格勒所能知道的；因為直到最近幾十年才公開的文獻出來明白一致地指出，腓特烈・威廉三世堅持所有知識都要服從國家利益。我們在他的教育計劃裡讀到：「只是接觸經院世界的抽象科學，以及只為了經院服務的抽象科學，當然對於國家福祉是沒有價值的；說要完全禁止它們，那是很愚蠢的事，不過限定在適當的範圍內，則是合理的。」[19]

黑格爾於一八一八年在反動派的高潮裡被召至柏林，這個時候國王開始罷黜政府裡的改革者和國家自由主義人士，他們對於國王的「解放戰爭」曾經貢獻良多。就這個事實來考慮，我們不免要懷疑指派黑格爾的動機，是不是「把哲學限定在適當的範圍內」，使它保持健康，以便為「國家福祉」服務，也就是說，要為腓特烈・威廉及其專制統治服務。我們在一個歌頌黑格爾的人的話語裡也看到同樣的問題：「至一八三一年去世為止，他一直待在柏林；在思想的歷史上，他公認是最有力量的哲學學派的獨裁者。」[20]（我想我們應該以「思想缺如」替代這段話裡的「思想」，因為我看不出獨裁者怎麼可能和思想史有關，即使他是哲學的獨裁者。但是除此之外這段話實在太寫實了。例如這個強大的學派沆瀣一氣，心照不宣地把叔本華的存在壓抑了四十多年。）我們看到黑格爾的確有力量「把哲學限定在適當的範圍內」，因此我們懷疑的問題可以說相當中肯。

以下文我要試圖指出，黑格爾的整個哲學可以詮釋為對於這個問題的強調式答覆。這種答覆當然是肯定的。同時，我也會指出如果我們以替普魯士主義辯護的方式去詮釋它，會更
250 有助於理解黑格爾主義。我的分析分為三部分，即本章第二、三、四節。第二節探討黑格爾的歷史定論主義和道德實證主義，以及這些學說比較深奧的理論背景，他的辯證方法和他所說的同一哲學（philosophy of identity）之類的。第三節則探討國家主義的興起。第四節會約略談及黑格爾和柏克的關係。第五節則處理近代極權主義對於黑格爾理論的依賴關係。

2

我首先概括性地比較黑格爾的歷史定論主義和柏拉圖的歷史定論主義，以便分析黑格爾的哲學。

柏拉圖相信理型或本質先於流變中的事物而存在，所有發展潮流都可以解釋為和完美的理型漸行漸遠而運動，因而是下降的，朝向衰敗的。國家的歷史更是墮落的過程；終極說來，這種墮落是由於統治階級的種族墮落的結果（我們必須記住柏拉圖的「種族」、「靈魂」、「自然」、「本質」等觀念之間的密切關係）[21]。黑格爾和亞里士多德一樣，相信理型或本質存在於流變的事物裡；或更確切地說（就我們可以確切處理黑格爾來說），黑格爾認為它們等同於流變中的事物，他說：「每個現實事物都是個理念。」[22]但這並不意味著柏拉圖在「事物本質和它的可感現象之間」分判的鴻溝被接起來了；因為黑格爾寫道：「當我們一提到本質時，我們便將本質與「有」（事物的存有）加以區別……與本質比較看來，乃只是一映象（Schein）……。我們又常聽過，凡物莫不有一本質，這不啻說，事物真正地不是它們直接當下所表現那樣。」**（按：引文中譯見：《小邏輯》，賀麟譯。）**像柏拉圖和亞里士多德一樣，黑格爾把本質，至少是有機體的本質（因此國家的本質亦然），視為靈魂或「精神」。

但是和柏拉圖不同的是，黑格爾並不認為流變世界的發展是自理念一路朝著敗壞而下降的。就像史波西普斯和亞里士多德一樣，他認為整個方向大體上是朝著理念而發展；這就是進步。雖然他和柏拉圖一樣說到「會朽滅的事物都在本質裡有其基礎，而且是自本質生成的」[23]，他卻和柏拉圖相反，認為即使如此，本質自身也是在發展當中的。黑格爾的世界和
251 赫拉克里圖斯一樣，「**萬物**」都是變動不居的；柏拉圖原本為了獲得固定不變的事物而引進的本質說法也無法豁免於流變。不過，這種流變並不是衰敗。黑格爾的歷史定論主義是樂觀的歷史定論主義。他的本質和精神，就像柏拉圖的靈魂一樣，是原動性的；它們會自我發展，或用更流行的說法，它們是「在突創當中」（emerging）並且「自我創造」。它們自動地朝向亞里士多德的「目的因」推進，或如黑格爾所說的，朝向「自我實現當中以及已經自我實現了的目的因本身」推進[24]。黑格爾把這種本質發展的目的因或目的稱作「絕對理念」或「理念」（黑格爾所說的這種理念相當複雜：一言以蔽之，它是美；是認知和實踐的活動；是圓融；是至善；是科學上可設想的大宇宙。不過我們不必拘泥於這些語詞引起的困擾）。我們可以說，黑格爾的「流變世界」是在一種「突創」或「創造性演化」（creative evolution）的狀態裡[25]；每個階段都包含著以前的階段，並且源自以前的階段；每個階段也會接替以前的階段，一步一步接近完美。就這樣，進步是發展的概括法則；不過，如我們所知的，這種進步不是簡單而線性的進步，而是「辯證性的」進步。

如前所述，集體主義的黑格爾就像柏拉圖一樣，把國家當作有機體。盧梭為國家提供一個集體的「共同意志」（general will），黑格爾則為國家提供一個有意識的和可以思考的本質，亦即「理性」或「精神」。這種精神的「真正本質是活動」（沿襲自盧梭的理論），也是形成國家的集體「**民族精神**」。

對於本質主義者來說，要理解或認識國家，就必須明白理解其本質或精神。如上一章所述[26]，我們只有從國家的「現實」歷史才能知道它的本質和「潛能」。於是我們就可以理解歷史定論主義者方法的基本立場，要得到社會制度（例如國家）的知識，就要研究其歷史，或是研究其「精神」發展史。同時，上一章另外兩個歷史定論主義的推論也會接踵而至。民族精神決定了它的歷史命運；每個想要「成為存在」的民族，必須「登上歷史舞台」以肯定其個性和靈魂，也就是說要攻擊其他民族，而攻擊的目的則是統治世界。我們由此可知，黑格爾和赫拉克里圖斯一樣，相信戰爭是萬事萬物之父之王。他們兩人都相信戰爭是正義。黑格爾也提到「作為世界法庭的世界史」。他也像赫拉克里圖斯一樣，把這種理論一般化而延
252 伸到自然世界；把事物的對比和對立、對反的兩端，詮釋為一種戰爭，以及自然發展的動力。他們兩人都相信對立的統一在演化以及「辯證的」進步中扮演重要的角色；對立者的戰爭以及它們的統一或同一，這兩個赫拉克里圖斯的觀念，正是黑格爾**辯證法**的主要觀念。

如此一來，這種哲學雖然是老調重彈，但還算是正直而誠實的歷史定論主義[27]；而我們

似乎也沒有理由像叔本華一樣說他是個哲學郎中。不過，如果我們轉而分析黑格爾的辯證法時，這種表象就開始改變了。因為他的方法涉及了康德，而康德卻是抨擊形上學（這個抨擊的破壞力可見於本書「緒論」的箴言），試圖指出一切形上學的思辨都是站不住腳的。黑格爾從來沒有企圖駁斥康德。他對康德必恭必敬，卻又翻轉了康德的觀點。這便是如何把康德抨擊形上學的「辯證法」，轉換成黑格爾作為形上學主要工具的「辯證法」。

在休謨的影響下，康德在《純粹理性批判》裡斷言，純粹的思辨或理性一旦貿然涉入經驗無法驗證的領域，就容易產生矛盾或「二律背反」（antinomy），導致他明白描述的那些「空想」、「妄言」、「幻相」、「無益之獨斷論」以及「對於各種事物知識的膚淺矯飾」[28]。他試圖指出任何形上學的斷言或**正命題**（**thesis**），例如「宇宙在時間裡有個起點」或「上帝的存在」，都可以有個相反的斷言或「**反命題**」（**antithesis**）。他認為兩者都可以從相同的設定出發，以相同程度的「證據」去證明。換句話說，當離開經驗的領域時，我們的思辨不可能有科學的內容，因為對每個論證來說，必定有個同等有效的反面論證。康德的目的是想阻止形上學的三流作者「可憎的多產力」。然而不幸的是，效果卻是適得其反。康德只是阻止了三流作者使用理性論證的企圖；他們只放棄了說教，卻沒有放棄蠱惑群眾（叔本華語）[29]的企圖。對於這種發展，康德自己也難辭其咎；因為他的著作詰屈聱牙的晦澀風格（雖然是多年的思考成果，但是寫作過程卻極為匆促），使得原本就夾纏不清的德國理論著作更加不知所云[30]。

253

康德之後的形上學三流作家，沒有人試圖駁斥康德[31]；更特別的是，黑格爾甚至厚顏無恥地稱讚康德說他「恢復了辯證法，恢復了辯證法的名譽」。他告訴我們，康德正確地指出了二律背反，但是他替二律背反操心，則是錯誤的。黑格爾主張說，二律背反正好是奠基於理性必定自我矛盾的本性；而且，它也不是我們人類的認知缺陷，而是所有理性的真正本質，它必須和矛盾以及二律背反同工；因為這正是**理性的發展**方式。黑格爾認為康德在分析理性時把它看作靜態的事物；他忘記了人類以及我們的社會遺產都是在發展當中的。不過，我們津津樂道的理性，正是這種社會遺產的產物，亦即我們生活其中的社會群體（國家）的歷史發展產物。這種發展是以**辯證的方式**前進，也就是三拍子的節奏。首先會提出一個正命題；不過它會導致批判，和肯定其反面的對手產生矛盾，也就是**反命題**；接著在這些觀點的衝突裡得到一個**綜合命題**（**synthesis**），亦即對立的統一，在更高層次上的妥協或和解。這個綜合命題可以說接替了它們，因而吸收了原本對反的立場；它把它們化約為自身的元素，因而否定、揚棄且保存它們。一旦定立了綜合命題，整個歷程就可以在更高層次上自我重現。簡言之，這是個三拍子的進展節奏，而黑格爾則稱之為「辯證的三和弦」（dialectical triad）。

我願意承認，對於批判性的討論或科學思想的進展，這不算是太差的描述。因為，所有批判都是在於指出矛盾或不一致，而科學進展大抵上也都在於解決人們看到的矛盾。然而，這意味著科學的進步是假設著**矛盾是不容許而且要避免的**，所以一旦發現矛盾，科學家就必須全力解決它；如果容許矛盾的話，所有科學都必定瓦解[32]。然而，黑格爾卻以他的辯證三和弦衍生出迴然不同的說法。因為矛盾是科學賴以進展的工具，於是他推論說，矛盾不僅是容許的，更是不可避免的，甚或是極為必要的。這是黑格爾的典型理論，它必定摧毀所有論證和進展。因為如果矛盾是不可避免且必要的話，那就不必解決矛盾，於是所有進步就要宣告終止了。

不過這個理論只是黑格爾主義的主要信條之一。黑格爾意圖恣意操縱所有矛盾。他主張說「所有事物自身都是矛盾的」，因而認為那並不是所有科學或理性論證的終止[33]。而他想要承認矛盾的理由，正是在於他要停止理性討論，停止科學的和理性的進步。他使論證和批評成為不可能，進而以自己的哲學證明反對任何批評，就把自己塑造成為**加強的獨斷論**（**reinforced dogmatism**），它不受任何攻擊，而成就所有哲學發展無法超越的巔峰（我們有個**辯證法扭曲**的典型例證；那就是進步的觀念，一直流行到達爾文為止的觀念，卻牴觸了保守派的利益，因而扭轉到它的反面，變成一個走到死胡同的發展，也就是被阻止的發展）。

黑格爾的辯證三和弦的例子不勝枚舉，為其哲學的兩大支柱之一。我們在討論其應用時，會更清楚它的重要意義。

黑格爾哲學的另一個支柱是他所謂的**同一哲學**（**philosophy of identity**）；它仍然是辯證

法的應用。我不打算浪費讀者的時間多作解說，特別是我在別處說過了[34]；大體上，同一哲學只是厚顏無恥的含糊其詞；用黑格爾自己的話說，它只是「幻想，甚至是低能的幻想」。它是故佈迷陣，用以困住赫拉克里圖斯、柏拉圖、亞里士多德、盧梭、康德等人的哲學的影子和回聲，讓他們在迷宮裡同享女巫的宴會、妄圖迷惑和混淆天真的圍觀者。其主要觀念，也就是連結辯證法和同一哲學的觀念，是赫拉克里圖斯「對立之統一」的理論。赫拉克里圖斯說：「向上之道和向下之道是同一的。」黑格爾重複這種理論說：「到西方之路和到東方之路是同一的。」黑格爾把赫拉克里圖斯對立之同一的理論應用到過去的許多哲學上，把它們化約成自己的哲學體系。本質與理念、一與多、實體與偶性（substance and accident）、形式與內容、主體與客體、存有與生成變化、萬有與空無、變與靜、實現與潛能、實在與表象、物質與精神，所有這些從過去哲學裡跑出來的幽靈，當黑格爾摟著神和世界之類誇大不實的問題翩翩起舞時，這些幽靈似乎就在這個大獨裁者的大腦裡作祟。不過在這種瘋狂裡自有他的方法，甚至是普魯士的方法。因為，在外在的混淆背後，隱藏著專制帝王腓特烈・威廉的利益。同一哲學旨在證成既存的秩序。它的主要結論是**倫理和法律上的實證主義**，主張凡存在者即是善的理論，因為除了既存的標準外沒有其他標準；這是所謂「**強權就是公理**」的理論。

這個理論是如何推導出來的？那只是一連串含糊其詞的結果罷了。我們知道柏拉圖的理

255 型完全不同於「心裡的觀念」；他說只有理型是實在的，會朽滅的事物則不是實在的。黑格爾以這個理論形成一個等式：**理念＝實在**。康德在他的辯證法裡談到「純粹理性的理念」時，他所說的理念是指「心裡的觀念」。黑格爾採用這種理論，認為理念是心靈、精神或理性的事物；它可用下述公式表示：**理念＝理性**。把上述兩個等式或者說相當含混的說法聯立起來，就得出：**實在＝理性**；這使得黑格爾主張說，凡合理的即是實在的，而且凡實在的即是合理的，而且實在的發展就是理性的發展。又因為在存在裡，除理性和理念的最終發展是最高標準之外，沒有其他更高的標準；因此實在或現實存的事物都是必然存在的，也必定是合理且善的[35]。（這樣一來，可見得現實存在的普魯士國家也就是至善的了。）

以上便是黑格爾的同一哲學。除了倫理實證主義之外，從同一哲學還可導出真理理論，就像是夾邊生出來的（叔本華語）一樣；而且這個真理理論還相當得心應手。我們知道，凡合理的即是實在的。當然這意味著凡合理的必定符合現實，因此也必定為真。真理的發展方式，就如同理性的發展方式一樣，每個以最近發展階段的理性為訴求的事物，也必定為真。換句話說，當前的理性確定的任何事物都必定為真。自明性也和真理一樣。如果你是當代人物，只需要相信一套理論就夠了；因為它在定義上就必定為真。依此途徑，黑格爾所說的「主體」（信念）和客體（真理）之間的對立便轉變為同一了；而且這個對立的統一也可以解釋科學的知識。「理念是主體與客體的統一……科學預設著自身和真理之間的分離已經被取消了。」[36]

以上就是黑格爾的同一哲學，他的歷史定論主義的第二個智慧支柱。而我們對黑格爾比較抽象的理論的分析也到此為止。以下則要集中討論黑格爾如何把這些抽象的理論應用到實際政治上的問題。這些實際的應用會更清楚告訴我們，他的一切努力所要擁護的是什麼。

我認為黑格爾的辯證大部分都是要曲解一七八九年的種種觀念。他很清楚意識到，辯證法可以把一個觀念扭曲到它的反面。他寫道：「在哲學裡，辯證法並不是什麼新東西。蘇格拉底假裝想要對於討論的主題有更清楚的知識，在反覆討論問題的各個方面之後，他把對方原以為是對的想法轉向其反面。」[37]黑格爾關於蘇格拉底的意圖的說法也許不很公正（其實蘇格拉底主要是要暴露對方的自信，而不是要翻轉對方所相信的東西）；不過它倒是可以拿來說明黑格爾自己的意圖；即使黑格爾的方法其實比他所設想的更加笨拙。

我選擇了**思想自由**、科學獨立以及客觀真理的標準等問題，作為辯證法的第一個實例。黑格爾在其《法哲學原理》二百七十節討論到這些問題。他的開場白可以詮釋為主張思想自由，並且由政府保護它。他說：「由於國家在形式上是普遍物，而這種形式的原則本質上是思想，所以結果是：思想自由和科學自由都源出於國家；倒是一個教會把喬爾丹諾・布魯諾活活燒死，又因為伽利略闡述了哥白尼的太陽系學說，乃逼迫他下跪求赦……。因此，科學也在國家的一邊有它的地位……它以認識為其目的，而且是對被思考的客觀真理和合理性的認識。」（**按：引文中譯見：《法哲學原理》，賀麟譯**。）在這個前景看好的開場白之以後（這個開端可以代表他的對手們的「第一印象」），黑格爾開始「把他們第一印象裡認為正確的東西翻轉到反面」，以對於教會的無恥攻擊掩飾他的轉移陣線，「能思考的認識當然也可能從科學的水平下降到意見和演繹推論……正如有些教會為它自己獨特的領域所提出的要求一樣，它也……主張它在作出意見和建立信念時是自由而不受拘束的。」於是，要求思想自由和主張科學為自身作判斷，就被黑格爾說成「自負的」。不過，這只是黑格爾扭曲方法的第一步。隨後我們看到，面對破壞性的意見，「國家必須保護客觀真理」；這樣就引起一個根本的問題：即誰來判斷什麼是客觀真理而什麼不是呢？黑格爾的回答是：「一般說來，關於什麼是客觀的真理，要由國家來決定。」由於這個回答，思想的自由以及由科學自己建立其標準的主張，都讓步予它們的反面了。

第二個例子則是黑格爾對於**憲政**的主張，他把這個問題和**自由**、**平等**的問題一併處理。為了釐清這裡所謂的憲政，我們必須記住，普魯士的專制統治並沒有什麼憲法（除了王權至上的原則之外），而在日耳曼各邦民主改革的口號，也不過是君王應該「為國家立憲」。不
257 過腓特烈·威廉三世同意他的顧問安錫倫（Ancillon）的看法，認為他決不可向「躁進人士低頭，這些人士活躍而聚囂，多年來，自詡就是國家自身，進而要求立憲。」[38]雖然在巨大的壓力下，國王承諾了立憲，卻從未履行諾言（傳說有個不幸的宮廷醫生因為對國王的「憲

制」作了無知的批評而遭解雇）。現在黑格爾如何處理這個棘手的問題？他寫道：「作為一個有生命的心靈，國家是個有組織的整體，分為各個部門。……**憲政**就是國家權力的組織和分配……憲政是既存的**正義**……。自由和平等是……憲政的最終目的和結果。」當然，這只是引言。不過，在我們看到黑格爾如何以辯證法把憲政主張翻轉為君主專制之前，必須先看看黑格爾如何把自由和平等這兩個「目的和結果」翻轉成它們的對立面。

讓我們先看看黑格爾如何把平等扭曲為不平等。黑格爾承認說，「法律之前，人人平等，包含著重大的真理。不過，這種說法只是套套邏輯而已；它只是泛論一個法律位階的存在以及依法而治。然而，若要更具體地說，公民……如果要在法律之前平等，他們**在法律之外**也必須平等才行。**唯有在財產**、**年紀……等方面平等，才有資格談到法律之前的平等**……。法律自身……預先設定不平等的條件……。我們應該說，使個人在現實上產生至為具體的不平等，這正是近代國家在形式上的重大發展和成熟。」[39]。

依據以上概述，黑格爾便把平等主義之「偉大真理」扭曲到它的反面了。我已經大幅刪節了他的論證。我必須告訴讀者，本章以下內容都會採取這種處理方式。因為只有如此才能讓他那冗長而天馬行空的思想比較可讀一點（我一點都不懷疑這是一種病態）[40]。

接下來，我們來看看自由。他說：「在以前，任何法定權利，不論是私人或公共權利，都稱作它的『種種自由』。的確，每個真正的法律都是一個自由；因為它包含一個合理的原

258

則……；換句話說，這意味著它體現一個自由……。」於是，這個論證企圖指出「自由」等同於「一個自由」，接著又等同於「法律」；接著更推論說，有更多的法律就有更自由，這種說法只不過是自由的弔詭的一種笨拙說法（因為它只是利用一種雙關語），這是柏拉圖首先發現的，前面已經概述過了[41]；這個弔詭可以這麼說：無限的自由會導至無自由可言，因為如果沒有法律的保護和限制，最後必定落得強凌弱眾暴寡的暴政；盧梭含混地重申這個弔詭；康德則解決了這個弔詭；他主張說個人的自由應該有限度，但是不能牴觸保護所有人的同等自由的必要程度。當然，黑格爾知道康德的解答，但是他不喜歡，所以刻意不提到他的名字，而是輕蔑地說：「而今有個觀念是再熟悉不過了，那就是人人都應慮及他人的自由而限制自己的自由；而國家是這個相互限定的條件；法律就是限定。但是，」他繼續批評康德的理論說：「這種理論是把自由視為隨興的善和快樂以及自我意志。」他以這種含意隱晦的批評，捨棄了康德的平等主義正義理論。

不過，黑格爾覺得把自由等同於法律相的這個嘲弄還意猶未盡；他有點躊躇地把這個問題轉回到他原本的憲政問題。他說：「政治自由一詞，往往用來意指著原本在公民社會塵務執掌的人（亦即一般人）……正式參與國家公眾事務。一般習慣把『憲政』一詞歸於建立這種參與的國家……而那些沒有正式建立這種參與的國家就被稱為非憲政國家。」[42]它其實已經成為慣例。不過，我們如何擺脫這個習慣呢？只要用語言上的雕蟲小技就行了，那就是

定義：「關於該詞的用法，唯一要說的是，我們要理解它的意思是由法律去作一般的決定，
也就是說，由法律來決定自由……。」不過黑格爾又覺得這種論證貧乏無力，在沮喪之餘，
他陷入集體主義者的神祕主義（盧梭的）和歷史定論主義[43]。「立憲的權力屬於誰呢？這個
問題和由誰來規定國家的精神是一樣的。」黑格爾感嘆道：「把你的憲政觀念和集體精神
分開吧，彷彿後者沒有憲政而存在或存在過；而你的幻想會證明你所理解的關係有多麼膚淺
（亦即精神和憲政之間的關係）……。創立憲政的，是內在的精神和國家的歷史（它才是唯
一的精神史）。」不過，這種神祕主義太含混了，以致於沒辦法證成專制主義。我們必須有
更確定的說明；現在黑格爾匆匆忙忙地說：「維持並不斷創造憲政和國家的，是**政府**這生命
體……。在政府這個有機的整體裡，主權或元首是維繫且決定一切的國家意志，是國家的層
259 峰和涵蓋一切的統一。在國家的完美形式裡，每個人和每個元素……都得到自由的存在；這
個意志是那**現實立法的個體**的意志（不僅是多數人，在多數人當中，立法意志的統一體並沒
有現實的存在）；它就是**君主政體**。因此，君主立憲制是理性發展的憲政，其他的憲政都是
理性發展和自我實現裡比較低等的憲政。」更特別的是，黑格爾在他的《法哲學原理》裡也
有類似的解釋，這些段落都是引自《哲學全書》，他說：「終極的決定……，**絕對的**自我決定，
構成國王的權力，」而且「在整體裡的**絕對決定元素**……是單一的個人，亦即君主。」

現在我們應該知道黑格爾的目的了。有誰會蠢到主張受困於專制君主的國家要立憲呢？

反正它是所有可能的憲政最高等的？作此要求的人顯然不知道他們自己在做什麼或說什麼；這些人就像要求自由的人一樣，沒有看到在普魯士專制君主統治下，「每個人和元素都得到它的自由存在」。換句話說，我們在此有黑格爾辯證法的絕對證明說，普魯士是自由的「巔峰」，是自由的堡壘；證明專制主義的憲政是人道應該邁向的目標（goal）（而不是如某些人士想像的牢獄〔gaol〕）；證明它的政府可以說保存了最純粹的自由精神——集中。

主張哲人王的柏拉圖哲學，於是和黑格爾哲學一起變成普魯士政府卑屈的僕從了。

值得注意的是，這些卑劣的服務還是自動獻上的[44]。在專制君主統治的那些幸福日子裡，並沒有極權主義的脅迫；審查制度也不如現在無孔不入，可由無數自由出版的刊物可見一斑。當黑格爾發行他的《百科全書》時，他是海德堡的教授。隨後，他被召至柏林，正如稱讚他的人所說的，成為哲學的「公認獨裁者」。但是，有些人也可能認為即使這一切是真的，也不能反駁黑格爾辯證哲學的確超卓不群，而他也是個偉大的哲學家。而且叔本華也作了答覆：「沒有一個時代對於哲學還能比這樣可恥地誤用它，一面拿它當作政治工具，一面拿它作為營利手段的時代更為不利的了……。**或者還有人相信……真理也並未被忽視，也可在夾邊一見天日呢**？」

上面所引使我們約略了解黑格爾辯證法的實際應用。現在我們來討論結合辯證法和同一哲學的應用。

260

我們已經知道黑格爾認為萬物都在流變，即使本質也是如此。本質、理念和精神都是會發展的；當然，它們的發展是自動且辯證的[45]。而每個發展的最新階段也必定是合乎理性的，因此也是善和真的，因為它是過去所有發展的頂點，取代了以前發展的各個階段（因此事物只有越變越好）。每個現實的發展，既然都是現實的歷程，依據同一哲學，它必定是理性且合理的歷程。顯然歷史亦復如是。

赫拉克里圖斯認為歷史裡有個隱藏的理性。對於黑格爾來說，歷史是一本攤開的書。它是純粹的護教學。以神的智慧替普魯士君主政體的優越性辯護；又以普魯士君主政體的優越性替神的智慧辯護。

歷史是現實事物的發展。依照同一哲學，歷史必定也是合理的東西。這個現實世界的演化，被黑格爾「等同於」一種邏輯操作或推理過程。其中又以歷史為最重要的部分；他認為歷史是「絕對精神」或「世界精神」的思想歷程。它是這個精神的展現。它是一種龐大的辯證三段論法[46]；它可以說是由神推論出來的。這個三段論是神擇用的計劃；其邏輯結論就是神追求的目標，亦即圓滿的世界。黑格爾在其《歷史哲學》裡寫道：「哲學處理歷史的工具是簡單的『理性』概念，它的學說是：世界的主權在於『理性』。所以，世界歷史就等於**理性的過程**。在哲學的領域裡，這種信念與直觀並不是假設。在其中是得到證明的……，理性……是**實體**；理性是**無限的力量**……**無限的物質**……，**無限的形式**……，**無限的動**

261 **力**……。『理念』或是『理性』就是**真**、**永恆**、絕對**強大的本質**；它在世界裡開顯自身，它在世界裡顯現的就是這種光榮的、勝利的理性——如上所述，這是在哲學裡得到證明的，在此我們視之為已證明的真理。」這陣感情的迸發並不怎麼使我們信服。不過，如果我們看看《哲學全書》裡的段落，就更清楚他辯解的企圖。在此我們讀到：「歷史，尤其是世界史，是建立在一個本質的和實際的目的上；這個目的，**實際上是**、也將是**神的計劃在歷史裡的實現**；簡言之，在歷史裡有理性，並由嚴格的哲學基礎來裁決，以顯示出它的本質性和必然性。」因為神意的目的在歷史的結果裡「真正實現」，難免就令人懷疑所指的是不是現實的普魯士。而且黑格爾的確有這層意思；黑格爾甚至還告訴我們，這個目標如何透過理性在歷史裡的發展的三個辯證環節來達成，或用黑格爾自己的話來講，就是透過「精神的……辯證步驟」來達成，「精神」的生命是不斷進步體現的循環[47]。三個環節的第一個是東方的專制政治，第二個環節是羅馬和希臘的民主和貴族政治，第三個環節也是最高的，便是日耳曼的君主專制，當然，它是絕對的君主專制。黑格爾明白表示，他指的不是未來的烏托邦君主政治，他說：「精神……沒有過去和未來，本質上就是**現在**；這必然蘊含著：精神的當下形式包含著且超越所有以前的環節。」

然而，黑格爾更露骨。他把歷史的第三個環節，日耳曼的君主政治或「日耳曼的世界」，再行一分為三，他說：「首先我們必須考慮陽光普照的**宗教改革**自身，初昇的旭日使我們看到了中世紀時期的巔峰；然後是繼承宗教改革之後的種種事物；最後便是當代。」[48]亦即自一八〇〇年至一八三〇年（這是他的演講的最後一年）。黑格爾又開始證明當時的普魯士是自由的巔峰、堡壘和目標。他寫道：「在世界史的舞台上，我們觀察並把握到精神以更具體的實在開顯自身。」他告訴我們：精神的本質是自由。「自由是精神的唯一真理。」這樣一來，精神的發展必定是自由的發展，而最高的自由必定在代著表歷史發展最後階段的三十年日耳曼君主政治裡達成了。黑格爾也的確寫道：「日耳曼的精神就是新世界的精神。它的目的是在實現絕對真理，絕對真理是『自由』無限的自我決定。」[49]在歌頌普魯士政府之後，黑格爾又向我們保證說：「建立在官僚世界的普魯士政府，它的巔峰正是君主的個人決定；如上所述，一種最後的決定是絕對必要的。」至此，黑格爾達成了他著作的最高目的，他說：「這就是意識回到自身的要點，同時，也是自由實現自身的主要形式；因為世界的歷史不是別的，只不過是自由的理念的發展而已。世界的歷史……是精神的實現，這是真正神意證明，是神在歷史裡開顯自身的證明……所有已發展的和正在發生的……本質上都是神的作工……。」

當我說黑格爾是在為神和普魯士辯護時，我要自問這麼說到底對不對，是不是夠清楚，
262 黑格爾要我們當作世上的神聖理念去敬拜的，是否不僅是一八〇〇到一八三〇年的威廉普魯士王國。我還要問，有誰會像他那樣卑鄙曲解每個高尚事物？他不僅曲解開放社會裡的理性、自由、平等和其他許多概念，也曲解對神的真誠信仰，甚至曲解真誠的愛國主義。

我描述了黑格爾如何以看起來進步甚至革命的觀點以及讀者耳熟能詳的辯證法扭曲一切事物，因而推論出令人吃驚的保守結論。同時，他還把他的歷史哲學以及倫理學和法理學的實證主義關連在一起，以歷史定論主義的方式證成後者。歷史是我們的法官。既然是「歷史」和「神意」創造了現存的權力，那麼它們的力量一定是對的，甚至是神聖而正確的。

然而，這種道德實證主義沒有讓黑格爾很滿意；他還有更多的主張。正猶如他反對自由平等，他也反對博愛和人道主義，或如他所說的，反對「慈善」。盲從以及強調名譽和命運的赫拉克里圖斯浪漫主義倫理學必定會取代良知，而**極權主義的國家主義**則取代了博愛。在本章第三節、特別是第四節，會指出他怎麼推論出這些主張[50]。

3

現在我簡短說一個奇怪的故事，那就是**日耳曼民族主義的興起**。「日耳曼民族主義的興起」一詞無疑強烈暗示反理性和反開放社會的傾向。民族主義是訴諸人的部落天性、激情和偏見，以及企圖擺脫個人責任的壓力、而以集體或團體的責任取代的強烈欲望。就是在審視這些傾向時，我們發現最古老的政治理論著作，甚至那些舊寡頭，尤其是柏拉圖和亞里士多德的著作，明確表達了民族主義的觀點；因為這些著作企圖攻擊開放社會，以及帝國主義、

263

世界主義和平等主義等新觀念[51]。不過，早期民族主義者的政治理論，在亞里士多德以後就停止了。由於亞歷山大帝國的出現，天真的部落式民族主義就從現實政治裡永遠消失了，有相當長的時間，不復見於政治理論。亞歷山大以後，所有歐亞文明國家都是帝國，人口組成異常複雜。此後，歐洲文明和屬於歐洲文明的一切政治單位，都有著國際色彩，或更確切地說，有跨部落的色彩（在亞歷山大之前，大約等於亞歷山大距今的時間，古代蘇美人就建立了第一個國際性的文明）。現實政治是如此，政治理論亦然；一直到一百多年前，柏拉圖、亞里士多德的民族主義，幾乎從政治理論裡消失（當然，部落的褊狹情緒仍然很強烈）。當民族主義在一百多年以前復甦時，它是以歐洲人種最複雜的日耳曼，尤其是以斯拉夫人占多數的普魯士為根據地。（很多人可能不知道，大約一世紀前，由於斯拉夫人口眾多，普魯士並不被認為是日耳曼的一個邦，雖然它的國王布蘭登堡公爵是日耳曼帝國「選侯」，被認為是日耳曼諸侯；在維也納會議裡，普魯士被稱為「斯拉夫王國」；在一八三〇年時，黑格爾甚至仍把布蘭登堡和麥克倫堡叫作「日耳曼化的斯拉夫民族」地方。）[52]

因此，再度把**民族國家的原則**引進政治學理論裡，其實是不久以前的事。儘管如此，今天卻有很多人把民族國家視為理所當然的東西，而且是不知不覺的，形成了大眾政治思想裡的隱含假設。許多人甚至認為這是政治倫理學基本設準，特別是威爾遜立意甚佳卻欠思慮的民族自決原則。只要對歐洲史有一點了解，明白它的複雜部落遷徙和混合，有一波波的亞洲移民來到這個半島羅列的歐洲大陸定居和融合，我們就難以想像那些知道這段歷史的人怎麼會倡導一個這麼不切實際的原則？而可能的解釋是，威爾遜這個虔誠的民主人士（和馬薩里克〔Masaryk〕一樣都是開放社會最偉大的鬥士）[53]，是一個運動的犧牲者，它源自長久以來加諸順服而受苦的群眾身上的最反動而奴性的政治哲學。他也是黑格爾和柏拉圖的形上學政治理論的犧牲者，更是以此為基礎的民族主義運動的犧牲者。

民族國家的原則，亦即每國家的領土應該和民族居住的領土一致的政治主張，絕對不是現在許多人所想的自明真理。當任何人談到民族時，即使他知道所謂民族的意義，但是為什麼要接受民族性是更重要的政治範疇，而不是其他的，例如宗教、出生地、效忠對象的選擇或政治信仰如民主等，其理由就不是很清楚了（我們可以說，民主是把多語區的瑞士團結在一起的因素）。關於宗教、地域或政治信仰，我們或多或少的可以明白判別，然而卻從來沒有人可以把民族清楚解釋成現實政治的基礎。（當然，如果我們說民族是生活在某個國家裡的一群人或出生在某個國家裡的一群人，那麼一切就清楚了；然而，這無異於放棄民族國家的原則；因為民族國家是要求由民族決定國家，而不是由國家決定民族。）所有認為民族是由共同起源、語言或歷史而結合在一起的學說，實際上都是難以接受或應用的。民族國家的原則不僅是無法應用，而且從來就沒有被清楚認識過。民族國家是一種神話，一種非理性的、浪漫主義的、烏托邦的夢想，一種自然主義和部落集體主義的夢。

儘管近代民族主義有其內在反動和非理性的傾向，但是奇特的是，在黑格爾之前，在那短短的發展史裡，它竟然是個革命性的而自由主義的學說。由於歷史的偶然——拿破崙領導的第一支民族軍隊入侵日耳曼所引起的反抗——使它進入「自由」的陣營中。概述一下這段歷史和黑格爾如何把民族主義拉回極權主義的陣營裡，倒也有點意思，事實上，早在柏拉圖說希臘人和外邦人的關係就像主人和奴隸一樣時，民族主義就已經被收編到極權主義的陣營了。

我們記得[54]，柏拉圖在提出其基本政治問題時很不幸地問道：誰來統治？誰的意志該成為法律？在盧梭之前，這個問題的通常答案是：國王。而盧梭則提出極具革命性的回答。他認為不是由國王而是由人民來統治；不是一個人的意志統治人，不是獨夫的意志，而是眾人的意志來統治。於是，他終於發明了人民的意志，集體的意志，或如他所說的，「共同意志」，而群眾一旦被賦予意志，就應該被提升到一個超越性人格的存在（super-personality），盧梭說：「就其和外在世界的關係而論（亦即和他人的關係），它成為單一的存有者，一個個體。」在他的發明裡充滿了浪漫主義的集體主義，卻沒有民族主義的傾向。不過，盧梭的理論明白包含著民族主義的種子，他最典型的理論是認為不同的民族應視為具有人格的不同個體。當法國大革命以全民皆兵為基礎建立其人民軍隊時，就朝向民族主義跨了一大步。

265 另外一個對於民族主義理論提供貢獻的人，是康德的學生兼友人赫德（J. G. Herder）。赫德認為好的國家必須有自然的疆界，亦即和一個「民族」的人民居住的地方一致的領土。他在《人類歷史哲學的觀念》（*Ideas towards a Philosophy of the History of Mankind, 1785*）裡首先提出這種理論。他說：「最自然的國家，是一個國家的人民只有一個民族特性……。其人民像家庭一樣自然成長，只是分佈的範圍比較廣……。如同所有人類社會裡一樣；在國家的情況裡，自然的秩序是最好的秩序，這也就是說，在這種秩序裡，每個人都履行自然賦與他的功能。」[55]這個理論起先並沒有產生多大的影響，它原本是要回答家庭的「自然」疆界的問題，但是結果卻衍生了民族的「自然」疆界的問題[56]。有趣的是，康德立即理解到赫德著作有個危險的非理性浪漫主義，他對於赫德率直的批評，使得兩人反目成仇。我引述一段批評，因為這種正當的批評不僅是針對赫德，也適用於後來的費希特、謝林、黑格爾等哲學家以及現代的追隨者。康德寫道：「他們把聰明的類比和大膽的想像結合在一起，企圖藉著感情和熱情之助，誘使人們對其主題感到興趣，但是他們的主題卻總是覆蓋在奧祕裡。這些感情很容易被誤以為是深刻有力的思想，或至少是意義深遠的影射。於是，他們只是讓人期盼更高而不是冷靜地判斷……他們以同義詞取代解釋，以寓言代替真理。」

第一個提出日耳曼民族主義理論的是費希特；他主張由語言決定國家的疆界。（這並不能改善情況，因為不同的方言要怎樣才算作不同的語言？斯拉夫民族或條頓民族究竟有多少不同的語言？或者說其中的差異只是方言的差異而已嗎？）

費希特的意見有個奇特的發展，特別是因為他是日耳曼民族主義的創立者。在一七九三年，他為盧梭和法國革命作辯護，在一七九九年，他仍然宣稱：「顯然，從現在開始，唯獨法蘭西共和國可以作為正直人士的祖國，可以作為奉獻力量的對象，不僅是因為我們有高貴的博愛理想，更因為這個理想也因為法國的勝利而落實……。我願把我自己和一切能力奉獻給共和國。」[57]值得留意的是，費希特這麼評述的時，他正在梅因茲（Mainz）洽談大學教席的事，該地當時是由法國控制。安德遜（E. N. Anderson）在他有趣的民族主義研究裡寫道：「在一八〇四年時，費希特……急於放棄普魯士的工作，接受俄國的邀請。俄羅斯政府提供的薪資並不優渥，而他也想得到俄羅斯更多的承認，於是寫信給俄國的談判者說，如果俄國聘他為聖彼德堡科學院的研究員，並給他高於四百盧布的薪俸，『我就願意老死俄國』……，」安德遜繼續寫道：「兩年以後，主張世界主義的費希特便搖身一變，成為民族主義的費希特了。」

當柏林被法國佔領的時候，費希特離開了柏林，愛國心促使他產生了這種行為，正如安德遜所說的：「他不容許自己……仍然不被普魯士國王和政府注意。」在拿破崙接見了洪博特（W. Von Humboldt）和繆勒（A. Mueller）之後，費希特憤而寫信給妻子說：「我不嫉妒洪博特和繆勒；我很高與沒有得到那種羞辱人的榮譽……。如果一個人早就公開表示他願為一個好的主義獻身，那麼這不僅展現他的良心，也必定表示他的……**大器晚成**。」對於這點，安德遜評論道：「事實上，費希特得到了利益；無疑的，他被召至柏林大學，是由於這個插曲的結果。這並不會減損他的愛國聲譽，而只是把他的愛國行為放在適當的焦點上。」對此，我們必須說，費希特的哲學家生涯是以詐欺開始的。他的第一本書是匿名的，搶在康德的宗教哲學之前出版，書名為《所有啟示的批判》（*Critique of All Revelation*）。這是極為笨拙的書，卻還是模仿康德風格的聰明贗品，他想方設法，包括各種謠言，好使人相信它是康德的著作。如果我們理解，由於康德的好心，費希特才找到出版商願意幫助他，此事就很明白了（當時康德只能閱讀它的前幾頁）。當出版界稱讚費希特的著作是康德的著作時，康德被迫公開聲明該著作是費希特的；由於這個聲明，費希特身價忽然水漲船高，而成為耶拿大學的教授。不過，為了和費希特撇清關係，康德不得不另做聲明說：「願神使我們免遭友人攻擊；遭敵人攻擊時，願我們能設法保護自己。」[58]

這個傢伙的「空談」創造了近代民族主義以及觀念論哲學（建立在對於康德理論的歪曲上），在他的一生中有若干插曲。（我借用叔本華的方法以區分費希特的「空談」和黑格爾的「吹牛」，雖然我承認這種區分可能有點炫學的嫌疑。）整個故事之所以有趣，是因為它有助於我們理解「哲學史」和一般的「歷史」。我的意思不僅是指以下幽默多過醜聞的事實，
267 也就是哲學史竟然把這些跳樑小丑當一回事看，把他們當作崇拜的對象，煞有介事地研究其作品；我也不僅是指一個駭人聽聞的事實，也就是夸夸其談的費希特和自吹自擂的黑格爾竟

然被人拿來和德謨克里圖斯、巴斯卡（Pascal）、笛卡兒、斯賓諾沙、洛克、休謨、康德、穆勒和羅素等人相提並論，認真探究他們的道德學說，甚且認為他們超越前人。我更要說，這種諂媚的哲學史家們，連思想和幻想都分不清楚，更別說是非善惡，竟然敢說他們的歷史著作是我們的審判者，或者說他們的哲學史著作是對於所有不同的「思想系統」的內在批評。我認為很明白的是，他們的阿諛奉承只會是在批評他們自己的哲學史，批評那些叫囂隳途地歌頌哲學事業的人。它似乎成了他們所謂的「人性」的定律：越是沒思想的人，越是傲慢自大；越是自以為是的人，對人類福祉的貢獻也越少。

當費希特成為民族主義的使徒時，為了抵抗拿破崙的入侵，日耳曼興起了本能而革命性的民族主義（那是反抗超級帝國的擴張的典型部落式反應）。人民要求盧梭和法國革命的意義下的民主改革；他們要這種民主，但是不要法國的統治者；他們同時也反對自己的國王和皇帝。這種早期的民族主義和一種新的宗教力量同時興起，以主張自由和平等的人道主義外衣偽裝自己。安德遜寫道：「當正統的基督教沒落，民族主義就以一種神祕的信仰經驗取代了基督教。」[59]那是其他被壓迫的部落成員共融的神祕經驗，它不僅取代了基督教，更取代了對於國王的信仰和忠誠，是國王的濫用專制主義摧毀它。顯然，這種難以馴服的新興民主宗教，對於統治階級，特別是普魯士國王來說，是個動亂的來源，甚至是危險的源頭。他們要如何面對這個危險呢？在解放戰爭以後，腓特烈．威廉三世首先解雇其民族主義的顧問，

接著指派黑格爾作顧問。因為法國大革命證明了哲學的影響，而黑格爾適當的強調了這點（因
為哲學正是黑格爾自己的服務基礎），他說：「精神是潛在結構的主要基礎，哲學因而成為
支配力量。人們都知道，法國大革命是哲學的結果，把哲學描述為世界智慧，不是沒有理由
的；哲學不僅顯現為自在自為的真理……更是在世事裡展現的真理。因此，我們不能否認法
國大革命的原動力是來自哲學。」[60]這顯示黑格爾對其任務的洞見，他提出一個相反的衝動，
268 這個衝動使得哲學增強了反動的力量。他的任務有一部分是歪曲平等、自由等觀念。不過，
最迫切的任務也許是馴服革命性的民族主義這個宗教。黑格爾用帕累托的忠告達成這個任
務：「要利用人的情緒，不要白費力氣去摧毀它們。」他馴服民族主義的方法不是公開反對
它，而是把它變成訓練有素的普魯士威權主義。最後，他終於把這個強大的武器拿回封閉社
會的陣營裡，它基本上是屬於那裡的。

這一切都做得很笨拙。為了討好政府，黑格爾有時公開抨擊民族主義者。他在《法哲學原理》裡說：「人們近來一談到人民的主權，通常都認為這種主權和君主的主權是對立的；這樣把君主的主權和人民的主權對立起來是一種混亂思想，這種思想的基礎就是關於人民的荒唐觀念。如果沒有自己的君主……人民就是一群無定形的東西。」[61]黑格爾更在《百科全書》裡寫道：「個人的集合常被說成是**國家**。不過，這種聚集是烏合之眾，而**不是**民族；就這方面來說，國家的目的之一就使一個民族不至成為這種烏合之眾。一個民族落入這種狀況，就

269

是一種無法律的、無道德的、野蠻的狀況。這時候，民族就成為不定形的、野蠻的、盲目的力量，就像狂風暴雨的海洋，然而它還不致於像民族這個精神元素那樣會自我毀滅。不過，我們常常聽到，這種狀況竟被描述為純粹的自由。」這裡無疑是在暗示自由派的民族主義者，他們讓普魯士極端痛恨，猶如瘟疫一般。如果我們再看看黑格爾提到早期的民族主義者夢想重建日耳曼帝國，就會更清楚。他在歌頌當時普魯士的發展時說：「普魯士帝國的夢已經幻滅，裂解為各個主權國家。」黑格爾的反自由傾向使他將英國拿來作為壞國家的榜樣。「看看英國吧！」他說：「這個國家因其人民對公眾事務有相當的參與權力，而被視為具有最自由的憲政；但經驗顯示它在民法和刑法的立法卻是最落伍的，在財產的法律和自由，在**藝術和科學**方面亦然。客觀的自由和合理的權利為了形式權利和私人利益而**被犧牲**[62]，甚至宗教的制度和財產亦然。」這真是個令人吃驚的說法，特別是把「藝術和科學」也考慮在內，因為普魯士最落後的就是這個；柏林大學是在拿破崙戰爭的影響下設立的；它的理想正如國王所說的：「國家必須以知識方面的本事代替在物質上落敗的東西。」[63]在後來幾頁裡，黑格爾忘記了他談到過英國的科學和藝術，又說「在英國，歷史書寫的藝術已經透過淨化的過程達到了更堅實成熟的境界。」

我們看到，黑格爾知道他的任務是要打擊民族主義裡的自由甚或帝國主義的傾向。他讓民族主義者相信他們的集體主義要求會在全能的政府底下自動實現，他們現在所要做的就是擴張國力。黑格爾寫道：「就其實質的理性和目前的現況來說，國家即是『精神』；因此，國家是人間的絕對力量……。國家是人民自身的精神。在所有特殊事務、戰爭和制度上，現實的國家正是由這個精神賦予生命的……一個特殊民族的自我意識，是……這個集體精神發展的工具，時代的精神也把它的意志投注其中。其他民族的心靈沒有權利反對這個意志，也就是說應該由國家去支配世界。」[64]在歷史舞台上呼風喚雨的，是國家及其精神和意志。歷史是各個國家的精神為了支配世界的競爭。因此，自由派的民族主義者所宣揚的改革就不再必要了；因為無論如何，國家及其精神才是歷史舞台的主角；此外，「每個國家都各有適合且屬於它的憲政」（法實證主義）（juridical positivism）。我們看到黑格爾不僅以柏拉圖和普魯士式的國家崇拜取代民族主義裡的自由元素，而且也以對於歷史和歷史成就的崇拜取代這種元素（威廉國王成功地抵擋了拿破崙）。黑格爾不僅以這種方式在民族主義的歷史裡開啟新頁，而且也為民族主義提供新的理論。我們看到費希特提供的這個理論是奠基在語言上，
270 黑格爾則引進**民族的歷史理論**。依黑格爾的說法，民族的團結是由於歷史裡活動的精神；由於同仇敵愾的精神；由於戰役裡的袍澤之情。（有人說種族是人的團結，它不是由於他們的出身，而是由於他們的出身的某個共同錯誤。同樣的，我們可以說，依據黑格爾的意義，國家是一群人的團結，這種團結是和他們的歷史有關的共同錯誤形成的。）我們清楚看到這個理論如何和他的歷史定論主義的本質主義結合。一個國家的歷史，就是它的本質或「精神」

在歷史舞台上自我肯定的歷史。

在結束這段民族主義興起的概述時，我想要評述一下俾斯麥的日耳曼帝國建立前的若干事。黑格爾的政策是不作無謂的努力去摧毀民族主義者的情緒，而是利用這種情緒，不過有時候這種詐術似乎導致怪異的結果。中世紀的時候，基督宗教信理變成威權主義的信條，卻沒有完全壓制基督教的人道主義傾向；基督宗教屢屢掙破威權主義的外衣（也屢屢遭到有如異教徒一般的迫害）。這樣一來，帕累托的忠告不僅能用來消除危害統治階級的傾向，而且無意間也有助於保存這些傾向。這種情形同樣發生在民族主義身上。黑格爾馴服了民族主義，試圖以普魯士的民族主義替代日耳曼的民族主義。用黑格爾自己的話來說，他「把民族主義化約為普魯士主義的一員」；但是他也「保存」了民族主義。普魯士不得不利用日耳曼民族主義的情操前進。普魯士在一八六六年對戰奧地利時，不得不以日耳曼民族主義以及維護「日耳曼」的領導權為名出師。而且它必須宣傳一八七一年擴張的普魯士說是新的「日耳曼帝國」，一個新的「日耳曼國家」——依照黑格爾民族歷史理論，戰爭會把民族團結起來。

4

在我們的時代，黑格爾歇斯底里式的歷史定論主義仍然是現代極權主義快速成長的養分。它為現代極權主義提供了基地，教導知識份子在知識上不誠實，我們會在本章第五節看到這點。我們必須學到，知識的誠實是我們所有珍惜的東西的基本條件。

不過，黑格爾的思想就是這些嗎？這樣處理公正嗎？有人認為黑格爾的偉大在於他其實是創造了一種新的歷史思考方法、一種新的歷史意義，難道這種說法一無是處嗎？

許多友人批評我對於黑格爾的態度，批評我沒有能夠見到黑格爾的偉大。當然，他們是
271 非常正確的，因為我實在未能見到他的偉大（現在依然）。為了彌補這個缺點，我做了相當系統性的研究，研究黑格爾的偉大究竟在哪裡。

結果是令人失望的。無疑的，黑格爾在談及歷史戲劇性事件的偉大和壯闊時，創造了對於歷史的興趣氛圍。他完備的歷史概括化、歷史分期以及詮釋，確實吸引了若干歷史學家，並使得他們創造了珍貴而詳盡的歷史研究，這也是毫無問題的（這些研究幾乎一致指出黑格爾的種種發現及其方法有哪些缺點）。不過，這個挑戰性的影響算是一位歷史學家或哲學家的成就嗎？或者毋寧說是個宣傳家的成就？我發現，歷史家們傾向於視黑格爾為哲學家，而哲學家又傾向於認為黑格爾如果有任何貢獻的話，那是在歷史的理解上。然而，歷史定論主義並不是歷史，信仰歷史定論主義既不顯示出任何歷史的理解，也顯示不出任何的歷史感。而且，如果我們想要評估黑格爾的偉大的話，無論是視其為歷史家或哲學家，我們不應該問是否有人覺得他的歷史觀很有趣，而應該問在他對於歷史的看法裡有多少的真理。

我只發現一個重要的觀念，或可以說是隱含在黑格爾哲學裡的重要觀念。這觀念使得黑格爾攻擊抽象的理性主義和主知主義；他指摘它們不願沿襲傳統的理性。這是對於一個事實的認知（然而，黑格爾在他的邏輯裡卻忘記了這點）：人不是以一張白紙為起點，無中生有地創造思想的世界；人們的思想大部分是知識傳承的產物。

我承認這是個重要的論點，如果願意探求的話，在黑格爾哲學裡可以發現它。但是我否認這是黑格爾自己的貢獻；它是浪漫主義時代的共同遺產，認為一切社會事物都是歷史產物；不是憑空杜撰的，也不是由理性規劃的，而是由形形色色的歷史事件、觀念和利益、災難和激情的交互作用形成的；所有這些論點都比黑格爾更古老。它可以回溯到柏克（E. Burke）；柏克讚賞傳統對於所有社會制度的重要功能，這對於德國浪漫主義運動的政治思想有莫大的影響。在黑格爾的思想裡可以看到這種影響的痕跡；不過，它只是在誇大而站不住腳的歷史和演化的相對主義形式下出現。這種形式是個危險的理論形式：只要是現在相信的，都是真理；而同樣的危險的推論是，在昨天原本為真的（如假包換的「真」，而不只是「信以為真」），明天可能就是假的。這種理論顯然不可能鼓勵去領略傳統的重要意義。

5

272 我現在要討論黑格爾主義的最後一部分，分析新部落主義或極權主義對於黑格爾學說的依賴。

如果我是要撰寫極權主義興起的歷史的話，那麼應該首先處理馬克思主義；因為法西斯主義的成長一部分是源自於馬克思主義在精神和政治上的崩潰（同時，我們會看到列寧主義和馬克思主義的關係也是這種情形）。因為我的主要論題在於歷史定論主義，所以，我打算稍後再處理馬克思主義，把它當作歷史定論主義最純粹的形式。現在我先探討一下法西斯主義。

近代極權主義只是長久以來反自由和反理性的一個插曲。它和過去那些插曲的差異主要不在意識形態方面，而在於它的領導者實現了前人最狂妄的夢想：他們把對於自由的反叛改造成群眾運動。（當然也不可高估它的普遍性；知識階層只是群眾的一部分。）它只有在國內另一個群眾運動瓦解之後才有可能發生。那就是社會民主主義或馬克思主義的民主版；在勞動階級心裡，它們代表自由和平等之類的概念。當人們漸漸了解，這個運動在一九一四年年的時候沒辦法堅持反戰立場，那並不是偶然的；當它無力解決和平的問題，尤其是失業和經濟衰退的問題；最後，當這個運動不再奮力對抗法西斯主義時，對於自由的價值和平等的可能性的信仰就遭到嚴重的威脅；而且，對於自由的長期反動，現在也多少獲得群眾的支持。

事實上，法西斯主義必須承接馬克思主義的部分遺產，可以解釋法西斯主義意識型態的一個「原始」面貌，以及它何以偏離傳統反自由的主張。我指的是，法西斯主義並沒有公開訴諸超自然力量。當然，這並不代表法西斯主義是無神論者或缺乏神祕主義和宗教的元素。但是透過馬克思主義散播的不可知論，使得任何欲獲得工人階級普遍支持的政治信條都不可能訴諸任何傳統的宗教形式。這就說明為什麼至少早期的法西斯主義要在其官方的意識型態上夾雜了十九世紀的演化論唯物主義。

273

於是，在各國的法西斯主義公式都一樣：黑格爾加上少許十九世紀唯物主義（特別是由海克爾〔Haeckel〕空疏不實的達爾文主義）[65]。種族主義裡的「科學」元素可以溯至海克爾。一九〇〇年，他負責一次論文比賽，題目是：「關於國家內政和政治發展，我們能從達爾文主義的原理學習到什麼？」首獎頒給了夏邁爾（Schallmeyer）的種族主義鉅作，他也因而成為種族生物學之祖。有趣的是，這個唯物論的種族主義者，除了源頭不同之外，和柏拉圖的自然主義竟然若合符節。在兩種學說中基本的觀念就是退化、特別是上層階級的退化，被視為政治衰亡的根源（反之，也可看作開放社會進步的源頭）。尤有甚者，近代「血與土」（Blood and Soil）的神話，在柏拉圖「地生人」神話裡也可以看到完整版本。然而，近代種族主義的說法並不是「黑格爾加上柏拉圖」，而是「黑格爾加上海克爾」。我們會看到馬克思以物質、以及物質和經濟的利益取代了黑格爾的「精神」。同樣的，種族主義者以某種物質的、擬似生物學的種族或血統概念取代黑格爾的「精神」。自我開展的本質不再是「精神」而是「血統」，它變成為世界的主權，在歷史舞台展現自身；決定一個國家的命運的，不再是精神，而是它的血統。

使黑格爾主義體變（transubstantiation）成種族主義，或使精神體變為血統，對於黑格爾主義的主要傾向並沒有什麼改變。它只是多了一層生物學和近代演化論的色彩而已。結果是關於一個自身開展的生物本質的唯物論且神祕主義的宗教，而和創造演化的宗教非常相似（其先知是黑格爾主義底下的柏格森）[66]，蕭伯納以預言式的但不是很深刻的方式形容它是：「一種信仰，這種信仰符合所有掌握到人性的宗教的第一條件，也就是說，它必須是……一種**後設生物學**（meta-biology）。」事實上，這個種族主義的新宗教清楚顯露出這種**後設的和生物學的**成份，前者是黑格爾的神祕主義形上學，後者則是海克爾的唯物論生物學。

以上大概就是現代的極權主義和黑格爾主義的差異。撇開這個差別對於它們的普及性的重要性不談，它在其主要政治傾向方面並不是很重要。不過，如果我們轉向其相似性，就會看到另一番景象。幾乎所有現代極權主義比較重要的觀念，都直接承襲自黑格爾；他聚集和保存了齊墨恩（A. Zimmern）所稱的：「極權主義運動的軍械庫。」[67]雖然大部分武器不是黑

274 格爾親自打造的，卻是他從對於自由亙古不變的反叛的古老軍械庫裡挖掘出來的；無疑的，是他努力重現了這些武器，並且置於現代信徒手中。以下就是這些珍貴觀念的部分清單（我省掉討論過的柏拉圖的極權主義和部落主義，以及主奴關係理論）。

一、民族主義；根據歷史定論主義者的觀念，國家是創造民族（或種族）的精神（現在變成血統）的化身；被揀選的民族（現在是種族）註定要主宰世界。二、國家是所有其他國家的自然敵人，必須以戰爭主張其存在。三、國家豁免任何道德責任；歷史，亦即在歷史裡的成功與否，是對它的唯一審判，集體的效益是個人行為的唯一原則；宣傳者可以說謊且曲解真理。四、戰爭的「倫理」觀念（全體的和集體主義的），特別是新興國家對抗古老的國家；戰爭、命運和名聲是最值得追求的東西。五、大人物的創造性角色；世界歷史性的人物，具有深度知識和高度熱情的人物（現在變成領袖的原理）。六、英雄式生活的理想（「冒險犯難」），和布爾喬亞式生活的俗人相反，他是個「英雄」。

以上清單既沒有系統也不完整；它們都是其遺產的一部分。這些財產被貯藏起來隨時備用，不僅黑格爾的著作及其追隨者如此，以此卑劣的精神食糧滋養的三個世代後的知識分子亦復如此。這些精神食糧，正如以前叔本華認識到的，是「破壞知識的假哲學」，「有害的、有罪的語言誤用」[68]。我現在比較詳細地考察以上各點。

一、根據近代極權主義的理論，國家本身並不是最高目的。它應該是血統、民族和種族。

275

更高的種族擁有創建國家的力量。一個種族或民族的最高目的在形成一個強盛的國家，使其成為保護自己的有力工具。這個教義來自黑格爾（不過以「血統」取代了他的「精神」）；他寫道：「一個**民族**存在的主要目的在於成為一國家並且自我保存。一個民族如果沒有形成一個國家，**那就只是個民族**，嚴格說來，它是沒有歷史的，就像某些民族一樣……在被奴役的狀況下生存。發生於一個民族身上的事，……對於和國家的關係有其本質上的意義。」[69] 如此形成的國家是極權主義的，也就是說，國家的力量必須滲透並控制整個人民生活的一切功能：「因此，國家是人民生活所有具體元素的樞紐和基礎：諸如藝術、法律、道德、宗教和科學等等……。存在於具體實在物（也就是國家）裡的本質，正是人民自身之精神。由於這種精神，現實的國家在任何特殊事務、戰爭以及種種制度裡，便得到了動力。」因為國家必須強大，所以就必須和其他國家較量。國家必須在「歷史的舞台上」主張自己，必須證明其特殊的本質或精神，以及以歷史行為去「嚴格定義」的民族特性，而最終的目的則在於主宰世界。以下是黑格爾所說的歷史定論主義的本質主義的大要：「精神的本質是活動；它實現自己的潛態，創造自己的功績、自己的作品……。如此就是和民族精神同在；它是一種具有嚴格定義特性的精神，在它自己的歷史事件和過渡裡持存著。這就是它的工作，就是所謂的民族能成其為個殊民族的東西。民族的成就是什麼，民族就是什麼……。只要一個民族奮力實現其偉大目的，該民族就是道德的、有德行的、充滿活力的……。在世界歷史舞台上的民族都有自己獨特的政體，在其中成就它們的極盛……。因此，從……古代登上世界歷史舞台的民族的政治體制裡，學不到什麼……每個特殊民族的天才都僅僅被當作普遍歷史裡的一個個體。」精神或民族的天才最後必須以宰制世界來證明其自身：「一個特殊民族的自我意識……是個客觀的現實，時代精神會賦予其意志。其他民族『心靈』沒有權利違反這種絕對意志，也就是說該民族應該宰制世界……」。

不過黑格爾不僅開展了民族主義的歷史理論和極權主義理論，他也清楚預見了民族主義在心理學上的可能性。他看到了民族主義滿足了一種需求，人要找出並且認識他們自己在世上的確定位置，並希望能歸屬於一個強大的集體。他同時也展現了日耳曼民族主義的顯著特性，它的強烈自卑感（用比較現代的用語），特別是對於英國。他有意在民族主義或部落主義之外，更加我在第十章所描述的那些感覺：**文明的壓力**。黑格爾寫道：「每個英國人都會說：我們是在海上航行的人，有世界的商業，擁有東印度公司及其財富……。個人和那種精神的關係是……精神使個人在世界上有個確定的地位，使他有所歸屬。因為他發現他所屬的這群人已建立了一個堅固的世界……。他必須融入它。在它的工作和它的世界裡，這群人的精神愉悅地共享其存在並感到自足。」[70]

276

（b）一種屬於黑格爾及其種族主義信徒的理論是，從本質上來講，一個國家只有透過和其他國家的對比才可能存在；當今德國社會學家翹楚佛萊爾（H. Freyer）說：「一個事物在其核心周圍劃線，就會不經意地劃出界線來，而該邊界也會不經意地製造出敵人來。」[71]

黑格爾也說：「不和他人發生關係的個人不是現實的人，同樣，不和其他國家發生關係的國家也不是一個現實的個體……。國家在他們的相互關係中都是特殊物……，激情、利益、目的、才德、暴力、不法和罪惡等內在特殊性和外在偶然性就以最大規模和極度動盪的嬉戲而出現。在這種表演中，倫理性的整體本身和國家的獨立性都被委之於偶然性。」因此，我們難道不應採用康德的計劃，以聯邦的方法建立永久和平，以控制這種不幸的事態嗎？答案當然是否定的；黑格爾在評論康德的和平計劃時說：「康德曾建議成立一個國君聯盟，」黑格爾的說法是非常不正確的（因康德提議的同盟，是現在我們所稱的民主國家），「來調停國與國間的爭端，人們打算把神聖同盟當成這樣一種制度。可是國家是個體，而個體性本質上是含有否定性的。縱使一批國家組成一個家庭，作為個體性，這種結合必然會產生一個對立面和創造一個敵人。」因為在黑格爾的辯證法裡，否定等於限制，因此它不僅意味著一種界限、邊境，也意味著創造一種對立和敵人：「各民族在其相互關係中的命運和事蹟是這些民族的精神有限性的辯證發展現象。」以上引自黑格爾的《法哲學原理》；然而在更早的《哲學全書》裡，黑格爾的理論更貼切地預示了近代的理論，譬如佛萊爾的理論。「國家最終的面貌是要在當前的現實裡成為一個獨特的民族……。作為獨特的個體，它會排斥其他的個體。在它們的相互關係裡，就會有動盪和偶然……。這種獨立性……使爭端變為相互訴諸暴力，成為**戰爭的狀態**……。就在這種戰爭狀態裡，國家的無所不能便開顯了自身……。」普魯士的歷史學家柴茲克（Treitschke）一再引述以下的句子，卻只是指出他對於黑格爾辯證法的本質主義瞭若指掌而已：「戰爭不僅是一種實際的必然性，也是一種理論的必然性，一種邏輯的迫切性。國家的觀念包含著戰爭的觀念，因為國家的本質就是力量。國家是由一群人組成的主權。」

277

三、國家是法律：道德的法律和司法的法律。因此，它不能臣屬於任何其他標準，尤其不能臣屬於公民道德標準。它的歷史責任更加深層；世界歷史是它的唯一審判官。對於國家作判決的唯一可能標準，是它的行動在世界歷史上的成就。而這種成就，國家的力量和擴張，必然超越公民私生活的所有其他考量；為國家的力量服務就是對的。這是柏拉圖的理論；它是近代極權主義的理論；它也是黑格爾的理論：它是柏拉圖和普魯士的道德。黑格爾說：「國家是倫理理念的現實，是作為顯現出來的、自知的實體性意志的倫理精神。」[72]因此，沒有一種倫理理念能超越國家。「如果特殊意志之間不能達成協議，國際爭端只有通過戰爭來解決。……至於哪些損害應看成切實破壞條約或損害家的主權與榮譽，這一點其本身依然是無法確定的。……因為國家可以把每一個小事件都看成涉及它的無限性和榮譽。」因為，「……國與國之間的關係是搖擺不定的，也沒有裁判官來調整這種關係。」換句話說：「由於現在還沒有任何權力來對國家作裁判，決定什麼是自在的法……。它們彼此訂約，但同時凌駕於這些約定之上……即以爭議雙方的特殊意志為依據的。」

因此，世界各地的行為和事件只有一個「判決」，那就是它們的結果和成功。這樣黑格爾就能把「本質的**命運**或絕對的**目的**，等同世界歷史裡的真正**結果**。」[73]成功是指在追求權力和宰制世界的不同國家精神之間的辯證鬥爭中脫穎而出，成為超級強者，就成為唯一而根本的目的，以及唯一的審判根據；或如黑格爾比較詩意的說法：「從這種辯證裡興起世界精神、無限的世界精神，宣告它對世界歷史裡的有限國家之判決，這是最高的判決；因為世界歷史是世界的法庭。」

佛萊爾也有相當類似的觀念，只不過更加坦率：「在歷史裡迴盪著英勇、雄壯的曲調。掌權者得利。善射者方能中的。」[74]不過到頭來，這些觀念都只是赫拉克里圖斯的翻版：「戰爭……，證明了某些人是神，其他的人只是人而已；前者成為主人，後者成為奴隸……。戰爭是公正的。」依照這些理論，在侵略者和被侵略者之間，並沒有道德的差異；唯一可能的差異就是成功與否。《奴隸制：其生物基礎和道德證成》（*Slavery: It Biological Foundation and Moral Justification*, 1923）的作者，主人種族和主人道德的先知海塞爾（F. Haiser）說：

278

「如果要自我防衛，就必須發動攻擊……；既然如此，為什麼不作攻擊者？」然而，這個理論（其先驅是克勞塞維茲的有名理論：攻擊是最佳的防衛）也是黑格爾的；因為當黑格爾說到導致戰爭的攻擊時，不僅指出把「防衛戰爭」轉變為「侵略戰爭」之必要性，甚且告訴我們某些有強大個體性的國家，為了發現一種他婉轉稱為「充滿活力」的場合或領域，而自然而然「更受激情的支配」。

由於以歷史的成就為國家或民族事務的唯一判決，由於要打破侵略和防衛之間的道德差異，就有必要駁斥良心的道德。黑格爾以所謂「真正的道德」或「社會的道德」去駁斥「假的道德」。毋庸贅言，這種「真正的道德」是和歷史定論主義掛鉤的，它是柏拉圖式的極權主義道德；而他所謂「只是表面上正義」的假道德，是屬於個人良心的道德。黑格爾說：「我們可以公允地建立社會德性而與虛偽道德相對。要知世界歷史所佔的地位高出於道德正當佔據的地位，後者乃是私人的性格，個人之良心，他們的特殊意志與行為方式……至於精神之絕對目的所要求與所完成的東西——神意之一切作為——是超越了種種義務，不負任何責任，不分善善惡惡的動機。……那些主持舊的權利與舊的秩序的人，他們所擁戴的亦只是一種形式上的正直，為有生命的精神並為上帝所拋棄了的。」（例如說言必稱新約聖經的衛道人士。）[75]（**按：引文中譯見：《歷史哲學》，王造時、謝詒徵譯。**）「各種不相干的道德的要求，斷然不可提出來與世界歷史事業和這些事業之完成相頡頏牴觸。斷然不可提出各種私德——禮貌、謙讓、慈善與節制等等——來反對這些事業。世界史在原則上可以全然不顧什麼道德。」在此，我們終於看到了黑格爾如何曲解一七八九年法國大革命的博愛主義。這種柏拉圖和黑格爾式的歷史定論主義的道德理論一再被反覆宣說，例如著名歷史學家梅葉（E.

Meyer）就說：「以公民道德標準去評斷偉大的政治事業，這種膚淺而道德化的論斷，忽略了國家和歷史責任裡更深更真實的道德成份。」

一旦抱持這種觀點，原先對於宣傳用的謊言和真理的歪曲的猶豫態度就會一掃而空，尤
279 其是如果它有助於強化國家力量的話。然而，黑格爾處理這個問題的手法比較繁複；他說：
「一個偉大的天才人物曾經提出一個公開徵求答覆的問題：『是否允許欺騙人民？』必須答
說，人民在他們實體性的基礎、精神的本質和特定性質方面，是不受欺騙的。」[76]（主人道
德的道德家海塞爾說：「遵循種族靈魂的命令是不會有錯的。」）黑格爾繼續說：「但是關
於人民獲得這方面的知識的方式……他們卻受自己的欺騙。……公共輿論又值得重視又不值
一顧……所以脫離公共輿論而獨立乃是取得某種偉大的和合乎理性的成就的第一個形式上條
件……。」簡言之，成功永遠決定一切。如果謊言成功了，則它就不是謊言，因為就他們的
實體性基礎來說，人民並沒有被欺騙。

四、我們已經看到，國家（特別是在它和其他國家的關係）是不受道德約束的；國家是不涉及道德的。我們因而也可以理解到，戰爭不是什麼道德罪惡，它在道德上是中立的。然而，黑格爾的理論卻鄙視這種說法；它蘊含著戰爭自身就是善。他說：「本節所述也包含戰爭裡的倫理性的環節。」「有限的東西，如生命財產，被設定為偶然的東西，那是必然的，因為這就是有限東西的概念。從一方面看，必然性具有自然力的形態，因而一切有限的東西

都遲早必死，從而是暫時性的。但是在倫理性的實體即國家中，自然被奪去了這種力量，而必然性也就上升為自由的作品，即一種倫理性的東西……戰爭還具有更崇高的意義，通過戰爭……各國民族的倫理健康就由於它們對各種有限規定的凝固表示冷淡而得以保存……正如持續的甚或永久的和平會使民族墮落……這在歷史現象中是以各種不同形態表現出來的，其中一種就是戰爭防止了內部的騷動，並鞏固了國家內部的權力……而且本身爭吵不休的各民族，通過對外戰爭也獲得了內部安寧。」[77]上述引自《法哲學原理》，它顯示柏拉圖和亞里士多德「繁榮的危險」理論的影響；它也是把道德等同於健康、倫理以及政治的攝生法、或者把公理等同於強權的好例子；它直接導致把道德等同於英勇；由以下引自《歷史哲學》的段落可見一斑（它緊隨在上引各段之後，旨在闡述把民族主義當作克服自卑感的方法，由此暗示即使是戰爭，也可當作達成這個高貴目的的方法）。同時，這個現代理論明顯蘊含著，新興的國家或尚未成為國家者，可以對於不義的既有國家發動道德性的侵略。黑格爾說：「一個民族，當從事於實現它的宏大的目標之際……這一個民族是道德的，善良的，強有力的……
280 但是實在性既經獲得後，那個民族精神所表現的行動便不需要了……那個民族在戰爭與和平中，在國內與國外，雖仍能有許多成就，然而那個有生命的實體的靈魂自身可說已停止它的活動了……。這民族度過的生命，與個人自壯年至老年度過的生命相同……**這種單純的習俗生活**（開足發條的鐘錶，一秒秒自己走去）帶來了天然的死亡……。個人是如此，民族也是如此，都在一種天然的死亡裡消滅……一個民族只有當它在自身上已經天然死亡的時候，才會突然死去。」（最後的論點是屬於沒落和毀滅的傳統理論。）

黑格爾關於戰爭的觀念是極為現代性的；他甚至看到機械化戰爭的道德結果；或者說，他看到了在機械化的戰爭裡，極權主義或集體主義的倫理精神的結果[78]：「英勇誠然是各種各樣的。動物和強盜的膽量，為榮譽的英勇和騎士式的英勇，都還不是英勇的真實形式。有教化的民族的真實英勇在於準備為國家犧牲，使個人成為只是多數人的一個（影射全民皆兵）。在這裡，重要的不是個人的膽量，而是在於**被編入普遍物中**……現代世界的原則，即思想和普遍物，給英勇以更高的形態，因為英勇的表達看來更加機械式了……。它看起來不是指向單個人，而是指向一個敵對的整體。」（在此我們得到了**總體戰**的原理）；這就使個人勇敢成為一般的無人稱的勇敢。現代世界的原則就因而發明了槍炮；這種火器的發明把英勇的個人形態轉變為抽象的形態，乃非偶然……。」黑格爾也是以這種方式來談火藥的發明的：「人類需要它，它就出現了。」（多麼仁慈的神啊！）

當哲學家考夫曼（E. Kaufmann）於一九一一年反駁康德以自由人構成的社會的理想時，他的論證完全是屬於黑格爾主義的。「社會的理想不在於建立一個由意志自由的個人組成的社會，而是在於**戰爭的勝利**……。在戰爭裡，國家展示了它的真正性質。」[79]著名「軍事學家」班斯（E. Banse）於一九三三年所寫的論點，也是完全出自黑格爾主義。他說：「戰爭意

281

指著一個時代一切精神力量的最高度強化……。它意味著人民的精神力量的高度努力……。精神和行動連結在一起。實際上戰爭提供了一種基礎，讓人類的心靈得以高度展現……。沒有其他地方能像在戰爭裡一樣，使得種族的意志……發揮全體大用。」魯登朵夫將軍（General Ludendorff）在一九三五年也說：「在所謂和平的時代，政治……只是意指著替總體戰作準備。」他的這種說法，只是更明確地闡述存在主義哲學家謝勒（Max Scheler）在一九一五年的名言而已：「戰爭意味著國家最真實的成長和興起：它就是政治。」佛萊爾在一九三五年也有這類黑格爾式的論點：「國家自其存在的那一刻就站在戰場上……。戰爭不僅是國家活動最完美的形式，國家更是植根於該元素之上；戰爭的推遲、預防、掩蓋、迴避，當然也都必須包含於該語詞裡。」不過，最大膽的結論還是連茲（F. Lenz）所說的；他在《種族作為價值原理》（*The Race as the Principle of Value*）裡，刻意提出以下問題：「然而，如果人道是道德的目的，則我們難道不是站在錯誤的一邊嗎？」當然，他立即捨棄了這個荒誕的提議而回答說：「我們根本毋需以人道去譴責戰爭：不是的，而應該以戰爭譴責人道。」楊格（E. Jung）把這個觀念和歷史定論主義掛鉤說：「人道主義，或者說人類一體的觀念……絕不是歷史的監管者。」不過，黑格爾的先驅、被叔本華譏為「空談」的費希特，必須為最初的反人道主義論述負責。費希特說：「如果有人對日耳曼人說，羅馬人所說的**仁慈**指的是**人性**，這個日耳曼人一定會說：『要是這樣的話，一個人和禽獸實在差不了多少。』」這就是一個日耳曼人會說的話，而羅馬人是不可能這麼說的。因為在德語裡，『人性』一直只是個現象的觀念；絕不像羅馬人一樣，成為超現象的觀念。任何想把這個羅馬符號偷渡到德語裡的人，無疑暴露了他們在降低自己的倫理水準……。」史賓格勒重複費希特的理論而寫道：「人性是一種動物學的說法或空洞的語詞。」羅森柏格（Rosenberg）也說：「當一種外國的觀念如救贖、人道主義和人道文化被銘刻在心靈中時，人的內心就變得低下了。」

為我提供極多材料的柯爾奈（Kolnai）[80]，在他的書裡挑明了說：「所有支持……以文明而合理的方法組成政府和社會制度的人，都會同意戰爭本身就是一種罪惡……。」此外，我們大部分人（除了和平主義者外）都會認為，在某種情況下，戰爭可能會成為必要之惡。他繼續說道：「民族主義者態度則不同，雖然並不意味著他們喜歡兵連禍結。他們在戰爭裡看到的善多於惡，即使是有危險的善。這種善猶如烈酒一般，是準備在難得佳節飲用的。」戰爭不是普通的、尋常的罪惡，而是珍貴罕有的善：這點總結了黑格爾及其信徒的觀點。

黑格爾的功績之一，就是使赫拉克里圖斯的命運觀念復活：[81]他認為這個光榮的古希臘命運觀，是人或民族的本質展現；它和主張唯名論的猶太人的「普遍法則」觀念相反，不管
282 是自然或道德。本質主義者的命運觀（如前一章所述）演繹自一個觀念，認為一個國家的本質只會在其歷史裡自我開顯。這種「命定論」的意義並不是鼓勵無為；「命運」並不等於「預定」。恰好相反；一個人的實在本質、最內在的靈魂、構成一個人的東西（意志、情感而不

是理性），都是形成個人命運最重要的決定因素。因為黑格爾加強了這種理論，使得「命運」或「命定」的觀念成為反自由派最喜歡的強迫觀念。柯爾奈強調種族主義（命運使人屬於某個種族）和反自由派有關，這點是正確的，柯爾奈說：「種族的原則意指著完全否定人的自由、否定人的平等權利的具體表現，是對於人類的一種挑戰。」[82]他又正確地看出種族主義傾向於「以**命運**反對**自由**；以無法控制和爭論的血統的驅力反對個人的意識。」就連黑格爾也有此傾向，不過他的說法一如往常地比較曖昧；他說：「我們所謂**原則**、**目的**、**使命**、或精神之本性與理想，都只是普遍的、抽象的東西而已。……是一種潛伏的、未發展的主體，唯其如此，無論它本身是怎樣地真實，終不完全是真的目的原則等等……那個使它們行動，給它們決定的存在的原動力，便是人類之**需要**、**本能**、**志趣與感情**。」近代全人教育哲學家克里克（E. Krieck）對於命定論進一步說：「個人所有合理的意志和活動，只能限於他的日常生活；超過這個範圍，他就只能聽命於命運的大能，去成就更高的使命。」接下來所說的，似乎是個人經驗，他說：「個人並不是透過自己的合理計劃成為一個創造性的、合宜的存有者，而是透過在他上面和下面的力量的作用；這種力量並不是源自自身，而是它藉著他產生作用……。」（不過當這位哲學家說到，不僅客觀或自由的科學時代已經結束，而且純粹理性的時代也已結束時，這就是不當地概括化私人最隱祕的經驗。）

在恢復命運觀之後，其相對的部分，也就是**名聲**，也被黑格爾恢復了；他說：「個人……

是**工具**。……透過個人的參與，他們個人從實質事務得到的（這些事務的準備和安排並不考慮到個人）是……**名聲**，名聲是他們的報酬。」[83]一個變成異教的基督教派的宣傳者：史達伯（Stapel）也跟著說：「一切偉大的事業都是為了名聲或榮耀。」不過，這位「基督教」道德家比黑格爾更激進：「形上的榮耀是真正的道德。」這個真正的道德的「定言命令」（categorical imperative）是：「做這些成就榮耀的事吧！」

283

五、然而榮耀不是每個人都能獲致的；強調榮耀的宗教蘊含著反平等主義——它蘊含著一種「偉人」的宗教。於是，現代的種族主義也就「不知道靈魂之間有平等，人類之間有平等」（羅森柏格語）。[84]這樣一來，要從不斷反自由的軍火庫裡拿出那個領袖原理，就沒什麼障礙了，用黑格爾的詞來說，它就是**世界史的人格**的觀念。這觀念是黑格爾喜好的論題之一。在討論到「是否可以欺騙人民的問題」時，他說：「公共輿論中有一切種類的錯誤和真理，找出其中真理乃是**偉大人物**的事。**誰道出了他那個時代的意志，把它告訴他那個時代並使之實現，他就是那個時代的偉大人物**。他所做的是時代的內心東西和本質，它使時代現實化。誰在這裡和那裡聽到了公共輿論而不懂得去藐視它，這種人決做不出偉大的事業來。」把領袖（大獨裁者）形容成政論家的華麗說法，結合了刻意渲染偉人有多麼偉大，那是因為它把領袖當成歷史**精神**的工具。黑格爾在討論到「歷史人物：世界歷史個人」時說：「他們是實踐的、政治的人物。不過，他們同時又是有思想的人物，他們獨見到時代之需要——那種已經成熟等待發展的事物……。因此，我們應該把世界歷史人物——一個時代之英雄——認做這時代犀利眼光的人物；**他們的行動**，他們的言詞都是這時代之最卓越者……。要知他們本人才是最懂得事情的；別人從他們學到了許多，並且認可了、至少也是順從了他們的政策。要知採取歷史上這一新的步驟的那個精神，便是一切個人之最內在的心靈；但那個精神本在無意識之狀態裡，而由那些偉大人物喚醒過來。他們周圍的大眾因此就追隨著這些心靈領導者；因為他們感受著他們自己的內在的精神之不可抗的強力。」然而偉人不僅是有偉大的理解力和智慧，更具有偉大的熱情；當然，最重要的是政治熱情和野心。這樣才能喚起他人的熱情：「偉大的人們立定了宗旨以滿足他們自己，而非滿足別人……。他們之所以為偉大的人物者，因為他們主持了和完成了某種偉大的東西……苟無**感情**，則世界上一切偉大的事業都不會成功……。**這可以叫作理性之狡計——驅使感情去為它工作**……感情這個名詞，原不是可以完全表示我的意思的適當字眼。我現在所欲表示的感情這個名詞，意指從**私人**的關切，特殊的目的，或可說是利己的企圖而產生的人類活動，並且必須是人類全神貫注，以
284 求這個目的或企圖之實現的……感情和自私欲望之滿足卻是一切行動之最有效力的泉源。它們全然不顧法律與道德加諸它們的種種限制；而且它們這種自然的衝動，比起維護秩序與自制，法律與道德之人為的、討厭的紀律訓練，對於人們有一種更直接的影響。」自盧梭以來，浪漫主義思潮就理解到人並不完全是理性的。不過當人道主義者把理性當作目的時，反理性

者為了政治目的，反而以這個心理洞見去探索人的非理性面向。例如法西斯主義者之訴諸「人性」，就是訴諸我們的激情、集體主義的神祕需要、訴諸「不可知的人性」。用黑格爾的話來說明剛才所引的語詞，他們可以說訴諸「**反理性的**狡計」。不過，這種狡計的極至，正是黑格爾那厚顏無恥的辯證扭曲。他一方面在口頭上為理性主義服務，空前絕後地高唱理性，然而結果卻是非理性主義；不僅膜拜熱情為神，並且膜拜暴力為神；黑格爾說：「為理性之絕對的利益計，這個道德的全體（即國家）應該存在；而一輩開國的英雄們的功績便在於此——這些國家如何簡陋，均所不論……他們竟可以不很重視其他偉大的、甚或神聖的利益……但在這般魁偉的一個人物，在他邁步前進的途中，不免要踐踏許多無辜的花草，蹂躪不計其數的東西。」

六、人類被視為一種英勇的不是理性的動物，這概念並不是源於對於理性的反叛；它是一種典型的部落主義理想。這種英雄式人物的理想和對於英雄主義更合理的尊重之間，必須作個區分；英雄主義永遠是值得稱讚的。不過，我認為我們的稱讚大部分奠基於欣賞英雄的獻身使命。我想在盜匪集團裡的英雄是根本不值得欣賞的。不過我們應該稱讚史考特船長和他的夥伴，如果可能的話，更應該歌頌發現X射線和黃熱病的英雄；當然，更包括那些捍衛自由的英雄。

部落的英雄人物理想，特別是法西斯主義英雄人物的理想，是奠基於不同的觀點。這些

285

觀點直接攻擊那些使我們讚美英雄主義的東西，例如文明的進步等。因為它是在抨擊文明生活本身的觀念，斥之為膚淺和唯物主義，因為後者重視安全的觀念。**冒險的生活**是他們的準則；至於從事這種生活的原因，倒是次要的。或如貝斯特（W. Best）所說的：「唯有驍勇善戰本身，而不是『善的使命』，才能扭轉形勢，我們只關心**如何**，而非為何而戰。」[85]我們再度發現這個論點是黑格爾觀念的延伸；他說：「在和平時期，市民生活不斷擴展；一切領域閉關自守，久而久之，人們墮落腐化了……我們聽到許多傳道者在說教壇上講世俗事物是不安全的、虛空的和變幻無常的，可是不論我們如何受到感觸，每個人都這樣想：『我至少會保持自己的東西。』……有限的東西，如生命財產，被設定為偶然的東西……但當這種不安全是以手持晃耀利刃的驃騎那種形象出現，而且真是要幹起來的時候，預言一切這種情況而令人感傷的那種說教，就轉而咒罵征服者。」黑格爾在另一處對於所謂「單純的習俗生活」描繪了暗淡的圖象；他指的似乎是市民的生活：「習俗乃不遭反對的活動……。生命之目的原來所特具的豐滿與興味在習俗裡是談不到了——這已是一種純屬外部的官能的生存（即現在某些人喜歡稱的『唯物論者』）它再不會興高采烈，專心致志於它的對象了……這一種生存是沒有智力的、沒有生氣的。」一直忠於歷史定論主義的黑格爾，把他的反功利主義態度建立在他對於歷史的詮釋之上（有別於亞里士多德對「物質繁榮的危險性」的功利主義式的評論）。黑格爾說：「世界歷史不是快樂或幸福的園地。快樂或幸福的時期乃歷史上空白的一頁，因為它們是和諧的時期。」這樣一來，自由主義、自由和理性往往成為黑格爾攻擊的對象。那些歇斯底里的口號：我們要自己的歷史！要自己的命運！我們要戰鬥！要監獄！就在黑格爾主義的大廈、在反自由和封閉社會的要塞裡迴響。

雖然黑格爾的理論奠基於所謂「凡合理的即是現實的」，而成為一種官方的樂觀主義，但是其中卻可發現**悲觀主義**的痕跡；在近代更聰明的種族主義哲學家當中，悲觀主義是他們的特徵。這些哲學家裡比較早期者，例如拉加德（Lagarde）、柴茲克（Treitschke）或莫勒爾（Moeller Van den Bruck）等人，這種情形也許不十分明顯，但自從著名的歷史家史賓格勒以後，就非常明顯了。史賓格勒的生物學的全體論（biological holism）、直觀的理解、集體精神（group-spirit）、時代精神，甚至浪漫主義等，都無法使這個相士免於悲觀的展望。在那些能預見未來並覺得是迎接其到來的工具的人們，他們「冷酷的」行動主義裡顯然充滿了絕望。這種對事物的灰暗看法，種族主義的兩派勢力皆有之：「無神論」者是如此，有神論的「基督教」也是如此；這的確很耐人尋味。

屬於後者的史達伯（當然還有其他人士，例如哥加登〔Gogarten〕）說：「人是受其全體的原罪控制……基督徒知道除了在罪惡裡生活外，沒有其他可能……。因此，他避開在道德上的吹毛求疵……。一個倫理化的基督教是澈頭澈尾的敵基督……。神要世界走向毀滅，世界註定要毀滅。依照命運，世界會趨向墮落！人想像自己可以使世界變好，他們要創造『更

286 高的』道德，這是對於神的可笑反叛……。對天國的希望並不意味著期望神賜的幸福；它意味著順從和同志之誼。」（回到部落。）「如果神命令他的子民走向地獄，那麼祂的信徒……就必定走向地獄……。如果神指定祂的子民受永苦，子民也就只得忍受……。敬虔只是獲勝的另一個說法。神要求得勝……。」[86]

在當代德國兩個頂尖哲學家的著作裡，也有這種精神：「存在主義者」海德格和雅斯培（Jaspers）兩人最初都是存在主義哲學家胡賽爾和謝勒的追隨者。海德格由於恢復了黑格爾的「**無的哲學**」而聲名大噪：黑格爾「建立」了「**純有**」和「**純無**」同一的理論[87]；他說，如果你試圖想像一個**純粹**存有的概念，你就必須從那個觀念裡抽掉所有個殊的「一個事物的種種規定」；而如此一來，就像黑格爾所說的，「剩下的就是無」。（這種赫拉克里圖斯式的方法可以用來證明各種美妙的同一，例如純粹富有和純粹貧窮的同一，純粹主人和純粹奴隸的同一，以及純粹雅利安主義和閃族主義的同一。）海德格把黑格爾的無的理論巧妙應用到現實的人生哲學或「存在」（Existence）。只有理解虛無，才能理解人生、存在。海德格在他的《什麼是形上學？》（*What is Metaphysics?*）裡說：「問題的探究應該深入到存有或深入到虛無……，除了探究存在之外，還要跨越它去探討**虛無**。」之所以可能探究虛無（「我們在什麼地方研究虛無呢？在什麼地方發現虛無呢？」），是由於一種事實：「我們知道虛無」；我們是透過憂懼而知道虛無：「憂懼揭露了虛無。」

憂懼、對於虛無的憂懼、對於死亡的苦惱，這些是海德格存在哲學的基本範疇；生命的真正意義是「被拋到存在裡而走向死亡的存有」。[88]人的存在被解釋為「無情的風暴」；人的「決定性的存在」是「成為自我，熱情地自由死亡……，在充分的自我意識和痛苦裡。」不過，這些憂慮的自白並非全無快慰的一面。讀者不必對於海德格的死亡情緒產生過分的壓迫感，因為權力意志和生存意志的發展，在海德格裡並不少於黑格爾。海德格在一九三三年寫道：「德國大學追求本質之意志是一種探求科學之意志；這是發揮德意志民族歷史精神的使命之意志，正如一個民族必須建立自己國家。科學和德國的命運也必須獲得權力，特別是在本質性的意志裡獲得權力。」上引段落雖然沒有什麼原創性或清晰性，卻確實表現了他對
287 黑格爾的忠誠。那些欣賞海德格的人，雖然仍然相信「存在哲學」的深奧，但是應該注意叔本華所說的話：「誰會真的相信，真理也並未被忽視，也可在夾邊一見天日呢？」就上引海德格最後一句話來看，他們應該自問，叔本華對於不誠實的衛道者之忠告，是否沒有被因才施教的教育家們充分運用呢？不論是在德國或德國以外。在此我想起了一節：「如果你想麻痺年輕人的機智，使他們的頭腦沒辦法思考，那麼最好的方法就是讓他們讀黑格爾哲學。因為這些相互矛盾、相互抵銷的語詞的可怕堆積，會驅使心靈折磨自己；要在這些語詞的連結裡思考任何事情，只會歸於枉然，最後因為精疲力竭而崩潰。這樣一來，任何思考能力就澈底被摧毀了，結果，年輕人對於真正的思想一無所知，並且深陷於空洞的冗詞贅語裡。衛道

者若是擔心擁護者太聰明了而洞悉他的計劃，為阻止這種不幸，就建議他們去讀黑格爾哲學吧！」

雅斯培比海德格還更坦白表示自己的虛無主義傾向[89]。他認為只有面對虛無、面對殞滅，才能經驗和體會到存在。為了體會生活的本質意義，就必須生活在危機裡。為了品嘗生活，不僅要冒險，更必須迷失自己！雅斯培把歷史定論主義的變動和命運的觀念，鹵莽地推論到極為陰暗的極端。一切事物都會毀滅；一切事物到頭來都歸於失敗：於是，歷史定論主義的發展法則就呈現於覺醒的知識份子眼前。不過，要面對毀滅，才能得到生命的激盪！只有在「邊際情境」裡，在存在和虛無的邊緣，我們才有真實的生活。生命的至福總是呼應著它的可理解性的終點，特別是在身體面對極端的情況、極端的危險的時候。不能體會失敗，就無法體會生活。在自我毀滅裡享受自己的生命吧！

以上就是賭徒的哲學，盜匪的哲學。無疑的，這種可怕的「衝動和憂懼的宗教，獲勝者或獵物的宗教」（柯爾奈語）[90]，這種澈底的虛無主義，其實並不流行。它是知識份子的祕密團體的告解式特徵，他們捨棄了他們的理性，因而也捨棄了他們的人性。

另有一群德國人——那就是庶民——他們的頭腦還沒有被毀滅性的高等教育體系毒害。這群「另外的」德國人，顯然不是德國的思想家。德國還有「其他」思想家，那也是真的（其中最有名的就是康德）；但上述探討的結果，顯然並不會使人太振奮，我完全同意柯爾奈的評論：「也許這不是個困境……，想到除了普魯士思想家的日耳曼之外，還有普魯士將軍的日耳曼，或許可以使我們對於日耳曼文化沒有那麼失望。」[91]

6

我已試圖指出黑格爾的歷史定論主義和近代極權主義的同一性；很少人清楚認識到這個同一性。黑格爾的歷史定論主義成為了知識圈裡廣泛使用的語言，即使是率直的「反法西斯主義者」和「左派份子」也是如此。它已經是他們呼吸的知識空氣裡的主要成份，許多人都習焉而不察其存在，這個學說裡令人驚訝的不誠實，已經如每日呼吸的空氣一般不再醒目。然而，若干種族主義的哲學家很清楚黑格爾給他們的恩賜。齊格勒（H. O. Ziegler）就是一個例子；他在《近代國家》裡提到黑格爾「具有位格性的集體精神」這個概念，正確地描述為「國家哲學裡的哥白尼革命」（齊格勒也談到繆勒這方面的觀念）[92]。另一個意識到黑格爾哲學意義的例子，可能會讓英國讀者特別感興趣，那就是甫出版的《英國哲學史》（R. Metz, 1935）。葛林（T. H. Green）在該書裡遭受批評，不是因為他受黑格爾的影響，而是因為他「逃遁到英國典型的個人主義裡……。從黑格爾推論的激進結論裡撤退」。勇敢抨擊黑格爾主義的霍布豪斯（Hobhouse）則被譏為「布爾喬亞自由主義的典型形式，因為感到其自由受到威

289

脅，於是反對國家的無上力量。」對某些人而言，這種感受可能會被視為有根據的。鮑桑奎（Bosanquet）的天真的黑格爾主義當然很受到歡迎。值得留意的是，大多數英國的評論家對於這些觀點都很保留。

我所以提這件事，是想告訴大家，要像叔本華一樣，對於這類膚淺的流行空話口誅筆伐，是既困難而又迫切的事（當黑格爾說他自己的哲學是「最崇高的深奧」時，他自己就很清楚他的空話有多麼膚淺了）。至少我們應該幫助下一代脫離這種知識的欺詐；這種知識的詐欺以及它和敵人的爭論，在歷史上也許是絕無僅有的。下一代也許會依據叔本華的期望去做，他在一八四〇年預言說：「這種巨大的神祕思想會替後代招來無盡的嘲笑。」[93]（到目前為止，這位偉大的悲觀主義者對後世證明了，黑格爾是個荒唐的樂觀主義者。）黑格爾的鬧劇造成的傷害已經夠了；我們必須停止這種傷害。一百年前曾經清理過一次，可惜沒有成功，現在，我們一定要再說，即使因為碰觸這個不體面的東西而弄髒了自身亦在所不惜。有太多哲學家疏忽叔本華的反覆告誡；他們因疏忽而遭受的危險並不亞於接受他們的學說的人或者是整個人類遭受的危險（他們的日子過得並不壞）。

把反民族主義者叔本華所說的話當作本章的結論，也許是適當的；叔本華在一百年前談到黑格爾時就說：「他不僅在哲學上，而且在德國文學的一切形式上，都招致破壞性的、麻醉人的影響，或者你也可以說是有毒的影響。對能獨立判斷的人來說，從各方面對這種主義做有力的反擊，乃是每個人的責任。**因為如果我們沉默的話，還有誰來說話呢？**」

注釋

665 **本章注釋的一般說明**：本章注釋涉及黑格爾哲學的部分，一般見：J. Loewenberg, *Hegel: Selections*（*The Modern Student's Library of Philosophy*）, 1929。這本精彩而易於到手的選集，包含許多黑格爾哲學的主要內容，因此在許多地方盡可能引用它。不過在引述時也會提到各版本的正文。WW=Hegel's *Sämtliche Werke*, Glockner, Stuttgart, 1927。然而它沒有收錄《哲學全書》重要部分。摘引時以「*Encycl.* 1870」表示：G. W. F. Hegel, *Encyclopädie*, hrg. K. Rosenkranz, Berlin, 1870。《法哲學原理》（*Philosophy of Law, or Philosophy of Right*）則以章節號表示，「L」表示甘斯（Gans）於一八三三年的演講注解。我並不會一直用原譯者的譯文。

注1：見：*De Orbitis Planetarum, 1801*。（一八〇一年元月一日發現穀神星。）

666 注2：見：Democritus, fragm., 118 (D2)；另見：第十章注29正文。

注3：見：Schopenhauer, *Grundprobleme* (4th edn, 1890), p. 147；另見：第十一章注53。

注4：黑格爾的整部《自然哲學》充滿著這類定義。例如哈特費爾德（H. Stafford Hatfield）翻譯黑格爾的「熱」的定義時說（見：Bavink, *The Anatomy of Modern Science*, pp. 30）：「熱是物質在不定型的自我復元，它的流動性是抽象的同質性勝過個殊的規定性，它的抽象而純粹自存的連續性，作為否定的否定，於此定立為一種活動。」黑格爾對電的定義也與此類似。下一個摘引見：Hegel, *Briefe*, I, 373; Wallace, *The Logic of Hegel*, pp. xiv。（黑體字是我強調的。）

注5：見：Falkenberg, *History of Modern Philosophy* (6th German edn, 1908, 612; cp. English version by Armstrong, 1895, 632)。

注6：我所想到的是各種有關「演化」、「進步」以及「突現」（emergence）的哲學，例如柏格森、亞力山大（S. Alexander）、史慕慈（Field-Marshal Smuts）或懷海德（A. N. Whitehead）。

注7：見：注43（2）摘引和分析該內容。

注8：本段的八個引文，見：*Selections*, pp. 389 (WW, VI, 71), 447, 443, 446; 388 (*WW*, xi, 70)。內容出自：*The Philosophy of Law, sections 272L, 269L, 270L*；第一和最後一段引自《歷史哲學》。關於黑格爾的全體論（holism）及其國家有機體理論，見：*The Philosophy of Law*, section 269L；文中提到阿格里巴（Menenius Agrippa）《論李維》（*Livy*, II, 32）。關於批評全體主義。見本書第十章注7。至於黑格爾提出的典型說法：強大的有機體和「沒有力量的原子單位之堆聚或聚集」的對立，見：section 290L。另見：本章注71。

黑格爾採用柏拉圖政治理論的另外兩個重要論點是：一、「**一人、多人以及少數人**」的理論，見：*The Philosophy of Law*, section 273：君主為**一個人**；**少數人**為行政單位；**多數人**……為立法者；另見：section 301（也是談「多」的）。二、知識與意見之對立的理論，見：section 270（討論**思想的自由**）；以及以下注37、注38），黑格爾把公眾輿論當作「多人的意見」，甚至當作「多人的奇想」；見：section 316 ff.；以及以下注76。

關於黑格爾對柏拉圖的有趣批評，見：本章注43（2）。

667

注9：關於這方面評論，特別見：第二十五章。

注10：見：*Selections, xii*（羅文貝格在選集裡的引言）。

注11：我所想到的不僅是他的哲學前輩（費希特、席列格〔Schlegel〕、謝林，特別是史萊瑪赫〔Schleiermacher〕），或古代哲學家的源流（赫拉克里圖斯、柏拉圖、亞里士多德），特別是盧梭、斯賓諾沙、孟德斯鳩、赫德、柏克（見：本章第六節）以及詩人席勒（Schiller）。黑格爾的國家精神得力於盧梭、孟德斯鳩（見：*The Spirit of Law*, XIX, 4 f.）和赫德。他和斯賓諾沙的關係有點不同；他採用了或者說修改了決定論者斯賓諾沙的兩個重要觀念。第一個觀念是自由只在對於萬物之必然性的理性認知裡，以及提升理性超越激情層面的力量裡。黑格爾把這種觀念發展為理性和自由的同一：自由為必然之真（*Selections*, 213, *Encycl.*, 1870, p. 154）。第二個觀念是斯賓諾沙奇特的道德實證主義；他認為強權就是公理，他創造這個觀念的目的在於打擊他所謂的專制統治，即意圖擴權。斯賓諾沙主要關心的是思想的自由；他認為統治者不可能強

迫人的思想，因為思想是自由的，而專制統治則是硬要這麼說。基於這個理論，他支持世俗國家權力反對教會（他天真地希望世俗的國家不會剝奪思想自由）。黑格爾也支持國家反對教會。他知道提出思想自由的口號有實際的政治利益，所以也跟著談（見：*The Philosophy of Law*, Preface）；不過他同時又曲解了這個觀念，認為國家必須決定什麼是真偽，可以鎮壓它認為的假思想（見：*The Philosophy of Law*, section 270；注37和注38正文。）黑格爾引用席勒的名言（他沒有聲明或指出引自席勒）：「世界歷史是正義的世界法庭。」不過這個格言蘊含著黑格爾歷史定論主義的政治哲學；不僅蘊含了他對對權力和成功的膜拜，也蘊含了他獨特的道德實證主義以及歷史合理性的思考。

黑格爾是否受到維科（Vico）的影響，仍然是個問題（韋伯〔Weber〕的《新科學》〔*New Science*〕德譯本於一八二二年才出版）。

注12：叔本華很欣賞柏拉圖和赫拉克里圖斯。他相信暴民的貪婪就像野獸一樣；他引用比亞斯（Bias）的格言：「所有的人都是壞蛋。」作為他自己的藍圖；他相信柏拉圖的貴族政治是最好的政府。他也憎恨民族主義，特別憎恨日耳曼的民族主義。他是個世界主義者。他對於一八四八年革命的憎惡和排斥，部分是由於他知道在「暴民統治」下可能失去他的獨立，也可能因為他憎惡民族主義運動的意識型態。

注13：叔本華的這個格言（*Cymbeline*, Act V, Sc. 4），見：Schopenhauer, *Will in Nature* (4th edn, 1878), p. 7。以下引文見：Works (2nd edn, 1888), vol. V, 103 f., vol. II, pp. xvii, f. (the *World as Will and Idea*, 2nd edn, preface)（黑體字是我加上的）。我相信任何研究過叔本華的人，都會為他的真誠和誠實感動。另見：齊克果的評論，見二十五章注19、注20正文。

注14：史威格勒（Schwegler）初次印行的是一篇文章（1839）以紀念黑格爾。引文摘自：Schwegler, *History of Philosophy*, trans. by H. Sterling, 7th edn, p. 322。

注15：「對英國讀者來說，把他的原則當作有力的說明而首次介紹到英國的，是前述的史德林博士，」凱爾德（Caird）如是說（*Hegel*, 1883, Preface, p. vi），顯示史德林認真對待黑格爾哲學。以引自史德林對於史威格勒的《哲學史》的注釋（p. 429）。本章格言引自：*op. cit.*, p. 441。

注16：史德林（*op. cit.*, p. 441）說：「對於黑格爾來說，偉大的事業就是要成為好公民；如果已經是好公民，對黑格爾而言，就不需要哲學的呼喚。例如，他告訴杜布克（Duboc）——杜布克寫信給黑格爾抱怨黑格爾的哲學系統的種種困難——他的哲學系統宛如大樓的豪華前廳，又像家庭的父親具有堅定的信心；他的成就實在夠完備了，任何增添，就哲學而言，都是知識的奢侈。」因此，依據史德林的說法，**黑格爾沒有興趣釐清他的體系的困難，而只想將「壞」公民變為「好」公民而已**。

注17：下面引自：Sterling, *op. cit.*, p. 444 f.。史德林繼續說出引自正文中最後的一句話：「我自黑格爾處獲益太多，我會永誌不忘，不過我對他的觀感是，他使不可知的成為可以理解，他是個欲為公眾服務的人」。他又說：「我想我和黑格爾一樣……成為一個基督教哲學家。」

注18：見：*A Textbook of Marxist Philosophy*。

注19：引自：E. N. Anderson, *Nationalism and the Cultural Crisis in Prussia 1806-1815* (1939), p. 270。安德遜的分析是批評民族主義；他清楚看到普魯士民族主義裡歇斯底里和神經質的性質（p. 6）。然而，我不能完全同意他的態度。或許由於作為歷史學家的要求客觀，我認為他把民族主義運動看得太嚴重。我特別不同意他斥責腓特烈・威廉國王不理解民族主義運動。他說：「威廉國王缺乏欣賞偉大性的能力，不論是在理想或是在行動方面。在德國文學和哲學的興起，進入民族主義裡的歷程如火如荼，他卻一無所知。」（p. 271）但是德國最好的文學卻是反民族主義的；康德和叔本華都是反民族主義者，歌德也遠離民族主義。要求任何人，特別是那麼單純、坦率而保守的國王，對費希特的空論產生狂熱，那是很不公平的事。我想大多數人都會同意這位國王對費希特的評論：「反常的、通俗的三流作家。」（Anderson, *op. cit.*）當然，我同意國王的保守主義是很不幸的。對他的單純和他的抗拒歇斯底里式的民族主義浪潮，我有著最大的敬意。

注20：見：*Selections*, xi（羅森貝格的引言）。

注21：見：第十一章注18、第五章注19。

注22：見：*Selections*,103 (=*WW*, iii, 116); *Selections*, 130 (=*WW*, vi, 224)。至於最後一段引文，見：*Selections*, 131(=*WW*, vi, 224-5)。

注23：見：*Selections*, 103 (=*WW*, iii, 103)。

注24：見：*Selections*, 128 (=*WW*, iii, 141)。

注25：這裡所提的是柏格森，特別是他的《創化論》（*Creative Evolution*, Engl. Transl. by A. Mitchell,

669

1913）。柏格森著作裡的黑格爾特性似乎沒有被充分認識到；事實上，柏格森明白曉暢而理性的陳述，有時讓人難以了解黑格爾哲學對他的影響到底有多大。不過當我們考慮到柏格森說「本質是變動」或以下內容時，就沒有什麼懷疑了（見：*op. cit.*, 275, 278）：

柏格森說：「本質性也是朝向反思的進展。如果我們的分析正確的話，則意識，或者說上層意識，是在生命的起源階段……。意識完全對應到生物的選擇能力；它和圍繞在實際行動四周的可能行動共存：**意識和創造以及自由是同義語**。」（黑體字是我強調的）把意識（或精神）等同於自由，是斯賓諾沙哲學的翻版。這種理論都可見於黑格爾的哲學；我喜歡把它描述為「相當柏格森式的」；例如「精神的本質正是活動；它在實現其潛能；在達成其自身的任務和工作……。」（見：*Selections*, 435 =*WW*, xi, 113）。

注26：見：第十一章注2至注24正文。另一個特別的段落說（*Selections, 409* =*WW*, xi, 89）：「潛在的事物胚芽之存在也包含在發展的原則裡——力圖實現自己的能力或潛態。」另一個摘引，見：*Selections*, 468 (*The Philosophy of Law,* section 340；另見：注11）。

注27：另一方面，我們看看二流的黑格爾主義，或第三、第四流的費希特主義和亞里士多德主義，也往往被渲染為原創性的成就，要說黑格爾不具原創性或許對他有點苛刻。見：本章注11。

注28：見：Kant, *Critique of Pure Reason*, 2nd edn, p. 514 (top), p. 518；關於本書引言裡的格言，見康德於一七六六年四月八日寫給孟德爾松（Mendelssohn）的信。

注29：見：第十一章注53及正文。

注30：將一般人通常所謂的「語言的精神」（spirit of a language），視為為該語言裡一些偉大的作家們創立的「傳統的明晰性標準」（traditional standard of clarity）這種假設是合理的。在語言裡，除了明晰性外，還有一些進一步的傳統標準，例如單純性、裝飾性及簡明性等。但是明晰性的標準也許是這些標準裡最重要的，而且是必須細心保護的文化遺產。語言是社會生活裡最重要的體制，同時，語言要發揮其作為理性溝通工具的功能，明晰性是其首要的前提。語言傳達情緒的功能則比較不重要，因為我們可以不用一個字就傳達我們一大堆的情緒。

（補註）：值得一提的是，從柏克那裡認識到歷史對於傳統之形成的重要性的黑格爾，事實上卻摧毀了康德建立的知識傳統，一則是以在激情裡的「理性之狡計」理論（見注82、注84及正文），再則以他討論問題時的實際方法。不過，他破壞的還不止於此，他的歷史相對論（真理是相對的，視其時代精神而定）他也破壞了追求真理、尊敬真理的傳統。另見本章第四節；拙著："*Towards a Rational Theory of Tradition*" (in *The Rationalist Annual*, 1949; now in *Conjectures and Refutations*）。

注31：企圖駁斥康德的辯證法（他的二律背反理論）的人似乎很少。叔本華的《意志與表象的世界》及佛雷斯（J. F. Fries）《對理性之新的或人類學的批判》（*New or Anthropological Critique of Reason*, 2nd German edn, 1828, pp. xxiv ff.）嚴肅批評康德，試圖釐清和重述康德的論證。我試圖從一種觀點來重新詮釋康德的論證，認為他正確看到純粹的思辨不足以建立有助於我們的經驗據以除掉假理論的任何事物。（見：*Mind*, 49, 1940, p. 416; *Conjectures and Refutations*, pp. 326 f.。佛

立德（M. Fried）對康德的論證作了有趣的批評。）關於黑格爾的理性辯證的理論，以及他對理性之集體主義式的詮釋（他的「客觀精神」），見第二十三章對科學方法的社會分析或人際方面，以及第二十四章對「理性」對應的詮釋。

注32：這個陳述的詳細說明，見我的論文："What is Dialectic?" (*Mind*, 49, pp. 403 ff.)。另見："*Are Contradiction Embracing*" (*Mind*, 52, 1943, pp. 47 ff.)。在我寫了該篇論文之後，我收到卡納普（Carnap）的《語意學導論》（*Introduction to Semantics*, 1942），他談到「完備性」（comprehensive），似乎比「內包」（embracing）更好，見：*op .cit.*, section 30。

在〈何謂辯證法〉處理的許多問題，本書只略加觸及：特別是從康德到黑格爾的辯證法及其同一哲學。不過論文中有少數句子在本書重述，呈現的兩個問題主要是互補的。另見：下面注33至注36。

注33：見：*Selections*，xxviii (*WW*, iv, 618, *Werke 1832-1887*, vol. vi, 259)。關於本處提到的加強版的獨斷論的觀念，見："What is Dialectic?,"p. 417。*Conjectures and Refutations*, p. 327。另見第十一章注51。

注34：見："What is Dialectic?,"p. 414。我也在該處提出「我們的心靈如何把握世界?」的問題（p. 420）（*Conjectures and Refutations*, pp. 325-30）。

注35：黑格爾說：「每個現實的東西都是個理念。」見：*Selections*, 103 (=*WW*, iii, 116)。從理念的圓滿性推論出道德實證論，見：*Selections*, 388 (=*WW*, xi, 70)。最後的內容摘引在注8正文中。另見：

671

Encyclopaedia, section 6; *Philosophy of Right*, Preface and section 270L。前段所提的「大獨裁者」無疑是指卓別林的影片。

注36：見：*Selections*,103 (=*WW*, iii, 116)。另見：*Selections*,128, section 107 (=*WW*, iii, 142)。

黑格爾的同一哲學當然顯示亞里士多德的神祕主義知識論的影響，也就是能知主體和所知客體合一的理論。見：第十一章注33、第十章注59至注71、第二十四章注4、注6、注29至注32及注58

就我在正文中評論黑格爾的同一哲學來說，可以補充一點：黑格爾相信（他這個時代大部分哲學家都如此）邏輯是關於思維或推理的理論。見："What is Dialectic?," p. 418。這種看法與同一哲學結合在一起，產生了一種結果，那就是邏輯是關於思想、理性、理念、觀念及實在界的理論。再加上思想的辯證發展的前提，黑格爾演繹出理性、理念、觀念、實在都是依據辯證發展的；他更得出邏輯等於辯證法和實在的理論。大家知道第二個理論，那就是黑格爾的泛邏輯主義（*Panlogism*）。

另一方面，黑格爾從這些前提出發，認為觀念是依據辯證的方式發展，亦即能夠從無中自我創造和自我發展。黑格爾這種發展，是從「存有的理念」開始，首先設定「有」的理念之對立面，亦即「無」，然後創造一種由無到有的過程，亦即生成變化（Werden）。這種從「無」中發展出觀念之企圖有兩種動機。第一種是誤以為哲學必須以無任何預設為起點（最近胡賽爾又重新肯定這個觀念，第二十四章會討論；見該章注8及正文。）。這使得黑格爾從「無」開展他的哲學。另外一個動機是有體系地開展和證成康德的「範疇表」。康德說每一組範疇的前兩者都是相互對立的，第三個範疇是前兩者的綜合。這方面的說明（以及費希特的影響）使得黑格爾想要從「無」中辯證地推論出所有範疇，從而建立所有範疇的必然性。

注37：見：*Selections*, xvi (=*Werke 1832-1887*, vi, 153-4)。

注38：見：Anderson, *Nationalism*, 294。——國王於一八一五年五月二十二日承諾立憲。「憲制」和宮廷醫生的故事似乎都提到當時的諸侯（譬如奧皇法蘭西斯一世及他的繼承人費迪南一世）。下一段引文摘自：*Selections*, 246 (=*Encycl.* 1870, pp. 437-8)。

注39：見：*Selections*, 248 (=*Encycl.* 1870, pp. 437-8)。黑體字是我加上以強調的。

注40：見：第十一章注25。

注41：關於自由的弔詭問題，見：下面注43（1）、第六章注42以正文中前四節；第七章注4及注6、第二十四章注7及正文中各節。另見：第十七章注20。關於盧梭重申自由的弔詭問題，見：*Social Contract*, Book I, chapter VIII, second paragraph。至於康德解決該問題的方式，見：第六章注4。黑格爾時常提到康德的這種解答，見：*Metaphysics of Morals*: Introduction to *Theory of Law*, section C; *Works*, ed. by Cassirer, VII, p. 31; *The Philosophy of Law*, section 29, 270。黑格爾依循亞里士多德和柏克（見：第六章注43及正文），反對「國家的特殊功能在於保護每個人的生活、財產和欲望」的理論（源自呂哥弗隆和康德）。

關於本節頭尾的兩個引文，見：*Selections*, 248 f., 249 (=*Encycl.* 1870, p. 439)。

注42：關於摘引，見：*Selections,* 250 (=*Encycl.* 1870, pp. 440-41)。

注43：一、以下引文，見：*Selections,* 251 (=*Encycl.* 1870, pp. 441); 251 f. (=*Encycl.* 1870, pp. 442); 253 f. 46 (=*Encycl.* 1870, pp. 443)。（黑體字是我強調的。）另見：*The Philosophy of Law,* section 273-281。以下兩段引文，見：section 275, 279。（黑體字是我強調的。）關於自由的弔詭的同樣用法，見：*Selections,* 394 (=*WW*, xi, 76)：「如果承認關心個人意願為政治自由之唯一基礎……，則我們可以說，我們不會有憲制。」見：*Selections,* 400 (=*WW*, xi, 80-81); 499 (*The Philosophy of Law,* section 274)。

黑格爾本人總結他的歪曲說法（*Selections,* 401 (=*WW*, xi, 82)）：「在討論的早期階段，我們首先建立了……，自由的理念為絕對和終極之目的……。然後我們認識到國家為道德的整體及自由的實在……。」於是，我們以自由為起點而以極權主義國家為終點。沒有人能夠把這種歪曲說得更諷刺了。

二、辯證法歪曲的另一例子，是**把理性扭曲為激情和暴力**，見：本章注48正文，第四節第七段末尾。在這個方面特別有趣的是黑格爾批評柏拉圖（另見注7、注8及正文）。黑格爾頌揚所有近代和基督教的價值觀，其中不僅包括自由的價值，還包括個人主體之自由。但是我們都知道，這些都是口惠不實的。他批評柏拉圖的全體論或集體主義（見：*The Philosophy of Law,* section 185）：「單個人獨立的本身無限的人格這一原則，即主觀自由的原則……（是被柏拉圖否定了的）。這種原則……，在基督教中出現……在羅馬世界中出現。」這種批評相當精采，它證明了黑格爾很了解柏拉圖；事實上，黑格爾解讀柏拉圖哲學的方式和我非常一致。對於黑格爾的外行讀者來說，讀了這一段內容之後，或許會認為它正好證明黑格爾不是集體主義者。不過我們只要看看柏拉圖思想裡最激烈的集體主義說（section 70L）「你是為了整體而被創造，不是整體為你而創造」，而黑格爾完全贊成這個說法；他說：「不言而喻，單個人是次要的，他必須獻身於倫理整體。」亦即獻身於國家。以上便是黑格爾的「個人主義」。

然而，他何以又要批評柏拉圖呢？他何以強調「主體自由」的重要性呢？黑格爾對這個問題作了解答（*The Philosophy of Law,* section 316, 317），深信只要給人民少許自由，就像安全閥一般，能夠宣洩一下他們的感覺，革命就可避免，因此他說（*The Philosophy of Law,* section 316, 317L）：「公共輿論是一支巨大的力量，尤其在我們時代是如此，因為主觀自由這一原則已獲得了這種重要性和意義……每一個人還願意參加討論和審議。如果他盡了他的職責，就是說，發表了他的意見，他的主觀性就得到了滿足，**因而他會盡量容忍**。在法國，一直顯得言論自由要比默不作聲危險性少得多，因為後面一種情形，怕的是人們會把對事物的反對意見扼在心頭，至於論爭則可使他們有一個出口，而得到一方面的滿足，**何況它又可使事物更容易沿著本身的道路推進**。」黑格爾在關於主觀自由或者他煞有介事的「當代世界的原則」的討論裡，透露了他自己的憤世嫉俗感覺真是無以復加。

總結說來，黑格爾除了批評柏拉圖沒有讓被統治者有「主觀自由」的幻想之外，和柏拉圖是完全一致的。

注44：令人吃驚的是，這些卑劣的伎倆竟然可以成功，再認真的人都被黑格爾的辯證法騙欺。佛恩（C. E. Vaughan）是個開明而有判斷力的人，一生為自由和理性而奮鬥，卻也成為黑格爾偽善的犧牲者。他說他相信黑格爾的「信仰自由與進步，**依據黑格爾自己所說的**……，是他的信仰之本質。」（見：*Studies in the History of Political Philosophy*, vol. II, 296。黑體字是我強調的。）當然，佛恩也批評黑格爾「過度偏袒既有秩序」（見：*op. cit.*, 178）。他甚至說黑格爾：「沒有人能夠像黑格爾一樣……，更願意……認為世界最墮落和高壓的制度……是毋庸置疑地合理的。」（*op. cit.*, 295）然而，他過於信賴「黑格爾自己的說法」，而認為它只是「過當」而已（*op. cit.*, 295），是「可以容許的缺點」（*op. cit.*182）。尤有甚者，若不是他義正辭嚴地評論黑格爾「在普魯士的憲政裡找到政治智慧的定論，歷史的壓頂石」（*op. cit.*182），若不是以此恢復讀者對黑格爾的信心，佛恩的書就註定不會出版；因為佛恩遺作《政治哲學史研究》的編輯的附注摧毀了佛恩的批判力量，他提到黑格爾的一段話，認為佛恩也影射過它（他沒有提到本章注47、注48、注49正文裡摘引的內容）：「不過在內容上很難判明評論的對錯……。」

注45：見本章注36，在亞里士多德的《物理學》（*Physics*, I, 5）可以找到這種辯證法的早期內容。

注46：我非常感謝宮布利希（G. H. Gombrich）讓我採用他的主要觀念（他在信中剴切評論我對於黑格爾的闡述）。

關於黑格爾認為「絕對精神在世界歷史裡自我開顯」，見：*The Philosophy of Law,* section 259L；關於他把「絕對精神」等同於「世界精神」，見：*op. cit.,* section 339L。至於完美是上帝的目的，以及黑格爾反對（康德認為的）神意不可測的觀點，見：*op. cit.*, section 343（第二十五章注10，其中有佛斯特〔M. B. Foster〕的有趣反擊）。黑格爾使用辯證法的三段論問題，見：*Encycl.*, section 181（「三段論是合理的，一切事物是合理的」），並且（section 198）把國家描述為三段論的三和弦。黑格爾的整個內容展示為這類的三段論（section 575-77）。依據上述最後內容，我們可以推論出「歷史」是「第二個三段論」的領域（section 576），見：*Selections*, 309 f.。《歷史哲學》導論內容，見：*Selections*, 348 f.。下一段內容，見：*Selections*, 262 f.。

注47：見：*Selections*, 442 (=*WW*, xi, 119-120)。最後一段引文出自同處。關於三個環節的問題，見：*Selections*, 360, 362, 398 (=*WW*, xi, 44, 46, 79-80)。另見：Hegel, *Philosophy of History* (trans. by J. Sibree, 1857, edn. 1914) 110：「東方各國只知道一個人是自由的；希臘與羅馬世界只知道一部分人是自由的；至於我們知道一切人們絕對地是自由的。因此我們在歷史裡觀察到的第一種政治是專制政體，第二種是民主和貴族政體，第三種是君主政體。」（關於三種環節的進一步討論，見：*op. cit.*, pp. 117, 260, 354。）

注48：關於另三段引文，見：Hegel, *Philosophy of History*, 429; *Selections*, 358, 359 (=*WW*, xi, 43-44)。正文裡對於處理的題材有點簡化；黑格爾把日耳曼世界分為三個階段（見：*Philosophy of History*, 356），他區分為「聖父之國，聖子之國，聖靈之國」（p. 358），聖靈之國（精神王國）又分為三個階段（如正文所述）。

注49：以下三段引文見：*Philosophy of History*, 354, 476, 476-477。

注50：特別見：本章注75。

注51：特別見：第八章注48至注50。

注52：見：*Philosophy of History*, 418（原譯作：「日耳曼化的斯拉夫人。」）

注53：馬薩里克有時被描述為「哲人王」。不過，他顯然不是柏拉圖喜歡的類型；因為他是民主派的。他對柏拉圖非常感興趣，不過他把柏拉圖理想化且民主化。他的民族主義是對於民族壓迫的反彈，他也一直抨擊過激的民族主義。可以一提的是，他第一次發表的文章是用捷克文寫的，專論柏拉圖的愛國主義（見：卡柏克〔K. Copek〕替馬撒里克寫的傳記，論馬薩里克大學時代的那一章）。馬薩里克的捷克斯拉夫也許是史上最好且最民主的國家；但是撇開這一切不談，它仍是建立在民族國家原則之上，一種不能應用於當前世界的原則。多瑙河流域的國際聯盟或許防堵了許多不幸。

注54：見第七章。在本節所引盧梭的思想：*Social Contract*, book I, ch. VII。關於黑格爾對人民主權的觀點，見本章注61正文裡所引：*The Philosophy of Law,* section 279。

注55：見：齊墨恩摘引的赫德觀點：*Modern Political Doctrines* (1939), p. 165 f.（我在正文裡摘引的內容，並不是赫德的「空洞的名目論」的典型說法，康德曾批評這種主義）。

注56：見：第九章注7。

康德的兩段引文，見：Works (ed. by Cassirer), vol. IV, p. 179; p. 195。

注57：見：Fichte, *Briefwechsel* (ed. Schulz, 1925), II, p. 100。部份引文見：Anderson, *Nationalism*, p. 30。另

見：Hegemann, *Entlarvte Geschichte*, 2nd ed., 1934, p. 118。下一段引文見：Anderson, *op. cit.*, p. 34 f.。

再下一段摘引，見：同 *op. cit.*, p. 36；黑體字我加的。

可以一提的是，對日耳曼民族主義許多創建者來說，原先都有反日耳曼的情緒；這可以指出民族主義是建立在自卑感上。（見：本章注61及注71。）茲舉一例，安德遜（*op. cit.*, p. 79）談到其後著名的民族主義者阿恩特（E. M. Arndt）時說：「當阿恩特於一七九八年至一七九九年在歐洲旅行時，他自稱是瑞典人，因為他說日耳曼的名字『在世界下沉了』；他強調，這不是一般人會犯的錯誤。」海格曼認為（p. 118）這個時候日耳曼的精神領袖們特別反對普魯士的殘暴，同時他引用溫克曼（Winckelmann）的話說：「我寧可是個土耳其宦官，而不願當普魯士人。」萊辛（Lessing）也說：「普魯士是歐洲最奴性的國家。」他更提到歌德，後者渴望拿破崙可以解放大家。海格曼也是反對拿破崙的作者；他補充說：「拿破崙是個暴君；……不管我們如何反對他，必須承認他在耶拿（Jena）的勝利，迫使腓特烈的反動派政府作了少許遲來的改革。」康德（*Anthropology*, 1812）略為討論到**民族的性格**問題，並對於一八〇〇年的日耳曼人有個有趣的評斷；他說（*Works*, vol. VIII, 213, 211, 212）：「日耳曼人的缺點是不自覺地想要模仿別人，而對於自己的創意**評論甚低**……尤其是很迂腐地以階級和特權的框架去區分和他人的關係。在這種身分系統裡，他不停創造各種頭銜，成為炫學的奴隸……。在所有文明人裡，日耳曼人最容易長久屈服於他們的政府，也是最厭惡變動和反抗既有秩序的人。他們的性格是個駑鈍的理性。」

675

注58：見：Kant, *Works*, vol VIII, 516。當費希特以一位籍籍無名的窮困作家向康德求援時，康德當下就想幫助他，但康德遲疑了七年才說出他對於費希特的印象，而且是不得已的。包括費希特本人的壓力，費希特公開表態自己是康德承諾的履行者。最後，康德終於發表了《關於費希特的公開解釋》回應一位評論家以大眾名義要求康德發表他的觀點。康德說，在他看來，「費希特的哲學系統完全站不住腳」；他也謝絕談論「空泛無當」的哲學。在禱告神保護我們的朋友以後（如正文所引），康德繼續說：「也可能有一種……詐欺和不忠實的朋友設計傷害我們，雖然口頭上仁慈；為了要避免他們的陷阱，我們不得不盡力提高警覺。」如果像康德這樣極穩重的、仁慈而為人著想的人，都會說出這樣的話，我們就有理由嚴肅考慮他的說法了。**不過我還沒有看到任何哲學史採用康德的意見，明白指出費希特是個不誠實的詐欺者**；然而，我卻看到許多哲學史竭力反駁叔本華曾做的指控，例如暗示叔本華善妒的性格。

不過康德和叔本華的控訴絕對不孤單，費爾巴哈（A. von Feuerbach）在一七九九年元月三十日的一封信裡，也有和叔本華一樣強烈的說法（見：Schopenhauer, *Works*, vol. V, 102）；席勒和歌德也有相同的意見。尼可洛維斯（Nicolovius）也說費希特是個「諂媚者和騙子」。（見：Hegemann, *op. cit.*, pp. 119 ff.。）

讓人驚奇的是，像費希特這樣的人，由於眾人的推波助瀾，**雖然康德竭力抗議，卻在康德生前**曲解他「老師」的學說。這還只是一百多年前的事，任何人不妨讀看看康德和費希特的信以及康德的聲明，就很容易判定孰是孰非；而且它也顯示，當我說柏拉圖歪曲了蘇格拉底的學說，絕不是如柏拉圖信徒所指摘的空想。當時蘇格拉底已經去世，又沒有留下片言隻字（如果這個類比不會太抬舉黑格爾和費希特，我們可以說：沒有柏拉圖，就不可能有亞里士多德；沒有費希特，就不可能有黑格爾）。

注59：見：Anderson, *op. cit.*, p. 13。

注60：見：Hegel, *The Philosophy of History*, 465。另見：*The Philosophy of Law*, section 258。關於帕累托的忠告，見：第十三章注1。

注61：見：*The Philosophy of Law*, section 279；下一段引文見：*Selections*, 256 f. (=*Encycl.* 1870, p. 446)。對於英國的抨擊，見：257 f.(=*Encycl.* 1870, p. 447)。黑格爾的提到日耳曼帝國問題，見：*The Philosophy of Law*, p. 475，另見本章注77。自卑感，特別是相對於英國的自卑感以及這種自卑感的利用，在民族主義興起的歷史裡扮演相當重要的角色。另見：本章注57及注71。至於涉及到英國的其他段落，見：本章注71正文。「科學與藝術」一詞是我以黑體強調的。

注62：黑格爾輕視「形式的權利」、「形式的自由」、「形式的憲政」，這點很耐人尋味，因為它是現代馬克思主義者批評「形式的」民主的可疑源頭，他們認為「形式的」民主只提供「形式的」自由。見：第十七章注19及正文。

在此可以引述黑格爾譴責「形式的」自由（*The Philosophy of History*, p. 471）：「自由主義揭示了原子論的原則以對抗上述的種種（普魯士的恢復『全體主義』），該原則主張以個人的意志為依歸，認為一切政府均應……取得各個人（公民）之明白的認准。這派人既主張這種**自由形**

式的方面——這種抽象觀——所以不容許任何政治的組織可以鞏固成立。」——（p. 474）「英國的憲法乃若干平常的**特殊權利之複湊物**……。至於代表真實的自由的機關，在英國真是寥若晨星（相對於形式的自由）。講到私有權利與產業的自由的缺乏，亦令人咋舌而不信：其缺乏的明證便是長男繼承權的規定，這使貴族階級次子以下不得不設法取得軍事或教會職務為謀生之計。」另見：*The Philosophy of History*, p. 462；討論法國人權宣言及康德的自由原則。在此提到該宣言「只不過是**形式上**的意志」，「自由原則」仍是「形式的」的。相較之下，黑格爾認為日耳曼精神是「真正的」且「絕對的」自由：「日耳曼精神是新世界的精神。它的目的在於實現無限的自我決定之自由的絕對真理；這種自由以其自身的絕對形式為目的。」（p. 354）如果我是以輕視的意義在談「形式的自由」，那我更應該提到黑格爾在《法哲學原理》的「主觀自由」，見：section 317L（摘引在注43末尾）。

注63：見：Anderson, *Nationalism*, p. 279。關於黑格爾提到英國的問題，見：*Selections*, 263 (=*Encycl.* 1870, p. 452)；另見本章注71。

注64：引文出自：*The Philosophy of Law*, section 331。以下兩段摘引，見：*Selections*,403 (=*WW*, xi, 84)，即 WW，XI; 267 f. (=*Encycl.*, 1870, pp. 455-56)。關於接下來的摘引（說明法律的實證主義），見：*Selections*, 449（=*The Philosophy of Law*, section 274）。關於統治世界的理論，見：第十一章注25及正文概述的臣服，統治與奴隸的理論。至於在歷史裡，即在戰爭的歷史裡肯定國家之精神、意志與天賦之理論，見：本章注69、注77。

涉及**國家的歷史理論**問題，見以下勒南（Renan）的評論（引自：Zimmern, *Modern Political Doctrines*, p. 190 f.）：「我敢說忘記自己的歷史錯誤是構成民族之基本要素，所以對歷史的深入研究往往會危及民族性……。一個民族的本質在於所有個人應該共有若干事物，更進一步說，他們應該忘記許多東西。」人們難以相信勒南是個民族主義者；然而，他的確是民族主義者，不過是民主派的民族主義者而已；而他的民族主義也是典型黑格爾主義的；因為他說（p. 202）：「一個民族是一種靈魂，一種精神原則。」

677

注65：我們難以認真地把海克爾（Haeckel）當作哲學家或科學家。他自己說是自由思想者，不過他的思想沒有獨立到在一九一四年不去要求「下列勝利果實」：一、解放英國的暴政；二、以德國海軍和陸軍進犯英國海盜國家；佔領倫敦；三、分割比利時；這種主張拖延很久。（見：*Das Monistische Jahrhundert*, 1914, No. 31/32, pp. 65 f., quote in *Thus Spake Germany*, 270。）夏邁爾（W. Schallmayer）的得獎論文為：〈民族生活裡的遺傳與選擇〉（*Heredity and Selection in the Life of the Nations*）。另見：第十章注71。

注66：關於柏格森的黑格爾主義，見：本章注25。關於蕭伯納的創化宗教特性，見：*Back to Methuselah*：「……當創化這個概念開展出來時，我看到我們終於觸及一種信仰，它符合抓住人性的宗教的首要條件；首先而且基本上必須是一種後設生物學的科學。」

注67：見：A. Zimmern, *Modern Political Doctrines*, p. 18。關於柏拉圖的極權主義，見：本章注8正文。至於主人與奴隸、支配與臣服的理論，見：第十一章注25；另見本章注74。

注68：見：Schopenhauer, *Grundprobleme*, p. xix。

注69：本節的八段引文，見：Hegel, *Selections,* 265, 402, 403, 435, 436, 399, 407,267 (=*Encycl*. 1870, p. 453; *WW,* xi, 83, 84, 113-14, 81, 88; *Encycl*. pp. 455-56)。另見：*Philosophy of Law*, section 347。

注70：見：*Selections,* 435 f. (=*WW*, xi, 114)。關於自卑感的問題，見：本章注57及注61及正文。關於談論英國之其他段落，見：本章注61至注63。在含有全體論的典型陳述的有趣段落裡，顯示出黑格爾不僅從全體論、集體主義、權力的立場去思考問題，更認為可以把這些原則應用到無產階級的組織裡。黑格爾說：「下層階級多半是沒有組織的。把他們組織起來是極為重要的，因為只有如此，他們才能發揮力量。如果沒有組織，他們只是一群烏合之眾、一堆原子。」這個內容和馬克思很相近。

注71：本節內容出自：H. Freyer, *Pallas Athene* (1935)。我引述自：Kolnai, *The War Against the West* (1938)。我非常感謝柯爾奈的書，它讓我得以在本章裡引用相當多其他作者的話：沒有他的這本書，我可能無法接觸到這些作者。（不過，我沒有一直沿用柯爾奈的譯名。）

關於把佛萊爾描述為當代德國領導社會學的人物之一，見：F. A. von Hayek, *Freedom and the Economic System* (Public Policy Pamphlet No. 29, 2nd impression, 1940), p. 30。

另外四段引文見：Hegel, *The Philosophy of Law,* sections 331, 340, 342L (cp. 331 f.), 340：見：*Selections,* 466, 467, 465, 468。《哲學全書》的引文，見：*Selections,* 260 f. (=*Encycl*. 1870, p. pp. 449-50)。

引文見：H. von. Treitschke, *Thus Spake Germany* (1941), p. 60。

注72：見：*The Philosophy of Law*, section 257 (=*Selections*,443)。接下來三段引文，見：*The Philosophy of Law*, sections 334, 339L (=*Selections*, 467)。最後一段引文，見：*The Philosophy of Law*, sections 330L, 333L。

注73：見：*Selections*, 365 (=*WW*, xi, 49)：黑體字是我強調的。下一段引文，見 *Selections*, 468 (=*The Philosophy of Law*, section 340)。

注74：引自：Kolnai, *The War Against the West* (1938), p. 418。關於赫拉克里圖斯部分，見：第二章注10正文。至於海塞爾（Haiser）部分，見：Kolnai, *loc. cit.*。另見：第十一章注25（提到黑格爾的奴隸理論）。本段結論引文，見：*Selections*, 467 (=*The Philosophy of Law*, 334。至於把「防衛戰爭」轉變為「侵略戰爭」，見：*op. cit.*, section 326。

注75：本段黑格爾引文，見：*Selections*, 426 f. (=*WW*, xi, 105-6)。（黑體字是我加上去的。）另一處主張世界歷史的權威應超過道德的段落，見：*The Philosophy of Law*, section 345。關於梅葉（E. Meyer）的部分，見：第十章注15（2）。

注76：見：*The Philosophy of Law*, section 317：另見：*Selections*, 461。「現存的公供輿論是持續的自我矛盾。」（section 316）另見：section 301(=*Selections*, 456, 318L)。關於黑格爾對於輿論之進一步觀點，見：本章注84正文。關於海塞爾的評論，見：Kolnai, *op. cit.*, p. 234。

注77：見：*Selections*, 464, 465; *The Philosophy of Law*, sections 324, 324L。另見：*Selections*, 436 f. (=*WW*, xi, 114-15)。（最後一段引文仍然是同一個論調：「……自然而然地死亡，例如日耳曼帝國的城市、日耳曼帝國的憲政。」有關這點，見：本章注61及正文。）

注78：見：*The Philosophy of Law*, sections 327L, 328 (=*Selections*, 465 f.)。（黑體字是我加上去的。）至於對火藥的評論，見：Hegel, *The Philosophy of History*, p. 419。

注79：關於自考夫曼（Kaufmann）、班斯（Banse）、魯登朵夫（Ludendorff）、謝勒（Scheler）、佛萊爾（Freyer）、連茲（Lenz）、楊格（Jung）摘引的內容，見：Kolnai, *The War Against the West* (1938), 411, 411 f., 412, 411, 417, 411, 420。費希特的引文，見：J. G. Fichte, *Addresses to the German Nation* (1808), German edn, 1871, edited by J. H. Fichte, pp. 49 f.；另見：A. Zimmern, *Modern Political Doctrines*, 170 f.。關於史賓格勒的部分，見：Spengler, *Decline of the West*, I, 12。至於羅森柏格，見：Rosenberg, *Myth of the Twentieth Century* (1935), p. 143。另見第八章注50：Rader, *No Compromise* (1939), 116。

注80：見：Kolnai, *op. cit.*, 412。

注81：見：Caird, *Hegel* (1883), p. 26。

注82：見：Kolnai, *op.cit.*, 438。摘引自黑格爾的內容，見：*Selections*, 365 f.。黑體字是我加上去的。關於克里克（E. Krieck）部分，見：Kolnai, *op.cit.*, 65 f.; E. Krieck, *National-Political Education* (in German, 1932, p. 1; quote in *Thus Spake Germany*, p. 53)。

注83：見：*Selections*, 268 (=Encycl., 456)。關於史達伯（Stapel）部分，見：Kolnai, *op.cit.*, 292 f.。

注84：關於羅森柏格的部分，見：Kolnai, *op.cit.*, 295。黑格爾對於輿論之觀點，見：本章注76正文。引文內容，見：*The Philosophy of Law*, 318L (=*Selections*, 461), 375, 377, 377, 378, 367/368, 380, 368, 364, 388, 380 (=*WW*, xi, 59, 60, 60-61, 51-52, 63, 52, 48, 70-71, 63)。（黑體字是我強調的。）關於黑格爾的歌頌情緒、激情和自利，見：本章注82正文。

注85：關於貝斯特（Best）的部分，見：Kolnai, *op.cit.*, 414。至於引自黑格爾的內容，見：*Selections*, 464 f., 464, 465, 437 (=*WW*, xi 115)（柏格森所說的相似），372。引自《法哲學原理》的內容，見：sections 324. 324L, 327L。關於評論亞里士多德，見：Aristotle, *Politics*, VII, 15, 3 (1334a)。

注86：關於史達伯，見：Kolnai, *op.cit.*, 255-257。

注87：見：*Selections*,100：「如果我拿掉事物的所有規定，那麼剩下的便是**無**。」關於海德格的《什麼是形上學?》（*What is Metaphysics?*），見：Carnap, *Erkenntnis*, 2, 229。至於海德格和胡賽爾以及謝勒的關係，見：J. Kraft, *From Husserl to Heidegger*）(2nd German edn, 1957)。有趣的是，海德格和維根斯坦一樣，都認為他的語句是無意義的。海德格說：「關於『虛無』的問題和回答 679 本身都是無意義的」（見：Carnap, *Erkenntnis*, 2, 231）。根據維根斯坦《邏輯哲學論叢》既然承認自己說的話是無意義的，卻又是深具「意義」的無意義，這種哲學我們又能怎麼說呢？（見：第十章注51（1）。）另見：G. Schneeberger, *Nachlese zu Heidegger*, 1962（裡頭蒐集了關於海德格的政治活動的許多文獻。）

注88：關於引自海德格的內容，見：Kolnai, *op.cit.*, 221, 313。至於叔本華對於國家監護者的忠告，見：

Schopenhauer, *Works*, vol. V, p. 25 (note)。

注89：關於雅斯培部分，見：Kolnai, *op.cit.*, 270 f.。柯爾奈（p. 282）把雅斯培叫作海德格的「小老弟」。但是我不同意這種說法。因為雅斯培和海德格相反，他無疑寫了許多有趣的書，甚至是以經驗為基礎的書，例如：*General Psycho-Pathology*。不過我在此摘引早期著作內容，見：*Psychology of World Views* (1919, 3rd German edn, 1925)。相較於海德格，雅斯塔的世界觀點要進步得多。「要審視一個人的生活，應該看他在每一刻是如何生活的。片刻是唯一的實在，它是實在之自身，是在靈魂之生活裡。已經活過的片刻是過去。充滿著熱血的、直接的、活生生的、具體的現在，為實在之整體，為唯一的具體之事物……。唯獨在當下的時刻裡，人終於發現他的存在與絕對。」（p. 112）「無論在何處，熱情是絕對的主導動機，只要人活在實在裡以及為實在而活，他就敢於冒險，而這樣的人就可表現英勇氣概：英勇的愛、英勇的奮鬥、英勇的工作等。**憐憫並不是愛情**……。」（p. 128）「這就是何以愛是殘忍的、無情的；以及何以純真的愛侶相信這才是真正的愛。」（p. 127）「單一的邊際情境……」、奮鬥。奮鬥是一切存在的基本形式……。對邊際情勢奮鬥的反應有下述幾種……**人未能理解一種事實，那就是奮鬥乃是終極事務：他躲避**……。」（pp. 256 ff.）我們從中可發現一種相同的圖像：歇斯底里的浪漫主義和殘忍的野蠻主義以及種種職業性的迂腐的混合。

注90見：Kolnai, *op.cit.*, 208。

關於我評論「賭博的哲學」，請見：O. Spengler, *The Hour of Decision, Germany and World-*

Historical Evolution (German edn, 1933), p. 230 (quoted in *Thus Spake Germany*, 28)：「用劍取得完全的勝利，將是世界的主人。骰子在那邊，準備作這種大膽的遊戲吧！誰敢擲它們？」

這種土匪哲學，有個天才作者沙樂蒙（Salomon）寫了更具代表性的書，現摘引其中幾句。見：*Outlaws* (1930), pp. 105, 73, 63, 307, 73, 367。沙樂蒙說：「撒旦誘惑吧！我難道不是有槍在手？……人的最初誘惑就是毀滅……。他們亂射一通，只由於好玩……。我們免於計劃、方法或系統的重擔……。我們不知道我們需要什麼，而我們知道的卻是我們不需要的……。我最大的樂趣永遠是為了毀滅。」（另見：Hegemann, *op. cit.*, 171。）

注91：見：Kolnai, *op.cit.*, 313。

注92：關於齊格勒的部分，見：Kolnai, *op.cit.*, 398。

注93：引自：Schopenhauer, *Grundprobleme* (4th edn, 1890), introduction to the first edition (1840)。黑格爾所說的「最崇高的深奧」出自：*Jahrhundert d. wiss. Lit.*, 1827, No. 7。引自：Schopenhauer, op. cit.。結語的引文引自：Schopenhauer, op. cit., xviii。

第十三章

馬克思的社會學決定論

集體主義者……熱中進步，同情窮人，嫉惡如仇，激勵偉大的行動，這些是後期自由主義者所缺少的。不過，他們的科學是建立在極大的誤解上……，因此，他們的行動帶有無比的破壞性和反動性。如此一來，人們的心靈為之撕裂，想法分歧，而且所面臨的都是不可能的選擇。

——李普曼

「要利用人的情緒，不要白費力氣去摧毀它們。」這永遠是反對自由的一種戰略[1]。人道主義者的一些最珍貴的觀念，時常被其不共戴天的敵人大加讚揚。這些敵人偽裝成同盟，滲透到人道主義的陣營中，製造分裂與混淆。這種戰略常獲致高度的成功。事實指出，許多純正的人道主義者依然崇敬柏拉圖的「正義」觀念、中世紀的「基督教」威權主義（**Christian authoritarianism**）觀念，盧梭的「共同意志」（**general will**）觀念，或費希特與黑格爾的「民族自由」（**national freedom**）觀念[2]。然而，這種滲透、分裂、混淆人道主義陣營的方法，這種建立使人難以覺察、進而能達致加倍效果的知識第五縱隊的方法，其所得到的最大成功，卻是在黑格爾主義被確立為真正的人道主義運動基礎之後才獲致的：這就是馬克思主義，一種至今為止最純粹、發展最成熟、最危險的歷史定論主義形式。

我們很難抗拒去談論左派黑格爾主義與馬克思主義的相似點，以及其與右派法西斯主
294 義的對應之處。然而若忽略了這兩者的差異，也並不公平。雖然它們的思想根源幾乎是同一
的，但馬克思主義有著人道主義的推動力量，這點則毫無疑問。此外，相對於右派黑格爾主
義來說，馬克思誠心地企圖將理性的方法應用到社會生活最迫切的問題之上。我將試著指出，
這項企圖事實上是失敗的，然而其價值並未因此減低。科學的進步來自嘗試與錯誤，馬克思
曾作此嘗試，雖然他的主要理論陷於錯誤，但此嘗試並非全然徒勞。在許多方面，他使我們
視域擴大，也更加敏銳。我們不可能再回到馬克思以前的社會科學。馬克思對所有現代學者

均有所幫助，即使這些學者並不自知；對於那些不同意他理論的人來說尤其如此——比如說我；我得承認我在處理柏拉圖[3]和黑格爾的思想時，便受到他的影響。

如果不能辨別馬克思的誠意，我們就不能公正地評判馬克思。他的心胸開闊，對事實敏感，不信任冗詞贅言（特別是道德化的冗詞贅言），使他成為打擊偽善（hypocrisy）和法利賽主義（pharisaism）最有影響力的鬥士。他熱切希望幫助被壓迫者，而且充分理解這不僅要用語言，更必須用行動來證明。他主要的才能是在理論方面，他傾全力鑄造一種他深信足以改善絕大多數人類命運的科學武器。我相信他追求真理的真誠和在思想上的誠實，是他的許多追隨者所不及的（然而不幸的是，他脫離不了黑格爾辯證法腐敗教育的影響，叔本華將之形容為「摧毀一切知性的力量」）[4]。馬克思在社會科學和社會哲學方面的興趣，基本上是一種實踐的興趣。他在知識中看到一種促進人類進步的方法[5]。

既然如此，我為什麼要攻擊馬克思呢？不管他有什麼功績，我相信他是一位錯誤的預言家。他是歷史進程的預言家，而他的預言並未實現。不過，這不是我對他的主要指責。更重要的是，他誤使知識份子相信歷史預言是研究社會問題的科學方法。歷史定論主義的思想方法對那些有意加速開放社會形成的人士帶來破壞性的影響，馬克思須為此負責。

不過，馬克思主義作為歷史定論主義的純粹商標，是否為真呢？在馬克思主義中，是否沒有社會技術（social technology）的因素呢？在社會工程（social engineering）方面，由於俄國

295 經常達致大膽而成功的實驗，一些人因而推論：馬克思主義既作為俄國實驗的科學或教條，必定是一種社會技術，要不至少有利於社會技術的推動。然而，任何略懂一點馬克思主義歷史的人，就不可能有這種誤解。馬克思主義是一種純粹的歷史理論；這種理論旨在預言未來的經濟和權力政治發展的過程，特別是關於革命的發展。因而，在俄國共產黨取得政治權力後，馬克思主義必然不會成為他們的政策基礎。馬克思實際上禁止一切社會工程學，斥之為烏托邦的幻想[6]，這使他的俄國信徒起初便發現自己在社會工程的重責大任上，可說毫無準備；而正如列寧很快便了解到的，馬克思主義對實際的經濟事務並沒什麼幫助。在他取得權力後，還表示：「我不認識任何曾處理這方面問題的社會主義者，在布爾什維克或孟什維克的文獻中，均隻字未提這類事務。」[7]經歷一段失敗的嘗試，即所謂「戰時共產主義」之後，列寧決定採取一連串措施，它們實際上是有限度地暫時回到私人企業的老路。這項所謂的「新經濟政策」（New Economic Policy, NEP）和後來實施的五年計畫等，均與馬克思和恩格斯所標榜的「科學社會主義」（scientific socialism）理論無關。若不充分了解這一點，就無法體會列寧在引進「新經濟政策」以前所處的情勢，及其所獲致的成就。馬克思對經濟的大量研究，甚至未曾觸及建設性的經濟政策，例如經濟計畫。如列寧所承認的，除了「各盡所能，各取所值」（From each according to his ability, to each according to his work）這類無用口號外，**在馬克思的著作中，幾乎未曾提及社會主義的經濟學**[8]，這是因為馬克思在經濟方面的探求，完全是為歷史預言服務的附庸。不過除此之外，有些事還是必須一提。馬克思強調：他的純粹歷史定論主義方法，與其他嘗試以理性規畫所進行的經濟分析乃是根本對立的。他斥責這些嘗試既烏托邦又不合邏輯。而這種指責，使馬克思主義者甚至拒絕研究所謂「中產階級經濟學家」（bourgeois economist）在這一領域中的成果。結果是他們所受的訓練，甚至比「中產階級經濟學家」更不足以扛起建設性的經濟工作。

馬克思自詡要將社會主義自情緒化、道德主義和不切實際的背景中解救出來。他認為社會主義將從烏托邦階段發展至科學階段[9]；並將建立在分析因果的科學方法和科學預測上。同時，因為他假設在社會領域中的預言與歷史預言是一樣的，所以科學的社會主義當然要建立在歷史的因果研究上，直到迎來自身在預言中的降臨。

296

當馬克思主義者發現其理論遭到攻擊時，常退一步辯解說，馬克思主義在根本上，與其說是理論，倒不如說是方法。他們說馬克思或其追隨者的理論，某些部分即使遭到廢棄，他的方法仍舊堅不可摧。我相信，將馬克思主義視為一種方法，基本上是非常正確的，但認為它是一種方法所以能免於抨擊，就是錯誤的了。這種立場不外乎是要求任何想評判馬克思主義的人，必須將它當作一種方法來探求和批判，也就是必須以方法學的標準來衡量它。必須追問馬克思主義在方法上是貧乏的抑或豐富的，亦即它能否負擔促進科學的任務。因此，我們用以評斷馬克思主義方法所使用的標準，乃具有一種實用的性質。而當我將馬克思主義描述為最純粹的歷史定論主義時，就已指出，我認為馬克思的方法可說是貧乏至極[10]。

以這種實用的方法來批評馬克思主義，馬克思本人應該會同意的，因為他正是最初發展後來被稱作「實用主義」（pragmatism）觀點的哲學家之一。他之所以採此立場，我相信是由於他深信實際的政治家——在此當然是指社會主義的政治家——迫切需要一種科學基礎。馬克思曾諄諄告誡：科學應該產生實際的成果。必須時時著眼於結果，亦即一個理論實際能做些什麼！這些成果會透露許多訊息，甚至其背後的科學結構。不產生實際成果的哲學或科學，充其量只能解釋我們所生活的這個世界；但是它可以、也應該做得更多，它應該改變世界。馬克思早年曾寫道：「哲學家只是以不同的途徑解釋世界；然而重要的應該是改變世界。」[11]也許由於這種實際的態度，使他比後來的實用主義者更早預見一種方法學上的重要信念：科學最獨特的任務，不是獲得過去事實的知識，而是要去預測未來。

強調科學的預測能力，這本身就是方法學上的重要突破，不幸的是，它卻使馬克思走上了歧途。一種似是而非的說法認為：如果科學可以預測未來，代表未來必然是早已注定——可以說，未來就存在於過去，未來就鑲嵌在過去之中——就是這樣的說法，使馬克思產生了錯誤的信仰，認為嚴格的科學方法必須建立在嚴格的決定論上。馬克思所相信的有關自然的和歷史發展的「鐵律」（inexorable law），明白顯示出拉布勒斯學派（Laplacean）和法國唯物論者思想的影響。不過，相信「科學」和「決定論」兩個語詞是互為同義、或至少密切相關

297 的看法，可說是某一時期的迷信，直到現在仍遺毒猶存[12]。幸好我關切的主要是方法上的問題，所以在探討決定論的方法學時，不必去涉及它在形上學方面的爭論。因為不管這類爭論的結果如何，好比量子論所涉及的「自由意志」問題，我必須指出有一件事情是確定的。那就是，任何一種決定論——不管它被稱為自然齊一律（uniformity of nature）或是普遍因果法則（law of universal causation）——都不能夠再被當作科學方法的必要設定，因為一切科學中最進步的物理學已指出：沒有這種設定，物理學不僅能運用自如，在某種程度上還會與之牴觸。一項具有預測能力的科學，並不一定要有決定論做為必要條件。因此，我們可以說採納嚴密的決定論並不利於科學方法。科學要成為極嚴格的科學，並不需要借用這種設定。當然，我們毋須譴責馬克思所持的相反觀點，因為在那個時代，即使最好的科學家也和他想的一樣。

我們應該注意的，並不是決定論在理論上和抽象層面的學理，而是這種理論的學理對馬克思的科學方法，他如何看待社會科學的目標、社會科學的可能性等方面的實際影響。「決定」社會發展的「原因」（cause）這個抽象觀念，只要不導致歷史定論主義，是沒有什麼害處的。實際上，這種觀念沒有理由使我們對社會制度採取歷史定論主義的態度，進而**與每個人（特別是決定論者）對機械或電動機器明顯採取的科技態度，形成奇怪的對比**。我們沒有理由相信在所有的科學中，社會科學能夠實現一項古老的夢想——展現未來。此種相信科學算命的信仰，並不單是建立在決定論上；另一種基礎，是來自將我們從諸如物理學或天文學中得出的**科學預測**，和**宏大的歷史預言**混淆在一起的結果。宏大的歷史預言會概略顯示出社會未來發展的主要方向。但它與科學預測是截然不同的（我在其他地方已試圖指出這一點[13]），而科學預測的科學特性，無疑也幫助歷史預言獲得了這樣的特質。

馬克思對社會科學的目標抱持的歷史定論主義觀點，對實用主義產生了巨大顛覆；他曾基於實用主義而去強調科學的預測功能，這也使他不得不修正其早期觀點——也就是科學應該、且能夠改變世界。因為如果社會科學和隨之而生的歷史預言確實存在，歷史的主要過程就必然是預先決定的，善的意志或理性都無力改變它，我們唯一能做的，就是在合理的干涉範圍之內，藉著歷史預言來確定近期的發展過程，並去除過程中一些最糟的障礙。馬克思在《資本論》中寫道：「即使一個社會發現了決定其自身運行的自然規律，……它仍不能跳過也不能用法令取消自然的發展階級，也不能把它們從世界中一筆勾銷。但有一點是能夠做的，就是縮短和減少分娩的痛苦。」[14]基於這樣的觀點，馬克思斥責那些將社會制度視為一種社會工程，認為社會制度是遵循人的理智和意志，可以透過理性去規劃的人，將他們斥為「烏托邦主義者」。對馬克思來說，這些「烏托邦主義者」企圖以虛弱的雙手操持社會巨大的舟船，來與自然的潮流和歷史的風暴抗拒。他認為，科學家唯一能做的，就是去預告即將來臨的狂風與漩渦。因此，他能做出最實際的貢獻，便是對可能使船隻偏離正確航向的下一風暴提出警告（所謂「正確方向」當然是左派的！），或忠告旅客應聚集在船的哪一邊比較安全。

馬克思相信科學社會主義的真正任務，是宣告社會主義的黃金時代即將來臨。他堅信只有透過這種宣告，科學社會主義者的學說才能對社會主義世界的實現做出貢獻，只要使人意識到變動迫在眉睫，自己又在這場歷史的大戲中扮演什麼樣的角色，便可加速社會主義世界的來到。因此，科學的社會主義不是一種社會工程學；它並不教導建立社會主義制度的方法與途徑。馬克思看待社會主義理論和實踐這兩者關係的方式，顯示出他純粹的歷史定論主義。

就許多方面而言，馬克思的思想實為那個時代的獨特產物。當時人類歷史上的巨震——法國大革命仍餘波未息（一八四八年的二月革命，使法國大革命的精神又告復活），他感到這樣的革命不可能由人的理性來做計畫和階段劃分，但卻能經由歷史定論主義的社會科學預見出來。只消充分洞察社會情勢，就能揭露這場革命的背後原因。這是此時期歷史定論主義所表現的一種典型態度，從馬克思與穆勒兩人的歷史定論主義之相似程度就可看出（若要類比，其歷史定論主義的哲學家前輩黑格爾和孔德之間，也具有這種相似性）。馬克思對「穆勒這類中產階級經濟學家[15]」，並沒有很高的評價，將穆勒視為「乏味、沒有頭腦的調和論（syncretism）」之典型。雖然馬克思在某些方面尊敬「博愛的經濟學家」穆勒的「近代傾向」，但在我看來，許多證據都能駁斥馬克思在社會科學方法上直接受穆勒（更確切地說是孔德）影響的推測。因而，馬克思和穆勒觀點間的相似性，便格外引人注目了。例如在《資本論》
299 序言中，馬克思說：「這部書的終極目的就是揭示……現代社會的經濟運行法則。」[16]）這種說明可能會被視為在執行穆勒的方案：「社會科學的基本目的……在發現一種法則，任何社會狀態均能依此法則產生另一種社會狀態，以繼承和代替原有的狀態。」穆勒非常清晰地分辨他所謂「兩種社會學的探究」，第一種與我所稱的社會技術密切相關，第二種對應的則是歷史定論主義的預言；他採取後者，並形容這種社會學的探究為「『社會的一般科學』，凡由前者或較特別的調查所得到的結論，都受到它的控制與限定」。這種社會的一般科學，乃是是建立在因果原則，也就是穆勒所認為的科學方法之上；他稱這種社會的因果分析為「歷史方法」（Historical Method）。穆勒認為「社會的財產狀態……可以隨著時代而改變」[17]，這與馬克思的「歷史階段」（historical period）恰相符合；他對進步所持的樂觀信念也與馬克思相同，當然，跟馬克思辯證的對立相比是簡單許多（穆勒認為人類事務必須符合運動形態……而運動形態必定屬於兩種可能的天文運動之一，即「迴繞軌道」〔orbit〕或「拋射軌道」〔trajectory〕。馬克思主義的辯證法則不認為歷史發展的法則會如此單純，它的做法是將穆勒的兩種運動結合在一起，形態類似一種波動或螺旋形。）

馬克思和穆勒之間還有更多的相似之處，例如兩人都不滿意**放任的**自由主義（laissez-faire liberalism），並且都試圖為自由這個基本觀念的實踐提供更好的基礎。但在社會學方法的觀點上，他們卻有一個重要的差異。穆勒相信：對於社會的研究，分析到最後，必須要能夠化約為心理學；歷史發展的法則必定可用**人性**，用「心靈的法則」（laws of the mind），特別是

300

用心靈的進步性來說明它。穆勒說：「人類（human race）的進步是社會科學方法得以建立的重要基礎，並使它遠勝過以往流行的方法……」[18]社會學原則上必然可化約成社會心理學的這種理論，已經為許多思想家廣泛接受，雖然這種化約有其困難，因為無數的個人彼此交互作用所導致的複雜性根本難以處理；但實際上這個理論卻被輕易視為不證自明。我稱這種社會學取向為（方法學上的）**心理主義**（**psychologism**）[19]。因而，我們可以說穆勒是相信心理主義的，但馬克思卻向心理主義挑戰。他認為「法律的關係和多樣化的政治結構不能由……所謂『人類心靈的進步』……來解釋。」[20]作為一位社會學家，馬克思的最大成就也許便是挑戰了心理主義。如此做法，為社會學法則的特定領域開啟了提出更尖銳概念的可能性，並至少獲得了部分的自主性。

我將在下幾章解釋馬克思方法的某些觀點，並會特別指出他那些在我看來具有長久貢獻的部分。下一章，我將處理馬克思對心理主義的攻擊，也就是討論他所主張的具有自主性、不可能化約為心理學的的社會科學。而稍後，我將指出他所持的歷史定論主義的致命弱點和毀滅性結果。

注釋

680 **關於馬克思相關章節的注解說明**：在注解中，我儘可能引用伊登・保羅（E. Paul）與賽達・保羅（C. Paul）所翻譯的《資本論》（*Capital*, Everyman Double Volume Edition），以下以 *Capital* 表示；以及由柏恩斯（E. Burns）於一九三五年編輯的《馬克思主義手冊》（*A Handbook of Marxism*），以下以 *H. o .M* 表示。不過涉及內文完整版本的出處時，均會附加上去。當摘引馬克思和恩格斯的著作時，我採用莫斯科的標準本（Moscow standard edition）*Gesamtausgabe*，以 *GA* 表示；該書於一九二七年出版，由萊佐諾（D. Ryazanow）等人編輯，不過仍不完整。列寧的引文，均引自 *Little Lenin Library*，由勞倫斯（Martin Laurence）出版，後來由勞倫斯和韋夏特（Wishat）出版，簡稱為 L. L. L。《資本論》的後幾卷，摘引自德文版（*Das Kapital*）（卷一於一八六七年出版）；其次為一八八五年出版的卷二，以及一八九四年出版的卷三第一部分和卷三第二部分，在摘引時以 III/1 表示卷三第一部分，以 III/2 表示卷三第二部分。我必須特別說明，雖然我儘量引用上述幾本書籍，我在引述時不一定會忠實採用其字句。

（按：以下馬克思引文中譯，部分參考《馬克思恩格斯文集》、《資本論》，皆為中共中央編譯局譯，但主要仍根據波普的原文，另也參考萬毓澤，《你不知道的馬克思》；《共產黨宣言》，黃煜文譯。）

注1：見：V. Pareto, *Treatise on General Sociology,* §1843（English trasl. : *The Mind and Society*, 1935, vol. III, p.1281）。另見：第十章注65。帕累托說（pp. 1281 f）：「政府的藝術在於找出途徑來利用人的

情緒，而不是白費力氣去摧毀它們；後者的唯一效果常常反倒是強化它們。能夠使自己免受情緒的盲目支配之人，就能利用他人的情緒來達到自己的目的。……這大致可說就是統治者和被統治者的關係。為自己和其政黨爭取最大利益的政治家，可以說是沒有偏見的人，他知道如何利用他人的偏見使自己得利。」帕累托心目中的偏見具有各種不同的特性，諸如民族主義、愛好自由、人道主義等。但我們大概也可以說，儘管帕累托已經免除了某些偏見，仍沒有成功地根除全部。這點幾乎可從他著作的每一頁看出來，尤其在他自認為並無不妥地描述「人道主義的宗教」時，更是如此。他自己的偏見是反人道主義的宗教。假若他意識到自己的選擇，不是具有或不具有偏見，而是具有人道主義的偏見或反人道主義的偏見的話；他也許就不會感到如此優越的自信了。（關於偏見的問題，見第二十四章注8之（一）及正文。）

帕累托的「統治的藝術」觀念是非常古老的，至少可追溯到柏拉圖的叔叔克里底亞（Critias），這個觀念在柏拉圖的學院傳統中，也扮演了相當重要的角色（見第八章注18）。

681

注2：（一）費希特與黑格爾的觀念，衍生了民族國家和民族自決的原則；這是一個反動性的原則，然而為開放社會而奮鬥者如馬薩里克卻誠摯地相信這原則，民主人士威爾遜（Wilson）也採用這個原則（關於威爾遜，見：*Modern Political Doctrines*, ed. By A. Zimmern, 1939, pp. 223 ff.）。很顯然，這個原則不能應用在這個地球上，特別是歐洲。歐洲的許多國家（語言團體）稠密地分布在各地，彼此緊緊相繫，幾乎不可能解開。威爾遜企圖將這個浪漫的原則應用到歐洲政治上，其造成的可怕結果，現在每個人都應該明白了。指稱凡爾賽的調停十分嚴厲，純屬無稽之談；

說威爾遜的原則沒被遵守，則是另一種幻想。事實上，這原則不可能被遵守的更始終如一了；凡爾賽調停的失敗，主要原因是企圖應用威爾遜的不適切原則（這一切問題，請見：第九章注7，第十二章注51與正文）

（二）關於本節正文中談到馬克思主義的黑格爾特性，我在此列出馬克思主義承襲自黑格爾主義的一些重要觀點。我對馬克思的論述，並不是建立在這些觀點上，因為我不打算將他當作另一位黑格爾派的學者，而是把他當作一位嚴肅的探求者，他能夠且必須為他自己提出辯護。下面各點，差不多是按照馬克思主義各觀點的重要等級所列出。

（a）歷史定論主義（historicism）：社會科學的方法是從事對歷史的研究，特別是研究隱含在人類歷史發展中的種種傾向。

（b）歷史相對主義（historical relativism）：在某一歷史階段中的法則，不一定就是另一歷史階段中的法則（黑格爾認為在一階段中為真，在另一階段中不一定為真）。

（c）在歷史的發展中，有一種內在的進步法則。

（d）所謂的發展，是朝更自由和更理性，然而促成這種發展的工具並非出自理性的計畫，而是諸如我們的激情、自利等非理性的力量。（黑格爾稱之為「**理性的狡計**」〔the cunning of reason〕）

（e）道德實證主義（moral positivism），或在馬克思的立場中，為道德的「未來主義」（futurism）。（在第二十二章會解釋這個名詞）

682

（f）階級意識是用來推動自身發展的工具之一。（黑格爾則是藉著國家意識，即「民族精神」或「民族的天才」來操作）

（g）方法學上的本質主義，以及辯證法。

（h）下列黑格爾觀念在馬克思著作中具有一定的份量，不過在後繼的馬克思主義者理論中，變得更為重要。

（h1）僅僅具有「形式上的」自由或「形式上的」民主，與「真正的」或「經濟的」自由、「經濟的」民主等之間存在區別；和這個區別有關的，就是對自由主義的一種矛盾、愛恨交織的態度。

（h2）集體主義。

在接下來的幾章中，（a）將再次成為主要論題。與（a）及（b）有關的部分，請見本章注13。關於（b）部分，請見第二十二章至二十四章。關於（c）部分，請見第二十二章及二十五章。（d）部份見第二十二章（黑格爾「理性的狡計」，見第十二章注84與相關正文）。（f）部分則請見：第十六章和第十九章。（g）部分見：本章注4，第十七章注6，第十五章注13，第十九章注15，第二十章注20至注24及正文。至於（h1）部分見：第十七章注19。（h2）對馬克思的反心理主義有其影響（見：第十四章注16與正文）；這一理論是在柏拉圖和黑格爾國家先於個人之學說影響下發展出來的，甚至個人的「意識」（consciousness）都是由社會條件所決定。然而，基本上，馬克思是一位個人主義者；他的主要興趣是幫助遭受苦難的個人。基於這個原因，在馬克思本人的著作中，集體主義實未扮演重要角色（除了其在〔f〕之下所強調的集體階級意識，例如見：第十八章注4）。但無論如何，集體主義在馬克思主義的實踐中，扮演了一定的角色。

注3：在《資本論》（387-9）中，馬克思對柏拉圖的分工理論（見：第五章注29及正文）及柏拉圖的國家之世襲階級特性，做出了有意思的評論（雖然馬克思只提到埃及，未及斯巴達；見第四章注27）。在這樣的連結上，馬克思也引用了伊索克雷茲著的《布西里斯》中有趣的一段話（15 f., 224/5），其先是提出了與柏拉圖非常相似的有關分工的論點（見第五章注29及正文），然後說：「埃及人……，是如此成功，著名哲學家在討論這類主題時，往往讚揚埃及的體制超越群倫，而斯巴達人……那樣良好地控制其城邦，只因其模仿了埃及的方法。」我認為他在此所指的，極可能便是柏拉圖；而後，當克蘭托爾（Crantor）討論到有人斥責柏拉圖成為埃及人的信徒時，他提及的也可能是艾蘇格拉底，見第四章注27之（三）。

注4：或者說「**知性的毀滅**」（intelligence destroying），見第十二章注68。關於**辯證法**的一般問題，特別是黑格爾的辯證法，請見：第十二章，特別是注28至注23及正文。關於馬克思的辯證法，因為我已在其他地方處理過，我不打算在本書中討論（見：*What is Dialectic?*, *Mind*, N. S., vol. 49, 1940, pp. 403 ff.。該文經過修訂，另見：*Mind*, vol. 50, 1941, pp.311f.。收入 *Conjectures and Refutations*, pp.312 ff.）我認為馬克思的辯證法，正如黑格爾的一樣，是危險的胡搞瞎搞。不過我們不必在此分析，因為對他的歷史定論主義之批判，便足以涵蓋其辯證法中應被嚴肅對待的一

683

切問題。

注5：例如見：本章注11的引文與正文。

注6：馬克思和恩格斯在《共產黨宣言》（*Communist Manifesto*）第三部分第三節中首次攻擊了烏托邦主義（*H. o. M.*, 55 ff.）。馬克思攻擊那些「試圖……將政治經濟與無產階級的主張相調和」的「中產階級經濟學家」，特別是穆勒和孔德學派的成員，請見《資本論》八六八頁（攻擊穆勒方面，見本章注14），《資本論》八七〇頁攻擊孔德學派是**滑稽的實證主義者（見：*Revue Positiviste*）**。另見：第十八章注21及正文。關於社會技術學與歷史定論主義的關係，以及細部社會工程與烏托邦社會工程的關係，請特別見：第九章（另見第三章注9，第五章注18之（三），第九章注1（另參見M. Eastman, *Marxism — Is it Science?*）。

注7：（一）引自列寧的兩個摘引，第一個出自：Sidney and Beatrice Webb's *Soviet Communism*（2nd ed., 1937, pp.650 f.）。第二個則出自列寧在一九一八年五月的演講。極有意思的是，我們看到列寧是極為迅速地把握住情勢。在一九一八年八月，他的政黨取得權力的前夕，當他出版《國家與革命》（*State and Revolution*）一書時，他仍然是純粹的歷史定論主義者。當時，他不僅不了解在建立新社會中隱含的種種困難，甚至與許多馬克思主義者一樣，相信這些問題是不存在的，或可以由歷史的進程來解決，見：*State and Revolution* in *H. o. M.*, pp. 757 f（=Lenin, *State and Revolution*, L. L. L., vol. 14, 77-9）。在此，列寧強調了在一個進展中的共黨社會裡頭，組織和行政問題是多麼單純。他說：「這一切都是必須的：人們應同等的工作，按規定分配工作，並應

得到同等的報酬。要達成這些所需要的計算與控制，都被資本主義搞得**簡單極了**（粗體為原文所強調）。」這些組織和行政可以輕易被工人接管，因為這些控制方法是「能夠讀寫、知道最基本四則運算的人都能做到的。」這些天真到驚人的說法（我們發現在德國與英國也表示了與此相同的觀點；參看本注解〔二〕之說明）必須與幾個月以後列寧的另番講詞做比較。其結果顯示了「科學的社會主義者」之預言，是多麼不受即將臨頭的問題與災難影響（我指的是**戰時共產主義〔war-communism〕）時期**之災難，這是此類預言和反科技的馬克思主義所招致的結果）。不過，它們也顯示出列寧發現和承認自己的錯誤的能耐。他在實踐上斷然放棄了馬克思主義，雖然在理論上並未放棄它。此可對照：Lenin's chapter V, sections 2 and 3, *H. o. M.* , pp. 742 ff（=*State and Revolution*, 67-73），裡面提到純粹的歷史定論主義特性，如預言式、反科技等（列寧可能稱之為「反烏托邦」，見 p. 747），顯示出其未取得權力前的「科學社會主義」。

不過，當列寧承認他不知道有哪些書籍在處理更具建設性的社會工程問題後，也就表明了這些忠實遵守馬克思誡律的人，根本不讀「坐在扶手椅上的職業社會主義者」寫的那些「烏托邦玩意」，這些社會主義者試圖開始著手處理問題；我想到的是英國的一些費邊社（Fabians）成員、孟格爾（A. Menger）（例如見：*Neue Staatslehre*, 2nd ed. 1904。特別是248頁）以及奧地利的波普・林科斯（J. Popper-Lynkeus）。林科斯除了提出諸多建議，還發展了集體農場的技術，特別是後來引進俄國的大型農場（giant farm）（見：*Allgemeine Nährpflicht*, 1912; cp. pp. 206 ff.。與 300 ff. of the 2nd ed., 1923）。不過，馬克思主義者對他沒什麼興趣，稱他為「半社會主義的烏托邦系統」

予以棄置。之所以稱為「半社會主義」，是因為林科斯設想在社會中有一種私人事業；他將國家的經濟活動視為提供每個人基本需要的一種責任——保障「最低限度的生存」。超過這個限度的任何事物，則讓嚴格的競爭系統去從事。

（二）上引列寧《國家與革命》的觀點（如韋納爾所指出的），與卡魯塞斯（John Carruthers）的《社會主義與激進主義》（*Socialism and Radicalism*）相似（見第九章注9）；特別是十至十六頁。他說：「資本家發明了一種財政系統；它雖然複雜，實施起來卻很簡單，同時這個系統充分地囑咐每個人為工廠盡力。與此高度相似但更簡單的財政系統，同樣可教導社會主義的工廠主人如何管理，他需要從職業組織者身上得到的忠告，不會比一名資本家需要的更多。」

注8：天真的自然主義口號，指的是馬克思的「共產主義原則」（布萊恩・馬基友善的向我指出，這是馬克思從 Louis Blanc 的文章：L'Organisation de travail 借用的）。它來自柏拉圖和早期的基督教（見第五章注29；另見第二十四章注48）；列寧摘引在《國家與革命》中（*H. o. M.*, 752）（=*State and Revolution*, 74）。馬克思「社會主義的原則」於一九三六年編入俄國的《新憲法》（*New Constitution*）中，意義上較弱；試比較新憲法第十二條：「在俄國，社會主義的原則就是了解『各盡所能，各取所值』。」以「所值」取代了早期基督教的「所需」（need）一詞，將浪漫的、經濟意義不確定的自然主義詞彙，變為一條實際卻平庸的原則，甚至連「資本主義」都能把這句口號納為己有。

注9：我是指恩格斯一部著名作品的標題：「從烏托邦到科學之社會主義的發展（The Development of

Socialism From a Utopia Into a Science）」，此書曾以英文本《社會主義：烏托邦與科學》（*Socialism: Utopian and Scientific*）出版。

注10：見：*The Poverty of Historicism*。見：*Economica*, 1944。（現在二書已分別獨立出版）。

注11：見馬克思：《費爾巴哈論綱》（*Theses on Feuerbach*, 1845）第十一條，見：*H. o. M.*, 231。（即F. Engels, *Ludwig Feuerbach und der Ausgang der Klassischen deutschen Philosophie*, J. W. Dietz, Nachf. Berlin 1946, 56）。另見本章注14至注16，及拙著《歷史定論主義的貧困》，第一、十七及十八節。

注12：我不打算在此詳細討論決定論之形上學和方法學問題（本書第二十二章會稍微討論此方面的問題）。不過我想指出，將「決定論」和「科學方法」視作同義，是多麼欠缺考慮。有人仍舊持這樣的立場，即使極優越和頭腦清楚的作者如馬林諾夫斯基（B. Malinowski）亦是如此，例如見其《人類事務》（*Human Affairs*, ed. By Cattell, Cohen, and Travers, 1937）一書的第十二章。我完全同意這篇文章的方法學傾向，他主張科學方法同樣可應用到社會科學中。他也傑出地譴責了人類學的浪漫主義傾向（特別見207頁，221-224頁）。不過，當馬林諾夫斯基贊成「人類文化研究中的決定論（determinism）」時（212, 252），我看不出他的「決定論」如果意義不只是「科學方法」的話，究竟還會是什麼意思。無論如何，這個等式是不能成立的，而且如同正文所指出的，會具有極大的危險性；因為它可能導致歷史定論主義。

注13：對歷史定論主義的批評，見：*The Poverty of Historicism*（*Economica*, 1944）。

馬克思錯誤地相信「歷史發展有自然的法則」，這也許可以原諒；因為在他的時代，一些最傑出的科學家（如赫胥黎《說道集》〔*Lay Sermons*, 1880, p. 214），他們都相信可能發現**進化的法則**。然而，不可能存在經驗主義的「進化法則」。有的只是一種特殊的進化假設（evolutionary hypothesis），陳述**地球上**的生命曾以某些途徑發展。然而，一種普遍或自然的進化法則，至少應提出**所有星球**上的生物發展歷程假設。換句話說，無論我們是囿於什麼範圍之中而觀察到一種獨特歷程，我們都不能發現和驗證「自然的法則」（當然，還是會有某些關於初等有機體之類的進化法則）。

我們可以有**社會學的法則**，甚至有涉及進步問題的社會學法則；例如這樣的假設：當自由的思想、思想的傳播，是有效地受到法律制度和保障討論之公共性的制度所管控時，就會有科學的進展（見第二十三章）。然而，出於某些理由，我們最好完全不去談論**歷史的法則**（見第二十五章注7及正文）。

注14：見：*Capital*, 864, preface to the First Edition。關於對穆勒的相同評論，見下注16）。在同樣的地方，馬克思又說：「這部著作的終極目的，在赤裸裸提出近代社會運行的經濟法則。」（關於這點，見：*H. o. M.*, 374，與本章注16及正文）如果我們將這方面的內容，與他的《費爾巴哈論綱》第十一條做比較（摘引在本章注11及正文中），馬克思的實用主義和歷史定論主義之間的相互牴觸，就變得十分明顯了。我在《歷史定論主義的貧困》第十七節中，試圖用馬克思攻擊費爾巴哈的同樣形式，來表現馬克思歷史定論主義的特徵，並藉以彰顯這個牴觸。因為正文中引用的馬克思語句，我們可以將之解釋為：歷史定論主義者只能**解釋**社會的發展，並以各種不同方式

幫助其發展；然而，馬克思的觀點是**沒有人能夠改變社會的發展**。此亦見第二十二章，特別是注5的正文。

注15：見：*Capital*, 469。次三個引文，摘自 *Capital*, 868, preface to the Second Edition（其翻譯為「膚淺的調和論」〔shallow syncretism〕，與原文的強烈表述不大一致），及 *Capital*, 673; 830。正文中的「有許多證據指出」，請見：*Capital*, 105, 562, 649, 656。

注16：見：*Capital*, 864。即 *H. o. M.*, 374。另見本章注14。下面三個引文出自穆勒的《邏輯系統》（*A System of Logic*, 1st edn, 1843; quoted from the 8th edn），Book VI, Chapter X; §2 (end); §1(beginning); §1(end)。一個有意思的段落（據說與注14引用的馬克思著名評論幾乎如出一轍）可以在穆勒同書同章第八節中發現。在談到歷史的方法是探求「社會秩序和社會進展的法則」時，穆勒寫道：「藉其助力，此後我們不僅能成功展望人類未來的歷史，而且能決定要使用什麼樣的人為方法、以及用到什麼程度，來**加速目前有利的自然進展**；並彌補隱含在自然中的各種不利與不足，防止各種危險與偶然性的事件——在人類進步中必然要面臨的事件。」或如馬克思所說的「縮短和減輕其陣痛」。

注17：見：上引穆勒書同章第二節；次一評論出自同章第一段第三節。「迴繞軌道」與「拋射軌道」兩詞出自同章第二段第三節。穆勒談到「迴繞軌道」時，他所想的也許是一種歷史發展的週期理論，就如同柏拉圖在《政治家篇》，或馬基維利（Machiavelli）的《論李維》（*Discourses on Livy*）所構想的那樣。

注18：見：上引穆勒同書同章第三節最後一段起始部分。所有這些內容，請見：第十四章注6至注9，及*The Poverty of Historicism*, section 22, 24, 27, 28。

注19：「心理主義」一詞，取自胡賽爾，在此我可摘引傑出心理學家卡茲（D. Katz）的一些話；這些話取自他的論文〈心理的需要〉（Psychological Needs, Chapter III of *Human Affairs, ed.* By Cattell, Cohen, and Travers, 1937, p. 36）。卡茲說：「在哲學中，有種傾向已有一段時間，就是將心理學當作一切其他科學『之』重要基礎……。這種傾向通常稱為心理主義……。不過即使像社會學、經濟學，這類與心理學有著密切關係的科學，也有一些非心理學的核心因素……。」本書第十四章將以較長的篇幅討論心理主義。另見：第五章注44。

注20：見：Marx, *A Contribution to the Critique of Political Economy,* 1859, quoted in *H. o. M.*, 371。（即：Karl Marx, *Zur Kritik der politischen Oekonomie*, pp. xv f.）。第十五章注13及正文、第十六章注3及正文，將摘引更多這方面的內容；另見第十四章注2。

第十四章

社會學的自主性

301 馬克思反對心理主義將社會生活的一切法則化約成「人性」的看法[1]，凝聚在這一警句之中：「不是人的意識決定人的存在，而是人的社會存在決定了人的意識。」[2]本章和下兩章主要即是在闡述這句話的內涵。可以先說明的是，在建構對馬克思反心理主義的看法的過程中，我也逐步發展出屬於我自己的觀點。

為了進行初步說明與考察的首要步驟，我們可先討論所謂異族通婚的法則。在極不同的文化中，婚姻法則之所以會廣泛適用，明顯旨在防止近親婚姻。穆勒及其心理主義的社會學學派（後來有許多心理分析學家加入）訴諸「人性」來解釋這些法則，例如我們在天性上會嫌惡、反對亂倫（也許是透過自然淘汰或「壓抑」而發展的）。這類解釋有時顯得天真而通俗。然而，若是採用馬克思在上述警句中所持的觀點，我們可以問：難道不該反過來想？換句話說，外顯的天性難道不是教育所造成的嗎？它難道不是出自社會規範與傳統要求異族通婚、禁止亂倫帶來的結果，而非原因嗎[3]？很明顯，這兩種思路恰與一個古早問題遙相呼應：即社會法則是「自然的」還是「約定俗成的」（本書第五章曾詳細討論此問題）。在這個例子裡，
302 要決定哪一種理論才是正確的，亦即要用天性來解釋傳統的社會規則，或用傳統的社會規則來解釋明白顯示的天性，實在煞費周章。除此之外，用實驗的方式來做出決定的可能性，也通向了類似的結果；在「人天生嫌惡蛇」的問題上，人對蛇的厭惡不但是天性或「自然的」，並且所有人猿和大部分猴子也都嫌惡蛇。然而，實驗似乎又指出這種恐懼是約定俗成的，它

似乎是教育的結果，不僅人是如此，黑猩猩亦是如此；未被教導要恐懼蛇的嬰兒和年幼的黑猩猩，並不表現出這樣的天性。我們應將這個例子視為警訊；因為在此，嫌惡顯然是普遍性的，甚至超越了人類這個物種。但即使我們會因為某一種習慣不具有普遍性，而推論它不是建立在天性上（不過因有社會的習俗加強壓制天性，甚至連這種論證都具有危險性）；我們知道其反命題必然無法成立。某種行為的普遍出現，並不是該行為基於天性或根源於「人性」的決定性論證。

如上考慮，大概可顯示出認為一切社會法則，在原則上必須自「人性」心理學引伸而來，這種想法是多麼天真。不過，這種分析仍相當粗糙。為求進一步討論這個問題，我們可以試圖更直接地分析心理主義的主要論旨。其主要理論是：社會是心靈相互作用的產物；社會法則終必能夠化約成心理學的法則，因為社會生活的種種事件——包括其風俗習慣——必定是許多個人的心理動機所導致的產物。

主張社會學有自主性的衛道之士，在反對這種心理主義的理論時，也許會採**制度論者**的觀點（institutionalist view）[5]。他們首先會指出：沒有任何行為能僅僅由動機來解釋；如果把動機（或任何其他心理的、行為主義的概念）運用在這種解釋中，就必須同時加上一般情境，特別是環境方面的因素，以補其不足。在人類活動的例子中，所謂的環境大部分具有一種社會性質；因此，若不涉及社會環境、社會制度及其運作方式的話，就無法解釋我們的行動。

因此，制度論者認為，將社會學化約成心理學或行為主義之分析，是絕不可能的；更確切地說，他們認為此類分析必須以社會學為前提，而社會學不能完全依賴心理學的分析。因而，社會學，至少其中很重要的一部分，必定是自主的。

303 反對這個觀點的心理主義追隨者可能會反駁說：他們願意承認環境因素很重要，不論它是自然的或社會的因素；然而，社會環境的結構（他們可能更愛用時髦的「模式」〔**pattern**〕一詞）與自然環境相反，是人為的；因此社會環境的結構一定能依心理主義的理論，從人性來解釋。例如經濟學家所謂極具制度特徵，也是他們研究的主要對象——「市場」，分析到最後，都能從「經濟人」（**economic man**）的心理，或用穆勒的話說，可從「……追求財富的心理現象」引伸出來[6]。此外，心理主義的追隨者堅持：正是由於人性特殊的心理結構，才促使此類制度在我們的社會中扮演如此重要的角色，而一旦制度建立後，它們就顯示出一種傾向，即成為環境中傳統的、相對穩固的部分。最後一點——也是決定性的一點——是：種種傳統的**起源和發展**，必定都能藉由人性來解釋。一旦我們追索傳統和制度的起源，便會發現，由於它們是在人類的目的下引進，又受到人類的動機所影響，因而它們均能被心理學所闡釋。即使這些動機在時間的洪流中被遺忘了，這種遺忘本身，以及我們對這些目標含混的制度之欣然接受，也都是建立在人性之上。因此，正如穆勒所說，「一切社會現象均是人性的現象」[7]；「社會現象的法則，只不過是人類行動和情感的法則，除此之外別無其他」，換句話說，是「屬於每個個人的人性法則。當人集合在一起時，並不會轉化為另一種實體（substance）……」[8]

上述的最後一句評論，展示出心理主義最值得我們稱賞的一面，那就是明智地反對集體主義（collectivism）和全體主義（holism），並拒斥盧梭或黑格爾的浪漫主義——它們的普遍意志、民族精神（national spirit），或群體心靈（group mind）。我相信，心理主義假若正確，是因為其堅持以所謂「方法學上的個體論」（methodological individualism）來反對「方法學上的集體論」（methodological collectivism）。它正確地堅稱：集體的「行為」和「行動」，如國家或社會群體，必定能化約為個人的行為與行動。不過，把選擇個體論的方法，解讀為選擇了心理學的方法，這是一種誤解（本章下面會指出這點），即使它乍看起來很有道理。撇開令人稱讚的個體論方法不談，此種心理主義，實建立在非常危險的基礎上，這點可從穆勒進一步的論點看出來。穆勒論證「**心理主義不得不採用歷史定論主義的方法**」，這種將社會環境事實化約成心理事實的企圖，使我們必須去思索它們的起源和發展。前面分析柏拉圖的社會學時，我們曾有機會去檢視這種進路帶給社會科學的貢獻，是多麼值得懷疑（試比較第五章）。在批評穆勒時，我們將嘗試給予決定性的一擊。

穆勒的心理主義，迫使他採用歷史定論主義者的方法，這是毋庸置疑的；歷史定論主義的貧乏或缺陷，他甚至也略知一二，因為他試圖以許多個體心靈極度複雜的互動，所產生的種種困難，來為這種貧乏辯護。他說：「最重要的是……未在人性中指出充分的理由之前，絕不要將任何通則引進……社會科學當中；我不認為有人會主張從人性的原理和人類的一般環境就能先天地（**a priori**）決定一種人類發展必定要遵循的次序，從而認為能依照當前的時代預測歷史的普遍情況。」[9]他的理由是「在一系列的最初一些關係形成之後，前一世代對後一世代所產生的影響變得……越來越強大，終至超過其他一切的影響」（換句話說，社會環境成為一種支配性的影響）。「就一系列行動和反應來說……是不可能由人力計算出來的……」

這種論證，特別是穆勒對「一系列的最初一些關係形成」的說法，明顯暴露出這種心理版歷史定論主義的弱點。如果社會生活中的一切規則，社會環境和制度之下的一切法律，終必化約成、並且由「人的行動和感情」來解釋的話，這種思路不但會將歷史因果發展的觀念強加於我們，還會強行灌輸我們這種發展有所謂**「最初步驟」**（**first steps**）的觀念。因為強調社會規則或制度的心理起源，只代表一件事，即這些規則或制度可以追溯到一種原始狀態，也就是有人純粹基於心理因素引進它們的那一刻，或更精確地說，當它獨立於任何已被建立的社會制度的時刻。這樣一來，不管心理主義是否願意，它都被迫要接受**社會有一個開端**的觀念，以及人性和人類心理是先於社會而存在的。換句話說，穆勒有關社會發展「一系列最初的一些關係」的說法，並不如某些人可能相信的，只是一時疏忽，而是他不得不採取的一種絕望立場。其所以是絕望的立場，因為以這種先於社會存在的人性說，把社會基礎解釋為一種心理主義的「社會契約」（social contract），不僅是歷史學上的神話，也是方法學上的神話。我們連想認真討論這種說法都很困難，因為太多理由都表明人（man）或人的祖先，在成為具有人性的人（human）之前，就具有社會性了（例如語言就是以社會為前提存在的）。不過這就暗示了，社會制度及其相伴的典型社會規則（social regularity）或社會學法則（sociological law），必須先於某些人喜歡稱為「人性」的某種東西，和人類心理學而存在[10]。如果有人想嘗試用化約這種方法，還不如用社會學來化約或解釋心理學，可能還比較有希望。

這使我們又回到本章開頭那句馬克思的警句上。人，亦即人性中的心靈、需要、希望、恐懼、期望、動機、渴望，如果存在的話，它便是社會生活的產物，而非造物者的傑作。我們必須承認，就某種意義來說，社會環境的結構確實是人為的。它們的制度和傳統既非上帝，亦非大自然的造物，而是人的行動和決定的結果，並且也可由人的行動和決定來加以改變。不過，這並不意味它們全是被刻意設計出來的，可以用需要、希望或動機來解釋。相反地，即使是基於意識與有意（intented）的行動所產生的結果，通常說來，也都是**間接**、**無意（unintended）的，或常是這類行動所不想要的副產物**。如我以前所說，「只有少數社會制度是有意設計的，大部分制度是從人的行動中『長』出來的意外產物」[11]。我們還可加上一句：即使極少數制度被有意且成功設計出來（如新建立的大學或貿易聯盟），因為其創造所產生的出自無意的社會影響（social repercussion），將使結果不會忠實地符合計畫。有意的創造不僅影響許多社會制度，也影響「人性」——希望、恐懼、野心，首先及於直接捲入的人士，然後是社會的一切成員。其所造成的結果之一是，社會的道德價值——由全部或至少絕大多數社會成員所公認的需要與提議——與制度和傳統緊緊綁在了一起，最後當制度與傳統被毀滅時，它們也跟著自身難保（如第九章討論到激進革命〔radical revolution〕的「清潔畫板」時的情況）。

306

在比較古老的社會發展階段，亦即封閉社會之中，上述理論尤其適用。在封閉社會中，有意設計的制度是極罕見的事件，發生機率微乎其微。今日由於社會知識日增，開始研究對我們的計畫和行動的無心插柳的影響，使情況可能有所不同了；或許有一天，人可能變為一個開放社會中有意識的創造者，並進而成為自身命運的創造者（馬克思就抱有這樣的希望，下一章會指出這點）。不過，某部分來說這是程度上的問題。而雖然我們可以學著去預見行動所招致的無意後果（這是一切社會技術的主要目的），但仍有許多事是我們無法預見的。

心理主義被迫要接受社會制度具有心理上的起源，我認為這個事實是反對心理主義的決定性論證。然而這並不是唯一的論證。批判心理主義最重要的一點，也許是：心理主義誤判了解釋性社會科學（the explanatory social sciences）的主要任務。

這個任務並非——如歷史定論主義者相信的——要預言歷史的未來歷程，而是要發現和解釋社會領域內較不明顯的一些依賴關係（dependence）、發現在社會行動中所產生的種種困難；它研究社會材料何以不易駕馭、容易改變、具有彈性；研究我們企圖將社會置於模型內加以運作時，所引起的社會抗力。

為了使論點清晰，我將簡短描述一種廣為人們接受的理論。不過，這個理論所認定的，我認為與社會科學的真正目的正好相反；我稱其為「**社會陰謀理論**」（**conspiracy theory of society**）。這種理論的觀點是：對一種社會現象的解釋，旨在發現哪些人或集團樂於見到該現象出現（有時，某些隱藏的利害關係會首先暴露出來），並陰謀策劃促其實現。

認為社會科學有這種目的，這想法顯然是來自一種錯誤的理論，即認為在社會中發生的事件——特別是戰爭、失業、貧窮、匱乏等這些人民通常不喜歡的事件——乃是某些有力人士和集團直接設計的結果。這個理論得到了廣泛的支持；它甚至比歷史定論主義還要古老（歷史定論主義的原始有神論形式證明，它是從陰謀論引伸出來的）。在這種理論的近代形式中，就像近代的歷史定論主義，以及某種傾向「自然法則」（natural law）的近代態度一樣，是一種將宗教迷信世俗化的典型結果。相信特洛伊戰爭是肇於荷馬時代諸神祇的陰謀，這種信念現在已經過時了；神被遺棄了。然而，祂們的位置卻由有權力的人或集團所接掌——罪惡的壓力團體，它們應當對我們所遭受的種種不幸負責——如錫安（Zion）長老、壟斷份子、資本家或帝國主義者。

307 我並不是想暗示陰謀從未存在。相反地，陰謀是典型的社會現象。當相信陰謀論的人們成功獲得權力時，它就變得更有份量。而那些確信自己知道如何創造人間天堂的人，最易採納陰謀論，還會投入某個反陰謀陣營，反對一些根本不存在的圖謀不軌者。他們之所以無法打造出天堂，唯一的解釋是被魔鬼的邪惡意圖阻撓——魔鬼的既得利益都來自地獄。

陰謀確實是存在的，這一點必須承認。然而明顯的事實是，陰謀的存在，卻會反證陰謀論的無法成立，它們經常功敗垂成。**陰謀家很少圓滿達到他們的目的**。

理由何在呢？為什麼渴望與成就會有那樣大的差距？因為這原本就是社會生活的常態，無所謂陰謀存不存在。社會生活不僅是相對立的集團之間的力量考驗，更是在在多少具有彈性或脆弱易變的制度和傳統架構內行動。它們——除了那些有意的對立行動外——將會在架構中造成許多無法預見的影響，其中有一些可能根本預料不到。

試圖分析這些影響，盡可能地預知它們，我相信這就是社會科學的主要任務。它分析有意的人類行為所導致的出自無意的社會影響。如我們已指出的，陰謀論和心理主義都忽視了那些影響的意義。嚴格依照意願所產生的行為，並不會給社會科學帶來問題（除了可能會需要解釋為什麼在這種特殊情況中，會缺乏無意的影響）。為了清晰說明無意的行為後果這個觀念，我們可以舉一種最基本的經濟行動為例。如果某人急切渴望買一棟房子，我們應可推斷他不希望房子的市場價格上漲。然而事實上，當他以買家之姿出現在市場上時，卻會將房子的市價提高。在賣家身上也是同樣的情況。我們再從另一個截然不同的領域舉例吧，一個決定幫自己投保壽險的人，照理來說他的目的不會是要鼓勵人們投資保險股票，然而實際上他卻正是在這麼做。在此我們清晰地看到，我們行為的一切結果並非都是出自有意，這樣一來，社會陰謀論就不可能是真的，因為社會陰謀論認為一切的結果，即使有些乍看是無心插柳，也都是出自樂見其成的人精心行動的結果。

308 上面所舉的例子，如果要用來駁斥心理主義，並不如駁斥陰謀論那麼容易，因為有人會辯稱：這是因為賣者具有理解買者出現在市場的**知識**，而且在心理上**希望**獲得更高的價格，換句話說，是心理因素解釋了他們的反應。當然，這種說法也是貨真價實的，不過，我們不可忘記這種知識和希望並不是人性的終極與料（ultimate data）——它們還可以用**社會情境**（social situation），亦即市場情境來加以解釋。

此種社會情境很難化約為動機和「人性」的一般法則。的確，某些「人性特點」的干擾，例如對宣傳的懷疑，有時可能導致上述經濟行為產生偏移。再者，如果社會情境與人們所設想的不同，消費者也可能透過購買行動，使大量生產可能更有利潤，間接地使商品跌價。雖然這種結果的發生，是基於消費者想增加自己利益的結果，但它依然是無心之下的產物，完全相似的心理條件，同樣可能帶來完全相反的結果。顯然，社會情境可能導致各種極為不同的、無用的或意想不到的影響，這些都必須由社會科學來加以研究。這種社會科學並不像穆勒基於偏見所說的「未在人性中指出充分的理由之前，絕不要將任何通則引進社會科學當中」[12]。它們必須由一種自主的社會科學來研究。

繼續開展這種反對心理主義的論證，我們可以說，我們的種種行動大部分可用其發生
的情境來說明。當然，單用情境並不能充分解釋它們；例如一個過馬路的人會躲避行進中的
車輛，便可能無法單用情境來解釋，還必須涉及他的動機、自我保護的「天性」，以及希望
避免痛苦等等。不過這種解釋的「心理」部分，比起我們或可稱為「**情境邏輯**」（**logic of
situation**）對於行動傾向的詳細分剖，往往都顯得瑣碎淺薄；此外，描述情境時，要涵括一
切心理因素也是不可能的。分析情境的情境邏輯，在社會生活和社會科學中都扮演了重要的
角色。它實際上是一種經濟分析（economic analysis）。至於經濟領域以外的例子，我稱之為「權
力的邏輯」（logic of power）[13]，可用以解釋權力政治的手段與某些政治制度的運作。將情境
309 邏輯運用在社會科學上，並不是立基於心理學對「人性」的合理性（或其他方面）的任何假
定上。相反地，當我們談到「合理的行為」或「不合理的行為」，我們指的是該行為符合或
不符合該情境的邏輯。事實上，如韋伯已經指出的，藉由一個行動（合理或不合理的）動機
來進行心理分析，代表我們早已預設了某些標準，來判斷情境中什麼足以稱作「合理」[14]。

我反對心理主義的論證不應該被誤解[15]。我絕對不是要說心理學的研究和發現對社會科學家無關緊要。它們毋寧是在指出：心理學——研究個人的心理學——是一門社會科學，即

使它不是所有社會科學的基礎。沒有人能否認心理事實在政治科學中的重要性，例如對權力的渴望，以及各種相關的神經現象。然而「渴望權力」無疑既是一種心理概念，也是一種社會概念。比方說，當我們要研究童年時期初次開始渴望權力的現象，便絕不可忘記，我們是以某種特定的社會制度為背景來研究的，例如我們現代人的家庭（換成一個愛斯基摩式家庭，就可能產生完全不同的現象）。另一件對社會學有意義，且在政治和制度上帶來嚴重問題的心理事實，就是想要生活在部落（tribe）或接近部落的團體中，將之當作避難所，這似乎是許多人的情緒需要（尤其是年輕人，他們可能為了符合個體發生〔ontogenetic〕與種族發生〔phylogenetic〕的平行發展，似乎一定得經過部落式或「美國印地安人」〔American-Indian〕的階段）。我攻擊心理主義，並不是要攻擊所有心理學上的想法，這可從我使用「文明的壓力」這個概念（見第十章）時看出來，這一概念有部分是由這種無法滿足的情緒要求所造成。它指涉某些特定的不快感受，因此是一個心理學概念。不過，它同時也是社會學的概念；因為它指出這些感受不僅是不快的、混亂的，還跟某種社會情境相關、跟開放社會與封閉社會的差別相關（許多心理學概念，如野心、愛，也有類似情形）。我們也不可忽略心理主義的優點，就是它主張方法學的個體論、反對方法學的集體論；它認為所有社會現象，尤其是所有社會制度的功能運作，都應該被理解為個人的決定、行動和態度等的結果，同時，我們
310 永遠無法滿足以「集體」（如國家、民族、種族等）為名的解釋。心理主義的錯誤在於它以

為社會科學中這種方法學的個體論，蘊含了把所有社會規則化約成心理現象和心理法則的程序。這種誤判的危險，如上所述，就在於它會傾向歷史定論主義。要糾正其錯誤，就需要一種關於行動如何產生意想不到的社會影響的理論，以及我所描述的社會情境邏輯。

在辯護並發展馬克思所謂「社會問題不容化約為『人性』問題」的觀點上，我實際上已超越馬克思所提出的論證。馬克思並未論及「心理主義」，也並未有系統的批判它；本章起始所引的馬克思警句並不在穆勒心中。這一警句旨在反對黑格爾式的「唯心論」。然就社會的心理性質來說，穆勒的心理主義可說與馬克思所攻擊的唯心論恰相符合[16]。無論如何，本章所述的馬克思觀點，事實上也受黑格爾主義的另一部分，亦即其柏拉圖化的集體主義影響。黑格爾認為國家和民族比個人更為「實在」，因為個人的一切都是從它們得來的（這個影響說明，即使是一個荒謬的哲學理論，也可引出有價值的提示）。從歷史上來看，馬克思發展了黑格爾之社會優於個人的觀點，同時以這些觀點當作論證，來反對黑格爾的其他觀點。不過，因為我認為穆勒比黑格爾更值得反對，我遂未執著於考察馬克思的思想史，而是在反對穆勒的論證形式中，設法發展出這些觀念。

注釋

686

注1：見：上一章注19。

注2：見：馬克思《政治經濟學批判大綱》序言，第十三章注20、第十五章注13正文、第十六章注3都曾引用。參看：*H. o. M.*, 372; Capital, 16。另見馬克思和恩格斯合著的《德意志意識形態》（*German Ideology*）（*H. o. M.*, 372 = *GA*, Series I, vol. v, 16）：「不是意識決定生活，而是生活決定意識。」

注3：見：M. Ginsberg, *Sociology*(Home University Library, 130 ff.）。書中在類似脈絡下討論了此問題，但並未提到馬克思。

注4：例如見：*Zoology Leaflet* 10, published by the Field Museum of Natural History, Chicago, 1929。

注5：關於制度主義，請特別見：第三章（注9與注10正文），以及第九章。

注6：見：Mill, *A System of Logic*, VI; IX, §3.（另見：第十三章注16至注18）

注7：見：Mill, *op. cit.*, VI; VI, §2。

注8：見：Mill, *op. cit.*, VI. VII, §1。關於「方法學的個體論」和「方法學的集體論」兩者之間的對立，見：F. A. Von Hayek, *Scientism and the Study of Society*, Part II, section VII（*Economica*, 1943, pp. 41 ff.）

注9：此段及下段引文，見 Mill, *op. cit.*, VI; X, §4。

687

注10：我所用的「社會學法則」一詞，是指社會生活的自然法則，與社會規範法則相反。見：第五章注8至注9的本文。

注11：見：第三章注10（這段引自我著的《歷史定論主義的貧困》〔part II, p.122.〕〔*Economica*, N. S. xi, 1944〕與該書65頁）。

馬克思是第一位將社會理論視為研究**我們的一切行動所產生的惡性（unwanted）社會影響**者。這是我在一九二四年和博蘭尼私下討論時，他向我提示的；他強調馬克思主義這方面的特點。

（一）然而，應該提出的是，上述馬克思主義的內容，在方法學上雖然和我的觀點有著一致之處，然而針對那些惡性或意想不到的影響，我們傾向的分析方法顯然不同：因為馬克思是**方法學上的集體論者**。他相信造成惡果的是「經濟關係的系統」（system of economic relation），這一制度系統，又可進一步用「生產方式」來解釋，但是那些制度不可用個人的關係與行動來分析。與馬克思的看法相反，我認為種種制度（與傳統），必須藉由個人，也就是個人在某些情境中的活動關係，及其行動之意想不到的結果來解釋。

（二）正文中提到「清潔畫板」和第九章的部分，見本章注9至注12及正文。

（三）關於正文中，評論我們行動導致的意外效應問題（附述在此注解和以後一些注解中），我想強調一件事實，就是物理科學（以及機械工程和技術領域）中的情形也多少類似。技術科學的任務，也是提醒著，我們的行動會帶來意想不到的結果（例如，當我們加強某些橋樑的某些部分，它反而可能變得太重）。不過，這種比喻有更進一步的意義：機械發明的成果很少依照我們原有的計畫。例如汽車的發明者很可能沒有預見到這個發明帶來的社會影響，但他們更沒預見到的影響是純粹機械上的——汽車以各種方式壞掉不動。因而發明者不斷修改車子，改變的程度遠遠超過他們原本的認知（從而，某些人的動機與渴望也就隨之改變了）。

（四）關於我對「陰謀理論」的批判（pp. 94-6），請見我的講詞（*Prediction and Prophecy and their Significance for Social Theory*, in *Proceedings of the Xth International Congress of Philosophy*, 1948, vol. I, pp. 82 ff., especially p. 87 f.）另見：Towards Rational Theory of Tradition（*The Rationalist Annual*, 1949, pp.36 ff., especially p.40 f.）。這兩篇論文都已收入《猜想與反駁》中。

注12：見穆勒《邏輯系統》，摘引在本章注8。

注13：見：第十章注63。在權力的邏輯問題上做出重要貢獻的，包括柏拉圖（Books VIII and IX of the *Republic*, and in the *Laws*），以及亞里斯多德、馬基維利、帕累托和許多其他人士。

注14：見：Max Weber, *Ges. Aufsaetze zur Wissenschaftslehre* (1922), especiallypp.408 ff.

有人常說：就我們所知的「社會原子」（social atoms），亦即我們自己，是我們所直接認識的，而我們對物理原子的認識，只能透過假說，因此社會科學運作的方法不同於自然科學。基於這個看法，有人常作結論說（例如孟格爾）：因為社會科學方法是透過我們自己對自己的認識，因此是心理上或「主觀的」（subjective），與自然科學的「客觀方法」（objective）相反。我們可以如此回應這種說法：我們沒有理由不去使用對於自己可能有的任何「直接」知識。不過，在社會科學中，這類知識只有被通則化時才有用，也就是說，在認定我們理解自己時，他人也必須亦能做到。然而，這種普遍性的推廣，在性質上只是一種假設，必須由一種「客觀」性質的經驗來檢驗和修正（若從來沒遇到不喜歡巧克力的人，有人可能容易就相信人人都喜歡巧克力）。毫無疑問，比起物理學的原子，在「社會原子」的情境中，我們某種程度上處在更有利的地位；這不僅是因為我們具有對自己的知識，抑且由於對語言的使用。然而，從科學方法來看，由自我直觀所做成的社會科學假設，與對原子所做的物理學假設，兩者在立場上並無二致。關於原子是什麼樣子，後者也可能對物理學家提供一種直觀的提示。同時，在這兩種情境中，直觀都是只為假設者所私人擁有的。科學的「公眾性」和重要性，只關乎假設是否能由經驗來驗證，以及是否經得起考驗。

從這個觀點來看，社會科學理論並不比物理科學理論更具有「主觀性」（假如談到「主觀的價值理論」〔theory of subjective values〕或「選擇行為之理論」而不談「價值的主觀理論」〔subjective theory of value〕等問題時，這一點就更加清楚了；另請見：第二十章注9）。

注15：此段是為了避免正文中論及的誤解而插入。我要謝謝宮布利希教授提醒我注意這種誤解的可能性。

注16：黑格爾認為他的「理念」是某種「絕對性」的存在，亦即獨立於任何人的思想。有人因而認為他不是一個心理學家。然而馬克思十分合理地並不把黑格爾的「絕對唯心論」當一回事；他寧可將其解釋為一種偽裝的**心理主義**，並加以攻擊（見：*Capital*, 873。粗體是我加上的）：「對黑格爾來說，**思維過程**（他甚至以『觀念』一詞來偽裝它，將其當作獨立的**行為者**〔**agaent**〕

或主體）就是『實在』的創造者。」馬克思集中攻擊黑格爾的思維過程（或心靈、意識）創造「實在」的理論；他指出思維過程甚至未創造出社會的「實在」（對於物質世界什麼也沒有說）。

關於黑格爾的「個人依賴於社會」理論，除了第十二章第三節所討論的以外，亦見第二十三章所提到的，科學方法中的社會，或更嚴格地說，人際（inter-personal）的因素；另見第二十四章中相應討論的，合理性中的人際因素部分。

第十五章

經濟的歷史定論主義

311 看到馬克思被描述為一個反對一切社會心理學理論的人，某些馬克思主義者和反馬克思主義者，可能會感到吃驚。因為，似乎有許多人相信事情不是這個樣子。他們認為，馬克思早就指出經濟動機在人類生活中無所不在的影響力。藉由指出「人最強烈的需求在獲得生存的工具」[1]，馬克思成功解釋了經濟動機所擁有的強大力量，進而說明了利潤動機或階級利益動機這類事物對個人或社會團體之行動的根本重要性，他也展示了如何利用這類事物來解釋歷史過程。甚至，他們相信馬克思主義的核心本質，便是認為**經濟動機**，尤其**階級的利益**，是歷史的驅動力，而這就是「歷史的唯物主義解釋」（materialistic interpretation of history）或「歷史唯物論」（historical materalism）所指的，這是馬克思和恩格斯用來表現其思想本質的名詞。

上述觀點相當常見；然而，我毫不懷疑地認為他們誤解了馬克思。那些稱讚馬克思持這類觀點的人，我稱之為庸俗的馬克思主義者（馬克思曾稱某些反對他的人為「庸俗的經濟學家」[2]）。這些庸俗的馬克思主義者一般認為，馬克思主義透過揪出那些貪求物欲、在歷史幕後推動勢力的隱祕動機，從而將社會生活中的邪惡祕密暴露出來。為了滿足追求利益的卑鄙欲望，權力狡猾、有意地製造戰爭，造成不景氣、失業、飢餓以及一切其他形式的社會苦
312 難。（庸俗的馬克思主義者，有時會認真地關心如何將馬克思的主張與佛洛伊德和阿德勒的學說調和；如果他們不選擇其中之一，可能就會判定飢餓、愛和渴望權力[3]是人性中三個最大的潛伏動機〔Three Great Hidden Motives of Human Nature〕，此三者是由馬克思、佛洛伊德、

阿德勒所發現；他們是現代哲學最偉大的三位開創者〔Three Great Makers〕……）

不論這類觀點是否站得住腳或吸引人，它們似乎很少涉及馬克思所稱的「歷史唯物論」。我們必須承認，馬克思有時說及諸如貪婪、利潤動機等心理現象，但絕不是為了用來解釋歷史，而毋寧是將其解釋為**社會系統**（**social system**）腐化之影響下的病徵，所謂社會系統，即是在歷史過程中發展出的種種制度。這些心理現象是腐化的結果，並非腐化的原因；是歷史的一種影響，而不是歷史進行的驅力。無論是對是錯，他並不將大眾生活中的戰爭、不景氣、失業、飢餓這些現象，視為來自「大企業」或「帝國主義的戰爭販子」的陰謀詭計，而是將其視為社會系統網路中的人們朝向不同目標行動，所造成的惡性結果。馬克思認為歷史舞台上的人物，包括「大」人物，都只是被經濟這條線操縱的傀儡而已，這條線是他們無能控制的歷史力量。社會系統固定了每個人的位置，歷史舞台就是放置在這種社會系統上，放置在「必然性的王國」（kingdom of necessity）上。（不過有一天，傀儡們會摧毀這個系統，得到「自由的王國」〔kingdom of freedom〕）。

也許是基於宣傳的考慮，也許是因為不理解馬克思，大部分馬克思的追隨者都放棄了這個真正、本原的馬克思理論，由「庸俗的馬克思主義者的陰謀理論」（Vulgar Marxist Conspiracy Theory）取而代之。這是一種可悲的知性墜落，從《資本論》的水平墜落到《二十世紀的神話》（*The Myth of the 20th Centry*）。

但通常所謂的「歷史唯物論」才是馬克思自己的歷史哲學。這幾章討論的主題便是這方面的問題，本章先大要地討論其對「唯物的」或經濟方面的強調；之後再比較詳細地討論階級戰爭、階級利益的角色，以及馬克思主義者的「社會系統」概念。

1

313

我們可以很方便地將展示馬克思的經濟歷史定論主義[4]的工作，和比較馬克思及穆勒的工作連在一起。馬克思和穆勒一樣，相信必須對社會現象進行歷史性的解釋，同時也必須試著將所有歷史時期理解為先前發展的歷史產物。如我們所知，他與穆勒的不同，在於他用所謂的**唯物主義**來代替穆勒（與黑格爾的唯心主義相應）的心理主義。

許多人都說馬克思的唯物主義站不住腳。一種老生常談是：馬克思除了認識人生「較低的」或「物質的」一面外，就不認識其他東西了，這尤其是一種荒謬的曲解（這就好比那最古老的對自由守護者所做的毀謗，即赫拉克里圖斯所說的：「多數人像畜牲一樣狼吞虎嚥！」[5]）不過，從這種意義來看，雖然馬克思大大受到十八世紀法國唯物論的影響，雖然他曾自稱唯物論者，在他許多理論中都找得到，但他根本稱不上是唯物論者。馬克思一些重要的理論內容，都幾乎無法解釋為唯物論的。我想事實上他並不十分關心純粹哲學的議題，例如恩格斯和列寧就比他關心得多。他感興趣的，毋寧更是從社會學和方法學的一面來考察問題。

馬克思在《資本論》中有一段著名的話：「在黑格爾著作中，辯證法是倒立（stands on its head）的；我們必須將其倒轉過來……」[6]它的意圖很明顯。馬克思想指出「頭」（head），亦即人的思想自身，並不是生活的基礎，而只是立於物質基礎上的一種上層建築（superstructure）。同樣意圖在這一段中也可看到：「所謂的觀念，不過是轉置與轉譯到人類頭腦之中的物質。」不過人們可能還未充分認識到這些章節沒有顯示出任何激烈的唯物論形式，倒是顯示出一種身心二元論（dualism of body and mind）的傾向——這可以說是一種實踐的二元論。雖然在理論上，馬克思明顯認為心靈是物質的另一種**形式**（物質的另一面向或伴隨現象），但在實際上，心靈不同於物質，因為心靈是物質的**另一種**形式。上引指出，雖然我們的雙腳立於物質世界的堅實基礎上，但我們的頭腦，也是馬克思所高度重視的人的頭腦，卻是關乎思想或觀念的。我認為除非認識這種二元論，否則我們就無法評價馬克思主義及其影響。

馬克思憧憬自由，真正的自由（不是黑格爾式的「真正的自由」）。而在他相信只有具有精神性的人才擁有自由這點上，他追隨的乃是黑格爾將自由等同於精神的著名公式。同時，（做為一位實用的二元論者），他認為實際上我們既是精神的，也是肉體的，且十分實用地

314 認為肉體是兩者之中更為基本的那一個。這即是為什麼他轉而反對黑格爾，並說黑格爾把事情弄顛倒了。不過雖然他認識到物質世界及其必然性是基本的，但他並不對這些受限於物質需求的「必然性王國」感到絲毫的喜愛。馬克思熱愛精神世界、「自由的王國」，以及「人性」中的精神面，其程度不下於任何一位基督教的二元論者；在他的著作中，甚至有憎惡和輕視物質的跡象。下面將顯示出馬克思的原文可以支持我們的觀點。

在《資本論》第三卷中[7]，馬克思非常巧妙地將社會生活中的物質面，尤其是生產和消費等經濟面，描述為人類新陳代謝（**metobolism**）的擴大，亦即人類與自然交換物質的擴大。他明白表示：我們的自由必然要受這種新陳代謝的限制。唯一能使我們比較自由的是：「合理引導這種新陳代謝……，降低使用的能源，並儘可能地適合人性，顧及人之尊嚴。但這仍然是在『必然性的王國』內，唯有越過這個藩籬，人類的天賦才能得到以自身為目的的發展——真正的自由王國。但是這仍然要靠必然性王國的大地來滋養才會茂盛，必然性王國仍然是它的基礎……」就在這段話之前，馬克思說：「只有結束為了外在目的的強迫性苦役，自由的王國才能實際開始；因此，很自然的，這是立於物質生產領域之外。」最後他下了一個實用的結論，清楚顯示出他的唯一目的，是為所有人開出一條進入非唯物論之自由王國的道路：「縮短工作日是基本的先決條件」。

我認為，上引各節毫無疑問說明了我所謂馬克思對實際生活的二元論觀點。和黑格爾一樣，他認為自由是歷史發展的目的；和黑格爾一樣，他將自由的領域等同於與人的精神生活。不過他認識到我們並不是純精神的存在；我們既不是完全自由的，也沒有辦法達到完全的自由，因為我們無法擺脫新陳代謝的必然性、無法從生產的苦役中解放出來。我們唯一能達成的，是改善令人疲憊、喪失尊嚴的勞動條件，使人更有價值，使人平等，消除苦役，**使所有人生活的某一部分能夠自由**。我相信這是馬克思「人生觀」的中心論點，我認為也是他的理論中最具影響力的一部分。

現在，我們必須將這觀點與第十三章討論過的方法學上的決定論結合在一起。依照這個理論，要對社會進行科學的論述、科學的歷史預測，社會就必須是由其過去所決定才有可能。不過這意味科學只能處理必然性的領域。有朝一日，當人得到了完全的自由，歷史預言及社會科學就要結束了。如此一來，「自由的」精神活動就會落在科學領域之外，因為科學總是要問原因，要追求決定性的因素。因此，想以科學來探討我們的精神生活，唯有我們的思想和觀念是由「必然性王國」、新陳代謝、物質，特別是經濟條件所產生和決定時，才有可能。要對我們的思想和觀念做科學性的處理時，就得一方面考慮它們產生的物質條件，即創發這些觀念的人在生活上的經濟條件，一方面考慮到消化它們的物質條件，即採用這些觀念的人們的經濟條件。因此，從科學或因果的觀點來看，必須將思想和觀念當作「建立在經濟條件的意識形態上層建築（ideological superstructures on the basis of economic conditions）」。馬克思與黑格爾相反，他認為歷史的線索，即使是觀念史的線索，都要從人和他的自然環境、物質世界之關係的發展上尋求；換句話說，要從經濟生活著眼，而非精神生活。這就是為什麼我們可以將馬克思這支歷史定論主義描述為**經濟主義**，以別於黑格爾的唯心論和穆勒的心理主義。不過，如果我們將馬克思的經濟主義視為那種貶低精神生活的唯物主義，就是完全誤解馬克思了。馬克思對「自由王國」的看法，亦即局部但平等地將人從物質枷鎖中解放出來，這毋寧更是唯心主義的。

這樣看來，馬克思的人生觀是很一貫的；同時，我認為這麼一來，在他對人類行動的決定論結合自由主義的觀點中，所存在的矛盾和困難就消失了。

2

在馬克思對於歷史的看法中，有我所謂的科學決定論及二元論的色彩，實是不足為奇的。316 對馬克思來說，科學的歷史，意指社會科學在整體上，必須探求人類與自然發展下物質交換所依據的法則。它的中心任務，必是解釋生產條件的發展。社會關係中所含的歷史意義和科學意義，是和它與生產過程的密切程度成正比的——它或者受其影響，或影響它。「正像野蠻人為了滿足他的需要、維持生存和再生產，必須與自然搏鬥一樣，文明人也必須與自然搏鬥；在社會一切的形式和生產的一切可能形式之下，人必須繼續與自然搏鬥。這種必然性的王國依其發展而擴大，人的需要面也隨之擴大。然而，滿足這些需要的生產力量也同時在擴大。」[8]簡言之，這就是馬克思對人類歷史所持的觀點。

恩格斯也表示了與此類似的觀點，根據他的說法，現在生產工具的發展，已經到了「首次使社會中的每一成員都能獲得生存的保障……不僅是從物質的觀點……也使得他們身體和心智上的天賦皆能得到發展和運用」[9]。依此，自由便可成為可能，亦即從肉體的束縛中掙脫出來。「此刻……人終於脫離了動物的世界……將其棄之於後，進入了真正的世界。」被經濟所支配的人確實處於桎梏之中；當「生產對生產者的支配消失以後……，人……成為他自己社會環境的主人，並第一次意識到他是自然的真正主人……。直到此刻，人才能完全在自我意識中創造他自己的歷史……。自必然性的領域中進入自由的領域是人性的飛躍。」

如果我們現在再將馬克思與穆勒的歷史定論主義作比較，我們就會發現馬克思的經濟主義，可以輕易解決我所指出的穆勒心理主義的嚴重困難。我想到的是一種認為社會起源可以用心理學來解釋的可怕理論——我曾將之描述為社約論（social contract）的心理主義版本；在馬克思的理論中是沒有這種觀念的。他以經濟的優位替代心理學的優位，避免了心理主義的困難，因為「經濟」涵蓋了人的新陳代謝，亦即人和自然交換物質的問題。這種新陳代謝是否打從前人類時期（pre-human times）便由社會組織，或者一度只依賴於個人，這個問題可以留待討論。馬克思只是假定研究社會的科學，必須符合社會的經濟條件或馬克思常稱的「生產條件」的發展史。

317 值得注意的是，引號中馬克思主義者的「生產」一詞，原是以一種廣泛的意義在使用，它涵蓋整個經濟歷程，包括分配與消費。不過它們並未得到馬克思和馬克思主義者多大的注意。他們對生產一詞的大部分興趣，仍在其狹隘的意義上。這恰好是天真的歷史創生論（**historical-genetic**）的一種標準態度，他們有一種信仰，認為科學僅只須問其原因，因此，即使在人為事物的領域中，也必須問「是誰創造此事物？」以及「由什麼創造此事物？」而非「誰要使用此事物？」和「為何創造此事物？」

3

假使我們現在要對馬克思的「歷史唯物論」，或目前所呈現的部分進行批判與評價，我們大約能分辨出兩種不同層面。首先是歷史定論主義，其聲稱社會科學領域與歷史或演化方法，特別是與歷史預言的領域相契合。我認為必須捨棄這種主張。第二種是經濟主義（或「唯物論」），亦即聲稱社會的經濟組織、我們與自然交換物質的組織，是一切社會制度，特別是其歷史發展的根本。如果以一般較籠統，而非過分強調的意義來理解「根本」（**fundamental**）

一詞，我相信這種主張是相當不錯的。換句話說，實際上一切社會研究，無論是制度的或歷史的，如果從社會「經濟條件」的觀點來研究，無疑都能獲益。即使是數學史這類抽象科學也不例外[10]。就這層意義來說，馬克思的經濟主義，可說對社會科學方法的進展提供了很大的貢獻。

不過，如我以前所說，我們不可過分重視「根本」一詞。但毫無疑問地馬克思是太重視了。由於他受黑格爾哲學的薰陶，受到古代分別「實在」（reality）與「表象」（appearance），以及與之相當的「本質」（essential）與「偶性」（accidental）的分辨所影響。馬克思從黑格爾（和康德）而來的思想進展，是將「實在」與物質世界視為同一[11]（包括人的新陳代謝），而「表象」則與思想或觀念的世界同一。因此，一切思想和觀念都得化約為下層的本質性實在，亦即從經濟條件來解釋。這種哲學觀點當然不會比任何其他形式的本質主義更好[12]。它在方法學領域中造成的影響，必然導致過度強調經濟主義。**因為人們雖然很少高估馬克思經濟主義的一** 318 **般重要性，但經濟條件則很容易在各種情況下被過份強調**。例如某些經濟條件的知識，可能對數學問題的歷史提供相當貢獻，但在這個目的上，數學問題本身的知識其實更為重要；完全不涉及「經濟背景」，甚至也可能寫成一本很好的數學問題史（我認為科學的「經濟條件」或「社會關係」經常喧賓奪主，因而也易流於陳腔濫調）。

無論如何，這僅是一個過度強調經濟主義造成危險的小小例子。它常被推而廣之地解釋，認為一切的社會發展都取決於經濟條件，特別是物質生產工具的發展。不過，這種理論明顯是錯的。在經濟條件和思想觀念之間有一種交互作用，並不是單線的後者依賴前者的關係。甚至我們可以說，某些構成我們知識的「觀念」要比複雜的生產工具更重要，這可從以下原因看出來。設想有一天我們的經濟系統，包括機器和一切社會制度都被摧毀了，但保留了技術與科學的知識。在這種情況下，可以想像，我們的經濟系統不久就能重建（雖然規模比較小，且許多人可能餓死了）。不過再讓我們想像，假如這類事物的**所有知識**都消失，只留下物質性事物，這就像一個野蠻的部落佔領了一個高度工業化但被遺棄的國家。要不了多久，這些文明社會遺留的物質遺跡就會蕩然無存。

馬克思主義的歷史自身，就明顯說明了誇大經濟主義的錯誤，這真是一種諷刺。馬克思所提「全世界的工人聯合起來」的**觀念**，在俄國革命以前有著極重要的意義，對經濟條件也有所影響。但是，革命卻使情勢變得極為困難，誠如列寧自己所承認的，這是因為沒有進一步的建設性觀念（見第十三章）所致。接著列寧提出一些新的觀念，它們可以總結在下述口號中：「社會主義是無產階級專政，加上廣泛引進最現代的電動機器。」這個新觀念成為一種新發展的基礎，並改變了世界六分之一的經濟和物質環境。為了對抗巨大的困境，無數物質上的困難被克服、無數的物質被犧牲，只為從一無所有中改變、或建立起生產的條件。而
319 這發展的動力，是對某種**觀念**的熱情。這一例子顯示，在某種環境中，觀念可以使一個國家

的經濟條件產生革命，而不是被這些條件所形塑。用馬克思的術語來說，我們可以說他低估了自由王國的力量，低估了自由王國征服必然性王國的機會。

俄國革命的發展，和馬克思的形上學理論——經濟的實在相對於意識形態表象——間的強烈對比，可從下面這段文字看出來。馬克思寫道：「在考慮這類革命時，必須始終留意分辨生產的經濟條件的物質革命（這是精確的科學因果律的範圍），和法律的、政治的、宗教的、藝術的或哲學的，一言以概之，即表象的各種意識形態之變革……。」[13]在馬克思的觀點中，期望法律或政治方法能達成任何重要的改變，都是徒勞無益的；**政治革命則**僅能讓一群統治者替換為另一群——這不過是換湯不換藥。只有當底層的本質，亦即經濟實在（economic reality）的革命，才能產生本質的或真正的變革——一種**社會革命**。而唯有這種社會革命實現之後，政治革命才有意義。不過，即使在這種情況下，政治革命亦不過是已經發生了的本質或真正變革的表象而已。依照這種理論，馬克思斷言每一種社會革命，都是依下述途徑發展：生產的物質條件先是發展、成熟，然後開始與社會和法律的關係發生衝突，好比衣服被身體撐得越來越大，最後迸裂。馬克思寫道：「經濟基礎的變動，整個廣大的上層建築或多或少急速地被改變……。在物質條件於舊社會中孕育成熟之前，（在上層建築內）新的、更具生產力的關係不會出現。」就此說法來看，我相信俄國革命不可能等同於馬克思預言的社會革命；事實上，這兩者並沒有什麼相似之處[14]。

320

值得注意的是，就這個方面來說，馬克思的詩人朋友海涅（H. Heine）的想法非常不同。他寫道：「在行動上，驕傲的人啊，你不過是謙遜的隱士型思想家不自覺的工具而已，他派定你去從事不可避免的任務。羅伯斯比爾（Maximillian Robespierre）只不過是盧梭的手而已……。」[15]（列寧和馬克思，或許也可以說是這種關係）。用馬克思的術語來說，我們可以看到海涅是一位唯心主義者，他將他對歷史的唯心解釋應用到法國大革命上——這可是馬克思用以支持其經濟主義最重要的例子，且似乎還頗適合他的理論，特別當現在把它與俄國革命相比時更是如此。然而儘管有這種差異，海涅仍是馬克思的朋友[16]；因為在那些幸福的日子裡，在為開放社會而奮鬥的人士中，對異端人士絕交仍不普遍，寬容仍舊是存在的。

我對馬克思「歷史唯物論」的批評，絕不可解釋為我有任何一點從馬克思「唯物論」偏向黑格爾「唯心論」的傾向。我希望我已經講得很清楚，在這種唯心論和唯物論的衝突中，我是同情馬克思的。我希望指出的是，馬克思的「歷史的唯物主義解釋」，儘管可能具有價值，也絕不可加以誇大；我們必須明白，它只不過是提示了我們在考慮事物時，要注意到它們與經濟背景的關係。

注釋

688

注1：見：柯勒（Cole）在《資本論》的序言（xvi）。（並請見：下一注解）

注2：列寧有時也會用「庸俗的馬克思主義者」一詞，不過意義有點不同。庸俗的馬克思主義者，與馬克思觀點的共同性小到什麼程度，可看上引柯勒的分析（xx），並見：第十六章注4、注5及正文，及第十七章注17。

注3：依據阿德勒（Adler），渴望權力只不過是一個人藉由證明自己的優越，來補償其自卑的一種衝動而已。

有些庸俗的馬克思主義者甚至相信，現代哲學的最後一筆是由愛因斯坦添上去的，他們認為愛因斯坦發現了「相對性」（relativity）或「相對論」（relativism），亦即「一切事物都是相對的」。

注4：海克爾（J. F. Hecker）論及馬克思所謂的「歷史唯物論」（*Moscow Dialogues*, p. 76）：「我寧願稱其為『辯證的歷史定論主義』（dialectical historicism），或者……諸如此類的名稱。」——我要再次提醒讀者，本書不處理馬克思的辯證法，因為我已在其他地方處理過了（見：第十三章注4）。

注5：關於赫拉克里圖斯的口號，請見：第二章注4之（三），第四章注16、注17，第六章注25。

注6：下面兩摘引，均引自 *Capital*, 873(Epilogue to the second edn of vol. 1)。

注7：見：*Das Kapital*, vol. III/2(1894), p. 355; i.e. chapter 48, section III。下一摘引亦出於此。

注8：同上注。

注9：本段摘引，見：F. Engels, *Anti-Duhring*；見：*H. o. M.*, 298, 299(=F. Engels, *Herrn Eugen Duehring's* Umwaelzung der Wissenschaft, *GA* special volumn, 294-5。

注10：我想到的是，例如經濟條件對埃及幾何學（像是測量土地的需要）、或希臘早期畢達哥拉斯學派的不同發展的影響。

注11：特別見：第十四章注13引自《資本論》的內容；另見《政治經濟學批判大綱》的整個序言，在下一注解中只摘引了一部分。關於馬克思的本質主義的問題，以及「實在」與「表象」之間的差別，請見本章注13、第十七章注6和注16。

689 注12：不過我倒認為，這比起黑格爾的唯心主義或柏拉圖的標記要好一些，如我在〈何謂辯證法〉（What is Dialectic?）一文中所說的，如果被迫做選擇的話，我選擇唯物主義；很幸運沒人逼我這麼做。（見：*Mind*, vol.49, p.422，或 *Conjectures and Refutations*, p.331，在該處我處理與這裡極為相似的問題。）

注13：關於此處和下面的摘引，見：馬克思《政治經濟批判大綱》序言（*H. o. M.*, 372）（=Zur Kritik der politischen Oekonomie, LV）。

在見：馬克思《哲學的貧困》（*Poverty of Philosophy, part II*）之「第二個觀察」（Second Observation）後，上述內容就有更進一步的意義（見：*H. o. M.*, 354 f. = *GA*, Series I vol. vi, 179-

80）；依我看來，馬克思在此將社會清楚地分析成**三個層次**。第一層次對應「實在」或「本質」，第二和第三層次則對應於現象的主要和次要形式（這與柏拉圖對觀念、感覺事物〔sensible things〕和感覺事物的影像〔images of sensible things〕之劃分非常相似；關於柏拉圖的本質主義，請見第三章。至於馬克思與之對應的觀念，見：第十七章注8與注16）。第一個基本層為物質層（或「實在」，存在於社會中的機器及其他物質生產工具上；馬克思將這一層稱作物質的「生產力」或「物質生產作用」。他將第二層稱為「生產關係」或「社會關係」；它們是依賴第一層的：「社會關係緊密地連結於生產力；人獲得了新的生產力，就會改變他們的生產方式；改變了生產方式，就改變了他們的謀生方法，改變了他們一切的社會關係。」（關於上兩個層次的問題，請見：第十六章注3）。第三個層次是由意識形態所構成，意識形態即法律、道德、宗教和科學的觀念：「建立與物質生產相符應的社會關係的人，也產生與他們社會關係相符合的原則、觀念和範疇。」就這個分析來看，我們可以說在俄國，第一層被轉化同形於第三層，明顯推翻了馬克思的理論（另見下注）。

注14：要做出一般性的預言很容易；例如預言在某一段時間內會下雨。因此，預言在幾十年內某些地方會發生革命，並沒有多大的價值。不過如我們所見，馬克思所預言的恰比上述預言更多一些，多到剛好能被事實否證。那些企圖為這種錯誤預言辯解的人，捨棄了馬克思系統最後一點的經驗性意義，使之變成了純「形上學」（依我在《探究的邏輯》〔*Logik der Forschung*〕所界定的意義來看）。

馬克思是如何依據其理論來分析革命的一般機制，可從他描述所謂中產階級的革命（也稱為「工業革命」〔industrial revolution〕）看出來：「中產階級所立基的生產和交換方式，是從封建社會產生的。在生產和交換方式發展的某一階段上……，封建的財產關係，與『**已發展的生產力**』不再相容。它們成為種種桎梏，必須分裂。同時它們確是分離了。」（*Communist Manifesto*）（*H. o. M.*, 28; italics mine = *GA*, Series I, vol. vi, 530-31）。另請見：第十七章注11及注17。）

注15：見：H. Heine, *Religion and Philosophy in Germany*(Engl. Transl., 1882)。此處引用卡洛斯（P. Carus）於一九一二年著的《康德的未來形上學導論》（*Kant's Prolegomena*）之附錄（p. 267）。

690

注16：此種友誼的證明，可於《資本論》六七一頁注解二之末尾發現。

我承認，馬克思經常是褊狹的。然而，我覺得——雖然我很可能被誤導——他的確有足夠的批判意識，足以洞穿任何教條主義的弱點，同時，若將他的理論變為一組教條，他是不會接受的（見：第十七章注30，及〈何謂辯證法〉〔*Conjectures and Refutations*, p. 425〕，另見：第十三章注4）。但，恩格斯似乎準備容忍馬克思主義信徒的正統論和褊狹。他在首次英譯的《資本論》序言中寫道（*Capital*, 886）：「歐洲大陸常將《資本論》稱作『工人階級的聖經』。」恩格斯不但不批評這種將「科學社會主義」變成一種宗教的描述，他在評論中還指出：《資本論》是值得這個稱呼的，因為「這本書所達成的種種結論，日益成為偉大工人階級運動的基本原則」。這離迫害異端、革除那些堅持批判精神的人，只有一步之遙。這種精神曾經是激勵恩格斯和馬克思的原動力。

第十六章

階級

321

1

在馬克思「歷史唯物論」的各種說法中，有一段他（和恩格斯）所說的話相當重要：「迄今存在過的所有社會的歷史，都是一部階級鬥爭史。」[1]這種說法的意圖很明白，它意味著歷史是被推著往前走，同時人的命運是由階級的鬥爭，而非由國家的戰爭所決定（與黑格爾及大部分歷史學家的觀點相反）。在歷史發展的因果解釋中，其中包括國家的戰爭，都必須以階級利益而非國家利益來解釋，因為實際上國家利益不過是國家統治階級的利益。然而更重要的是，階級鬥爭和階級利益能夠解釋那些傳統史學通常不想解釋的現象。其中一個對馬克思主義深具意義的例子，就是生產力不斷在增加這個歷史趨勢。以軍事力量為基本範疇的傳統歷史，即使記錄了這一趨勢，也無法做出解釋。但是，馬克思認為，階級利益和階級鬥爭就能充分解釋這種現象；事實上，《資本論》中的相當部分就是在分析這種機制（mechanism），在馬克思所稱的「資本主義」時期中，這些力量帶來了生產力的增加。

階級鬥爭理論是如何連結到前面所提的制度主義者的社會學自主理論呢[2]？乍看之下，這兩種理論似乎是公然衝突的。因為在階級鬥爭的理論中，基本角色是由階級利益所扮演，而階級利益明顯是一種「**動機**」（**motive**）。但我並不認為這部分的馬克思理論存在任何嚴

322 重的不一致。我甚至要說沒有人曾經真正理解馬克思，特別是他在反心理主義方面的成就；馬克思不認為心理主義能和階級鬥爭調和。我們毋須像庸俗的馬克思主義者一樣認定：必須從心理方面來解釋階級利益。在馬克思自己的著作中，少數幾段可能有幾分這種庸俗的馬克思主義味道，但當他嚴肅地使用階級利益這類詞時，他指的始終是自主的社會學領域內的事物，而非心理學範疇的事物。他指的是一種事物、一種情境，而非一種心靈狀態、一種思想或對某事物發生興趣的一種感受。而只是一種對某一階級有利的事物、社會制度或情境。階級利益，簡言之，就是能強化其權力或財富的一切事物。

根據馬克思的說法，正是這種制度性、或所謂「客觀的」階級利益，對人的心靈產生了決定性的影響。借用黑格爾的術語，我們可以說是一個階級的客觀利益變成了其成員主觀心靈中的意識；使得成員具有階級利益傾向和階級意識，並按此利益和意識行事。將階級利益視為一種制度性或客觀的社會情境，且對人的心靈有影響，這兩點，都在我所引的馬克思警句之中（見第十四章開頭）：「不是人的意識決定人的存在，而是人的社會存在決定人的意識。」我們只須對這句話加上一點補充：更精確地說，根據馬克思的看法，一個人所處的社會立場和階級處境，決定了他的意識。

這種決定的過程如何形成，馬克思給了一些提示。在上一章，他已經告訴我們，只有自生產過程中解放出來，我們才能自由。不過，我們知道迄今為止，沒有任何一個社會中的人

323

能達到這種自由狀態。因此，馬克思問：我們如何能自生產的過程中解放出來呢？只有使他人代我們去做這汙穢的工作。於是我們不得不將他人視為工具；我們必須貶低他們。我們唯有將人**階級化**，唯有付出奴役他人的代價，才能為自己購得更多自由；統治階級藉由犧牲被統治階級——奴隸，而得到自由。不過這種事實的後果，就是統治階級必須為他的自由接受新的桎梏。如果他們要維持自己的自由和地位，就**勢必要**壓迫和打擊被統治者。他們被迫要這樣做，因為如果不這樣做的話，就會喪失統治階級的身份。因此，統治者也被他們的階級位置所決定；他們無所逃於與被統治者的社會關係，被緊緊綁在一起，因為他們都受制於社會的新陳代謝之下。如此，所有的統治者和被統治者都身陷網中，被迫彼此鬥爭。馬克思認為，就是這種桎梏、這種決定性，使階級鬥爭得以進入科學方法和科學歷史的預言範圍，使科學的社會史研究成為可能，終而便是一部階級鬥爭史。這種固定各階級的位置，並使其互相鬥爭的社會網，便是馬克思所謂的社會經濟結構，或社會系統。

依據此理論，社會系統或階級系統會隨著生產條件的變動而變動，因為就是這些條件決定了統治者剝削、打擊被統治者的方式。每一個特殊的經濟發展階段，都有一個對應的特殊社會系統，而最能表現一個歷史階段特色的，就是它的社會階級系統；這便是我們使用「封建主義」、「資本主義」這類名詞的原因。馬克思寫道：「手工業磨坊，給我們一封建主的社會；機器工廠給我們一資本家的工業社會。」[3]表徵社會系統的階級關係，是獨立於個人意志的。社會系統因而就像一部巨大的機器，個人則遭其捕捉、輾碎。馬克思說：「在生產生存工具的社會過程中，人們都陷入無可選擇的、確定的、無法逃避的一種關係中。這些生產關係與他們的物資生產力量的特殊階段相符應。所有這些生產關係的系統，構成了社會的經濟結構」，也就是社會系統[4]。

雖然這種社會系統自身有一種邏輯，但是它的運行是盲目的，不是理性的。那些陷在這部機器中的人，一般說來，也是盲目或幾近盲目的。他們甚至不能預見其行動會帶來的一些最重要的結果。一個人就可能會使許多人無法在供應充沛的情況下獲取商品，只因為他可能在重要時刻買了一點東西而阻止了價格的下降。也有人出於善心捐獻自己的財富，但這種捐獻卻可能使階級鬥爭鬆懈，而延遲了被壓迫者的解放，而既然我們不可能預見行動所帶來的更遙遠的社會影響，也無法逃脫這面大網，我們遂無法與之抗衡。我們顯然不能自外界影響它；但因為我們是如此盲目，以致我們甚至也不能從內部達成任何改革計畫。社會工程是不可能的，社會技術因而也就根本毫無用處。我們無法將我們的利益強加於社會系統之上；相反地，是社會系統強加給我們一些東西，要我們去**相信這**是我們的利益。它的做法即是要我們依照階級利益行事。譴責個人，即使是「中產階級」或「資本家」個人，要他們對社會中
324 的不義、不道德負責，都是徒勞無益，因為真正的罪魁禍首是迫使資本家如此行事的條件系統。同樣徒勞無功的，是寄望通過改善人來改善環境；事實上，應該是人生存其中的系統若

改善，人才可能改善。馬克思在《資本論》中寫道：「只有這樣，當資本家成為人格化的資本時，才使他扮演一個歷史性的角色……。然而，就此而言，資本家的動機不是要獲得和享受有用的商品，而是要增加交換用的商品」（這是他的真正歷史任務）。「資本家狂熱地追求價值的擴大，無情地驅使著人為生產而生產……。資本家也同守財奴一樣，狂熱地追求財富。不過，守財奴心中的狂熱，在資本家身上，卻是一種社會機制所造成的效果，資本家只不過是它的轉輪而已……。資本主義中的資本家都要服從資本主義生產的種種法則，而這些法則是外加的，並且是強迫性的。為了要維持資本，『競爭』迫使資本家毫不猶豫的擴大資本。」[5]

這就是馬克思所說的社會系統決定個人行動的方式；統治者和被統治者都是如此；中產階級與無產階級亦然。它為前面所稱的「社會情境邏輯」做了說明。在很大程度上，一個資本家的一切行為，根據馬克思的黑格爾式說法：「只是資本的功能，資本透過資本家這工具，而具有意志和意識」[6]。不過，這意謂社會系統也決定了他們的思想；因為思想或觀念一方面是行動的**工具**，另一方面，如果它們被公開宣述的話，也是**一種重要的社會行動**；因為在這種情況中，他們的直接目的在於影響社會其他成員的行動。社會系統，特別是一個階級的「客觀利益」，就這樣決定了人的思想，並且成為其成員主觀心靈的一種意識（如我們在談黑格爾的術語時所說的）[7]。這些都是透過階級鬥爭和階級內成員的競爭來達成的。

我們已經看到，若根據馬克思的看法，則社會工程和社會技術都不可能成立；因為因果的依賴關係把我們緊繫在社會系統中；且這關係是**反之無效**的。不過，雖然我們不能依據自己的意願來改變社會系統[8]，但資本家和工人卻終將有助於它的改變，以及我們最終的解放。藉由驅使人「為生產而生產」[9]，資本迫使他們「發展社會生產力的勢力，同時創造那些較高形式的社會生產的物質條件，使之成為那較高形式的社會之物質基礎，使每個人在這社會
325 中，都得到充分而自由的發展」。如此，即使是資本家也得在歷史舞台上扮演一個角色，並促成社會主義的最終降臨。

根據進一步的論述，我們對馬克思的術語——通常被譯成「階級意識」（class-conscious / class consciousness）——有必要再從語言學的立場說幾句話。首先，這術語代表一種產物，來自我們前面分析的使客觀的階級情境（階級利益與階級鬥爭），在其成員的心靈中獲致意識的過程，或者用一種黑格爾味道較少的語言來表達，即這些成員意識到了他們的階級處境。由於階級意識，他們不僅知道了自己的位置，也知道了他們真正的階級利益。不過更重要的是，馬克思原始的德文術語所表現的一些東西，在譯成英文時，經常消失掉了。這個術語原本出自一個普通的德文字，後來又成為黑格爾術語的一部分。它的直譯雖然應譯為「自我意識」（self-conscious），但即便在一般的用法上，它也有著**意識到自我價值和力量**的意義，亦即自傲、充分肯定自我，甚至自滿的意味。因此，被翻譯成「階級意識」的這個術語，在原

來的德文中不只是意識到而已，更有「肯定或以自己的階級為傲」的意義，且因此使人們團結一致。這便是為什麼馬克思和馬克思主義者幾乎是專門將此術語應用於工人階級，而幾乎不用在「中產階級」上的原因。有階級意識的無產階級，也就是工人，不僅理解他的階級情境，而且對自己的階級深感驕傲，也充分認定了其階級的歷史使命，相信唯有毫不退縮的戰鬥，才會實現一個更好的世界。

工人如何知道會發生這種情形呢？因為具有階級意識的人，必定要是一位馬克思主義者。馬克思主義理論自身，及其對社會主義來臨的科學預言，都是歷史過程的一部分。這歷史過程使階級情境「進入到意識」中，在工人的心靈中建立起來。

2

我對馬克思的階級理論，乃至其歷史定論主義方面的批判，是延續我在上一章所走的路線。「一切歷史都是階級鬥爭史」的公式，作為一種提示我們在權力政治的鬥爭和其他發展問題上，應留意階級鬥爭所扮演的重要角色，是極有價值的。尤其是自從柏拉圖用階級鬥爭來分析希臘城邦政治之後，就很少人再使用這個工具，這使馬克思的提示更有價值。但是，我們當然不可過份看重馬克思所用的「一切」一詞，即使是在有關階級事務的歷史上，也不

326 完全只有馬克思所謂的階級鬥爭，還有其他諸如階級本身內部的不和這些問題。事實上，從統治者和被統治者這兩個集團本身內部就有嚴重的利益分歧來看，就顯出馬克思的階級理論過度簡化的危險，即使我們承認貧富之間的問題永遠具有根本的重要性。中世紀歷史的大問題之一——教皇和國王之間的鬥爭，就是統治階級內部分歧的例子。將這種爭執解釋為剝削者和被剝削者之間的爭執，明顯是錯誤的。（當然，人們可以擴大馬克思的「階級」概念，來涵蓋此種情形或類似情況，或將「歷史」概念縮小，直至終於使馬克思的理論變成一種瑣碎的真理——一種純粹的套套邏輯；然而，這將剝奪了馬克思理論的所有意義。）

馬克思公式的危險之一，是一旦它被過份認真地看待，就會誤使馬克思主義者將一切政治的衝突，解釋為剝削者和被剝削者的衝突（或者解釋為有人企圖遮蓋「真正的問題」，即潛藏的階級衝突）。結果是，有些馬克思主義者，特別是在德國，會將諸如第一次世界大戰，解釋為革命派（「沒有」中心勢力的人）與保守派聯盟（「有」國家的人）的戰爭，這種解釋可以用來為任何侵略飾非。這是隱藏在馬克思無所不包的歷史定論主義通式中的一個危險。

另一方面，他企圖用所謂「階級情境的邏輯」（logic of the class situation）來解釋工業系統的運作制度，儘管有些誇張，並對某些情境的重要方面有所疏忽，但這種解釋仍是可取的；至少就它對工業系統這階級所做的社會學分析而言，仍是令人佩服。這種工業系統，就是馬克思念茲在茲的百餘年前「為所欲為的資本主義」系統[10]。

注釋

690

注1：見：Marx and Engels, *The Communist Manifesto*; see *H. o. M.*, p. 22 (=*GA*, Series I, vol. vi, 525)。如在第四章所指出的（見注5、注6及注11、注12正文），柏拉圖有與此非常類似的觀念。

注2：見：第十四章注15之正文。

注3：見：Marx, *The Poverty of Philosophy*, *H. o. M.*, 355 (=*GA*, Series I, vol. vi, 179)。此摘引與第十五章注13的出處相同。

注4：見：The preface to *A Contribution to the Critique of Political Economy*；見《資本論》（xvi）及《馬克思主義手冊》（371 f.）（=Zur Kritik der politischen Oekonomie, LIV-LV）；另見第十三章注20、第十四章注1，第十五章注13及正文。）在此所引的內容，特別是「物質生產力」和「生產關係」諸詞，可由第十五章注13中更了解其意義。

注5：見：《資本論》（650 f.）。另見《資本論》討論資本家與守財奴之相似內容（138 f.）（=*H. o. M.*,

437）。並見：第十七章注17。馬克思在《哲學的貧困》（*H. o. M.*, 367）（=*GA*, Series I, vol. vi, 189）中說：「現代中產階級的一切成員，在作為一階級反對另一階級上，雖然有相同的利益，然而就他們彼此面對面來說，他們卻有著對立的、敵對的利益。這種利益的對立，來自他們中產階級生活的經濟條件。」

注6：見：*Capital*, 651。

注7：此恰與黑格爾的國家主義之歷史定論主義相似。依此理論，國家的真正利益，會在國民，尤其是領導者的主觀的心靈中獲得意識。

注8：見：第十三章注14正文。

注9：見：*Capital*, 651。

注10：我原來用「自由放任的資本主義」（*laissez-faire* capitalism）一詞；不過，由於事實上「自由放任」是指沒有貿易的障礙（例如關稅，我相信這些障礙有時是需要的）。又由於我認為十九世紀早期毫不干涉的經濟政策並不可取，甚至會造成困局，所以我決定改變用詞，以「為所欲為的資本主義」（unrestrained capitalism）來代替。

第十七章

法律和社會系統

327 在我們對馬克思的分析和批判上，我們現在已準備進入也許是最具決定性的論點，那就是他的國家理論，以及他那聽來有點弔詭的說法——一切政治都是無能（impotence）的。

1

馬克思的國家理論可以從上兩章的結果合起來看出。依照馬克思的看法，法律或法政（juridico-political）的系統，亦即由國家所強迫執行的法律制度系統，應被視為眾多奠基於經濟系統的上層建築之一，並反映出經濟系統實際的生產力。馬克思稱這樣的關係為「司法與政治的上層建築」[1]。當然，這並不是經濟或物質的「實在」及對應於此的各階級關係，在觀念和意識形態世界中登場的唯一途徑。依照馬克思的觀點，此類上層建築的另一例子，是流行的道德系統。道德系統與法律系統相反，不是由國家力量所強制執行，而是由統治階級所倡導和控制的意識形態來施予賞罰。概略地說，這兩者的差別是一個為強制性、另一為說服性（如柏拉圖所說的[2]）。國家的法律或政治系統，尤其要使用強制力。如恩格斯所說的，它是統治者強迫被統治者的一種「特別的壓制力量」[3]。《共產黨宣言》說：「所謂政治力量，只是一個階級壓迫另一個階級的有組織的力量」[4]。列寧也做出類似的表示：「根據馬克思，
328 國家是階級統治的一種工具，是一階級壓迫另一階級的工具；它的目的在創造一種『秩序』，

使這種壓迫繼續和合法化……」[5]國家，簡言之，只是統治階級從事鬥爭的機器之一部分。

在我們討論這種國家觀點會帶來什麼結果之前，可以先指出，它一部分是制度主義的理論，另一部分則是本質主義的理論。就馬克思試圖探求法律制度在社會生活中的實際功能是什麼來說，它是制度主義的理論。但馬克思既不探求這些制度可能造成（或被迫造成）哪些不同後果，也不提出若國家要達到他認為值得追求的理想，應該進行哪些必要的制度改革，就這點來看，它是本質主義的理論。馬克思不提他對國家、法律制度或政府的功能有什麼要求和建議，反而問：「**什麼**是國家？」也就是說，他試圖要發現法律制度的**本質性**功能。我們已經指出[6]，這樣一種典型的本質論問題，是得不到令人滿意的回答的；然而毫無疑問地，這個問題與馬克思將觀念和規範領域解釋為經濟實體的表象，所用的本質論和形上學方法是一致的。

這種國家理論的結果是什麼呢？最重要的結果是：一切的政治、法律、政治制度以及政治鬥爭，都不再具有根本的重要性。**政治是無能的**；它們永遠無法決定性地改變經濟實在。任何具啟發性的政治活動，它主要的（如果不是唯一的）工作，應是理解在法政外衣下的改變，是與社會實在的變動，亦即與生產方式和各階級之間的關係是相符合的。這樣一來，政治趕不上這些發展所必然產生的難題，就都能避免掉了。或者換句話說，政治發展要不是浮淺的，未受社會系統更深一層的實在所控制，使它注定無足輕重，對於被壓迫者和被剝削者

329

也不會有什麼實際幫助。要不就是另外一種情況：政治發展反映了社會的經濟背景和階級情境的變動；它就像火山爆發般猛烈，是一種全面性的革命，因為它起於社會系統中，或可被先行預測。同時，它的殘暴性或可由不抵抗那些猛烈勢力而緩和下來，但無論如何，它絕不是由政治行動引起，亦非政治行動所能壓制。

這些結果再次證明了馬克思歷史定論主義之思想系統的一貫性。然而，考慮到很少有理論像馬克思主義這樣能夠激發政治行動的興趣，它那個政治基本上是無能的理論，似乎就顯得有點弔詭了。（當然，馬克思主義者可以用兩種論點來回應。其一是在這個理論中，政治行動仍**有**它的功能；因為即使工人政黨不能透過行動來改善被剝削大眾的命運，但他們喚醒了階級意識，從而為革命做了準備，這是激進派的論點。其二是溫和派的論證，他們認為可能曾在某些歷史階段中，政治行動可以產生直接幫助；換言之，就是兩個對立的階級力量接近平衡。在這樣的階段中，政治的努力和活力對於工人狀況的改善，可能會有決定性的影響。明顯的是，第二種論證犧牲了馬克思理論的某些基本立場，並因為他們不理解這點，因此也就未進入問題的根源。）

值得注意的是，依照馬克思的理論，只要工人政黨仍繼續扮演被指定的角色，不斷強調工人們的要求，這政黨就不會出現重大的政治錯誤。因為政治錯誤實質上不能影響實際的階級情境，更不用說是一切事物最終都須依靠的經濟實在。

政治無能理論的另一個重要結果是，在原則上，一切政府，甚至民主的政府，都是統治階級對被統治者的獨裁專政。《共產黨宣言》說：「現代國家的行政系統，不過是管理中產階級經濟事務的委員會……」[7]。依據這種理論，我們所謂的民主，也只不過是階級專政的一種形式，且可能是特定歷史情境下最方便的一種（這種說法與上述溫和派的階級平衡理論並不十分符合）。同時，就如同國家在資本主義下，是中產階級的專政，在社會革命以後，它首先就會是無產階級的專政。不過，當舊中產階級的抵抗被瓦解以後，這種無產階級國家的功能就必定消失。因為無產階級的革命造成了只有一個階級，故而也就是沒有階級專政的社會。這樣一來，被剝奪了所有功能的國家，就必定要消失。正如恩格斯所說：「**國家就隨之凋謝了**。」[8]

330

2

我絕不是要為馬克思的國家論辯護。他的政治無能理論，尤其是他對民主的觀點，我認為不僅是錯誤，而且是極為嚴重的錯誤。不過必須承認的是，在這種冷酷而獨創的理論背後，有著冷酷且悲哀的經驗。雖然在我看來，馬克思未能正確理解他熱切想要預見的未來，但我仍認為，即使是這樣錯誤的理論，也證明了他對身處時代之狀況所具有的社會學洞見，以及他那堅強的人道主義和正義感。

馬克思的國家理論，撇開其抽象、哲學的性質不談，毫無疑問地，對他自己的歷史階段提供了深具啟發性的解釋。至少他對工業革命的看法還是站得住腳的，他認為所謂「工業革命」的第一階段，主要在「生產的物質性工具」的革命，亦即機械；隨之是第二階段的社會階級結構的轉變，進而建立起一個新的社會系統；至於政治革命或法律制度的改變，則要在第三階段才出現。即使馬克思對「資本主義的興起」之解釋遭到了歷史學家的挑戰，這些史學家有能力揭開資本主義深層的意識基礎（雖然對馬克思的理論有損，但馬克思本人也許不是沒有過懷疑[9]），然而無疑地，是馬克思首先提出了資本主義的概念，並將之貢獻給了這個領域的後繼者，其價值是不容抹煞的。同時，即使馬克思所研究的發展中，有些是透過立法手段（**legislative measure**）的刻意扶植而達成，並且事實上也必得透過立法才有可能（如馬克思本人所說的[10]）。但是，馬克思無疑是第一位解釋經濟發展和經濟利益對立法之影響的人，也是第一位指出立法的功能可做為階級鬥爭的武器，尤其是對於在「人口過剩」（**surplus population**）中的工業無產階級。

我們可以很清楚地從馬克思著作的許多段落中看出，上述那些觀察使他相信：法政系統不過是社會（即經濟）系統之「上層建築」而已[11]）；這理論雖然無疑已被後來的經驗所推翻[12]，但它仍是耐人尋味的，同時，我也相信它裡面有些真理存在。

不過，馬克思的歷史經驗，不僅影響了他對經濟與政治系統之間的關係所持的一般觀點，也影響了他對自由和民主的觀念。更確切地說，他認為自由民主只不過是對中產階級專政這個事實的掩飾，在他的時代，不幸地，這確是事實。因為馬克思——特別是年輕的時候——是生活在一個極殘忍和無恥的剝削時代；一些偽善之徒藉著人之自由、人決定自己的命運、人有權利可自由加入自認為對自己有利的契約這類名義，來為這些無恥的剝削辯護。

在這個時代中，為所欲為的資本主義，用「讓一切平等自由競爭」的口號，成功抵制了一切勞工立法，直到一八三三年為止，而它實際施行剝削的年代則更長[13]。它帶來的絕望和悲慘，是生活在今天的我們難以想像的。其中又以對婦女和兒童的剝削，特別導致令人難以相信的痛苦。底下是馬克思《資本論》中的兩個例子：「九歲的威廉・伍德，開始工作時是七歲十個月……。他每星期從早上六點工作到晚上九點……」「一個七歲的小孩每天要工作十五小時！」[14]這是馬克思對一八六三年雇用兒童委員會（Children Employment Commission）的官方報告的感嘆。還有其他兒童從早上四點開始工作，或者通宵工作到早上六點；六歲的小孩被迫每天勞苦十五小時，並不是不尋常的事——「瑪麗安與其他六十位女孩，沒有停止地工作了二十六個半小時，三十個人擠在一間屋子裡……。一位來遲的醫生凱伊斯先生，對一角的陪審團報告說：『瑪麗安是在過度擁擠的房中工作過久而致死……』陪審團為了要教導這位醫生如何保持良好的風度，最後判決道：『死者亡於中風，但在窄房中過度的工作可能也加速了她的死亡……』」[15]即使到了一八六三年馬克思寫《資本論》時，工人階級依然處於這種狀況；這種當時的專業經濟學家、教會人士都容忍甚至為其辯護的罪行，激起了馬克思強烈的義憤，他對這罪惡所做的激烈攻擊，將使他在人類的解放者中永遠佔有一席地位。

從這些經驗來看，馬克思沒有看重自由主義，並認為議會民主不過是中產階級獨裁的遮羞布，是毋庸驚奇的。且他很容易認為這些事實正支持了他對法律和社會系統間關係的分析。若從法律系統來看，平等和自由已經，或至少跡近建立起來了，但實際的情況又如何呢！我們毋須斥責馬克思堅持唯有經濟事實才是「實在」，法律系統只是上層建築，只是經濟實在的外衣及階級統治的工具。

332

《資本論》中極清晰地揭示了法律和社會系統間的對立。在其理論部分中（較完整的討論請見第二十章），馬克思用簡化的和理想化的設定，來分析資本主義的經濟系統，這個假設認為法律系統在每一方面都是完美的。假定在法律與正義之前，人人皆能得到自由平等的保障；在法律之前沒有特權階級。更重要的是，他假定甚至在經濟領域中都沒有任何「掠奪」（robbery）；一切商品都有「公道價」（just price），包括勞動市場中勞動力的價格。所有價格都是「公道的」，也就是說一切商品的買賣價值與所需的勞動生產力總量相等（或用馬克思的術語來說，是依照真正的「價值」〔value〕來買賣[16]）。當然，馬克思知道這一切都是過度簡化的，他認為工人未曾如上所說的被公平對待過；換句話說，他們通常是受欺騙的。

不過，從這些理想化的前提出發，他企圖指出即使在這樣良好的法律系統下，經濟系統運作下的工人依然不能享受他們的自由。儘管有這些「正義」，但工人不會比奴隸強多少[17]）。因為，如果他們貧窮的話，他們只有在勞力市場中販賣自己和妻兒，以再創造勞動力。也就是說，在他們貢獻全部的勞動力後，他們所得到的，只不過是維持生存而已。這證明了剝削並不只是來自掠奪。僅僅透過法律並不能消除剝削（所以普魯東〔Proudhon〕批評「財產是賊」，是很浮淺的[18]）。

因為如此，馬克思認為工人無法對法律系統的改進抱著太多期望。正如每個人都知道的，法律既給富人、也給窮人以睡公園長椅的自由。既警告富人，也警告窮人不可做「無本錢的生意」。於是，馬克思提出或可（用黑格爾的語言）稱作**形式的**（**formal**）自由和**實質的**（**material**）自由之間的分別。雖然馬克思並不低估形式的[19]或法律的自由，但用它來爭取被他視為人類歷史發展目標的自由是不夠的；重要的是真正的，亦即經濟的自由或實質的自由。這唯有透過平等地解除大家的苦役才能達成。對這種解放來說，「基本的先決條件，就是縮短工作日。」

3

333 關於馬克思的分析，我們該說什麼呢？我們是否該相信政治或者法律制度的結構，在本質上無能去改善這種情境？是否只有全面性的社會革命、完全改變「社會系統」，才有所幫助呢？或者我們應該相信那些替「為所欲為的資本主義」系統辯護的人，他們強調（我認為是對的）自由市場機制可以造就巨大的利益，並由此總結：真正自由的勞力市場將對所有的人提供最大的利益？

我相信馬克思所描述的「為所欲為的資本主義系統」之不義與不人道，是毫無疑問的；不過，它可以用我們前章所稱的「**自由的弔詭**」來解釋[20]。我們知道，自由如果毫無限制的話，終會毀掉自身。無限制的自由代表強者可以自由地威脅另一弱者，並剝奪他的自由。這就是我們為什麼要求國家應該限制相當程度的自由，好使每一個人的自由都受到法律的保護。沒有人該**任由**他人擺佈，但每個人都應當**有權利**受到國家的保護。

現在，我相信這些原本應用在暴力和肉體威脅領域的考慮，也必定要應用到經濟領域。即使國家保護人民免於有形暴力的威脅（正如它原則上在為所欲為的資本主義系統下所做的一樣），但國家一旦無法保護我們免於經濟力量的濫用，仍可能摧毀我們。在這樣一個國度裡，經濟上的強者仍能欺凌經濟上的弱者，從而剝奪他們的自由。在這種情況之下，無限制的經濟自由就如無限制的人身自由一樣，正足以自毀，而經濟的力量則像有形的暴力一樣危險；因為那有剩餘糧食的人可以毋須使用暴力，就迫使正處於飢餓中的人「自由地」接受奴役。同時，假如國家只將其行動限於對暴力的壓制（和財產的保護上）；經濟上的少數強者就能以此方式剝削經濟上的多數弱者。

如果這個分析正確的話[21]，則補救的辦法就很明白了。它必定是一種**政治性的補救**——一種與我們反對有形暴力類似的策略。我們必須建立一種由國家力量強制執行的社會制度，保護經濟弱者免受經濟強者的剝削。國家必須確保沒有人會因為飢餓的恐懼和經濟的破產，而被迫接受一種不公平的安排。

當然，這意謂我們必須放棄不干涉的原則和為所欲為的經濟系統；如果我們希望自由得到保護，我們就必須要求無限制的經濟政策應被國家有計畫的經濟干涉所取代。我們必須要求為所欲為的**資本主義**讓渡給**經濟的干涉主義（economic interventionism）**[22]。而這點事實上已經發生了。馬克思所描述和批評的經濟系統已經不復存在了。取代它的並非一種失去國家功能從而導致「國家凋謝」的系統，而是各種不同的干涉主義系統（interventionist system），在這些系統中，國家在經濟領域內的功能，遠超過了保護財產和「自由契約」（free contract）的範圍（下一章將討論這種發展）。

4

我要特別強調，我們目前所達到的論點，是我們的分析之中最重要的部分。唯有在此，我們才終於開始了解歷史定論主義和社會工程學的重要分野，以及這種分野在政策方面對於開放社會的盟友們的影響。

馬克思主義不僅自稱為一種科學；不僅要做出歷史預言；它還自命為實際政治行動的基礎。它批判既有的社會，斷言可以帶來一個更好的世界。然而，依據馬克思自己的理論，我們無法隨心所欲改變經濟實在，例如透過法律改革就沒有辦法。政治只能「縮短和減少分娩的痛苦」而已[23]。我認為這是一個極貧乏的政治方案，它之所以窘迫是因為它將政治力量置於權力階層的第三級。依照馬克思的觀點，真正的力量是在機器的革命；其次是經濟的階級關係系統；最不重要的便是政治的影響。

但在我們分析得出的立場中，含有一個與馬克思恰恰相反的觀點：政治的力量是根本的。從這觀點來看，政治力量可以控制經濟力量。這意謂將政治活動的領域擴大。我們可以追問這希望達成什麼，以及要如何達成它。例如，為了保護經濟上的弱者，我們可以發展一種合理的政治方案。可以立法限制剝削，可限制工作日；但我們能做的遠不只此。透過法律，

335 我們能給工人（或更好的是所有人民）的殘障、失業和養老保障。在這種方式下，我們能使奠基於工人之飢餓的剝削不再出現。當我們能以法律保障每一個願意工作者的生活，同時又沒有理由不這樣做時，我們就真正做到了人人皆有免於經濟恐懼和威脅的自由。從這個觀點來看，政治的力量是經濟保護的關鍵。政治的力量及其控制就是一切。我們絕不可允許經濟力量來支配政治力量；如果必要的話，甚至必須以政治力量來打擊和控制經濟力量。

從以上觀點來看，我們可以說馬克思對政治力量的輕視態度，不僅意謂他疏忽而未發展一個最有希望改善多數經濟弱者處境的重要理論，同時也疏忽了一種對人類自由而言最大的潛在危險。他天真地認為在沒有階級的社會中，國家力量將失掉其功能且將「凋謝」，這清楚證明了他未能把握自由的弔詭（paradox），他根本不理解政治力量在自由和人道上，所應該和能夠履行的作用（撇開馬克思訴諸階級意識的集體主義觀點不談，在這個方面，事實證明他基本上是位個人主義者）。從這個角度來說，馬克思的觀點跟信仰「機會均等」的自由信念頗為類似。我們確實需要機會的平等，但只有機會均等是不夠的。它不足以保護較不具天賦、較不殘忍與較不幸運的人，使他們免於成為更具天賦、更殘忍和更幸運的人所剝削的對象。

此外，從上述所言的觀點來看，被馬克思輕蔑地描述為「只在形式上的自由」（mere formal freedom），反倒成為了一切事物的基礎。這種「只在形式上的自由」，亦即人民有權評判並開除他們政府的民主政治，乃是我們迄今所知道唯一能保護我們免於政治力量之濫用的方式[24]；它是被統治者對統治者的控制。同時，因為政治力量能夠控制經濟力量，政治上的民主也是被統治者控制經濟力量的唯一方法。沒有民主的控制，這世上就找不出理由來說明，為什麼所有政府都應該用政治和經濟的力量來保護人民的自由，而不是保護其他相反的目的。

5

馬克思主義者忽略了「形式自由」所扮演的重要角色，他們認為形式上的民主是不夠的，因此希望藉他們通常所稱的「經濟的民主」（economic democracy）來彌補。這個含混又浮淺的名詞，遮蔽了「只在形式上的自由」這個民主經濟政策實際上的唯一保證。

馬克思發現了經濟力量的重要性；他誇大經濟的作用，這是可以理解的。馬克思本人和
336 馬克思主義者在每個地方都看到了經濟的力量。他們的論證是：誰有錢，誰就有力量；畢竟如果必要的話，他可以用金錢購買槍桿子甚至盜匪。然而，這是一種迂迴的論證。事實上，這個論證等於承認了誰有槍桿子，誰就有力量。同時如果有槍桿子的人理解這點的話，不必多久，他就會兼有槍桿子和金錢。但在一個為所欲為的資本主義之下，馬克思的論證可以有

某些程度的應用；因為若只發展控制槍桿子與盜匪的制度，卻沒有發展控制金錢的制度，就會容易受後者的影響。在這樣的國度中，一個不受控制的盜匪財團就可能統治國家。不過我想馬克思本人會頭一個承認，並不是所有國家都會如此。例如歷史上就有一個時期，一切的剝削都是直接建立在武力上的掠奪。時至今日，很少有人會天真地同意，「歷史的進展」已經一勞永逸地完全終結了這種直接剝削的方式，而一旦達成形式上的自由，我們就不可能再陷入這種原始形式的剝削中。

以上論述應該足以駁斥認為經濟力量比有形的力量或國家的力量更重要的獨斷理論。不過還有一些其他的論述。如許多學者正確地強調的（包括羅素和李普曼[25]），只有國家積極干預，由肉體懲罰所支持的法律來保護財產，才能使財富成為力量的潛在源泉；因為沒有這種干預，人就會很快失去他的財富。因此，經濟力量是完全依賴政治和有形力量的。羅素用歷史上的例子來說明財富的這種依賴性，甚至有時一籌莫展的特性，他說：「國家內的經濟力量，雖然基本上是自法律和公眾意見引伸而來，但容易得到某種獨立性。它可以因腐化而影響法律，用宣傳來影響公眾的意見。它也可以因干涉政治的自由，而使政客負起責任。它更可以威脅要造成財政上的危機。**不過它所能達到的，是很有限的**。凱撒因債權人的幫助而取得權力，這些債權人除了看到凱撒成功外，是沒有希望得到補償的；但在凱撒成功以後，凱撒就有足夠的力量來反抗他們。查理五世自德國銀行家族佛格爾處借到買皇位所需的金

337 錢，但查理一旦成為皇帝後，便輕視他們，而使他們所借出的錢白白地損失了。」[26]）

我們必須拋棄「經濟力量是一切罪惡根源」的教條。而且必須洞察到，**一切**未加控制的力量，都有可能造成危險。如此一來，金錢並不是特別具有危險性的東西。只有當金錢能購買力量（直接購買或奴役為了生活而必須出賣自己的經濟弱者）時，它才是危險的。

我們必須用比馬克思更唯物主義的詞彙來思考這些事情。必須理解控制有形力量和有形的剝削，仍是主要的政治問題。為了建立這種控制，我們必須建立「只在形式上的自由」。一旦我們達成這點，並且學會如何用它來控制政治力量，一切便是由我們來掌控了。我們不可再斥責任何人，也不高喊反對罪惡的經濟惡魔。因為在民主之下，我們可以馴服它們。我們必須理解這些，並利用其中關鍵；我們必須建立對經濟力量做出民主控制的制度，並保護我們免於經濟的剝削。

馬克思主義者想到很多關於購買選票的可能性，如直接買票或用購買宣傳來爭取選票。不過再仔細想一想便能證明，我們前面分析的權力政治的情況，就是一個好例子。一旦我們達到形式上的自由，就可用各種形式控制賄選。會有種種法律限制選舉費用，我們完全有權決定引進此類迫切需要的法律[27]。法律系統可以成為保護自身的有力工具。此外，我們可以影響大眾的意見，同時在政治事務中堅持更為嚴厲的道德準則。這一切都是我們可以做到的；不過，我們必須先理解這種社會工程學是我們的任務，而且是在我們的能力以內。我們不能空等經濟變動奇蹟似地為我們帶來新的經濟世界；所以，我們現在要做的是揭露真相，並把老舊的政治外衣脫掉。

6

當然，馬克思主義者實際上從未完全依賴於政治力量無能論。只要他們有機會採取行動或計畫行動，他們就像其他人一樣，也認為政治力量可以用來控制經濟力量。不過，他們的計畫和行動未曾建立在明白駁斥他們原有的理論之上，也不是建立在對一個最根本的政治問題詳思熟慮後的觀點上，這個問題即是：如何控制統治者；那個國家中危險的權力聚集者。民主最大的意義，就在於它是今日我們達致此種控制的唯一工具。

338 結果是，馬克思主義者從未理解擴大政府權力這政策所隱含的危險。雖然他們或多或少無意識地放棄了政治無能的理論；但他們仍維持了一種觀點，那就是國家權力的問題不重要，只有握在中產階級手中時，國家權力才是壞的。他們不理解，**一切**權力，至少包括政治權力和經濟權力，皆是危險的。因而，他們留下了無產階級專政的處方。他們不理解一切大規模的政治必須是制度的、而非個人的這個原則（見本書第八章）。於是當他們吵著要擴大國家權力時（與馬克思的國家觀點相反），他們從未考慮到，不適當的人有一天可能會掌握這些擴大了的權力。就其主張國家干預這方面而言，這是他們何以計畫讓國家擁有無限經濟權力的部分理由。他們維持馬克思全體主義的、烏托邦的信仰，認為只有一種新標誌——新的「社會系統」才能改進事物。

我已在前面批評過這種處理社會工程學的烏托邦和浪漫主義進路（見第九章）。但我想在此加上一句：經濟的干預，即使用本書所倡導的細部的方法，也會增加國家的權力。因此，干預主義是極為危險的。然而這並不是對干預主義決然的反對；國家權力永遠都是一種危險但必要的惡。但這應該被視為一種警訊，即如果我們放鬆監督，且在根據干預主義者的計畫賦予國家更多權力的同時，不跟著強化我們的民主制度，那我們就可能喪失自由。而自由一旦喪失，也就喪失了一切，包括「計畫」。因為若人民沒有決定執行的權力的話，誰敢說有關人民福利的計畫一定會被執行？只有自由才能使人民的安全得到保障。

因此我們看到，不僅自由有著自相矛盾的難局，就是國家計畫也有難局。如果我們計畫太多，給國家過多的權力，就會喪失自由，計畫跟著宣告結束。

這些考慮使我們回到訴諸細部工程學（piecemeal social engineering）的立場，反對烏托邦的或全體的社會工程學方法。同時，這些考慮也使我們要求：政策取向應以打擊具體的罪惡為主，而非建立理想的善。國家的干預應限制在保護自由所真正必須的程度之內。

不過，說我們的解決是一極小的解決，說我們應該小心看守，說除了保護自由所必需的

339 之外，我們不可給國家更多的權力，這些都還是不夠的。這些意見容或可以揭發一些問題，但並沒有指出解決問題的方法。我們甚至可以預見解決方法並不會出現；國家獲得新的經濟權力，這種權力與人民的權力比較，永遠是危險的巨大，且難以抗衡。因此，我們既未證明自由可以保有，也未證明如何才可能保有。

在這種情況下，或許有用的是，回想我們在第七章所討論的，關於對政治權力的控制和自由的弔詭問題。

7

我們在第七章所得到最重要的分辨，是個人與制度的分野。我們已經指出，雖然當時的政治問題或許需要個人的解決，然而在長期政策中，特別是在一切民主的長期政策中，必須從非個人的制度來考慮。我們也特別指出對統治者的控制，以及對其權力的牽制，主要也是制度問題——簡言之，就是如何設計制度，防止壞的統治者造成過多損害。

同樣的考慮可以應用到控制國家經濟權力的問題之上。我們必須反對統治者擴張權力；我們必須反對個人與他們的專斷。某些形式的制度可能授予個人獨斷的權力，而另外一些制度則能阻止這種情形發生。

如果從這個觀點來看我們的勞動立法，就會發現兩種形式的制度。許多法律只賦予國家的執法機構少得可憐的權力。我們的確可以想像，反對童工的法律可能被民政服務人員濫用來脅迫和支配無辜的人民。然而，若與那些賦予統治者自由裁量權（discretionary powers），如管理勞工的權力之法律相比，這種危險就不算什麼了[28]。同樣地，規定沒收人民濫用財產的法律，比起賦予統治者或國家公僕任意徵用人民財產的權力，其危險性要小得多。

在此我們看到兩種截然不同的國家干預經濟的方法[29]。第一種是設計一套防護性制度的「法律架構」（legal framework）（例如限制動物飼主或土地擁有人的權力）。第二種是在一
340 定限度內，增加國家機關的權力，以做為完成由統治者暫時設定的目標之必要手段。我們可以將第一種描述為「制度的」或「間接的」干預，第二種為「個人的」或「直接的」干預（當然，也存在居間的情況）。

從民主控制（democratic control）的觀點來看，哪一種方法比較好是無庸置疑的。一切民主干預的政策顯然都是儘可能地使用第一種方法，並且在第一種方法不適用時，努力限制第二種方法的使用程度（這種情況是存在的。典型的例子是預算——這是財長對怎麼樣的收支狀況算是公正合理所作的裁量和看法。同時，可以想見但討厭的事實是，一種反危機的措施也可能具有相同的特性）。

從細部社會工程學的觀點來看，這兩種方法的差異極為重要。只有第一種方法，即制度

的方法，才可能通過討論和經驗來修正。也只有它能使政治行動運用嘗試錯誤的方法。它是長期的；但這個常設的法律架構，為適應一些預想不到的結果，或配合架構某些部分的變化，也可以慢慢地改變。也唯有它，能使我們藉由經驗和分析，了解當我們為了某個目的進行干預時，真正在做的是什麼。統治者或政府官員自由裁量的種種決定，是在這些合理方法的範圍之外。它們是暫時性的決定，一天天地或者最多一年一年地變動。它們通常甚至無法被公開討論（預算是極端的例外），一方面因為外界缺乏必要的資料，另一方面則因為這些決定所根據的原則常是曖昧不清的，就算有，也不是制度化的，而是各部門自己的傳統。

但這個差距的意義，不僅在於第一種方法是理性的而第二種是非理性的；更重要且完全不同的意義是：法律架構可以讓人民知道和理解。其應該也要被設計為好理解的，它的運作是可以預期的。它可以給社會生活帶來確定和安全的因素。當某一部分架構改變時，也會給予那些依原架構定計畫的個人寬限的餘地。

個人干預的方法則與此相反，其必定會對社會生活帶來一種日增的不可預測的因素，它
會使人產生一種感受，認為社會生活是不合理和不安全的。自由裁量的權力一旦被接受為一
341 種方法，就易於擴張，因為修正總是難免的，而要對自由裁量下的決定做出修正，通常都不
是制度方法所能為力的，這種傾向必定會大大增加系統的不合理，在許多方面造成一種有幕
後權力的印象，而使人易於接納社會的陰謀論，結果就是獵殺異端，國家、社會與階級的敵

對由之產生。

儘管如此，顯然應選擇制度性方法的這個政策，卻並未普遍地為人接受。我想這有一些不同的理由。其一是：這樣一來，就得帶著一定的超然獨立，去長期從事「法律架構」的重新設計，但政府往往只顧當下，而自由裁量的權力較適合這種生活方式，更遑論統治者本人更喜歡這種權力。但毋庸置疑地，最重要的理由是：人們尚未理解分辨這兩種方法的重要性。妨礙這種理解的主要是柏拉圖、黑格爾和馬克思的追隨者。他們永遠無法明白「誰來統治？」這個陳腐的問題，必須由更實在的問題：「我們如何駕馭統治者？」來取而代之。

8

如果現在回顧馬克思的政治無能和歷史力量的權力理論，則我們必須承認其結構之宏偉。這是他的社會學方法、他的經濟歷史定論主義，以及他認為人的社會和政治發展是決定於經濟系統，或人與自然間的新陳代謝，這三者的直接結果。他的時代經驗、人道主義的義憤，以及為被壓迫者帶來慰藉的預言、希望，甚至勝利的保證；全都結合在這一規模宏偉、較之柏拉圖和黑格爾也毫不遜色的系統中。只因他恰好不是一位反動者，遂導致哲學史對他的忽視，僅視其為一位宣傳家。有一位評論《資本論》的人寫道：「第一眼看起來……我們得到一結論：作者是最偉大的唯心論者之一，在德國，『唯心』二字有其不佳的意義。但事實上，他比任何前人更具有實在論（realistic）的精神……」[30]這評論可謂一針見血。馬克思是偉大的全體論系統（great holistic system）的最後一位建立者。我們必須認識這點，不可用任何大型系統（Great System）來替代他的系統。我們所需要的不是全體主義，而是細部的社會工程學。

342
至此，我結束了對馬克思社會科學方法之哲學、他的經濟決定論，以及預言式的歷史定論主義所做的批判性分析。然而，對一個方法的最終驗證，必定是著眼於它的實踐結果。因此，接下來我要更為詳細地檢視馬克思的方法，以及他對無階級社會即將到來的預言，所造成的主要結果。

注釋

691
注1：見：The Preface to *A Contribution to the Critique of Political Economy*（*H. o. M.*, 372 = *Zur Kritik der politischen Oekonomie*, LV）。關於「上層建築」的層級或階層問題，請見：第十五章注13之摘引。

注2：關於柏拉圖之推介使用「說服與武力」的問題，可見：第五章注35及第八章注5和注10。

注3：見：Lenin, *State and Revolution*（*H. o. M.*, 733/4 and 735 = *State and Revolution*, 15 and 16）。

注4：兩個摘引出自：Marx-Engels, *The Communist Manifesto* (*H. o. M.*, 46 = *GA*, Series I, vol. vi, 546)。

注5：見：Lenin, *State and Revolution*（*H. o. M.*, 725 = *State and Revolution*, 8-9）。

注6：關於歷史定論主義者的本質主義問題，特別是關於「什麼是國家?」「什麼是政府?」這類問題，見：第三章注26至注30及正文，第十一章注21至注24及注26，第十二章注26。

關於**政治主張的語言**（**language of political demands**）（或更適切地說，如羅素所說的「政治建議」），就我的意見來說，必須替代這類本質主義。請見：第六章注41和注42之間的正文。至於馬克思的本質主義，特別見：第十五章注11及注13之正文；本章注16；第二十章注20至注24。特別見：《資本論》第三卷有關方法學的評論（*Das Kapital*, III/2, p. 352），摘引在第二十章注20中。

注7：摘引自《共產黨宣言》（*H. o. M.*, 25 = *GA*, Series I, vol. vi, 528）。正文出自恩格斯在英文第一版《資本論》中所寫的序言。我在此摘引恩格斯在序言中談到馬克思的整個結論：「至少在歐洲，英國是唯一可能完全用和平與法律的方法，來有效解決不可避免的社會革命之國家。他當然不會忘了補充道，他並不期望英國的統治階級會不發起『維護奴隸制的叛亂』（Pro-slavery rebellion）就屈服於這和平的，法律的革命。」（*Capital*, 887；另見：第十九章注7及正文）這內容明白指出，依據馬克思主義，革命不帶暴力，繫於舊有統治階級的抵制或不抵制（見：第十九章注

3及正文）。

692

注8：見：Engels, *Anti-Dühring*（*H. o. M.*, 296 = *GA*, Special volume, 292）。另見本章注5中提到的內容。在俄國，中產階級的抵抗已瓦解許多年了；但是並無跡象顯示俄國的國家會「凋謝」，甚至其內部的組織亦然。國家凋謝的理論是極不實在的；我認為恩格斯和馬克思採用這個理論，主要只是為了拆其敵對者的台而已。我想那些敵對者是指巴枯寧（Bakunin）和無政府主義者；馬克思不喜歡看到任何其他激進主義者勝過他自己。像馬克思一樣，他們的目的在推翻既存的社會秩序，然而他們將攻擊直接指向政治和法律，而非經濟系統。對他們來說，國家是理應被摧毀的惡魔。不過，對他的無政府主義的競爭者而言，馬克思從自己的前提出發，很容易獲致一種可能性，就是在社會主義之下，國家的制度尚可履行新的和不可缺少的功能；亦即偉大的民主理論家所賦予的保護正義和自由的功能。

注9：見：*Capital*, 799.

注10：在《資本論》的〈主要的資本累積〉（Primary accumulation）一章中，馬克思說（p. 801）：「我們不談……農業革命的純粹經濟原因。我們當前的興趣是那些曾促成改變的（政治）暴力方法。」

注11：此處的許多段落及上層建築，見：十五章注13。

注12：見：上一注解正文中所涉及的內容。

注13：《資本論》最具價值、最值得注意，以及對人類痛苦最永垂不朽的資料，是第一卷第八章，題

目為「勞動日」（The Working Day），馬克思在此展示了勞動立法的早期歷史。下列摘引都是取自這一章。

然而我們也須理解，這一章所含有的素材，正完全駁斥了馬克思主義者之「科學的社會主義」；其**預言工人所受的剝削會與日俱增**。沒有人在讀了這章後不會發現馬克思的預言並未實現。不過它並不是全然不可能的，其失敗的部分原因是由於馬克思主義者組織勞工；但主要貢獻卻是來自勞動生產力的增加。依據馬克思，**這反過來又是「資本家資本累積」的一種結果**。

注14：見：*Capital*, 265。（見本節的第一個注解）。

注15：見：*Capital*, 257。馬克思在此頁的第一個注解的評論是極有趣的。他指出在這類情況中，是美國擁護黑奴制度的保守份子的反動，為了**宣傳奴隸制度**而使用的。同時他又指出，卡萊爾（Thomas Carlyle）這位和許多其他人士一樣的哲人、法西斯主義的前驅者，也參加了這種擁護黑奴的運動。用馬克思的話來說，卡萊爾「將現代歷史偉大的事件之一，亦即美國內戰，緊縮為北方的彼德（Peter of the North）要打破南方的保羅（Paul of the South）的腦袋，因為北方的彼德雇用工人是以日計算，而南方的保羅卻以終身制來雇請工人」。馬克思在此引用了卡萊爾的文章〈在洛斯的依利亞斯之美國誌〉（*Ilias Americana in Nuce*），（*Macmillan's Magazine*, August, 1863）。馬克思下結論說：「擁護黑奴制度、同情城市工人的泡沫終於破滅了（擁護黑奴制度者從未同情農人），我們在其中所發現的是——奴隸。」

我摘引這個內容的理由之一是，我想強調馬克思完全不同意的一種信仰，即認為在奴隸和「薪資奴隸」（wage-slavery）之間，沒有多大的區別。無人會比馬克思更強調，解放被壓迫者最重要和必要的步驟是廢除奴隸（然後結果是引進上述的「薪資奴隸」）。如此，「薪資奴隸」一詞是危險和誤導的語詞，因為庸俗的馬克思主義者將其解釋為：馬克思同意事實上是卡萊爾在稱讚的那種情況。

693 注16：馬克思將商品的「價值」定為生產的必要勞動時間之平均數。這種定義是其**本質主義**的最好說明（見：本章注8）。他為了得到與在商品中的價格相符合的本質性實在，乃引進價值這一觀念。價格是一種欺騙人的外象。馬克思在《資本論》中寫道：「一種沒有價值的東西也可能有價格。」（p. 79）（另請見：柯勒在其《資本論導引》〔*Introduction to Capital*〕中的傑出評論，特別見：pp. xxvii, ff.）。本書第二十章將討論馬克思的「價值理論」大要（見：本章注9至注27及正文。

注17：關於「薪資奴隸」的問題，見：本章注15末尾部分及《資本論》一五五頁（特別是其注1）。關於此處簡單展示的馬克思的分析結果，請特別參看《資本論》一五三頁及該頁的注解；並請見本書第二十章。

恩格斯在《反杜林論》中總結《資本論》所說的話，也許能支持我對馬克思分析的敘述。恩格斯說：「換句話說，即使我們排除一切可能的掠奪、暴力與欺騙；即使我們設定一切私人財產，原由財產佔有者個人勞動所產生；且隨後的整個過程，只有相等的價值交換；即使如此，生產與交換進步的發展，必然會帶來當前資本主義的生產系統；生產工具和消費財為少數人壟斷；

大多數的另一階級則成為貧民；景氣循環出現；換句話說，成為當前這種無政府的生產系統。整個歷程可由純經濟的原因來解釋；不論在任何論點上，掠奪、武力和任何政治干涉之設定，都是不必要的。」（*H. o. M.*, 269 = *GA*, Special volume, 160-67）

上述內容也許有一天會說服庸俗的馬克思主義者，相信馬克思不是用大企業的陰謀來解釋不景氣。馬克思本人曾說（*Das Kapital*, II, 406 f。雙引號為本人所加）：「資本主義的生產本身就包含了一些狀況，這些狀況，『無所謂惡意或善意』，使工人階級只能獲得暫時、相對的繁榮，且通常為不景氣的前奏。」

注18：關於「財產是賊竊」或「財產是掠奪」的理論，請見：馬克思對瓦茲（John Watts）的評論（*Capital*, 601, footnote 1）。

注19：關於「只是形式的」與「實際的」或「實在的」自由或民主的分辨，這類黑格爾式的問題，請見：第十二章注62。黑格爾喜歡攻擊英國的憲制，認為它只是「形式上」的自由，與普魯士國家所實現的「實在的」自由相反。至於這一節末尾的摘引，請見：第十五章注7正文。另見第二十章注14及注15。

注20：關於「**自由的弔詭**」及國家維護自由的問題，請見：第六章注42文前的四段，特別見：第七章注4與注6和正文；另請見：第十二章注41，第二十四章注7及正文。

注21：有人也許會反駁說，如果我們假定勞動市場上的購買者與企業家之間是完全競爭的（更可進一步假設，沒有由失業人士組成的「產業後備軍」對市場施加壓力），那麼就無所謂經濟上強的

694

一方剝削弱的一方了，也就是說，無所謂企業家剝削勞工的問題。不過在勞動市場購買勞動者的完全競爭的假設，是否現實呢？難道在許多地方性的勞動市場中，有影響力的買者往往只有一個嗎？此外，我們不能假定完全競爭就能自動減少失業問題，例如因勞動力流動性低所造成的失業。

注22：關於國家干涉經濟的問題，以及我們當前經濟體系的**干涉主義**特徵，請看下面三章，特別是第十八章注9及正文。可以一提的是，在此所使用的**干涉主義**，為我在第六章注24至注44所稱的**政治保護主義**的經濟補充作用（何以「干涉主義」一詞不可用「保護主義」來替代，這樣就很明顯了）。特別見：第十八章注9，及第二十章注25、注26及正文。

注23：在第十三章注14及正文中，將更充分地引用這一段內容。關於歷史定論主義者的決定論和實際行動之間的矛盾問題，請見第二十二章注5及正文。

注24：見：第七章第二節。

注25：見：Bertrand Russell, *Power*(1938); cp. especially pp.123 ff.; Walter Lippmann, *The Good Society*(1937), cp. especially pp. 188 ff.

注26：見：Russell, *Power*, pp.128 f。粗體為作者所加。

注27：保障民主的法律，仍在未成熟的發展狀態。還有很多事情能夠做也應該做。例如新聞自由的目的，應是給予大眾正確的消息；不過從這個觀點來看，保障此目的的制度是不充分的。現在的好報紙通常主動要做的，也就是給予大眾一切能取得的重要資訊，可能是透過細心制訂的法律，

或經由輿論的道德規範，從而成為報人的責任。例如齊諾維也夫的信函（Zinovief letter）事件，也許可由法律來使以非法手段贏得選舉者無效，使疏於探求出版報導的真相職責的發行者受到損害——犧牲了新生的選舉。我不能在此詳細討論這方面的問題，不過我堅決相信，有些困難可能出現在通往某些目標的路上，例如如何進行一場訴諸理性而非訴諸情緒的選舉運動，但我們很容易就能克服這些技術上的困難。比如說，我看不出我們為何不將選舉小冊子的形狀、式樣標準化，並減少宣傳看板等（這些舉措無須危及自由，而是合理的限制，加諸在那些在法庭前宣誓保護自由而不危及自由的人）。當前的宣傳方法，對公眾和候選人均是一種侮辱。這類宣傳用來賣肥皂也許很好，但不應該用在選舉這類事務之上。

注28：（補註）見：英國一九四七年頒行的「控制雇約法案」（Control of Engagement Order）。從該法案幾乎不曾被引用這個事實來看（很明顯它絕無被濫用），顯示出即使是最具危險性的立法，也會在沒有迫切實行的需要下頒布——很明顯地，因為人們並未充分理解，有兩種性質迥異的立法，一種是指導一般行為的規定，另一則是賦予政府裁量權的規定。

695 注29：（補註）關於這方面的差異，及使用「法律架構」一詞的問題，見海耶克所著《到奴役之路》（我所引用的是一九四四年在倫敦第一版的英文本）。例如：「差異是……，在『永久性的法律架構』下，個人可以自己決定生產活動，而『經濟活動之指導』則由一中央權威所引導。」（p. 54）（雙引號為本人所加）。海耶克強調了**法律結構的預設性**（p. 56）。

注30：此評論刊在聖彼得堡的《歐洲先驅者》（*European Messenger of St. Petersburg*），馬克思摘引在

《資本論》第二版前言。（*Capital*, 871）。

平心而論，我們必須說馬克思並不一直很嚴肅地看待他自己的系統，而且他完全準備好多少離開他自己的基本架構；他將其當作一種觀點（而這點實是最重要的），而非當作一種教條的系統。

例如我們可讀《資本論》中連續的兩頁（832 f.），其中有一句話，強調馬克思主義通常有關法律系統的次要特性之理論（或者說法律系統的特性為一種外衣，一種「表象」），另一句話則是賦予國家政治力量一個非常重要的角色，同時將國家的政治力量明顯提升到**經濟勢力**的層次。這些語句的頭一句涉及到工業革命，以及主張制定法律的**創始人**：「**創始人應該**了解，革命不是靠法律來實現的。」第二句涉及到評論資本累積的方法（從馬克思主義的觀點來看，該評論是最不具正統性的）。馬克思說：「使用國家的權力，這是社會中央集權的政治力量。政治力量是在每一舊社會妊娠中進入到新社會的產婆。『它自身是一種經濟的力量』。」一直到最後加雙引號之前的話，都是正統的，但最後一句話卻打破了這種正統性。

恩格斯則更為武斷。我們應該特別比較他在《反杜林論》（*H. o. M.*, *277*）中所說的話：「政治力量在歷史中所扮演的角色，與經濟發展相反，現在應是很明白的了。」他認為「只要是政治力量違反經濟發展的地方，它就要降服在其下；通常只有很少的例外；這些例外是一些獨立的個別事件，而在這些孤立個案中，野蠻的征服者……，建立了……浪費的生產力；他們不知道如何使用這些生產力。」（請比較第十五章注13、注14及正文。）

696

大多數馬克思主義者會施行獨斷主義和威權主義，實在是一種令人驚奇的現象。這正好指出他們是將馬克思主義非理性地當作一種形上學系統來使用。在激進的與溫和的馬克思主義者中，均會發現這種情形，例如柏恩斯（E. Burns）就有令人驚奇的天真說法：「駁斥馬克思……，不可避免地會曲解馬克思的理論。」（*H. o. M.*, 374）；這似乎意謂馬克思的理論是不可駁斥的，亦即不科學的；因為凡是科學的理論都是可以否證的，而且可被另一理論取而代之。另一方面羅拉特（L. Laurat）在《馬克思主義與民主》（*Marxism and Democracy*）一書中說：「考察我們所生活的世界，我們吃驚於馬克思的一些主要的預測像數學般精確地被實現。」（p.226）馬克思本人所想的似乎不同。我也許是錯誤的，不過我實在相信他的誠摯宣言：「我歡迎科學式的批評，無論怎樣嚴格的批評我都歡迎。然而，面對所謂公眾意見的偏見，我將固執於我的箴言……盡其在我，任其饒舌！」（*Capital*, 1st edition, 865，序言最後）

馬克思的預言

第十八章

社會主義的來臨

1

345 經濟的歷史定論主義，是馬克思用來分析我們社會中迫在眉睫的變遷之方法。依馬克思之見，每一個社會體系最後都會自毀，因為它本身必定會創造下一歷史階段的動力。在工業革命稍早之前，若能對封建制度進行深入分析，或許便能看出那些即將摧毀封建制度的勢力之端倪，並能預測到下一階段的主要特色：資本主義。同樣地，分析資本主義的發展，也或能使我們測知那些將要摧毀它的力量，並預測擺在我們前頭的新歷史時期最重要的特點。畢竟我們的確沒有理由相信，資本主義或任何其他的社會系統，會永遠存在。相反地，生產的物質條件及其伴隨的人類生活方式，從未像在資本主義之下變遷得如此快速。如此不斷更換它的基礎，資本主義最後一定也會更換掉它自己，而在人類史上創造一個新時代。

依照馬克思的方法，對於前面所討論過的原則，亦即毀滅或改變資本主義的基本或實質上[1]的力量，一定要從物質生產工具的演進中尋求。一旦發現了這些基本力量，就有可能追溯它們對於階級間的社會關係，以及在法律與政治體系上的影響。

346 馬克思在他一生的大作《資本論》中，分析了他所稱的「資本主義」時期的基本經濟力量和自殺性的歷史傾向。他所論述的歷史時期與經濟體系，是從大約十八世紀中葉到一八六七年（《資本論》初版那一年）的西歐，尤其是英國的經濟體系。就像馬克思在該書的序言中所闡明的[2]，「此著作的最終目的」是「在揭露現代社會的經濟運動規律」，以預言其命運。次要目標則是在駁斥資本主義的辯護者，亦即那些將資本主義生產模式的法則視為不可動搖之自然法則的經濟學家[3]，如柏克所說：「商業法則就是自然法則，因此也就是上帝法則。」馬克思將這些所謂不可動搖的法則，與他所堅持的那些才是唯一不可動搖的社會法則——亦即其發展法則——相對比；同時試著證明：經濟學家所宣稱的那些永久不變的法則，事實上只是暫時的規律而已，註定要隨同資本主義本身一起被摧毀。

馬克思的歷史預言可以稱得上是緊密的論證。但是《資本論》僅詳述了這個論證的「第一步」，即只分析了資本主義的基本經濟力量，以及它們對階級關係的影響。至於「第二步」，即導出社會革命是不可避免的結論，「第三步」，即預測無階級社會，也就是社會主義的出現，這兩步在《資本論》中，都只是概略提及而已。在本章中，我首先將更清楚地闡明我所謂的馬克思主義論證的三個步驟，然後詳細討論其中的第三步。而隨後的兩章，我將再討論第二步和第一步。如此把步驟的順序倒反過來，會是最適於詳細的批判討論；它的好處在於，如此比較容易不帶偏見地假定每一論證中的前提皆為真，進而將注意力完全集中在所形成的結論是否由其前提得來的問題。以下即是這三個步驟。

在其論證的**第一步**中，馬克思分析了資本主義的生產方法。他發現與技術改良以及他所

謂生產工具的**累積**（**accumulation**）相連結的一種傾向，是**勞動生產力的增加**。由此開展的
論證，使他得到一個結論：在階級間的社會關係方面，這個傾向必定導致愈多財富累積在愈
347 少的人手中，也就是說，會導向一種**財富與不幸俱增**的傾向；統治階級、中產階級的財富增
加，而被統治階級、勞工的不幸也增加。此第一步將在第二十章（〈資本主義及其命運〉）
加以討論。

在論證的**第二步**中，第一步的結果被視為理所當然。由此會得到兩個結論：第一，除了小部分統治的中產階級，以及大部分被剝削的勞工階級外，其他的階級必定消失無蹤，或者變成微不足道；第二，這兩個階級間的緊張情勢日增，必定導致**社會革命**。這一步將在第十九章（〈社會革命〉）加以分析。

在論證的**第三步**中，第二步的結論又依序被視為理所當然；最後所獲得的結論是：在工人勝過了中產階級之後，將會出現僅由一個階級組成的社會，一個無階級的社會，一個沒有剝削的社會；也就是**社會主義**的社會。

2

現在，我就來**討論第三步**，亦即討論社會主義來臨的最後預言。

這一步的主要前提如下：資本主義的發展，已導致除了少數的中產階級與龐大的無產階級外，所有的階級都已清除；而不幸的人增加，已迫使無產階級起身反抗其剝削者。此前提將在下一章中加以批判，在此則先接受。其結論是：第一，工人必定贏得這場鬥爭，第二，由於除去了中產階級，他們必定建立一個無階級社會，因為只剩下一個階級存在。

於此，我先姑且承認第一個結論是由其前提（結合一些較不重要而毋須質疑的前提）而來的。中產階級不僅人數少，而且他們的肉體生存，他們的「新陳代謝」，都有賴於無產階級。剝削者——偷懶者（the drone）——一旦失去被剝削者，他就會挨餓；在任何情況下，他若毀滅被剝削者，即是結束自己偷懶的生涯。另一方面，工人在維持物質生活上，並不依賴剝削者，一旦工人反叛，決定向現存秩序挑戰，剝削者就不再有任何實質的社會功能。工人可以毀滅其階級敵人，而不會危害自己的生存。因此，只有一種可能的結果：中產階級將會消失。

但是，第二個結論也會隨之來到嗎？工人的勝利必定導致無階級的社會，這是真的嗎？
348 我並不認為如此。從兩個階級剩下一個階級這個事實，並不會導出一個無產階級社會這一結論。**階級並不只是個人的集合**，即使我們承認當情況是**兩個**階級參與鬥爭時，它們的行為確實接近個人。根據馬克思自己的分析，階級的一致性或團結性，都是其階級意識的一部分[4]，而階級意識主要又是階級鬥爭的產物。一旦和共同階級敵人的鬥爭壓力消失了，就沒有理由保證無產階級中的每一個人仍會保持團結。任何潛在的利益衝突，都可能將先前團結的無產階級，分裂成幾個新的階級，並發展成新的階級鬥爭。（辯證法的原則會指出：新的「反」〔antithesis〕，新的階級對抗，必將迅即發展。但是，辯證法當然是頗為含混的，而且可以用來解釋任何事物，因而無階級的社會也可以做為辯證法上，一個「反」的發展的必然綜合〔synthesis〕[5]）

當然，最可能的發展是，那些勝利時刻的實際掌權人——那些存活過權力鬥爭與種種整肅的革命領袖，以及他們的幕僚——將會形成**新社會的新領導階級**，一種新的貴族政治或官僚政治[6]；他們極可能會試圖隱瞞這個事實。這點很容易做到，他們只須儘可能保持住革命的意識形態，利用這些情緒而不浪費時間來毀滅它們（依照帕累托對所有統治者的告誡）。而且，如果他們同時也利用對於反革命發展的恐懼，就可以對革命意識形態做最充分的利用。如此，革命意識形態便可做為他們運用權力的一種辯護，以及做為穩固其權力的工具——簡言之，它將是一種新的「人民的鴉片」（opium for the people）。

依照馬克思的前提，像這樣的事情很可能會發生。但是，我的任務並不是在此做歷史預言（或者詮釋過去許多革命的歷史）。我只是想要指出：馬克思的結論，即無階級社會來臨的預言，並不是由其前提而來。馬克思論證的第三步，必定是宣告無效的。

我所堅持主張的，不過是如此而已。尤其是，我並不認為可以因此預言社會主義不會來臨，或表示這種論證前提會使社會主義難以來臨。這還是可能發生的，例如，長期鬥爭與熱望勝利就都有可能助長團結感，而使之強烈到足以持續至立法防止剝削與權力的誤用（建立對統治者做民主控制的制度，是消除剝削的唯一保證）。建立這種社會的機會，在我看來，大部分要取決於工人階級對社會主義和自由——而非對眼前的階級利益——的熱愛程度。這些都不是能輕易預言的事情；唯一能確言的是，這類階級鬥爭本身並不總是會在被壓迫者間產生持續性的團結。有些例子顯示出這種團結，以及對共同目標的偉大獻身；但是，也有許多例子顯示出工人團體只追求其個別的團體利益，即使其利益顯然與其他工人的利益，以及與被壓迫者的團結觀念相衝突。剝削並不必然會與中產階級一起消失，因為工人很可能可以獲得一些特權，而這些特權就等於是對更不幸的團體的剝削[7]。

我們已經看到，在無產階級革命的勝利後，隨之而來的是許許多多可能的歷史發展。因此當然也會有各種應用歷史預言的方法。必須特別強調的是，對於某些可能性，我們常因為不喜歡，就對之視若無睹，這是最不科學的。一廂情願的想法顯然難以避免。但是我們不應將這種想法誤認為是科學思考。同時，我們也應認識到，對許多人來說，所謂的科學預言提供了一種逃避方式，它供給了我們從當下的責任逃避到未來樂園的一種幻想；而且，由於過份強調個人在面對凶暴而難以抗衡的經濟勢力時的無助，它又為此樂園幻想提供了適當的補充。

350

3

如果我們現在再更仔細地看看這些勢力，看看我們自己現在的經濟體系，就可看出，我們的理論批判是有經驗支持的。但是，鑒於馬克思主義認為「社會主義」或「共產主義」是「資本主義」唯一的替代與唯一的繼承者之偏見，我們必須留心防止對經驗做出錯誤詮釋。不論是馬克思或任何人，都未曾證明，在一個無階級社會、一個「以個人的自由發展來保障人人自由發展」的社會中[8]，社會主義必是他在一世紀前（一八四五年）所描述的那個無情剝削的經濟系統——「資本主義」[9]的唯一代替品。如果有任何人試圖證明社會主義是馬克思所謂為所欲為的「資本主義」唯一可能的繼承者，那麼我們只要訴諸歷史事實，就可以駁斥他。因為「自由放任主義」雖已從地球表面消失，但是它並未像馬克思所了解的，為社會主義或共產主義體系所取代。只有在佔地球六分之一面積的俄國，我們才能發現一種經濟體系，是像馬克思的預言所說的，把生產工具國有化，但是它在政治權力這方面，卻不似馬克思預言的那般凋萎了。倒是在整個地球上，有組織的政治權力都已開始執行影響巨大的經濟功能。**為所欲為的資本主義**已讓步給一種新的歷史時期，讓步給我們自己的**政治干涉主義**時期，亦即國家的干預經濟。干涉主義具有種種形式：有俄國式，有極權的法西斯主義式，也

351 有由瑞典所領導[10]，在英國、美國實施的所謂「較小民主國家」（Smaller Democracies）的民主干涉主義。在瑞典，民主干涉的技術至今已臻於顛峰程度。它的發展導致了在馬克思的時代，英國工廠開始這種干涉的立法。第一個決定性進展，是提出了每週工作四十八小時的法案，後來則是失業保險與其他形式的社會保險。將此與共產主義革命的十項綱領做一比較，一眼即可看出，將現代民主國家的經濟體系視為馬克思所謂的「資本主義」體系，是如何荒誕不經。如果我們將共產主義革命的十項綱領中較不重要的加以忽略（如「四、沒收所有外國移民與反叛者的財產」），那麼我們可以說：在民主國家中，這個綱領中的許多要點都已完全或大部分付諸實行；且除此之外，還有更多當年馬克思未曾思及的重要步驟，已循著社會安定的方向發展出來。以下，我僅提出馬克思綱領中的幾點：二、重徵累進或級進的所得稅（已實施）。三、廢除所有繼承權（大部分已由重徵遺產稅來實現）。六、國家集中控制通訊與運輸工具（基於軍事理由，這在一九一四年的戰爭之前，已在中歐執行，但是結果並不很好。大多數的小民主國家也都已實現這點）。七、增加國有的工廠與生產工具的數量與規模……（在小民主國家已實現；但是否具有很多好處，至少是可懷疑的）。十、所有兒童在公立（即國立）學校中，接受免費教育。廢除目前存在的童工形式……（前一要求，在小民主國家中已實現，且在其他地方實際上也多少已經達成；後一要求則已實行得有過之而無不及）。

馬克思綱領中的許多要點[11]（如：「一、廢除所有土地資產」），在民主國家中並未加以實現。這也就是為何馬克思主義者正確地指稱：這些國家尚未建立「社會主義」。但是，如果他們由此推論：這些國家仍然是馬克思所指的「資本主義」國家；那麼他們只是證明了其假定「沒有其他選擇」的教條性質而已。這顯示出成見如何可能使人產生盲點。馬克思主義不僅是未來的一個壞嚮導，也使其依循者無法看清在他們自己的歷史階段、在他們眼前正在發生的事情，甚至有時還合力加強了這種誤導。

4

然而，可能有人會問：此處的批評是不是要反對任何這類的大規模歷史預言？難道我們不能加強預言論證的前提來獲致有效的結論嗎？當然可以。只要我們使前提足夠強而有力，就永遠可能獲得我們想要的任何結論。但事實是：對於幾乎所有大規模的歷史預言，我們勢必要做出一些與道德或其他馬克思所謂「意識形態」因素有關的假設，且它們是不能化約為經濟因素的。但是，馬克思會第一個認為這是相當不科學的處理方式。他整個預言的方法，就是假定意識形態的影響力無須被當作獨立與不可預測的因素，而是可以化約為——並且取決於——可觀察的經濟條件，因而也是可以預測的。

有些非正統的馬克思主義者，有時甚至會承認，社會主義的來臨不僅是歷史發展的問題；「我們可以縮短與減輕」社會主義來臨的「陣痛」，馬克思這句含糊的陳述被詮釋為：
正確的政策可使社會主義在極短的時間內來臨，但錯誤的政策則可能使它的來臨延遲數世紀
之久。此種詮釋甚至使馬克思主義者也承認，革命會否帶來一個社會主義的社會，大部分要
取決於我們自己；也就是說，社會主義的來臨將依賴我們的目標、獻身與虔誠，以及我們的
才智，換言之，要依賴道德或「意識形態」的因素。他們可能會加上一句：馬克思的預言是
352 道德激勵的一大泉源，因而有可能促進社會主義的發展。馬克思真正試著指出的是，只有兩
種可能存在：或者是可怕的世界將永遠持續下去，或者是更美好的世界終究應該出現；而第
一種選擇幾乎不值得我們細加考慮。馬克思的預言即如此被完全證成。因為只要人們愈清楚
他們能夠實現第二種選擇，他們就愈可能從資本主義向社會主義跨出決定性的一步；但是更
明確的預言卻是不可能出現的。

　　這個論證承認不可化約的道德與意識形態因素對歷史過程的影響，因而也說明了馬克思主義的方法不適用。至於試圖為馬克思主義辯護的論證部分，我們必須再說一遍的是：從未有人證明只有「資本主義」與「社會主義」這兩種可能性。我相當贊成我們不應浪費時間思考一個令人不滿意的世界會永遠存續，但是捨此之外，也不必就得耽溺於一個更佳世界會到來的想法，或以宣傳、非理性的方法，甚或暴力來促其實現。我們可以籌思的是，比如說，如何發展技術改善自己當前的生活環境，發展細部工程、民主干涉的方法[12]。馬克思主義者

當然會辯稱這種干涉是不可能的，因為歷史不會依照改善世界的理性計畫而出現。但這種論調的結論是很奇怪的。如果理性不能改善事物，非理性的歷史力量反而會帶來更美好、更理性的世界，這才真是歷史或政治上的奇蹟[13]。

如此，我們又回到了原來的論點：道德與其他意識形態的因素並不屬於科學預言的範疇，且會對歷史進程產生深遠的影響。這些不可測的因素之一，就是社會技術與政治干涉對經濟問題的影響。社會技術學家與細部工程師可以計畫建立新制度，或改變舊制度，甚至可以設計促使這些變遷實現的方法；但是「歷史」並不會因此就變得更可預測。因為他們並不是為整個社會做計畫，也無從知道他們的計畫是否能被貫徹；事實上，若非經過很大的修正，他們的計畫幾乎永遠不會被實現，這有一部分是因為在建構期間，我們的經驗成長了，一部分則是因為我們必須妥協[14]。因此，馬克思堅持「歷史」不能在紙上計畫，這是很有道理的。但是，**制度**可以計畫，而且也正在計畫之中。只有依靠逐步設計保衛自由、尤其是免於被剝削的自由的制度[15]，我們才有希望獲致一個更美好的世界。

353

5

為了證明馬克思的歷史定論主義理論在政治上的實際意義，我打算透過評論其歷史預言對近代歐洲史的影響，來一一說明處理其預言式論證的三步驟的三章。它們的影響非常深遠，而這又是由於在中歐與東歐，兩大馬克思主義政黨——共產黨與社會民主黨——發揮了影響力所致。

這兩個政黨基本上都未準備擔負起改變社會的任務。俄國共產黨最先看到的是他們掌權了，接下來是忙著擴權，絲毫不知橫在眼前的犧牲、痛苦和嚴重的問題。中歐的社會民主黨得勢較晚，好幾年不敢負起共產黨早已爽快負起的責任。他們懷疑——這懷疑或許是對的——是否除了曾受到沙皇主義（Tsarism）慘酷壓迫的俄國人外，任何其他國家的人民都不能勇敢地面對革命、內戰，以及不見得會成功的長期實驗所要求的痛苦與犧牲。更何況，在一九一八至一九二六這個關鍵年代，俄國實驗的結果在他們看來仍是不確定的，且事實上也沒有判斷其前途的基礎。我們可以說：中歐共產黨與社會民主黨的分裂，就是對於俄國實驗的最終成功具有一種非理性信仰的馬克思主義者，與較理性而對此懷疑者之間的分裂。當我說「非理性」以及「較理性」時，我是以他們自己的標準，亦即馬克思主義來判別他們，因為依照馬克思主義，無產階級革命應當是工業化的最終結果，**反之**則不然[16]；同時，革命應當首先在高度工業化的國家中來臨，而要隔上好一段時間才會在俄國發生[17]。

然而，這個評論並不是要為社會民主黨的領袖辯護[18]。他們的政策完全受馬克思主義的預言所支配，他們全然相信馬克思主義必將來臨。但是這些領導人的信念，又往往伴隨著

354

對當前任務及今後前景的無助困惑[19]。他們從馬克思主義學會了組織工人，並激使他們真誠地信仰解救人類即是他們的任務[20]。但是，他們卻不知如何實現他們的諾言。他們將手上的教科書讀得很好，他們通曉所謂的「科學社會主義」，也知道想為未來準備處方只是不科學的「烏托邦主義」。孔德的一個追隨者曾經在《評實證主義者》（*Revue Positiviste*）一書中，批評馬克思忽略了實際的綱領，馬克思本人不也曾為此對那個人加以嘲弄嗎？他挖苦地說[21]：「《評實證主義者》一書指責我將經濟學做形上學的處理，並且進而——你絕對猜不到——視我只是對既成事實做一批判性的分析，而不是為未來的廚房提供烹調菜單（或許是孔德主義者的菜單？）」因此，馬克思主義的領導者很清楚地知道，不應浪費時間在這些技術問題上。「全世界的工人，聯合起來吧！」——這就是他們全部的實際綱領。當他們國家的工人聯合起來時，當他們有機會擔負起政府的責任以及為較美好的世界奠定基礎時，當他們的時鐘敲響時，他們就讓工人孤立無援。這些領導者不曉得要做些什麼。他們期待著資本主義如預言般自殺。在資本主義無可避免地崩潰之後，當事情的進行完全不對勁時，當各種事物都解體了，而背信與恥辱加於他們身上的危險降到很低時，他們就希望成為人類的救主。（而且，我們應熟記在心：我國共產黨的成功，無疑有一部分肇因於掌權前那些可怕的事情。）但是當大蕭條——這是他們先前表示歡迎的崩潰——繼續發生時，他們開始了解到工人正日益厭倦被歷史的詮釋所煽動與哄騙[22]；僅僅告訴他們說，依照馬克思不可能錯誤的科學社會主義，法西斯主義必定是資本主義迫在眉睫的崩潰前的最後據點，這已經不夠了。受苦的民眾所需要的不僅止於此。慢慢地，領導者開始了解，一味等待與期望偉大的政治奇蹟的政策，會帶來什麼可怕的結果。但為時已晚。他們的時機已過去了。

這些評論是很粗略的。但是關於馬克思社會主義來臨的預言所帶來的實際影響，這些評論提供了一些說明。

注釋

696 注1：關於馬克思的本質主義，及物質生產工具在其理論中扮演本質性角色之問題，請特別見：第十五章注13。另見第十七章注6，第二十章注20至注24及正文。

注2：見：*Capital*, 864 = *H. o. M.*, 374。另見第十三章注14及注16。

注3：我所謂《資本論》的次要目標，即反對為資本主義所做的辯護（anti-apologetic），其中包括某種學院式的任務，此即**關於政治經濟學之科學地位的批判**。這任務可從馬克思《資本論》的先驅著作的標題，即「政治經濟學批判大綱」，和《資本論》本身的副標題「政治經濟學批判」

（Critique of Political Economy）中看出。這兩個題目無疑都影射康德的《純粹理性批判》（*Critique of Pure Reason*）。進而意圖表現「關於純哲學或形上學之科學地位的批判」（康德對純粹理性批判這一名稱的解釋，更明白指出了這點，若直譯則為：**未來一切形上學如何可能成為科學的導論**）。馬克思影射康德，顯然是希望說：「就像康德批評形上學的主張，指稱形上學**不是科學**，大部分只是**護教神學**（**apologetic theology**），所以我在此批評中產階級經濟學的類似主張。」在馬克思的圈子中，康德**批判**的主要方向被認為是直接攻擊護教神學，可從其友人海涅寫的《德國的宗教與哲學》（*Religion and Philosophy in Germany*）中看出來（見：第十五章注15及注16）。有趣的是，雖然有恩格斯的監督，《資本論》英文首版的副題卻是**「關於資本主義生產的批判分析」**（**A Critical Analysis of Capitalist Production**），以我在正文中所說的首要目標代替了次要目標。

馬克思在《資本論》中曾引用柏克（843, note 1），摘引出自：E. Burke, *Thoughts and Details on Scarcity*, 1800, pp.31 f.

注4：見：我在第十六章第一節末尾對階級意識的評論。

關於階級團結（class-unity）在反階級敵人的階級鬥爭結束後是否持續的問題，我認為很難與馬克思的假設一致，特別是他的辯證法。其視階級意識為**可以**累積而後儲藏的事物，而且會比產生此意識的力量存在得更久。不過，進一步認為它**必然會**超越那些產生階級意識的力量，是與馬克思的理論矛盾的，因為意識之於馬克思，不過是堅實的社會實在之反映或產物而已。因而，

697

那些與馬克思一樣相信歷史的辯證必然通往社會主義的人，就須有此進一步的假設。以下出自《共產黨宣言》的內容（*H. o. M.*, 46 f. = *GA*, Series I,vol. vi, 46），在其脈絡中特別有意思：它清楚表達了一種說法，即工人的階級意識只是「環境力量」，也就是階級情境的壓力結果；不過，它同時又包含著文中所批評的一種理論——無階級社會的預言。試看下述內容：「儘管無產階級被環境力量所迫，要將自身組成一階級與中產階級鬥爭；儘管事實上它經由革命成為了統治階級，進而用武力推翻舊有的生產方式；儘管存在這些事實，所有的階級對立連同生產方式皆將消失，最後只剩下一種階級；舊中產階級社會的階級和階級衝突，都被一個新的組織取代。在這組織中，每個個人的自由發展，保障了所有人的自由發展。」（見本章注8及正文）這是一種美麗的信仰，不過也是一種美學的、浪漫的信仰；套用馬克思的話來說，是一種一廂情願的「烏托邦主義」，而不是「科學的社會主義」。

馬克思攻擊他所謂的「烏托邦主義」，這是對的（見第九章）。但由於他本人也是個浪漫主義者，所以未能分辨出烏托邦主義中最危險的因素，亦即浪漫的歇斯底里（romantic hysteria）、唯美主義者的不理性主義；他不反擊這些，卻攻擊那（顯然最不成熟的）理性計畫的企圖，以歷史定論主義來反對它們。（見本章注21）

馬克思任憑非理性與浪漫情緒在許多方面完全控制自己的思想，以致阻礙了他敏銳的推理和盡力使用科學方法的企圖：今日人們將這種情形稱作一廂情願的想法。那些浪漫的，不理性的，甚至神祕的一廂情願想法，使馬克思認定在階級情勢變動以後，工人的集體性階級團結和階級

698

統一（class solidarity）仍會繼續存在。像這樣一廂情願的神祕集體主義、一種對文明壓力的不合理反動，促使馬克思預言社會主義的必然來臨。

這種浪漫主義，是馬克思主義最吸引其徒眾的原因之一。例如海克爾的《莫斯科對話錄》（*Moscow Dialogues*）就動人地表達了這種因素。他將社會主義說成「一種社會秩序，再沒有階級和種族鬥爭；人人都分享著真、善、美。」誰不願意在地球上有天堂！然而，理性政治（rational politics）的首要原則卻必然是：**地球上不可能有天堂**。我們不可能成為自由的精靈或天使——至少幾世紀內不會。如同馬克思智慧的斷言，因為我們是新陳代謝的生物，註定要生活在地球上；或如基督教所說的，我們是精神**和**肉體構成的，因此我們必須更為謙卑。在政治和醫學中，承諾愈多的人，愈可能是江湖郎中。我們必須試著改善事物，但不可妄想單憑哲學家的點金石或公式，就可將這腐敗的社會變成純淨永恆的黃金。

在這一切背後，是一種將惡魔從我們的世界中驅逐的盼望。柏拉圖認為可將惡魔貶逐到較低階級並統治它，無政府主義者夢想一旦摧毀了國家和政治系統，一切就會變得很好。而馬克思則夢想從經濟系統下手，惡魔就將遠颺。

這些評論並不是說我們不可能達成迅速的進步；有時甚至透過很小的改革——例如改革稅收，降低利率，我們便能做到。我僅堅持：我們應該期望每一種罪惡的消除所帶來的——做為其副作用——是遠為輕微的罪惡，令其迫切程度減到最低。因此，健全政治的第二個原則將會是：**一切的政治，便是選擇較小的罪惡**（正如維也納詩人和批評家克勞士〔K. Kraus〕所說）。同時，政客在搜尋罪惡時，他們的行動必須是傾向製造而非遮掩它們，因為除此之外，我們不可能正確地評估如何打擊罪惡。

注5：雖然我不打算處理馬克思的辯證法（見：第十三章注4），但我想指出藉著所謂「辯證的推理」（dialectial reasoning），可能「加強」馬克思在邏輯上無效的論證。根據這種推理，我們只須這麼描述資本主義中的對立勢力：社會主義（例如極權式的國家資本主義形式）為其必然的綜合。資本主義中的兩種對立傾向因而可以描述如下：**正命題**：資本聚集在少數人手中的傾向；工業化和對工業的官僚控制傾向；透過需求與欲望的標準化達成之經濟上與心理上的劃一傾向。**反命題**：大眾的不幸增加；階級意識的增加——這是肇因於（一）階級戰爭，（二）工人對自己在生產系統中的至高地位日益了解，因為生產系統逐漸演變成以工人階級為唯一的生產階級，工人自然在工業社會中成為唯一重要的階級（見：第十章注15及正文）。

至於馬克思主義所嚮往的綜合如何產生，我想用不著再說明了。但我們必得指出，只須將上面所描述的重點，位置稍微更動一下，就會得到非常不同的結果；事實上，我們可以獲得任何想要的綜合。例如，我們可以很容易地提出法西斯主義為一必然的「綜合命題」；或者是「技術專家政治」（technocracy）、或民主干涉主義的系統等。

注6：（補註）馬基曾評論此段落：「這正是吉拉斯（Djilas）《新階級》（*The New Class*）這本書的寫照：由一名固執的共產主義者執筆，充分因應共產主義革命之現實發展出的理論。」

注7：工人階級運動史充滿了各種差異。有些工人準備為解放自己的階級及全人類的戰鬥而犧牲。不

過也有許多時期，上演的是我們司空見慣的自私，以及為了部分利益，不惜危害全體的遺憾故事。

透過團結和集體議價（collective bargaining）為成員謀求巨大利益的貿易聯盟，很可能會排擠那些未加入聯盟的人，使其無法獲利；例如他們可以在集體契約中，規定只有聯盟的會員才能被雇用，這種情況是可以理解的。不過如果聯盟用這種方式獲得會員資格的獨佔權，不讓想要入會的工人入會，也不建立一種公正的許可辦法（如嚴格遵照候選名單），情況當然就截然不同了。此類情事之出現，證明了一個事實，那就是一個人身為工人，並不代表他就永遠不會忘記被壓迫者的團結，也無法阻止他充分利用可能獲得的經濟特權，來剝削他的工人同伴。

699

注8：見：*The Communist Manifesto*（*H. o. M.*, 47 = *GA*, Series I, vol. vi, 546）；本章注4處理馬克思的浪漫主義時，曾完整摘引該內容。

注9：「資本主義」一詞過於含混，不能用來表示一個確切的歷史階段。它起初是以一種輕蔑的意義被使用的，且至今這層意義（「一種能使不事生產者獲得極大利益的系統」）仍保留在通俗的用法中。不過，它也曾以中立的科學意義來使用，但是具有許多不同內涵。依據馬克思，任何生產工具的累積均可稱為「資本」；在某種程度上，我們甚至可以說「資本主義」與「工業主義」（industrialism）同義。據此，對於一切資本國有的共產主義社會，我們均可正確地將其描述為「國家資本主義」（state-capitalism）。基於這些理由，我建議使用**「為所欲為的資本主義」**一詞，來稱呼馬克思所分析並稱為「資本主義」的時期，我們的時期則是**干涉主義**時期。「干涉主義」

一詞實能涵蓋我們時代社會工程的三個主要形態：俄國集體主義者的干涉主義，瑞典等「較小民主國家」和實行新政（New Deal）之美國的民主干涉主義；以及法西斯式的軍團化（regimented）經濟。在二十世紀，馬克思所稱的「資本主義」，亦即為所欲為的資本主義，已完全「凋謝」了。

注10：瑞典的「社會民主黨」，開創瑞典式實驗的政黨，曾經一度是馬克思主義者；但是在決定接受政府的責任及從事大型社會改革方案後，就放棄了馬克思主義的理論。瑞典式實驗之脫離馬克思主義，可從它強調消費者與消費合作社（consumer co-operatives）的角色這方面看出來，此正與強調生產的教條（dogmatic）馬克思主義相反。瑞典的技術經濟理論深受馬克思主義者所稱的「中產階級經濟」影響，雖然正統馬克思主義的價值理論，在其中並未扮演任何角色。

注11：關於這個方案，見 *H. o. M.*, 46（= *GA*, Series I, vol. vi, 545）。至於第一點，見：第十九章注16。值得注意的是，即使在馬克思最激進的宣言——**一八五〇年對共產黨聯盟的致詞**——中，他也認為累進所得稅是一最具革命性的措施。他在講詞末尾描述革命的戰術，「永久革命」的口號將戰鬥的氣氛沸騰到了極點，馬克思說：「如果民主人士提議依比例徵稅，工人就必須要求累進稅。同時若民主人士提出溫和的累進稅，工人就必須堅持級距拉大的稅率，直到使大資本瓦解。」（*H. o. M.*, 70，特別是第二十章注44）。

注12：關於我的細部社會工程學概念，請特別見第九章。至於對經濟事務進行的政治干涉，以及對干涉主義一詞的更精確解釋，見本章注9及正文。

注13：我認為對馬克思主義的這一批評是非常重要的。我在《歷史定論主義的貧困》中提到了這點

（section 17/18），如該處所指出的，藉由提出**歷史定論主義的道德理論**，可以規避它。不過，我相信只有接受這樣一種理論（見：第二十二章，特別是注5及正文），馬克思主義才能逃過被控以教導**「相信政治奇蹟」**的罪名（這語詞為克拉夫特〔Julius Kraft〕首先使用）。另見本章注4及注21。

注14：關於妥協的問題，見：第九章注3末尾附錄的評論。關於「他們不是為整個社會做計畫」這評論，見：第九章，和《歷史定論主義的貧困》第二部分（特別是對全體主義的批評）。

700 注15：海耶克堅持中央集權的「計畫經濟」，必然會對個人自由造成極大的危險（例如見：*Freedom and the Economic System*, Chicago, 1939）。不過，他也強調**對自由做計畫**是必要的（曼海姆〔Mannheim〕於一九四一年所著的《重建時代中的人與社會》〔*Man and Society in an Age of Recnstruction*〕，也強調「為自由做計畫」。不過，因為他的「計畫」觀念是強調**集體主義**和**全體主義**，我相信它一定會導致專制，而非自由；事實上，曼海姆的「自由」，是黑格爾的後代。見：第二十三章末尾，以及前注末中我的論文。）

注16：在第十五章注13、注14及正文，討論了馬克思主義的歷史理論和俄國的歷史現實之間的矛盾。

注17：這是馬克思的理論和歷史實踐之間的另一矛盾；與上一注解中的相反，這個矛盾引起了許多討論，而且企圖藉附加假設之助來解釋；這些假設中，最重要的是帝國主義和殖民地的剝削理論。其認為在這些無產階級與資本家共同剝削當地土著的國家中，革命會遭到挫折。這個理論已被非帝國主義的較小民主國家之發展經驗推翻了，在第二十章（注37至注40之正文）會有更詳細

的討論。

許多社會民主人士依照馬克思的架構，將俄國革命解釋為一種過時的「中產階級革命」，並堅持這個革命與經濟發展密切相關，並謂其經濟發展與先進國家的「工業革命」相似。不過，這種解釋當然要假設歷史必定與馬克思主義的架構符合。事實上，俄國革命究竟是過時的工業革命或早熟的「社會革命」這類本質性的問題，純粹是語言問題；如果這種問題會在馬克思主義內形成困難，就證明馬克思主義在描述馬克思未預見到的事件時，便會面臨詞窮的困難。

注18：領袖能夠使追隨者對其使命——解放人類——產生熱誠的信仰。不過，這些領袖對他們政治的徹底失敗和運動的瓦解也得負責任。這些失敗的原因大部分要歸於知識上的不負責。領袖向工人保證馬克思主義是一種科學，他們運動的知識面是由最優秀的人在指導。然而，他們對馬克思主義並未採取一種科學的，亦即批判的態度。他們只要能夠應用它（還有什麼事情比這容易？），只要能在文章和演說中解釋歷史，他們在知識上就滿足了。（見：本章注19及注22）

注19：在中歐法西斯主義興起前的若干年，社會民主黨內的領袖，顯然抱持著失敗主義。他們開始相信在社會的發展中，法西斯主義是不可避免的一個階段。也就是說，他們開始對馬克思的架構做出某些修正，但他們從未懷疑歷史定論主義的方法是否有效；他們沒有意識到像「在文明發展中，法西斯主義是不可避免的階段嗎？」這種問題，可能從根本上就錯了。

注20：中歐馬克思主義的運動，在歷史中少有先例。這個運動雖然是宣揚無神論，但卻真可稱得上是偉大的宗教運動（這或許可以影響某些未嚴肅看待馬克思主義的知識份子）。當然在許多方面，

701

它是集體主義、甚至部落主義的運動。但它是一個工人們為偉大的任務而自我教導的運動；他們解放自己，提高自己的興趣與休閒水準；以爬山代替酒精，以古典音樂代替搖滾，用嚴肅的書本代替刺激娛樂。他們的信仰是「解放工人只能由工人自己來達成」。（關於某些觀察者對這個運動的深刻印象，可見：G. E. R. Gedye, *Fallen Bastions*, 1939）。

注21：引自馬克思《資本論》第二版的序言（見：*Capital*, 870，及第十三章注6）。它顯示出在評論者看來，馬克思是多麼幸運（見：第十七章注30及正文）。

另外一段關於馬克思的反烏托邦主義和歷史定論主義的有趣內容，可見：*The Civil War in France*（*H. o. M.*, 150, K. Marx, *Der Buergerkreig in Frankreich*, A Willaschek, Hamburg 1920, 65-66）。在此馬克思稱讚了一八七一年的巴黎**公社**：「工人階級不期望從公社得到奇蹟。他們沒有只待人們同意就可引進的現成烏托邦。他們知道為了要解放自己、達到現今社會必然會發展出來的較高形式……，他們得經過長期的奮鬥，透過一連串的歷史過程，改變環境與人類。他們沒有什麼理想要去實現，除了使新社會能擺脫舊的、正在崩潰的中產階級社會的包袱。」還有一些段落展示了歷史定論主義者驚人地缺乏計畫。馬克思說：「他們要透過長期的奮鬥……」然而，假使他們沒有計畫、如馬克思所說的「沒有理想要實現」，那他們為何而奮鬥呢?馬克思說「他們不期望奇蹟」，但他本人卻期望奇蹟，相信歷史鬥爭朝向社會生活「較高形式」不可抗拒的傾向（見：本章注4及注13）。馬克思之拒絕從事社會工程，在某種程度上是對的。在他的時代，毫無疑問地，組織工人是最重要的實際任務。如果「組織工人的時刻還未成熟」的藉口有任何正當性可言，一定就是在馬克思拒絕處理合理的憲制社會工程問題上（烏托邦的建議之幼稚特性，說明了這點，一直到包括貝拉密〔Bellamy〕都是如此）。但不幸的是，馬克思選擇從對社會工程進行理論性的攻擊，以支持這種健全的政治直觀。這一切成為其教條追隨者的藉口，使他們在事情已經改變，技術在政治上已經比組織工人更為重要時，仍一成不變地採取同樣的態度。

注22：馬克思主義者的領袖將事件解釋為歷史的起伏辯證，而他們自己的功能就像參觀古物的嚮導者，引導人們穿過歷史的高峰（和低谷）；而不是行動的政治領袖。詩人克勞士（本章注4曾述及）曾嚴厲斥責：這是以模稜兩可的技巧來解釋歷史的可怕事件，而不是去與之戰鬥。

第十九章

社會革命

355 馬克思預言論證的第二步，與下面所假設的前提極有關係，那就是資本主義必然會導致財富與不幸俱增。財富增加於人數日減的中產階級手中，不幸增加於人數日增的工人階級身上。我們會在下一章批判這個假設，不過在此暫時承認這點。從這前提所得的結論可分為兩部分，第一部分是預言**資本主義階級結構的發展**。它肯定除了中產階級和無產階級以外，都會消失，尤其是所謂的中產階級（middle class）。接著，在中產階級和無產階級間的日漸緊張之下，後者會漸漸產生階級意識，進而團結在一起。第二部分則是預言這種緊張無法消除，且終會導致無產階級的**社會革命**。

我認為這兩個結論沒有一個是導自前述的前提。我的批評大體上仍與上一章相似；亦即，我將試圖證明，馬克思的論證忽略了許多可能的發展。

1

356 首先讓我們考慮**第一個結論**，亦即預言除了中產階級和階級意識與團結性必然逐漸增加的無產階級外，所有階級都要消失，或變得沒有意義。我們承認，馬克思這個財富與不幸俱增的前提，確實會導致某些中產階級，亦即小規模資本家的消失。如馬克思所說的，「一個資本家打倒許多資本家」[1]；同時這些小資本家都可能變成受薪階級（wage-earner），這對馬克思而言就是無產階級。這種轉變，部分是由於財富的增加，某些資本家累積了越來越多財富，以致財富集中在越來越少的人手中。馬克思說「下層中產階級」的命運也是如此。「小型貿易商、店主、一般的退休商人、手工業者、農人，都會漸漸成為無產階級；部分原因是由於他們資本小，不足以實現現代工業的規模；另外部分原因是由於新的生產方式，使其原有的特殊才藝喪失了價值。這樣在各階級中就產生了無產階級。」[2]這種描述當然是相當正確的，特別提到手工業的部分；而許多無產階級來自農民，這也是真的。

不過，馬克思的觀察雖然值得稱讚，他的描寫卻是有瑕疵的。他所調查的變化是一種工業化的變化；他的「資本家」是工業的資本家，他的「無產階級」是工業工人。雖然事實上許多工業工人來自農民，但這並不代表所有農民都會變成工業工人。農業勞動者也不必然會與工業工人因團結和階級意識聯合在一起。馬克思承認「當資本集中在少數資本家的手中，提高了城市工人的抗拒力量時，散布在廣大地區的鄉村工人之抗拒力量就瓦解了」[3]。這句話很難解釋成一個有階級意識的整體。它毋寧更指出至少有一種分裂的可能性，農業工人有時可能會太依賴他的主人，而無法與工業無產階級採取同一陣線，馬克思本人就提到：這些農地主人是較傾向於中產階級而非無產階級[4]。像共產黨宣言這類工人的行動綱領[5]，第一條就是取消所有土地所有權，這企圖很難說是為了對抗這種傾向。

此點至少指出，鄉村的中產階級可能不會消失，同時鄉村的無產階級可能不會被工業的

357 無產階級所吞沒。不過，情形還不止於此。馬克思自己的分析指出，對於中產階級來說，在受薪階級中煽動分裂是極為重要的；且如馬克思自己所見，至少可由兩方面來達成這點。途徑之一是創造**新的**中產階級，在受薪階級中使一部分人享有特權，這些人一方面自覺較手工勞動者優越[6]，另一方面仍要看主子的臉色。另一途徑是利用低階層的社會，馬克思稱這個階層為「流氓無產階級」（rabble-proletariat）。如馬克思所指出的，這是徵募罪犯的基地，他們隨時可以把自己賣給階級的敵人。馬克思承認，隨著不幸的增加，這個階級的數目定會擴大；而在團結一切被壓迫者這件事上，這幾乎不會有任何幫助。

甚至工人階級的團結，也並非不幸情況增加的必然結果。不可否認，不幸的增加，必定會引發抵抗，甚至叛變。但是這個論證的假設是：在社會革命得到勝利前，不幸是不可能緩解的。這意味抵抗的工人在改善他們命運的無用企圖中，會一再遭受打擊。但這種發展，卻不必然會導致馬克思所謂的階級意識[7]、階級驕傲和使命感。相反地，這可能使他們意識到自己是戰敗的一群。如果工人並沒有發現他們的人數和潛在的經濟力量正在持續增加的話，他們也可能會真的戰敗。同時，若真如馬克思所預言的，除了工人和資本家外，其餘階級都將消失，則工人的數目和力量就可能增加。不過，我們已經指出這種預言並不必然為真，而且階級的團結——甚至包括工業工人——也可能受到失敗主義的侵害。

於是我們發現，階級結構的發展，可能不是如馬克思所預言的會分裂為兩個階級，而是

358

可能發展成下面的樣子：一、中產階級，二、大地主，三、其他地主，四、鄉村工人，五、新的中產階級，六、工業工人，七、流氓無產階級（當然，也有由這些階級組合而成的發展）。同時我們會進一步發現，這個發展可能會傷害工人階級。

因此，我們可以說在馬克思的論證中，並不能得出第二步的第一個結論。不過如同我對馬克思論證的第三步的批評，在此我也必須說，我無意以另一個預言替代馬克思的預言。我並非斷言馬克思的預言不能為真，或我描述的另一種發展必然發生，我只是說這發展也可能發生（事實上，激進派的馬克思主義者也難以否定這種可能性，但他們透過對背叛、行賄和缺乏階級團結的譴責，來掩飾不符合馬克思原先預言的發展）；而這對任何觀察過法西斯主義是如何發展的人來說，是再清楚不過的事，因為我所說的所有可能性，在法西斯主義中都能看到。而單是一種可能性，就足以摧毀馬克思論證中第二步所達成的結論。

當然這會影響**第二個結論**，亦即社會革命到來的預言。不過，我得先詳盡討論一下馬克思所使用的「社會革命」一詞，及社會革命到來這預言在馬克思整體論證中所扮演的角色，而後才能對其推論的方式提出批評。

2

當馬克思談論**社會革命**時，乍看之下，其意義似乎很明白。他的「無產階級社會革命」是一個**歷史概念**。它意指從資本主義到社會主義的快速變動。換句話說，它是用來指稱從兩個主要階級鬥爭，到工人階級最後勝利，這整個過渡階段。假如問到「社會革命」一詞是否意指兩個階級之間的激烈內戰，馬克思的回答是並不必然，但不幸地，要避免內戰的希望也不怎麼大。[8]同時，他可能更進一步說：從歷史預言的觀點來看，這個問題即使不是不相干；也該是次要的。馬克思主義堅持：社會生活充滿暴力，階級鬥爭天天都有犧牲[9]。真正重要的是它的結果，那就是社會主義。「社會革命」的特徵就是這一目標的達成。

現在如果我們能接受或直覺上確定，社會主義必取資本主義而代之，則「社會革命」一詞的這種解釋可能就非常令人滿意。不過，既然我們要將社會革命的理論當作科學論證的一部分，藉此說明社會主義的來臨，則這種解釋事實上就非常令人不滿意了。如果我們想在這樣的論證中，視社會革命為到社會主義的過渡階段，則它就成了一個循環論證，猶如一位醫生被詢以他據何診斷一位病人將會死亡，他既不知病徵，也不知其他的狀況，只是說，它會轉成「致命的惡疾」（如果患者沒有死亡，那麼就還不是「致命的惡疾」；同理，如果革命

359

尚未導致社會主義，那麼，它就仍然不是「社會革命」）。我們也可以給這種批評一個簡單的形式，即在此預言論證的三個步驟中，沒有一個步驟需要我們先假定那些唯有在稍後的步驟中才能導出的假設。

這些考慮指出，若要適當重建馬克思的論證，就需要一種不涉及社會主義的社會革命，同時要使它儘可能納入馬克思的整個論證中。滿足這些條件的社會革命之特徵如下：社會革命是企圖大規模地團結普羅大眾，完全控制政治權力，若暴力是達成這個目的所必需的話，則訴諸暴力在所不惜，且要阻止其反對者重新獲得政治影響的一切努力。這種特徵可以免除前面提到的種種困難；若論證第三步是有效的話，它正適合論證中的第三步，並使其具有應有的合理性；同時我們將指出它與馬克思主義是一致的，特別是其歷史定論主義的傾向；而這個傾向始終迴避說明[10]，在這個歷史階段中是否會使用暴力。

雖然作為一種歷史預言，上面提出的社會革命並未確切說明暴力使用的部分；但重要的是我們應當了解：若從法律或道德的觀點來看，則情況就不是如此。從這些觀點來看，無疑地，此處提出的社會革命會使**暴力發生**；因為比起暴力是否被實際使用，意圖更為重要；況且我們又已假設若暴力是必要的話，則絕不自暴力陣線退出。這正足以表明社會革命的特徵就是暴力的發生，此不僅與道德或法律的觀點一致，也與常人對此事的看法一致。因為若一個人決定為了達成其目的而使用暴力，那我們就可以說在所有的企圖和目的中，他均是採取了暴力的態度，不管暴力是否只使用在特殊情況中。不容否認的是，在試圖預言這類人的未來行動時，我們就如馬克思主義一樣不確定，我們不知道他實際上是否會訴諸暴力（因此在這點上，我們的描述與馬克思主義者的觀點是一致的）。然而，如果我們不企圖做歷史預言，而只是要從一般角度描述他的態度，則這種不確定性自然就消失了。

現在我希望明白地指出，從實際政治的觀點來看，這種可能產生暴力革命的預言，正是馬克思主義中傷害性最大的因素；在進行分析以前，我想最好簡短解釋一下我所持的理由。

360

我並不是在任何情況、任何環境中都反對暴力革命。我同意一些中世紀和文藝復興時代基督教思想家的看法，誅弒暴君是許可的，因為在專制暴政下，除了武力革命外已無其他的可能。然而，我也相信諸如此類的暴力革命，**只有**一個目的，就是建立民主。我所謂民主，不是「由人民統治」或「由多數人的統治」這類含混的東西，而是要有一組制度（尤其是普選，亦即人民解雇其政府的權利），使大眾能控制統治者，並能進而予以解僱。同時允許被統治者在不使用暴力下，即使違反統治者的意志，也能獲致改革。換句話說，只有在非使用暴力不可的專制之下，使用暴力才是正當的；而其目的只有一個，就是創造一種情境，使非暴力的改革成為可能。

除了達成上述目的外，我不相信暴力的方法還能達成任何事情。因為我相信這種嘗試，會是冒著摧毀一切合理改革的危險。長期使用暴力可能導致自由的喪失，因為這很容易帶來強人統治，而非理性的統治。一種在摧毀專制之外，還企圖達成更多目標的暴力革命，當它完成它的目標時，極可能也建立了另一種專制。

在政治爭論中，還有另一種情況，我認為可以使用暴力——我指的是為了抵抗而使用暴力。一旦建立了民主，面對任何針對民主制度或民主運作的攻擊時（不管來自國家內部或外部），就應抵抗。特別當這類攻擊是來自政府的權力，或者是基於政府的縱容時，則所有忠誠的公民都應去抵抗它，即便使用暴力亦在所不惜。事實上，民主的運作很大程度建立在一種理解上：凡是企圖濫用權力，進而想將自身（或縱容他人）建立成一個專制政權，這種政府本身便是脫離了法律的保護，人民不僅有權利，而且有責任，將政府的這種行為視為罪犯，政府官員則為犯罪集團的不法之徒。但是，我認為用暴力抵抗推翻民主的企圖，必須確定是防衛性的。抵抗的唯一目的在於拯救民主，這點必須絲毫無疑。濫用反專制名義的威脅，與企圖建立專制的罪行本身沒有兩樣。即使它帶有正當目的，是要嚇阻敵人、保衛民主，仍是一種糟透了的保衛方法；事實上，這樣的一種威脅，將使危機時刻的防衛陣營感到困惑，最後反倒幫了敵人。

以上論述顯示，一個成功的民主政策，需要民主的防衛者遵守某些規則。這一章後面會列出少數的規則；在此我僅希望大家能夠了解，為何我認為馬克思看待暴力的態度，是我們在分析馬克思時最關鍵的重點之一。

3

依據馬克思主義者對社會革命的解釋，我們可以將他們分作兩派，一是激進派，另一是溫和派（約略等於共產黨和社會民主黨[11]）。

馬克思主義者時常拒絕討論使用暴力來革命是否「正當」；他們說他們不是道德家，而是科學家；他們不想空談什麼是應該的，而只問事實是或將會是什麼。換句話說，他們是歷史的預言者，將自己限於將來要發生什麼這問題之上。不過，讓我們假定，我們已成功說服他們去討論社會革命的正當性問題。我相信在這點上，我們會發現所有的馬克思主義者在原則上，均會同意一種傳統的觀點，就是只有在反抗專制時，暴力革命才算是正當的。但進一步延伸，這兩派的意見就南轅北轍了。

激進派堅持：根據馬克思的看法，一切的階級統治必然是獨裁，亦即專制[12]。只有建立沒有階級的社會，才能建立真正的民主，必要的話，也可用暴力推翻資本主義的獨裁。溫和派不同意這種觀點，並且認為即使在資本主義之下，也能實現某種程度的民主，因此可以和平漸進的方式從事社會革命。不過，即使是溫和派，也堅持這種和平發展是不確定的；因為在民主戰場上，當中產階級面臨被工人階級打敗的危險時，很可能訴諸武力，它主張在這種

362 情況中，工人使用暴力反擊以及建立自己的統治，都是正當的[13]。這兩派都自認代表了真正的馬克思主義，從某種角度來說，他們都是對的。因為，如上所述，由於其歷史定論主義的研究途徑，馬克思在這件事上的觀點有些含混；更重要的是，他在有生之年似乎改變了自己的觀點，一開始他是激進的，後來則採取了較為溫和的立場[14]。

我將先考察其**激進的立場**，因為我認為只有這個立場符合《資本論》與馬克思預言論證的整個方向。《資本論》的主要論證認為：資本家和工人之間的敵對會不可避免地增加，而且其間沒有任何調和的可能，因此資本主義只能被摧毀，而不能被改進。我們最好引用《資本論》中，馬克思總結「資本家累積的歷史方向」的一段話來說明。他寫道：「隨著那些掠奪和壟斷這一轉化過程的全部利益的資本巨頭不斷減少，貧困、壓迫、奴役、退化和剝削的程度不斷加深，而日益壯大的、由資本主義生產過程本身的機制所訓練、聯合和組織起來的工人階級的反抗也不斷增長。最終，資本的壟斷成了與這種壟斷一起並在這種壟斷之下繁盛起來的生產方式的桎梏。生產資料的集中和勞動的社會化，達到了同它們的資本主義外殼不能相容的地步。這個外衣就要變為緊身衣了。資本主義私有制的喪鐘就要響了。剝奪者就要被剝奪了。」[15]

根據這個重要段落的觀點，毫無疑問，馬克思《資本論》之核心教義是，資本主義的改革是不可能的，而且資本主義將會被暴力推翻；這符合**激進派**的理論，也符合我們的預言論證。因為如果我們不僅承認第二步的前提，也承認其第一個結論的話，則依照這段引文，社會革命的預言定會應驗（同時，如在上章所指出的，工人的勝利會隨之而來）。事實上，我們很難想像一個完全團結、有階級意識的工人階級，在不幸無法減少時，還不會決心推翻既存的社會秩序。然而，這當然不保證會有第二個結論。因為我們已經指出第一個結論是無效的；單單從財富和不幸俱增這一前提，得不出必然會有社會革命的結論。如我們對第一個結論的分析，我們只能說：爆發叛變或許是不可避免的。然而，因為不能確定工人階級意識的
363
發展和團結，我們無法將這種叛變爆發等同於社會革命（他們也不必然是勝利者，因此，設定他們代表社會革命，實不符合第三步論證）。

激進派的立場至少還很符合預言論證；相反地，**溫和派的立場**就完全把預言論證摧毀了。不過如前面所說，它也擁有馬克思權威的支持。馬克思的壽命夠長，使他能夠在有生之年看到一些改革，這些改革，根據他的理論，原本是不可能的。不過，他從未將這些工人命運的改善視為對其理論的駁斥。他對社會革命所持的含混的歷史定論主義觀點，使他將這些改革解釋為社會革命的前奏[16]，甚至開端。如恩格斯所告訴我們的[17]，馬克思曾下過一個結論，即在英國，無論如何，「社會革命可能出以完全和平、合法的方式。但他沒忘了加上一句：他不期望英國的統治階級在接受和平合法的改革之前，會不興起一場『維護奴隸制』的暴動。」這個報告與馬克思去世前三年所寫的一封信[18]的內容相符合：「我的黨……認為英

國的革命並不是**必然的**，而是——依據歷史的先例——**可能的**。」可以發現，這些聲明至少明白表示了「溫和派」的理論，亦即如果統治階級不退讓，則暴力是不可避免的。

我認為這些溫和的理論摧毀了整個預言論證[19]。它們蘊涵著一種調和的可能性，一種漸次改革資本主義，進而降低階級敵對的可能性，然而，預言論證的唯一基礎都建立在漸增的階級敵對之上。認為透過調和、漸進的改革，最後會完全摧毀資本主義系統，這實在沒什麼邏輯的必然性。而透過經驗了解到漸進的改革，縱使無法獲得完全的勝利——亦即統治階級的臣服——也能大為改善自己命運的工人，為何不能固持這種方法呢？為什麼他們不能與中產階級調和，要求他們不要獨佔生產工具，而要冒著發生暴力摩擦的危險，不顧一切提出各種要求？只有假設無產階級「除了桎梏之外已經一無所有」[20]，只有假設不幸遞增律有效，或至少假設改善是不可能的，我們才能預言工人階級終會被迫推翻整個系統。於是，這個「社會革命」之演化式的解釋，就摧毀了馬克思主義的整個論述，徹頭徹尾地摧毀，只剩下歷史定論主義的研究方法。如果仍企圖做歷史預言，就必須建立在一個全新的論證之上。

如果我們要根據晚期馬克思主義及溫和派的觀點，並儘可能保留原來的理論，來建立一個修正的論證，則它必定建立在以下主張上，即工人階級現在或總有一天，會代表人民中的**多數**。此論證的推演是：資本主義會因「社會革命」而轉變，社會革命意指資本家和工人階級之間鬥爭的升級。這種革命可能由漸進民主的方法進行，也可能由暴力的方法進行，也可能兩者輪流交替。這一切都繫於中產階級的抵抗而定。但在任何情況中，尤其是在一種和平的發展下，都必須如《共產黨宣言》所說的，最後要以工人階級取得「統治階級的地位」而結束[21]。他們必須「贏得民主的勝利」；因為「無產階級的運動，是絕大多數人基於自身利益而掀起的一種自我意識的獨立運動」。

重要的是我們應該認識到，即使是這種溫和、修正的形式，預言的論證仍不能成立。因為如果承認漸次改革的可能性，就必須放棄不幸遞增的理論。同時，斷定工業工人會成為「絕大多數」的說法，也得不到證明。我並不是說這種斷言必然會從馬克思不幸遞增的理論而來，因為這種理論從未充分留意農民。不過，若不幸遞增的法則以及中產階級會減少而變為無產階級的說法是無效的，那麼我們就必須承認會有相當多的中產階級繼續存在（或會有新的中產階級出現），並可能與其他非無產階級結合，來反對工人掌權。至於競爭結果會是如何，沒有人能確定。事實上，統計已不再指出工業化工人的人數相對於其他階級有增加的趨勢，它指出的毋寧是相反的結果，儘管生產工具的累積仍舊持續。光是這個事實就駁斥了修正版預言論證的有效性。所剩下唯一重要的，是觀察到（而非空談式的歷史定論主義預言）社會的改革，大部分是在被壓迫者的壓力下，或者（如果更想用這個詞的話）是在階級鬥爭的壓力下而實現的[22]。也就是說，被壓迫者的解放，大部分是由被壓迫者自身來完成[23]。

365 4 不論激進派或溫和派做出什麼樣的解釋，預言的論證都無法成立，也無法補救。不過，為了充分理解這種情境，僅駁斥修正的預言仍不足夠，考察**對暴力問題的曖昧態度**還是必要的，我們在馬克思主義的激進派及溫和派身上都能看到這種態度。我認為這對在「民主之戰」上能否獲勝一事，有相當的影響；因為溫和派的馬克思主義者，無論是在何地贏得普選的勝利，或近乎勝利，理由之一以乎仍是他們吸引了大量的中產階級。這是由於他們的人道主義、他們對自由和反壓迫的立場所致。不過，他們對於暴力的態度上的**系統性歧義**（**systematic ambiguity**），不僅沖淡了這種吸引力，而且也直接加強了反民主主義者、反人道主義者及法西斯主義者的利益。

在馬克思主義的理論中，有兩種密切相關的歧義；從上述觀點來看，兩者都是重要的。歧義之一是：建立在歷史定論主義取徑上的面對暴力的態度。另一種是馬克思主義者談論《共產黨宣言》中所說的「無產階級獲得控制權」[24]的方式。這意味什麼呢？它可能意味著：工人政黨有著和其他民主政黨一樣無害且明顯的目的，即獲得多數選票組成政府。不過，它也可能如馬克思主義者經常暗示的，是指工人的黨派一旦得到權力，就會企圖鞏固其地位，它會利用多數黨的投票優勢，使他人無法以一般的民主方法重獲權力。這兩種解釋的差異是極為重要的。如果在某一時刻身為少數黨的人，計畫用暴力或多數投票來壓制其他政黨，就等於是承認現在屬於多數黨的一方同樣有權力如此做。這就喪失了去抱怨壓迫的任何道德權利。事實上，這等於是讓那些想以武力來壓制反對者的執政黨有機可乘。

我們可以將這兩種歧義簡稱為**暴力的歧義**和**權力控制的歧義**。它們不僅都根源於歷史定論主義者取徑的含混性，也根源於馬克思主義的國家理論。如果國家本質上是階級專制，則一方面暴力是被允許的，另一方面能做的就唯有由無產階級專政來取代中產階級專政。過分為形式民主擔心，僅顯示出對歷史理解的缺乏；畢竟正如列寧所說的：「民主……只是歷史發展的其中一個階段而已。」[25]

在激進派與溫和派中，這兩種歧義均在其戰術理論中扮演了重要角色。這種情形是可以理解的，因為系統性的應用歧義，有助於他們擴大補充未來信徒的範圍。這是一種戰術上的方便；然而，這種群眾卻容易在最關鍵的時刻造成傷害；當最激進的份子認為採取暴力的時刻到來時，分裂就可能發生。從下面所引巴克斯最近對馬克思主義的批判性分析[26]，可以看出激進派是如何有系統地應用暴力的歧義：「既然美國的共產黨不僅宣稱現在不主張革命，也宣稱其從未主張革命，那麼也許不妨從共產國際綱領（一九二八年起草）中引用一些語句，」巴克斯於是自該綱領中引用下述語句：「無產階級的控制力，並不意味以議會多數的和平方式『佔領』中產階級現成擁有的地位……。控制權的獲得……，是要以暴力推翻中產階級的權力，摧毀資本主義的國家機器……。黨……，負起領導群眾直接攻擊中產階級的任務。這是由宣傳……及群眾運動……達成的。這種群眾運動包括……最終聯合武裝造反的全面打擊……。後者的形式……為最高的形式，必須依據戰爭的規則來指導……。」從以上所引的內容，我們可以看出綱領的這個部分完全沒有歧義；不過，這並不妨礙該黨有系統地應用暴力的歧義，如果戰術上需要的話[27]，他們可以退讓到將「社會革命」做非暴力的解釋，雖然這點是違背了《共產黨宣言》的最後一段話（一九二八年的綱領保留了這一段）：「共產黨人不屑隱瞞他們的觀點與目的。他們公開宣佈，只有強行推翻一切既存的社會條件才能達成他們的目的……」[28]）

不過，溫和派有系統地運用暴力及權力獲得的歧義性，甚至比起激進派更顯得重要。恩格斯特別以前述馬克思較溫和的觀點為基礎加以發揮，其戰術理論大大影響了後來的發展。這種理論可以這麼表述[29]：如果情況許可的話，我們馬克思主義者非常願意以和平與民主的方式朝社會主義發展。不過，我們是政治上的現實主義者，我們可以預見，當我們快要獲得
367 大多數的支持時，中產階級不太可能會束手就擒。他們反倒會設法摧毀民主。在這種情況下，我們絕不可畏縮，必須反擊，以獲得政治權力。因為這種發展是可能的，我們必須讓工人做好戰鬥的準備，否則將會背叛我們的使命。下面是恩格斯對這個問題的說法之一：「就目前

來說……法律……是支持我們的，在它還存在時放棄它，那是瘋狂的。但我們仍須拭目以待，看中產階級……會否為了以暴力對付我們，而先放棄法律。**中產階級的紳士們，開第一槍吧！**他們會是首先開火的人，這是毋須懷疑的。有那樣一個好日子……中產階級將日漸疲倦……，看到社會主義日增強大，他們就又要訴諸非法與暴力了。」[30]接著發生的便是系統性的歧義。他將這種歧義用來當作一種威脅；在接下來的段落中，恩格斯呼籲「中產階級的紳士」：「如果……你們破壞制度……，則社會民主黨就有自由採取或不採取行動來反對你——它高興怎麼做就怎麼做。**不過，無論以後會怎麼做，今天是絕不會饒過你的！**」

有趣的是，這種理論與馬克思主義的原始概念大為不同。原始的馬克思主義預言：革命的到來，是資本主義對工人日增壓迫的結果，而非成功的工人階級運動對資本家日益壓迫的結果。這種在陣線上最顯著的變動[31]，顯示出社會發展的影響，實際反而是減少了不幸。不過恩格斯將革命的、或更嚴格的說，將反革命的發端歸之於統治階級的新理論，是一種荒謬的戰術，且註定是要失敗。原始的馬克思主義理論認為在嚴重不景氣時，也就是在經濟系統的崩潰削弱了政治系統，因而對工人的勝利提供最大的貢獻時，工人革命就會爆發。不過，如果「中產階級的紳士」受邀去開第一槍，他們會愚笨到不去慎選時機嗎？難道他們不會為其所要發動的戰鬥做適當的準備？而既然依據理論，他們是擁有權力的人，難道這種準備不代表力量的動員，進而使得工人毫無勝利的機會？而若基於這些批評，把理論修正為要求工人不等對方發難，而要設法搶先一步，這依然是無濟於事。因為根據此理論自己的假設，有權力的人永遠是更容易預先準備的一方——如果工人準備棒子，他們就會準備來福槍；如果工人準備來福槍，他們就會準備機槍；工人準備機槍，他們就會準備炸彈，諸如此類。

368 **5**

不過，這種批評雖然實在，而且有經驗上的實證，但仍嫌膚淺。這理論的缺陷是存在更深處的。我現在想提供的批判，是想指出：無論是理論的假設或戰術的結果，都正可能**導致**中產階級的反民主效應。這是馬克思主義所預言、然又（以曖昧的方式）憎惡的結果：中產階級反民主因素的強化，以及隨之產生的內戰。同時，我們知道這種情形可能會導致失敗，甚至法西斯主義。

簡單來說，我的批評是：恩格斯的戰術理論，或更廣泛地說，暴力和獲取權力的歧義性，一旦被掌權的政黨所採用的話，將使民主的運作成為不可能。我將這種批判建立在以下觀點上，即民主若要能夠運作，主政的政黨就必須對民主的運作信守下列的規則：（亦見：第七章第二節）

一、雖然普選制度極為重要，但多數統治仍不能充分將民主的特徵表現出來。因為多數統治也可能以用一種專制的方式來統治（比如比六呎矮的大多數人，可能決定比六呎高的少數人要負擔全部稅款），在民主制度中，統治者的權力必須被限制；同時，民主的標準是這樣的：在民主國家，統治者，亦即政府，可由被統治者以不流血的方式來更替。因此，如果有權力的人不維護那些能保障少數人可能達成和平更替的制度，那麼，他們的統治就是專制的。

二、我們只須分辨兩種形式的政府，具有上述制度的就是民主，其他的都屬於專制。

三、一個具有一致性的民主憲制，在法律系統中只應排除一種形態的變動，也就是危及民主特性的變動。

四、在民主國度中，對少數人的充分保護，不應延伸至那些違反法律的人，尤其不可保護那些煽動別人使用暴力推翻民主的人[32]。

五、所有要建立保護民主制度的政策，都應假設統治者和被統治者同樣都潛伏有反民主的傾向。

369

六、如果摧毀了民主，就摧毀了一切的權力。即使被統治者所享受的一些經濟利益仍然存在，也只是一種虛假的存在[33]。

七、民主為合理的改革提供了一個無價的戰鬥場地，因為民主允許在沒有暴力的情況下進行改革。不過如果在任何戰鬥中，不將民主的維護列為第一考慮，則那些無時不在潛伏的反民主傾向（並無時不在吸引那些我們在第十章所稱，在文明壓力下感到痛苦的人）便可能導致民主的瓦解。如果對這些原則的理解尚未發展，我們就必須為其奮鬥。與此相反的政策可能會被證明是極為嚴重的；它可能導致我們輸掉最重要的一戰，即為民主自身的戰鬥。

與此政策相反的，是馬克思主義的黨派；我們可將其描述為「**使工人懷疑民主**」。恩格斯說：「國家不是別的，只不過是一階級壓迫另一階級的機器而已；民主共和國和君主國都是如此。」[34]不過這種觀點必然會導向以下方向：

（1）不承認民主人士應被斥責，而斥責民主不能防止罪惡，同時反對者通常都不亞於多數，每一個反對黨都擁有應有的多數支持。

（2）教導被統治者認為國家不是屬於他們的，而是屬於統治者的。

（3）教導人民只有一種改善事物的途徑，那就是**獲得權力**。但這是疏忽了民主中一個非常重要的東西，即對權力的制衡。

這些方針等於是為開放社會的敵人工作；它為開放社會的敵人提供不自覺的第五縱隊。同時違背《共產黨宣言》以歧義的方式所提及的：「工人階級革命的第一步是將無產階級升至統治階級的地位之上，而獲得民主戰鬥的勝利。」[35]我敢斷言如果接受這點為第一步，民主的戰鬥勢將失敗。

以上所說種種，是恩格斯的戰術理論及社會革命理論中的歧義所衍生的結果。最終，它

370 們只是柏拉圖把政治問題設定為「誰該統治國家」（見：第七章）的最後結果。現在是時候了，我們應該了解「**誰**來運用權力」這個問題，若與「**如何運用權力**」和「**運用多少權力**」這類問題相比，其意義真是微不足道。我們必須了解，就長期而言，一切的政治問題，無非是制度和法律結構上的問題，而不是個人的問題。同時，唯有透過制度來控制權力，才能保障朝向平等的進步。

6

如同前章一樣，現在我仍藉馬克思的預言如何影響近代歷史的發展，來說明馬克思論證的第二步。所有政治黨派，皆可從反對黨之不受歡迎的行動中，獲得一些「既得利益」。他們仰賴反對黨的這些行動而活，因此會刻意製造、強調，甚且期待它們的到來。他們甚至鼓勵反對者犯政治上的錯誤，只要自己不被捲入其責任之中。與恩格斯的理論結合在一起的這種策略，曾使馬克思主義的某些黨派期望其反對者做出反民主的政治舉動。他們不全力打擊這種舉動，反而欣悅地告訴黨人：「看看這些人在做什麼，這就是他們所謂的民主，就是他們所謂的自由和平等！**當算帳的日子到來時**，記住它們吧！」（一個歧義的語詞，這個語詞可以指選舉的日子，也可以指革命的日子）這種使敵手暴露自身（尤其當其舉動是反民主時）

的策略，勢必會帶來災難。這是一種在民主制度面臨現實危機，且危機日深時，卻光說不練的策略。也是一種口頭上談論戰爭，行動上卻安然不動的策略；它還教了法西斯主義者一種無價的方法，那就是口頭上談論和平，而在行動上發動戰爭。

毫無疑問，前述的歧義，是幫了企圖毀壞民主的法西斯主義一個大忙。因為我們必須承認，就是可能有這類集團，他們在所謂中產階級範圍內的影響力，將大大地依賴工人黨派所採取的政策。

例如，讓我們更仔細地考慮一下在政治鬥爭中所用的革命威脅，或**政治性**的罷工（不同於薪資的爭論之類）。如前面所解釋的，此時決定性的問題，是這些手段是做為侵略性的武器，或僅僅只是民主的防衛。在民主的範圍內，其做為純粹防衛性的武器，這是正當的。同時，當堅決地與防衛性和無野心的要求關連在一起時，這種使用是成功的（別忘了卡普暴動
371 〔**Kapp's putsch**〕的迅速瓦解）。但是，如果用作攻擊性的武器，它們必定會強化反對者陣營中的反民主傾向。因為他們顯然會使民主無法發揮作用。尤有甚者，如此使用，將會使它失去防衛的效用。如果你想用鞭子來制止一條狗變壞，即使牠原本是一條好狗，這方法也無法奏效。若要保衛民主，必定要使那些企圖進行反民主實驗的人付出遠遠超過民主協調的昂貴代價……。工人在使用任何非民主式的壓力時，都容易導致相同的，甚且反民主的壓力，進而引起反民主的行動。這種反民主的行動若出現在統治者身上，比之出現在被統治者的一方，

其嚴重和危險性當然要來得更大。堅決對抗這種危險將是工人的任務，他們得在尚不顯著的起始時，就阻止這種危險發生。不過，他們現在如何以民主的名義戰鬥呢？他們自己反民主的行為，就為其敵人以及反民主的敵人提供了機會。

上述的發展事實，可隨各人所需而有不同的解釋。有人可以結論說：民主是「不好的」。實際上這正是許多馬克思主義者所下的結論。當他們在他們所相信的民主鬥爭中失敗之後（在他們擬成戰術理論的那一刻，這仗就已敗了），他們說：「我們太過寬大，太過仁慈，下一次我們將進行真正的流血革命！」這就好像拳擊賽的敗者說：「拳擊不好——我應該使用棍棒……」事實是，馬克思主義者教導工人階級戰爭的理論，但其實踐卻是要用來對付中產階級中頑抗的反動份子。馬克思談論戰爭，他的對手先是傾聽，然後便談起和平並進而指控工人是好戰的。馬克思主義信徒無法否認這項指控，因為階級戰爭正是他們的口號。法西斯信徒則起而行之。

迄今，我們的分析主要是涵蓋某些較為「激進」的社會民主黨，他們將政策完全建立在恩格斯含混的戰術理論上。由於缺少上一章所討論的實際方案，恩格斯戰術的災難結果就增加了。但是共產黨人也在某些國家和時期採取此章所批評的戰術，特別是其他的工人黨，例如社會民主黨或勞工黨遵守民主規則時，他們就採取這個戰術。

不過共產黨還有一個方案——「仿效俄國！」這使他們的立場與眾不同，而且使他們更

372 明確地建構革命理論，和斷定民主只是中產階級的獨裁[36]。依據這個斷定，如果將隱蔽性的獨裁公開化，使它現身於所有人之前，則不但不會喪失什麼，反而會有所收獲；因為這樣會使革命更快到來[37]。他們甚至希望中歐的極權獨裁會加速事情的發展。畢竟革命註定要到來，法西斯主義只是實現它的方法之一；尤其革命顯然遲到太久了。俄國的經濟條件雖然落後，但也出現了這種情形。而在較進步的國家中，則是民主的空洞幻想使革命遲來[38]。因此，透過法西斯主義者來摧毀民主，才能促使工人從民主方法中醒悟，遂而革命。對此，馬克思主義的激進派[39]感到他們已發現法西斯主義的「本質」及其「真正的歷史角色」。本質上，「**法西斯主義是中產階級的最後立場**」。於是，當法西斯取得權力時，共產黨是不會與之戰鬥的（沒有人會期望社會民主黨來戰鬥）。因為共產黨非常確定，革命是遲到了，必得有法西斯的介入，速度才會快起來[40]，而法西斯的掌權最多也撐不過幾個月。因此，共產黨人是毋須採取行動的。他們是無害的。法西斯主義者之獲得權力，不會對共產黨造成危險。正如愛因斯坦曾經強調的，在社會一切有組織的團體中，只有教會，或者只有教會的一派，曾認真地對此予以抵抗。

注釋

701 注1：見：*Capital*, 846 = *H. o. M.*, 403。

注2：引自《共產黨宣言》。（見 *H. o. M.*, 31 = *GA*, Series I, vol. vi, 533）。

702 注3：見：*Capital*, 547 = *H. o. M.*, 560。（由列寧引用）

有一條關於「資本集中」（正文中譯為「資本集中在少數人手中」）一詞的評論，可以一提。在《資本論》第三版中（*Capital*, 689 ff），馬克思引進了以下分辨：（a）他所指的資本**累積**（**accumulation**），只代表在特定地區內資本財總量的增加；（b）所謂資本**集聚**（**concentration**）代表在不同資本家手中的資本的常態成長，而這種成長通常來自於資本的累積（689/690），使其能操縱的工人數不斷增加（c）所謂**集中**（**centralization**）（691），是指某些資本家的財產被其他資本家所吸收（「一個大資本家打倒許多小資本家」）。在《資本論》第二版中，馬克思尚未分辨「集聚」與「集中」；他使用的「集聚」一詞包含（b）與（c）兩種意義。在第三版中則指出了其差別（*Capital*, 691）：「在此，我們看到了真正的集中，與累積和集聚不同。」在第二版中，我們讀到：「我們看到了真正的集中，與累積不同」不過，並非整部《資本論》都做了這種分辨，只在少數地方出現而已（690-693, 846）。此處正文所引的內容，仍維持第二版中的原來語詞。本章注15之正文所引的內容（p.

846），馬克思用「集中」替代了「集聚」。

注4：見：Marx, *Eighteenth Brumarie*（*H. o. M.*, 123。雙引號為作者所加 = Karl Marx, *Der Achtzehnte Brumarie des Louis Bonaparte*, Verlag für Literatur und Politik. Wien-Berlin 1927, 28-29）：「中產階級共和得到了勝利。站在中產階級一邊的，是其財政貴族、工業中產階級、中產階級、小中產階級、軍隊、被組成機動隊的『無產階級暴民』、『權威知識份子』、牧師、『農村人口』。站在巴黎無產階級一邊的，除了無產階級自身外，別無他人。」

關於馬克思對「農村生產者」之令人難以置信的天真描述，見：第二十章注43。

注5：見：第十八章注11。

注6：見：本章注4所摘引的內容，特別是中產階級和「權威知識份子」。

關於「無產階級暴民」，見：上述同出處，及《資本論》（711 f.）（該處翻譯為「衣衫襤褸的無產階級」）。

注7：馬克思的「階級意識」之意義，見：第十六章第一節末尾。

除了正文中提及的可能會發展出失敗主義者的精神外，還有其他東西也可能破壞工人的階級意識，並使工人階級分裂。例如列寧就談到帝國主義可能會讓工人分享其剝削成果，造成工人的分裂。他寫道：「……在英國，帝國主義分裂工人、在工人之間強化機會主義，而並使工人階級運動暫時衰落的傾向，早在十九世紀末、二十世紀開始以前，就顯示出來了。」（*H. o. M.*, 707 = V. I. Lenin, L. L. L., *Imperialism, the Highest State of Capitalism*, vol. xv, 96。另見：第二十章注

703

40）。

巴克斯於一九四〇年所寫的《馬克思主義——後剖析》（*Maxism — A Post Mortem*）又稱《馬克思主義——解剖》（Maxism — An Autopsy）一書中，對馬克思主義做了精采的分析。他認為企業家和工人一起剝削消費者，是非常可能的；在一種受保護和壟斷的產業中，工人可以分享剝削。這種可能性顯示馬克思誇大了工人和企業家之間的對立。

最後可以一提的是，大部分的政府都傾向於循著抵抗最小的路走，而這就很容易產生下列結果：因為在社會中，企業家和工人是組織最佳、政治力量最大的團體，因此現代政府很容易犧牲消費者來滿足工人與企業家，同時，這樣的做法也不會帶來罪惡感，因為它可以說服自己，認為已使社會中最敵對的兩個階級和平相處。

注8：見：本章注17及注18。

注9：某些馬克思主義者甚至宣稱：在一場暴力的社會革命中所受的痛苦，也比隱含在他們所稱的「資本主義」中長久的罪惡，要小得多（見：L. Laurat, *Maxism and Democracy*, translated by E. Fitzgerald, 1940; p.38, note 2。書中批評了胡克〔Sidney Hook〕《理解馬克思》〔*Towards an Understanding of Marx*〕一書的此類觀點）。然而，這類馬克思主義者並未提出這種評估的科學基礎；或說得更直接些，這完全是一種不負責任又曖昧的故作姿態。

注10：恩格斯談到馬克思之回溯黑格爾時說：「很明白的是，如果事物及事物間的相互關係是變易而不固定的話，那麼它們的心靈圖象（mental image），它們的觀念（notion），將很容易變易與轉換；

這樣，人們就不會企圖強使它們入於森嚴定義中；而是根據形成它們的過程之歷史或邏輯的特質來處理。」（見：Engels' Preface to *Das Kapital*, III/1, p. xvi）

注11：它並不十分吻合實況，因為共產黨人有時會宣揚更為溫和的理論，特別是在那些未由社會民主黨人來代表這種理論的國家，見：本章注26及正文。

注12：見：第十七章注4及注5與正文，本章注14，並比較本章注17、注18。

注13：在兩者之間當然有種種立場；也有比較溫和的馬克思主義立場，特別是伯恩斯坦（A. Bernstein）所稱的「修正主義」（revisionism）。這立場事實上完全放棄了馬克思主義；它只不過是一種宣揚嚴格的民主和非暴力的工人運動。

注14：馬克思的這種發展，當然是一種解釋，只不過它不是很令人信服。事實上，馬克思之使用「革命」、「力量」、「暴力」諸詞，並不十分一致，且有著系統性的歧義。這種情況一部分是由於在馬克思的一生中，歷史發展並未如他所預期。這也符合於馬克思有一種清晰的離開他所謂「資本主義」，亦即不干涉主義的傾向。馬克思常滿意地提及這種傾向，例如在《資本論》第一版的序言（見：本章注16；另見正文）。另一方面，這個傾向（干涉主義）同時也與馬克思的理論相反，導致對許多工人命運的改善，因此，革命的可能性就降低了。馬克思對自己理論的搖擺不定和歧義性的解釋，也許是這種情勢的結果。

為了說明這點，可以引用兩段內容，一是馬克思的早期著作，另一是他的晚期著作。早期的是一八五〇年的《對共產主義者聯盟講詞》（*Address to the Communist League*）（見：*H. o. M.*, pp.60 ff. = *Labour Monthly*, September 1922, 136 ff.）這段文章之所以有意思，因為它是**實際的**。馬克思假定工人和中產階級民主黨人一起打敗了封建主義，建立了民主政權。他堅持在達成這點之後，工人的戰鬥呼聲必定是「永久革命！」並詳細解釋道（p. 66）：「他們必須依一種態度行事，即不可在勝利之後讓革命的熱情立即瓦解。相反地，他們必須儘可能長久維持這種熱情。無所謂過度，應向那些帶有可恨過去的個人和公共建築施以無情的報復；這類行為不僅是可忍受的，並且方向必須掌握在自己手中……以成為一種榜樣。」也見：本章注35之（一）、第二十章注44。

比上述內容溫和一些的，是馬克思一八七二年《對第一國際的講詞》（*Address to the First International*）（Amsterdam, 1872。見：前引羅拉特同書，p. 36）：「我並不否認有些國家如美國、英國——假使我對你們的制度有更多理解的話，或許我要加上荷蘭——這些國家的工人能夠用和平的方法來達成他們的目的。但並非在所有國家都是如此。」關於這類較溫和的觀點，見：本章注16至注18之正文。

但早在《共產黨宣言》最後的總結中，就可發現這種混淆，在此，兩個矛盾的語句僅以一句相隔：一、「簡言之，共產黨人支持一切反對既存之社會和政治秩序的革命運動。」（例如一定包括英國）二、「最後，他們在各地努力聯合與協同所有國家的民主政黨。」下一句更混淆了：「共產黨人不屑隱藏他們的觀點與目的。他們公開宣稱，只有強行推翻既存的社會條件，才能達到他們的目的。」（民主的情況未被排除）

注15：見：*Capital*, 846 = *H. o. M.*, 403 f。（關於在第一版用「集中」一詞替代第二版「集聚」一詞的問題，參看本章注3。至於「資本主義外衣變為緊身衣」，可以更直譯為「他們變得與資本主義的『包裹布』或『外衣』不相容了」；或更自由地譯為：「他們的資本主義外衣，變得令人難以忍受了。」）

這一段文字深受黑格爾**辯證法**的影響，接下來的段落可以證明這點。（黑格爾有時稱一個「命題」的「反題」為否定，稱「否定的否定」為綜合）。馬克思說：「資本家將財產佔為己有的方法，首先是否定建立在個人勞動上的私人財產。不過由於自然法則的殘酷，資本家的生產，又肇生了自己的否定。這是否定的否定。這第二種否定……建立了……土地和生產工具的共同所有制。」（關於社會主義更詳細的辯證導衍問，見：第十八章注5）

705

注16：這是馬克思在《資本論》第一版序言中所採取的立場（*Capital*, 865），他在該處說：「進步仍然是無可懷疑的……英國女王駐外使節在那裡坦率地說：在歐洲大陸的一切文明國家，現有的勞資關係的變化同英國一樣明顯，一樣不可避免。同時，大西洋彼岸的北美合眾國副總統威德先生也在公眾集會上說：在奴隸制廢除後，資本關係和土地所有權關係的變化會提到日程上來！」（見：本章注14）

注17：見：恩格斯在第一次英文版《資本論》中的序言（*Capital*, 887）。在第十七章注9中，曾更完整地引用該內容。

注18：見：馬克思於一八八〇年十二月八日寫給海恩德曼（Hyndman）的信：見：H. H. Hyndman, *The*

Record of an Adventurous Life (1911), p. 283。另見：前引羅拉特同書第二三九頁。我們可以在此更完整地引用這段內容：「如果你說你不贊同我黨對英國的看法，我僅能回答：黨認為英國的革命並不是必然的，不過——依據歷史的先例——那是**可能**的。如果演化不可避免地變成革命，那不僅是統治階級的錯誤，也是工人階級的錯誤。」（注意這種立場的歧義）

注19：巴克斯的《馬克思主義》（*Marxism*）表示了相同的觀點（p. 101, pp. 106 ff）；他堅持馬克思主義者「相信資本主義不能改革，只能摧毀」是馬克思主義的資本累積學說的代表教義之一。他說：「採用某些其他的理論……，用漸進的方法，仍舊可能轉變資本主義。」

注20：見：《共產黨宣言》末尾部分（*H. o. M.*, 59 = *GA*, Series I, vol. vi, 557）：「無產階級除了桎梏之外沒有其他可以失去，但可以贏得的是世界。」

注21：見《共產黨宣言》（*H. o. M.*, 45 = *GA*, Series I, vol. vi, 545）。本章注35將更完整地引用這段內容。這一段的最後摘引來自《共產黨宣言》（*H. o. M.*, 35 = *GA*, Series I, vol. vi, 536），另見：本章注35。

注22：不過，很少社會改革是在受苦者的壓力下實現的；宗教運動——包括功利主義者——以及個人主義者如狄更斯（Dickens），可能對公眾產生極大的影響。使馬克思主義者和許多「資本主義者」感到驚奇的是，亨利・福特（Henry Ford）發現提高工資可使雇主蒙利。

注23：見：第十八章注18及注21。

注24見：*H. o. M.*, 37（=*GA*, Series I, vol. vi, 538）。

注25：見：*The State and Revolution, H. o. M.*, 756。下面是全部內容：「民主對於反對資本家，為自由而戰鬥的工人階級具有極大的重要性。不過民主絕非一種不能超越的限制；它只是從封建主義發展到資本主義，以及從資本主義發展到共產主義的過程階段之一。」

列寧堅持民主只意味「形式上的平等」，見：*H. o. M.*, 834（=V. I. Lenin, *The Proletarian Revolution and the Renegade Kautsky*. L. L. L., vol. xviii, 34），在此，列寧使用黑格爾的論證，以只是「形式上」的平等反對考茨基：「……他接受形式上的平等，在資本主義之下，它只是一種欺騙、一種偽善，把表面的價值視同真正的平等……。」

注26：見：Parkes, *Marxism—A Post Mortem*, p.219。

706

注27：這樣一種戰術上的行動，是配合著《共產黨宣言》的，宣言宣稱共產黨人「在各地努力聯合與協同各國的民主黨派」，但同時又宣稱「只有以強力推翻既存的社會狀況，才能達到他們的目的」，其中也包括民主的狀況。

不過，這樣一種戰術上的行動也是配合一九二八年黨的方案，其說道（*H. o. M.*, 1036，雙引號為作者所加＝*The Programme of the Communist International*, Modern Books Ltd., London 1932, 61）：「在決定戰線時，各個共產黨必須顧及內部和外部的具體情勢……。黨是根據……『儘可能擴大』組織群眾的觀點……來決定口號。」不過，若不充分利用革命一詞的系統性歧義，是不能達成這點的。

注28：見：*H. o. M.*, 59, 1042（=*GA* , Series I, vol. vx, 557，及 *Programme of the Communist International*,

65）。另見本章注14末尾和注37。

注29：這不是摘引，而是改寫。見：恩格斯在第一次英文版《資本論》序言中的內容（摘在第十七章注9中），另見：前引羅拉特著同書第二四〇頁。

注30：這兩段中的第一段是羅拉特摘引的，參看上引同書。關於第二段，見：*H. o. M.*, 93（=Karl Marx, *The Class Struggle in France 1848-1850*. Co-operative Publishing Society of Foreign Workersin the U. S. S. R., Moscow 1934, 29，由恩格斯作序）。

注31：恩格斯部分理解到他被迫改變陣線這件事，如他所說的，因為「歷史證明我們是錯誤的，那些同我們一般想法的人亦然」（見：*H. o. M.*, 79 = Karl Marx, *Die Klassenkampfe in Frankreich*, Vorwaerts, Berlin 1890, 8）。不過，他主要是意識到一種錯誤：他和馬克思高估了發展的速度。事實上，發展朝向了不同的方向進行，雖然他對此抱怨，但是並未承認。見：第二十章注38、注39及正文，我在該處摘引了恩格斯困惑的抱怨，即「工人階級實際上越來越中產階級了」。

注32：見：第七章注4及注6。

注33：他們也可能為了其他的理由而繼續。例如，因為專制的力量需要某一部分的被統治者支持。**但這並不意味專制必如馬克思所說的，事實上是一種階級統治**。因為即使專制者得討好某一部分大眾，給予他們某些經濟上或其他方面的利益；但這並不代表**這些人**有權力強使這些利益成為他們的權利。如果沒有種種**制度**幫助這些人遂行其影響力，專制者即可能撤銷他們所享受的利益，並尋求另一批人的支持。

注34：見：*H. o. M.*, 171（= Karl Marx, *Civil War in France*, Martin Lawrence, London, 1933, 19，由恩格斯作序）。另見：*H. o. M.*, 833 = *The Proletarian Revolution*, 33-34）

注35：見：*H. o. M.*, 45（= *GA* , Series I, vol. vi, 545）。另見本章注21。進一步參看下列引自《共產黨宣言》的內容（*H. o. M.*, 37 = *GA* , Series I, vol. vi, 538）：「共產黨人的直接目的是……，無產階級控制政治權力。」

（一）馬克思在《共產主義者聯盟講詞》中（*H. o. M.*, 67 = *Labour Monthly*, September 1922, 143，另見本章注14及第二十章注44），詳細提到前述我們謂其必定導致民主戰役失敗的戰術。馬克思解釋在獲得民主後，對民主黨派應持的態度；根據《共產黨宣言》（參看本章注14），共產黨應與他們「聯合並獲致某些共識」。馬克思說：「簡言之，自勝利的第一刻開始；我們不得將吾人的不信任再朝向那被擊潰的反動敵手，而應朝向我們以前的盟友。」（亦即打擊民主人士）

馬克思主張「應立即實現以軍火、槍枝，武裝整個無產階級」，「工人必須試圖將自己組織為獨立的衛隊，擁有自己的首領與參謀」。目的是「中產階級的民主政府不僅失掉工人的一切支持，而且從一開始，中產階級的民主政府就會發現自己受到各種權威的監督和威脅；而在這背後，是整個工人階級在支持著。」

明顯的是，這種政策註定要摧毀民主，註定要使政府打擊那些不準備守法的工人，並試圖以威脅來統治。馬克思試圖以預言來為他的政策找藉口（*H. o. M.*, 68, 67 = *Labour Monthly*, Sept. 1922,

143）：「一俟新政府建立，他們就開始打擊工人。」同時他說：「由於（民主）黨派對工人的背叛，會從勝利的那一刻開始，為了使他們的惡毒的工作受到挫敗，組織和武裝無產階級是必要的。」我想這種戰術恰好會產生如其所預言的邪惡結果。他們會使其歷史的預言成真。事實上，如果工人循著這種路線前進，則每一個民主黨人就會被迫（特別是當他希望促進被壓迫者的主張）加入馬克思所描述的出賣工人的隊伍中了；同時，他們將會打擊那些為了保護個人免於專制與大獨裁者之恩惠，而破壞民主制度的人。

可以補充的是，這段話是馬克思比較早期的說法；他較成熟的意見也許有些不同，但無論如何是更曖昧的。不過，這並不排除一種事實，那就是這些早期內容具有永久性的影響，且經常被實踐，到處造成損害。

（二）關於上述（b）點，在此可以引一段列寧的話（*H. o. M*, 828 = *The Proletarian Revolution*, 30）：「……工人階級十分理解中產階級的議會，對他們來說是**陌生**的制度，是中產階級**壓迫無產階級的工具**，是敵對階級的、屬於少數的剝削者的制度。」很顯然，這說法並不鼓勵工人去保護議會民主，使之不受法西斯的摧殘。

注36：見：Lenin, *State and Revolution*, 68（*H. o. M*, 744）：「資本主義社會的民主……是富人的民主……。當馬克思說被壓迫者被允許每隔數年從壓迫階級中選出一位代表……來壓迫他們時……，馬克思真是十足的把握了資本主義的民主本質！」另見第十七章注1及注2。

注37：列寧在《左翼共產主義》（*Left Communism*）中說：「……所有的注意力必須集中在『下一

708

步』……，找出『過渡或達到』無產階級革命的各種形式。無產階級的先鋒已經在意識上得到了勝利……但從這最初一步開始，仍有很長的勝利之路要走……為了使整個階級……能到達這一步，光是宣傳和煽動是不夠的。『群眾應有他們自己的政治經驗。』這是一切偉大革命的基本法則……『必要的是……要透過他們自己的痛苦經驗來理解……為了使他們堅定地走向共產主義，極端反動而絕不動搖的獨裁……是無產階級的唯一選擇。』」（*H. o. M.*, 884 f = V. I. Lenin, *Left-Wing Communism, An Infantile Disorder*. L. L. L. vol. xvi, 72-73，雙引號為作者所加）

注38：正如所預期的，馬克思主義的兩派都試圖將失敗歸罪於對方；一方譴責對方在政策上帶來的災禍，另一方則反過來譴責它使工人相信可能在民主戰鬥中獲勝。說來諷刺，馬克思本人曾有一極佳的描述，完全吻合這種將責任推諉到外界因素，尤其是競爭對手身上的方法（當然，馬克思的這種描述，是針對當時與其競爭的左派團體），馬克思說：「他們毋須認真計算自己擁有的資源，他們只須打個手勢，群眾就會盡一切所能壓倒壓迫他們的人。在實際的情況中，如果他們的……力量證明純粹是無力的，那麼錯的要不是那些邪惡的詭辯者（大概是其他黨派），將團結在一起的人民分裂成各種不同的敵對陣營，要不就是……整個事件在執行細節上遭到破壞，或者是當時發生預料之外的偶然事件，破壞了事情的進行。無論如何，民主或反民主人士要承擔那種最令人感到羞恥的失敗，就像其過去陷入無知一樣，**帶著一種新的信心堅信他們註定要統治；他本人及其黨派都不須放棄原有的立場，相反地，條件會成熟，朝他的方向走……**」（*H. o. M.*, 130 = V. I. Lenin, *The Teachings of Karl Marx*, L. L. L. vol. i, 55，最後的粗體為作者所加）

注39：我之所以稱之為「激進派」，是因為那些視法西斯為發展中不可避免之必然階段的人，不僅限於共產黨。甚至某些曾英勇地、但為時已晚地抵抗法西斯主義的一些維也納工人領袖，也忠實地相信：法西斯主義是走向社會主義歷史發展中的必然步驟。雖然他們極憎恨法西斯主義，卻將之視為前進的一步，以帶領受苦的人民走向那最終的目標。

注40：見：本章注37所摘引的內容。

第二十章

資本主義及其命運

373 依照馬克思主義的理論，資本主義正面臨其內部的矛盾而趨於瓦解。仔細分析這些矛盾及其對資本社會歷史發展的影響，構成了馬克思預言論證的第一步。這一步不僅是馬克思整個理論最重要的一部分，也是他致力最多的部分，幾乎可以說三卷《資本論》全都是在開展它（在最初版本有超過兩千兩百頁[1]）。它建立在一種描述性的分析上，並由他當時的經濟系統（一種為所欲為的資本主義）之統計學所支持，故而也是其論證中最不抽象的一步[2]。正如列寧所說的：「馬克思完全從**當代社會之經濟運動法則**演繹出資本主義轉變到社會主義的必然性。」

在仔細分析馬克思預言論證的第一步之前，我想先以非常簡略的方式描述其主要的觀念。

馬克思相信：資本家彼此之間的競爭，把資本家綑得死死的。競爭迫使資本家累積資本。由於累積資本，他就違反了他長期的經濟利益（因為累積資本容易導致利潤降低）。不過，這些所作所為雖然違反其個人利益，卻對歷史的發展有利；他不自覺地為經濟的進展和社會主義而工作。這是由於事實上，資本的累積意味著：（a）增加生產；增加財富；財富集中在少數人手中；（b）增加貧困與不幸；工人的薪資僅夠維生，這主要是由於工人的過剩，
374 亦即所謂「工業後備軍」將薪資壓到最低可能的水平上。由於景氣的循環，不論為期多久，都會使成長的產業無法吸收剩餘的勞力。這種情況是資本家所不能改變的，即使他們希望也

沒辦法。因為他們的利潤率降低，使他們一採任何有效的措施，就會陷入危險之中。如此一來，資本家的資本累積，反而變成一種自殺式和自我矛盾的過程，儘管它促進了科技、經濟和歷史朝向社會主義發展。

1

馬克思第一步論證的前提是資本家競爭，及生產工具累積的法則。結論則為財富和不幸俱增的法則。現在，我就以解釋這些前提與結論來開始我的討論。

在資本主義制度下，資本家之間的競爭扮演了重要的角色。如馬克思在《資本論》中所分析的[3]：「競爭的戰鬥指競相削價，以比競爭者更低的價格去出售商品。」馬克思解釋道：「不過商品的低廉反過來又要依賴其他的東西，如勞動生產力，而這又依靠生產的規模。」因為大規模生產，能夠使用較特殊的機器和較多的機器；這就增加了工人的生產力，而允許資本家生產較多的商品，並以低價出售。「因此，大的資本家勝過小資本家……。競爭的結果永遠是較小的資本家垮台，他們的資本落入勝利者的手中。」（如馬克思所指出的，信用系統更加速了這個過程。）

根據馬克思的分析，上面所描述的**因競爭而累積資本的過程**，有兩個不同面向。其一是，為了生存，資本家被迫要累積或集聚更多資本；這意味在實際上投資更多的資本，購買更多更新的機器；這樣就繼續增加工人的**生產力**。另一方面，則是愈來愈多財富**集聚**在不同的資本家，及資本家階級手中；隨著資本家的人數減少，就會出現馬克思所稱的**資本集中**[4]（與僅為累積或集聚不同）過程。

375 根據馬克思，競爭、資本累積和增加生產力這三詞指出了資本主義的基本傾向。這就是我描寫馬克思論證第一步的**前提**所提及的「資本家競爭和資本累積的法則」。而第四和第五個詞則是資本集聚和資本集中，指的是構成論證第一步**結論部分**的一種傾向；它們描述財富的持續增加，同時逐漸集中在少數人手中。不過，結論的另一部分，即「不幸增加」的法則，是在一個更為複雜的論證中達成的。但在開始解釋這個論證之前，我必須先解釋這個部分的結論。

馬克思所使用的「增加不幸」一詞，可能意指兩種不同的事物。它可能用來描寫不幸的範圍擴大、不幸人數的增長，或者可能用來指不幸強度的增加。毫無疑問地，馬克思相信在範圍和強度上，不幸都是增加的。但這就超過馬克思的論點所需了。為了預言論證的目的，對此詞作一稍寬的解釋，亦能達到同等功用（甚至更好[5]）；也就是說，這解釋所根據的不幸，範圍雖然增大，但強度可能有、也可能沒有增加；不過無論如何，沒有顯著的下降。

但我們還要進一步提出更重要的評論。對馬克思而言，不幸的增加，基本上牽涉的是**對**

工人剝削的增加，包含人數以及強度方面。同時，這不可否認也帶來了失業人口及其痛苦的增加，馬克思稱失業人口為（相對）「剩餘人口」或「產業後備軍」[6]。不過在這種過程中，失業者的功能是將壓力加在被雇用的工人身上，進而幫助了資本家對工人的進一步剝削，盡力從他們身上榨取利潤。馬克思說：「產業後備軍屬於資本主義，他們是資本家自己培育出來的。基於各種不同的需要，資本家創造出隨時準備被剝削之人力資源……。在不景氣及半景氣的時期，產業後備軍對被雇用的工人形成了壓力；當超額生產和景氣頂峰時，又勒住了他們的熱情。」[7]根據馬克思的看法，不幸的增加，本質上就是剝削的增加；且因為失業者的勞動力未被剝削，在資本家剝削工人的過程中，他們便是資本家無酬的助手。這個論點很重要，因為後來馬克思常常提到失業就是證實不幸增加的事實之一；不過，失業須與工人的剝削——亦即工時長，實質工資降低——一起出現，方可用來證實馬克思的理論。

這點足夠解釋「不幸增加」一詞。不過，我們仍然需要解釋馬克思所聲稱發現的「增加不幸」的**法則**，這個法則是馬克思整個預言論證之所繫。馬克思認為資本主義不可能降低工人的不幸，因為資本累積的機制，使資本家在強大的經濟壓力之下，若要維持不垮，就得將壓力轉嫁到工人身上。這是資本家何以不能妥協、何以不能滿足工人任何重要需求的原因，即使他們希望如此；這也是何以說「資本主義無法改善，只能被毀滅」的原因[8]。顯然，這個法則是第一步論證的決定性結論。而另一結論，即財富的增加法則，提到若能使增加的財富讓工人有機會分享，就會是無害的。馬克思認為這是不可能的；而這點就是我們要批判分析的主要部分。但在提出和批評馬克思這個論證之前，我要評論這結論的第一部分，亦即財富的增加。

馬克思觀察到財富累積和集聚的傾向，這幾乎是完全正確的。他關於生產力增加的論述，大體來說，也是無懈可擊。雖然一個企業之生產力的提高，所帶來的好處可能終究有限，但機器的累積和改善，所帶來的有利影響則幾乎是無限的。然而，就資本越來越集中在少數人手中來說，事情就不如馬克思說的那樣簡單了。毫無疑問地，這種趨勢確實存在，同時我們也承認在為所欲為的資本主義制度下，對這一趨勢少有對抗的力量。關於馬克思對為所欲為的資本主義的描述部分，我們沒什麼可以挑剔。然而若將其當成一個預言，它就很難站得住腳了。因為我們現在知道有很多立法干涉的方法。如稅制和遺產稅可以極有效地用來防止財富的集中，且目前都已採用了這些措施；此外，也可使用反托拉斯（anti-trust）的立法，雖然效果比較小些。要評估馬克思預言論證的說服力，我們必須考慮到這方面的改進可能；且如前一章所指出的，我必須說，馬克思用以建立其財富集中和資本家減少的預言論證，乃是不充分的。

377 解釋了第一步論證的主要前提和結論，以及解決了第一個結論後，我們現在將注意力全部集中在馬克思對另一結論的推衍，亦即預言式的不幸增加法則。在他企圖建立的這種預言中，可以分辨出三種不同的思想方向。我們將在下面四節分別處理，它們是：二、價值理論；三、剩餘人口對工資的影響；四、景氣循環；五、利潤率降低的影響。

2

馬克思主義者和反馬克思主義者，通常都認為**價值理論**是馬克思信條的基石，我反而認為是不太重要的一部分，事實上，我之所以現在就處理，而不在下一節處理此部分的唯一理由是，一般都認為它很重要而我的看法卻不同，若不先討論此理論，我就無法維護自己的看法。不過我立即要說明的是，由於價值理論是馬克思主義的一個累贅，因此我其實是在護衛而非攻擊馬克思。無疑地，許多批評都指出價值理論自身非常脆弱，這些批評是完全正確的。但即使它們錯了，如果馬克思主義能完全獨立於這種爭議性的理論，而建立其決定性的**歷史政治學說**（**historico-political**）的話，它的地位就會更加穩固。

所謂**勞動價值理論**（**labour theory of value**）[9]的觀念，是馬克思目的性地自前人的啟發中加以挪用的（他特別提到亞當・斯密〔Adam Smith〕和李嘉圖〔David Ricardo〕）。這個觀念事實上非常簡單：如果你需要一名木匠，你就必須計時付酬。如果你問他為何某一件工作比另一件工作更貴，他會指出因它的工作量更大。除了勞動外，當然還要付木材的錢。然而，若再稍加仔細思考一下，就會發現你所付的工資中，還間接包括植林、砍伐、運輸與鋸解等等。這種考慮提示了一種一般性理論，那就是你為某種服務或貨物所付的錢，約等於其所含的工作量，亦即生產該貨品所需的勞動時間。

我之所以說「約等於」，因為實際的價格是浮動的。不過，在這些價格背後，總有、或至少有一個更為穩定的東西，這就是一種平均價格（average price），實際價格在這上下波動[10]。平均價格賦予了一件事物的「交換價值」（exchange-value），簡言之，就是事物的「價

378

值」。馬克思利用這種一般性觀念，將一種商品的**價值**定義為生產（或再生產）平均所需的工時。

另一種觀念，即**剩餘價值的理論**，也幾乎是一樣的簡單，它也是馬克思自前人理論中襲取而來的（恩格斯認為[11]主要來源是李嘉圖，他也許是錯的，不過我仍遵循這一看法）。剩餘價值理論是一種嘗試，企圖在勞動價值理論的限定內回答下述問題：「資本家如何謀取利潤？」如果我們認為在工廠中生產的商品，是以其真正的價值，也就是生產所需的工時，在市場上銷售的話，則資本家獲利的唯一方法，就是付給工人比產品價值更低的工資。這樣一來，工人所得到的薪資就代表一種與其工作時間並不相等的價值。而我們便可將工作日分為兩部分，一部分是與他工資相等而必須工作的生產時間，另一部分是為資本家工作的生產時間[12]。相應地，我們就可將工人生產的全部價值分為兩部分，一是與他薪資相等的部分，其

餘的便是所謂**剩餘價值**。資本家就是佔取這個部分的剩餘價值，這便是他「**利潤**」的唯一基礎。

到目前為止，故事聽起來非常簡單。不過，現在一種理論上的困難出現了。價值理論的引進是為了解釋商品交換的實際價格；而它仍然假定資本家在市場上能夠得到其產品的全部價值，亦即生產所費的總工時的價格。然而在勞動市場中，工人從資本家賺得的實際價格似乎不合真正的價值。工人似乎是被欺騙、搶劫，無論如何，看起來就是沒有依照價值理論所設想的一般法則而得到報酬，亦即實際付給工人的**全部**價格，至少差不多是取決於商品的價值（恩格斯說，馬克思所稱的「李嘉圖學派」經濟學家了解這個問題，但無能解決，所以導致該學派的崩潰[13]）。這個困難似乎有個明顯的解決辦法。資本家獨佔生產工具，這種優越的經濟力量，即使違反價值法則，也使工人不得不屈從。但這種解法（我認為這是一種頗有可能的描述），最終卻破壞了整個價值理論。因為現在有一些價格，亦即工資，並不符合它們的價值，而且所差的還不只一點。這樣一來，就出現了一種可能性，即其他的價格，亦可能基於同樣理由而有類似的情況。

379

以上便是馬克思要拯救價值理論時所要面對的情境。藉由另一簡單但傑出的概念之助，他成功地指出剩餘價值論不僅與勞動價值論相容，並且可以自後者嚴謹地演繹出來。想要達到這種演繹，我們只須問自己：精確地說，工人所賣給資本家的商品是什麼？馬克思的回答是：不是他的**勞動時間**，而是他的整個**勞動力**。資本家在勞動市場上所購買或所雇用的，是工人的**勞動力**。讓我們暫時假設，這種商品是依其真正的價值出售，它的真正價值是什麼呢？依照價值的定義，**勞動力**的價值是生產或再生產所必需的**勞動時間**的平均數。不過，這顯然只不過是工人（及其家庭）製造**維生手段**（**means of subsistence**）所必需的時間。

於是馬克思達成了以下結論：工人整個勞動力的真正價值，等於工人創造其維生手段所需的勞動時間；勞動力就是以這種價格賣給資本家的。如果工人能夠工作比這更長的時間，他的剩餘勞動就屬於購買或雇用其勞動力的人。勞工的生產力愈大，亦即一個工人在每一小時內生產愈多，他為維生而生產所需要的時間就愈少，因此就有更多的時間被資本家剝削。這點指出資本家的剝削基礎是**勞動的高度生產力**。如果工人一天的生產不超過他自己的生活所需，則在不違反價值法則的情況下，剝削就是不可能的，除非透過欺騙、掠奪和謀殺。然而，一旦引進了機器，使工人一天的生產遠超過其每日生產所需的話，資本家的剝削就成為可能了。即使是在一個所謂「理想的」資本主義社會中，包括勞動力在內的每一商品，都依其真正價值買賣，剝削還是可能發生。在這樣一個社會中，不義的剝削並不是由於工人的勞動力未得到「公平價格」的報酬，而是由於他的貧窮，使他不得不出賣自己的勞力，而資本家的財富適足以大量地購買勞力，並從中牟利。

馬克思就這樣導出了剩餘價值的理論[14]，暫時挽救了瀕於破滅的勞動價值理論；雖然事實上我認為這整個「價值問題」（指有一個「客觀的」真正價值，而實際價格則在其上下波動）是無關緊要的，但我仍樂於承認這是理論上第一流的成功。不過，馬克思不只拯救了這個原是「中產階級經濟學家」所發展的理論。他一氣呵成提出剝削的理論，並解釋了工人的薪資為什麼總是在生存（或飢餓）的邊緣上。不過，馬克思最大的成功，在對於資本主義的生產方式為何傾向於用自由主義的法律外衣這事實提出了解釋，這也符合他對法律系統採取的經濟理論。這種新的理論使他得到一個結論，那就是每引進新的機器，使生產力增加，剝削就會出現一種新的形式；這種剝削不是建立在野蠻的暴力上，而是建立在自由市場，以及「形式上」的遵守正義、法律之前人人平等和自由之上。他斷言資本主義不僅是一種「自由競爭」的系統，更是「由剝削他人勞動來維持的；不過這種被他人剝削的勞動，**從一種形式上的意義**來說，它是自由的。」[15]

在此我不能詳細說明馬克思應用其價值理論，所延伸的許多令人震驚的說法。事實上這也沒有必要，因為我的批評會指出對價值理論做這種探索是無益的。現在我要開始這一批判；它的三個主要論點是：（a）馬克思的價值理論不能充分解釋剝削，（b）這解釋所必要的附加假設多到使價值理論變得冗長，（c）馬克思的價值理論，是一種本質主義或形而上的理論。

（a）價值理論的基本法則是，包括薪資在內的一切商品，其實際價格是由它們的價值

381

所決定的，或更精確地說，至少接近產品所必需的勞動時間的平均數。這種「價值法則」立即引出了一個問題：為什麼能維持這樣一種法則呢？顯然，商品的賣者和買者均無法一眼看出生產所需的必要時間是多少；即使假定他們能夠看出來，仍然不能解釋價值的法則。因為很明顯，買者一定儘可能想低價買進，賣者卻恰相反。這是任何市場價格理論的基本設定。為了解釋價值法則，我們就應指出何以買者不易以低價（價值）買進，而賣者不易以高價賣出。那些相信勞動價值論的人，或多或少都顯然知道有此問題，他們的回答是這樣的：為了使事情簡化，並獲得一個近似的平均價，我們最好假設一個完全自由的競爭；同時基於同樣的理由，我們只考慮那些幾乎可以無限量生產的貨品（只要勞力夠的話）。現在讓我們假設這樣的一種商品價格是超過其價值的；這意味著在這支生產部門上，可以有超額的利潤。這將會鼓勵不同工廠都生產這種商品，而競爭會使其價格降低。而相反的過程，則會使一種原以低於其價值賣出的商品價格提高。這樣就產生了價格的波動，而它們最終都會收斂於其價值處。換句話說，它是一種供需的調節作用，在自由競爭下，使價值法則發生作用[16]。

在馬克思的著作中經常出現這類論述，例如在《資本論》第三卷中[17]，他試圖解釋為何不同製造業的利潤都會自行調整到一個平均的水平。在第一卷中也使用了這類論述，特別是用來解釋何以工資低到僅夠糊口，或者都只維持在免於飢餓的邊緣。明顯的是，薪資若低於這個水平，工人實際上就要餓死，勞動市場勞動力的供應就沒有了。但是只要有人活著，就會有勞動力；同時馬克思企圖詳細指出（第四節中將會看到），何以資本家累積資本的作用必定會創造剩餘勞動力，亦即一種工業的後備軍。因而只要工資保持在飢餓的水平線以上，在勞動市場上就不但會有充足的、甚至還會有過多的勞動力供應；而這種過多的勞動力供應，根據馬克思的看法，阻止了工資的上升。他說：「產業後備軍對已被雇用的工人階層形成壓力；……因此，剩餘人口是一種基礎，勞動的供需法則就在這種基礎上運作。剩餘人口使得這種法則只允許在一種範圍內運作；那就是最適合資本家貪婪的剝削和支配的範圍。」[18]

（b）這一段落顯示出，馬克思本人理解，必須要用一種更具體的理論支持價值法則；這理論應指出在任何情況下，**供需法則**是如何導致我們需要解釋的結果，例如使人瀕於飢餓的薪資。不過，如果供需法則足以解釋這些結果的話，那麼不論勞動價值理論是否能夠成立（我認為不能），我們都不需要它了。此外，正如馬克思所理解的，供需法則在那些非自由競爭的市場中，是解釋一切事物的必需品，而他的價值論則顯然無用武之地。例如，當獨佔
382 可以使價格一直高於其「價值」之時，馬克思認為這是一種特殊情況，這種觀點很難說是正確的；不過，無論這種情況是不是特例，獨佔的例子顯示，供需法則不僅是補充價值法則所必需，而且也更能做一般性的應用。

另一方面，明顯的是供需法則不僅是必要的，而且適足以解釋一切馬克思觀察到的「剝

削」現象——或精確地說，能解釋因資本家的財富所造成的工人的不幸——若我們像馬克思一樣假設，有一個自由勞動市場及週期性的過多勞動力供應（我們將在第四節更詳細討論馬克思勞動供給過剩的理論）。則顯然，如馬克思所指出的，工人在此種情況下，就會被迫在低工資下長時間工作，換句話說，工人會允許資本家「將勞動成果中最佳的一部分據為己有」。而且這種平常不過的論證——也是馬克思論證的一部分——根本連「價值」一詞都毋庸提及。

因此，不論價值理論本身是對是錯，它顯然完全是馬克思剝削理論的多餘部分。不過，假定我們接受剩餘人口理論，去掉了價值理論，毫無疑問，馬克思的剝削理論即為正確的了。若不透過政府重新分配財富，剩餘人口的存在必定會導致令人難以餬口的低薪，以及令人氣憤的生活水準差異。

（令人不解，而且馬克思也未解釋的是：何以勞動的供給會持續超過勞動的需求？既然「剝削」勞動是那樣的有利，那麼資本家何以不會透過競爭雇用更多勞工，以提高他的利潤呢？換句話說，他們為何不會在勞動市場上彼此競爭，以致使薪資上升到他們再無足夠的利潤可圖，因而也再無剝削可言呢？馬克思的可能回答是〔參考下面第五節〕：「因為競爭迫使他們在機器上投下更多的資本，因此他們不能再增加薪資這方面的資本。」不過，這種回答不能令人滿意，因為即使假定他們將資本用在機器上，他們也須購買勞力來建造機器，或者使他人購買此類勞力，因此就增加了勞動力的需求。基於這些理由，馬克思所觀察到的「剝削」現象，似乎不如他所相信的，是完全由於競爭市場的作用，而是還有一些其他因素——特別是由於低生產力加上不完全競爭的市場所致。不過對於這種現象，似乎還沒有一種令人滿意的詳細解釋[19]。）

（c）在結束價值理論的討論和馬克思所分析的部分之前，我想簡短地評述一下價值理論的其他方面。所謂在價格的**背後**，有某種客觀、實在或真正的價值，而價格只是一種「表象的形式」（form of appearance）[20]，這整個觀念，顯然並非馬克思的發明，而是受柏拉圖的唯心論所影響。也就是柏拉圖對隱藏的本質（hidden essential）或真正的實在（true reality），以及偶然或虛幻的表象（accidental or delusive appearance），這兩者的區分。必須指出的是，馬克思曾非常努力於摧毀客觀「價值」的神祕性質，但他沒有成功[21]。他曾試圖使自己變得更實在主義，只接受某種可觀察和重要的事物——亦即勞動時間——為價值形式中的實在；不容懷疑的是，生產商品所必需的勞動時間，亦即馬克思的「價值」，確實是重要的事物。而從某一角度來看，是否要將勞動時間稱為商品之「價值」，純粹是文字上的問題。不過這樣一種文字遊戲，極可能會使人被誤導和不現實，尤其若我們同意馬克思假設的勞動生產力增加的話。因為馬克思本人曾指出[22]，當勞動生產力增加，一切商品的價值就會減少，同時實際薪資和實際利潤也就可能增加，也就是：工人和資本家分別消費的商品增加，同時薪資和利潤的「價值」減少，亦即在生產商品上所花費的時間會減少。因此，只要我們發現諸如縮短工作時間、改進工人的生活水準有實際的進展（與各自收入提高無關[23]，即使以黃金計亦如此），那麼工人同樣可以大大抱怨馬克思所謂的「價值」，亦即收入的實在本質減少了，因為生產所需的勞動時間減少了（資本家也可能有相同的抱怨）。這些馬克思自己都承認；同時這也顯示出「價值」這個詞彙是如何的誤導，而它對工人真實的社會經驗的描寫又是如何之少。在勞動價值論當中，柏拉圖式的「本質」已經完全脫離了經驗……[24]

3

在去除了馬克思的勞動價值論及剩餘價值理論之後，當然，我們仍能保有其對**剩餘人口**
加諸雇用工人薪資壓力的分析（見第二節（a）的結尾）。不可否認，如果自由勞動市場**和**
剩餘人口同時存在，亦即廣泛和週期性的失業現象（自馬克思時代迄今，失業都扮演了重要
384 角色，這是毫無疑問的），則薪資終不能高於勉強餬口的水準；同時，在同樣的假設下，再
加上上述的資本累積理論，雖然馬克思「不幸增加」的法則沒有獲得確證，然其認為在高度
利潤和財富增加的世界中，勉強餬口的薪資和不幸的生活乃是工人的永久命運，這實在是正
確不過的。

我認為，即使馬克思的分析有缺點，他努力解釋「剝削」的現象仍是令人尊敬的（如在前節（b）末尾所言，甚至現在還沒有一種令人滿意的理論出現）。必須說明的是，馬克思預言他所觀察到的現象，若沒有革命來予以改變，將永遠持續下去，這點當然是錯的；至於他預言情況會愈來愈糟，更是錯誤。事實已駁斥了這些預言。此外，即使我們承認他對一種毫無限制和干預的系統所做的分析是有效的，他的預言論證也並不完整。因為依照馬克思的分析，不幸增加的傾向，只有在自由勞動市場——一種全無限制的資本主義系統中才有可能。然而，一旦我們承認貿易聯盟、集體議價和罷工的可能性，則馬克思分析所據的設定就不再適用，由之，整個預言論證也就隨之垮台。根據馬克思自己的分析，我們應該預期這樣的一種發展不是被壓制，就是會激起社會革命。因為集體議價能夠透過一種類似勞力壟斷的方式來對抗資本家，使資本家不得不滿足於較低的利潤。我們由此可以看到，何以要高喊「工人聯合起來！」從馬克思的觀點來看，這實在是對為所欲為的資本主義唯一可能的回應。

不過，我們也看到這呼喚何以開啟了政府干涉的問題，又為何它可能使為所欲為的資本主義結束，而讓一個新的系統——**干涉主義**誕生[25]，而這樣帶來一種截然不同的發展。因為幾乎不可避免地，資本家會反對工人的聯合，堅稱工人聯合必會危及勞動市場的自由競爭。因此，不干涉主義面臨了一些問題（它是自由的弔詭的一部分[26]）：政府要保護哪一種自由呢？是保護勞動市場的自由，還是保護貧苦者聯合起來的自由？不論最後做成何種決定，都

385 會導致政府的干預，如導致政府和工會等有組織的政治力量，在經濟的領域中作用。最終無論如何，政府的經濟責任都會擴大，不論這責任是否被有意地負起。同時，這意味著馬克思賴以分析的種種假設必將消失。

因此，他所導衍出來的「不幸增加」的歷史法則，從此無效。所留下的只有對於一百多年前不幸工人的感人描述，以及列寧所謂「馬克思對當代社會（亦即一百多年前為所欲為的資本主義社會）運行之經濟法則」加以解釋的勇敢企圖[27]。不過，做為一種歷史預言，以及用以導出某些「不可避免」的歷史發展而言，這種推導是無效的。

4

馬克思分析的重要性，主要在於一個事實，即剩餘人口確實存在於他的時代，並一路延續到今天（如我已經說過的，這項事實迄今仍未有令人滿意的解釋）。然而，到目前為止，我們還未討論到支持馬克思主張的理論，亦即資本主義的生產機制本身就會導致剩餘人口，而它也需要剩餘人口來壓低薪資。這一理論不僅深具獨創性，也非常有趣；它同時包含馬克思的**景氣循環**理論和一般經濟蕭條的理論，它顯然與馬克思預言資本主義系統必將導致不幸達到難以忍受的程度，最後隨之崩潰有關。為了儘可能強烈表達馬克思的理論，我將稍微進行一點更改（即區分兩種生產機器，一種是用以擴充生產，一種是用以密集生產）[28]。這種更改並不會引發馬克思主義讀者的疑慮；因為我並不打算批評他的這個理論。

修正後的剩餘人口理論和景氣循環理論，可大要描述如下：資本累積意指資本家將一部分的利潤用在新的機器上；也可以說，他的實際利潤只有一部分包含在消費商品中，另一部分則包含在機器中。這些機器可以反過來**擴充**產業，如建立新的工廠等，或者藉由增加既存產業中工廠的勞動生產力，來做**密集**（**intensifying**）的生產。前一種情況的機器可使雇用的工人增加；後一種情況的結果，則會使工人過剩，在馬克思時代稱這種情形為「使工人閒散」（**setting the workers at liberty**）（今日則有時稱作「技術性失業」）。資本主義的生產機制，從修正後的馬克思景氣循環理論來看，其運作大致就是如此。而如果我們現在先假設，基於某些理由，產業上有一種普遍性的擴張，可以吸收一部分的工業後備軍，使勞動市場的壓力減輕，工資上漲。一段繁榮的時期就開始了。但是就在工資上漲時，某種增強了密集生產、本無利潤的機器改進，卻開始有利可圖（即使機器的費用上升亦然）。因此，更多的機器被生產出來，從而就會「使工人閒散」。只要這些機器尚在製造的過程中，繁榮就會繼續或者增加。不過一旦新的機器開始投入生產，情況就改變了（依照馬克思的看法，利潤率的下降，更將加強這種改變，我們將在第五節討論）。工人「閒散」，等於是註定要餓死。不過，許多消費者的消失，也必定會導致家庭市場的衰落。結果，擴張工廠的許多機器，也跟著變成閒置的了（首先是比較缺乏效率的機器），這樣就更使失業增加，而進一步使市場衰頹。更多機器變成無用武之地，這意味更多的資本變得一文不值，而許多資本家就不能履行他們的責任；如此，財政危機出現，資本財的生產就整個停滯下來。然而，當不景氣（或如馬克思所稱的「危機」）發生時，又會醞釀著使景氣恢復的條件。這些條件主要在於工業後備軍的增加，以及工人願意接受勉強餬口的工資。由於工資極低，即使是在不景氣市場中以低價出售，生產還是有利可圖的；而一旦生產開始，資本家又開始累積資本、購買機器。因為工資非常低廉，他會發現採用使工人閒散的那種新機器尚無利可圖（也許這時又已經發明了新機器）。一開始他會寧可購買擴大生產計畫的機器，這會慢慢增加雇用人力，並恢復家庭消費市場。繁榮又開始了。於是我們又回到原先的出發點。循環結束，新的過程又再度開始。

以上便是修正後的馬克思失業和景氣循環的理論。如我已承諾的，我不準備批評它。景氣循環理論是極為困難的事件，我們確實還不十分理解（至少我不十分理解）。我概述的理
387 論很可能並不完全，特別是部分建立在信用創造（**credit creation**）上的貨幣系統，以及有關囤積的種種影響。不過，不論情況如何，景氣循環是一件很難探討的事實，馬克思最大的貢獻之一即在強調它所具有的社會問題意義。但即使如此，我們仍要批評馬克思企圖以他的景氣循環理論為基礎所建立的預言。他首先斷言：不景氣不僅在規模上會越來越糟，而且在工人所遭受的不幸強度上也會越來越壞。不過他並未給出支持的論證（或許除了利潤率降低這個

理論，下面我們將會討論這點）。同時，如果著眼於實際的發展，我們就必須說，失業的種種可怕影響，特別是對心理上的影響；即使是現在在某些國家擁有保險的工人身上亦如是，但在馬克思的時代，工人所遭受的痛苦卻是無以復加地糟，這是毫無疑問的；不過，這不是我要說的主要論點。

在馬克思的時代，沒有人想過國家干涉的技術，現在這種技術被稱為「反循環政策」（**counter cycle policy**）；當然，對於為所欲為的資本主義系統來說，這樣一種思想絕對是全然陌生的（但即使在馬克思之前的時代，我們可以發現當不景氣時，就有對英格蘭銀行的信用政策不僅懷疑、甚至探究其得失的舉動[29]）。無論如何，失業保險就意味著干預，這不僅擴大了政府的責任，同時也可能導致反循環政策的實驗。我並不認為這些實驗必定是成功的（雖然我相信最後會證明這問題並不是那麼困難，尤其是瑞典已在這方面顯露了相當的成績[30]）。然而我想強調的是，那些認為漸進措施不可能消除失業的人，就像以往許多人憑著一些物理證明就認為飛行問題無法解決一樣，都是流於獨斷主義（提出這些意見的人，甚至比馬克思的時代還晚）。當馬克思主義者說：馬克思已證明反循環政策和漸進措施無濟於事時，他們只是在說瞎話而已。馬克思研究的是為所欲為的資本主義；他根本從未想到干涉主義。因此他就沒有探求有系統地干涉景氣循環的可能性，更不用提他會證明這種理論的不可能。奇怪的是，有一類人責備資本家不為人類的痛苦負責，但他自己卻也以獨斷的態度，不負責任地

388

反對我們進行一些可能教會我們減緩人類痛苦的實驗（或如馬克思所說的，如何成為我們自己的社會環境的主人），以及學會如何控制某些我們行為造成的不良社會影響。但為馬克思主義辯護的人完全不理解一件事實，那就是他們同樣只顧自己的既得利益而反對進步；他們沒有看出任何運動，正如馬克思主義也具有的危險性，即它很快就會代表各種既得利益發言，包括知識上和物質上的利益。

在此必須說明另一點。如我們已看到的，馬克思相信失業根本上是資本主義用以降低薪資的技倆，目的是使他們更容易剝削被雇用的工人。對他來說，不幸的增加也永遠包括被僱用工人不幸的增加，這便是資本家陰謀的整個關鍵。不過，即使我們認為這種觀點在馬克思的時代是對的，但做為一種預言來看，它已被後來的經驗徹底推翻。自馬克思的時代以來，各地被雇用工人的生活水準日日提高；同時如巴克斯在對馬克思的批評中所強調的[31]，即使是在不景氣時期，被雇用工人的實際工資也提高了，這是由於價格比工資下降更快的緣故（上次的經濟大蕭條即是如此）。這是對馬克思很清楚的一種駁斥，特別是它證明了對失業工人保障的主要負擔，不是由工人而是由企業家所負責時，資本家會因失業而直接遭受損失，而不是像馬克思所說的，是間接地得到利益。

5

在我們對馬克思主義的討論中，迄今還未認真證明其論證第一步中最具決定性的要點，那就是在一種強烈的經濟壓力下，資本的累積將迫使資本家將自身所受的毀滅性痛苦加到工人身上；因此，資本主義無法改革，只能被摧毀。在馬克思建立**利潤率下降法則**的理論中，就包含了證明這點的企圖。

馬克思所謂的利潤率（rate of profit）是跟利率（rate of interest）相符的；它是資本家年平均利潤對資本的比率。馬克思說：由於投資的急速增加，這種利率會出現下降的趨勢；因為資本的累積比利潤的上升要快。

馬克思對這一點的論證也相當創新。如我們所見的，資本家的競爭，迫使他們要進行提高勞動生產力的投資。馬克思甚至承認這種生產力的增加，對人類提供了很大的貢獻。他說：
389 「資本主義的文明化的一面是，它對剩餘價值的剝削方式及所處的環境，較以前的方式（如奴隸、農奴等）更有利於生產力的發展，同時也使社會提升到較高的水平上。因為如此，它甚至創造了種種有利的因素；……因為在任何時候，有用商品的生產數量，永遠都依賴勞動生產力。」[32]不過，資本家這種對人類的服務，不僅不是出於有意；由於下述的原因，他們迫於競爭所做的舉動，反而違反了他們自己的利益。

任何工業家的資本，都可以分為兩部分。一部分投資在土地、機器和原料上，另一部分則用於薪資。馬克思將第一部分稱為「永久資本」（constant capital），第二部分稱為「可變資本」（variable captial）；不過我認為這些名詞容易產生誤解，因此我將它們稱作「不變的資本」（immobilized capital）和「薪資資本」（wage capital）。依馬克思的見解，資本家要想獲得利潤，只有剝削工人；換句話說，用他的薪資資本來剝削工人。不變的資本是一種重擔，但由於競爭，資本家被迫要背負，甚至不斷增加這種資本。但是這種資本的增加並不伴隨著利潤的增加；只有擴大薪資的資本，才能使整體利潤增加。不過，生產力的增加，通常指的是物質部分而非薪資部分。因此，總體的資本也就增加了，但在利潤上並沒有得到補償；這也就是說，利潤率必定會下降。

現在時常有人質疑這種論證；實際上，它早在馬克思以前就遭受過攻擊[33]。儘管如此，我相信馬克思的論證是有一些內容的；尤其是與他的景氣循環理論合併來看時（下一章將再略微討論這方面）。不過在此我想質疑的，是他這個論證對於不幸增加理論的影響。

馬克思認為它們之間的關係如下：如果利率傾向降低的話，則資本家將面對的是毀滅。此時，資本家所能做的就是「從工人那裡拿回來」，亦即增加剝削。他可以增加工人的工作時間、加快工作速度、降低工資、提高工人的生活費用（通貨膨脹）、剝削更多的女工與童工。資本主義的內在矛盾，亦即競爭和獲利的衝突，在此發展到了一個高峰。首先，它們迫使資本家累積資本，提高生產力，因此降低了利潤率。再來，它們迫使資本家增加剝削，直
390 至令人無法忍受的程度，這使得階級之間益形緊張。於是，調和成為不可能。矛盾無法消除，最後就註定了資本主義的命運。

以上就是馬克思的主要論證。但這是否是確鑿無疑的呢？我們必須記住，生產力的提高是資本家剝削的基礎；只有假定工人能夠生產超過他自己及其家人所需要的，資本家才能將剩餘的勞力據為己有。用馬克思的術語來說，生產力的提高，意味著剩餘勞動的增加，同時也是資本家所能運用的工時增加，以及每小時產品的數量增加。換句話說，它代表的是利潤的大幅增加，馬克思承認這一點[34]。他並不認為利潤會縮小。他只是認為整個資本增加的速度會比利潤增加要快，因此，利潤率會下降。

但是，果真如此的話，便沒有理由認為資本家是在一種經濟壓力下受苦，以及不論他願意與否，都得將它轉嫁到工人身上。的確，他也許不喜歡看到他的利潤率下降；然而，只要他的收入沒有下降，反而上升，應該就沒有什麼危險了。一個成功資本家的情境應該是這樣的：他看到他的收入迅速增加，同時他的資本增加得更為迅速，也就是說，他的所得中用於儲蓄的部分，比用於消費的部分增加得還快。我不認為這會迫使他採取絕望的措施，或使他與工人的妥協成為不可能。相反地，在我看來，這種情況似乎是十分能夠忍受的。

當然，這情勢中也藏有一種危險的因子：那些幻想其利潤率不變或上升的資本家，可能會有麻煩；而這類事件一方面的確有助於景氣循環，但也會加速不景氣的到來。不過，它與馬克思預言的概括結果，並沒有什麼關係。

以上是我對馬克思第三個、也是最後一個論證分析的結果；它是馬克思為了證明不幸增加的法則所做的解釋。

6

為了證明馬克思的預言是何等錯誤，同時證明他對為所欲為的資本主義地獄之反抗，
要求「工人們，聯合起來！」的話是何等正確，我將從《資本論》中引用少許段落，在這些
段落中，馬克思討論到「資本家累積資本的一般法則」：「在工廠中……大量未成年的年輕
工人被折磨得精疲力竭；然後，只有少部分的人對工業仍是有用的，因此，他們常被成群地
391 解雇。這樣他們就成為流動的剩餘人口的一部分，這群人口隨著工業的成長而增多……。勞
動力是那樣快的被資本耗盡，結果是中年工人就常已成為廢人……。衛生官員李博士不久前
聲稱：『曼徹斯特上中層階級人士的平均死亡年齡三十八歲，而勞動階級的平均死亡年齡卻
是十七歲；利物浦則是三十五歲比十五歲……。』剝削勞動階級的兒童，成為他們生產的誘

因……。生產力越高……，工人生存的狀況就愈不安定……。在資本主義的系統內，提高社會勞動生產力的一切方法……，成為支配和剝削的方法；他們使工人支解，淪為機器中的一個齒輪，使工作成為一種酷刑……。在資本家魔術的輪子下，拖曳著工人的妻子與兒女……。**這樣一來，資本家累積資本到一種程度，不論所給工人的薪資如何，工人生存的條件，一定更形惡化**……。社會的財富越大，投資總量越大，成長的力量和廣度越大……，剩餘人口也就愈多……。工業儲備軍的規模隨財富的成長而增加，但是……，工業儲備軍越多，不過是更多的痛苦輪流著擔罷了；更多官方正式承認的貧民出現。『**這是資本家累積財富的絕對普遍法則**……。』社會一方面財富累積，另一方面不幸、勞動的痛苦、奴役、無知、殘暴、道德墮化也隨之增加……。」[35]

馬克思對其時代經濟情形的恐怖描繪，實在是再真實不過了。然而，不幸定會隨資本的累積而增加的法則，並不為真。自馬克思時代到現在，生產工具累積和勞動生產力提高的程度，是馬克思難以想像的。然而，童工、工作時間、勞動的痛苦、工人生存的不安定等，並沒有增加，反而是下降了。我並不是說這種過程必然會繼續。並沒有什麼進步的法則，每一件事都要依靠我們自己。不過，巴克斯有一句話公平而簡短地總結了實際情況：「低薪、超長工作時間和兒童勞動，並不像馬克思說的是資本主義後期的特徵，而只是早期的特徵而已。」[36]

為所欲為的資本主義已經過去了。自馬克思的時代以來，民主的干預主義達成了莫大的進展，同時，資本累積所致的勞動生產力的改進，使不幸的消除成為可能。這證明：雖然有
392
過重大的錯誤，但我們也成就了許多，這應激勵我們相信一定可以做到更多。畢竟還有這麼多尚未完成的事。民主干預會讓一切更有可能，而這完全取決於我們自己的努力。

關於我的論證之力量，我並不存有幻想。經驗已證明馬克思的預言是錯的，但經驗總是可以用各種方式被解釋。事實上，馬克思和恩格斯就已開始發展一種**輔助性的假設**（**auxiliary hypothesis**），旨在解釋不幸的增加，何以不如他們所預期的發生。依據這種假設，由於**殖民地的剝削**，或者通常所稱的「現代帝國主義」，拉住了隨利潤率下降的不幸增加之傾向。依據此理論，**殖民地的剝削**，是將經濟壓力轉到在經濟和政治上，比本國無產階級更弱勢的殖民地無產階級身上的一種方法。馬克思說：「在殖民地的投資，可能產生更高的利潤，理由是：此地資本主義的發展仍在落後的階段，此外，奴隸、苦力等，是一種更好剝削的勞力。我看不出這種較高的利潤率——一旦送回帝國本土，有何理由不能成為其平均利潤率的因素，並對利潤率的維持有所貢獻。」[37]（值得一提的是，這種現代帝國主義理論背後的主要觀念，可以追溯到一百六十年前的亞當・斯密。他曾提及殖民地的貿易「必然有助於對維持利潤率」）在這種理論的發展上，恩格斯比馬克思走得更前一步。他雖被迫承認英國的普遍趨勢不是往不幸增加的方向走，而是朝可觀的改進方向走，他卻暗示這可能是因為英國

393

事實上是在「剝削整個世界」。他諷刺地攻擊「英國的工人階級」不但沒有如他預期的遭受苦難，反而「實際上越來越像中產階級」。他繼續說：「這種在一切國家中最具中產階級性質的中產階級，似乎要帶來這麼一種改變：讓中產階級貴族和中產階級的普羅大眾，肩並肩地與中產階級站在一起。」[38]恩格斯的這種陣線改變，就和上一章述及他的另一次改變一樣值得注意[39]。同樣地，它也是受到減少了不幸的社會發展的影響。馬克思斥責資本主義將「中產階級和較低的中產階級無產階級化」，並將工人變成窮人。現在恩格斯又斥責這個系統——它直到現在仍被斥責——將工人變成了中產階級。不過恩格斯抱怨中最精采的地方，是他憤怒地稱英國這個完全違反馬克思預言的國家為「所有國家中最中產階級的一個」。依照馬克思主義者的理論，在這個「最中產階級」的國家中，不幸和階級緊張應該要發展到難以忍受的程度；然而，我們看到的卻是完全相反的結果。而當恩格思這個模範馬克思主義者聽到此一罪惡的資本主義系統，竟將好無產階級變為壞中產階級時，他怒髮衝冠，完全忘記了馬克思所指出的資本主義邪惡，應該會存在於另一種相反途徑的運作之中。於是，我們看到列寧對近代英國帝國主義的邪惡原因和可怕結果的分析[40]：「原因：一、英國剝削整個世界；二、在世界市場中的獨佔地位；三、對殖民地的獨佔。結果：一、**英國一部分的無產階級中產階級化**；二、一部分的無產階級願意被中產階級收買或酬付的人所支配。」在賦予這種可恨的傾向——可恨的原因是它沒有按照馬克思的路線走——「無產階級中產階級化」這樣一個美麗的馬克思主義名稱後，列寧顯然相信它就成為一種馬克思主義傾向了。馬克思本人認為愈早通過資本主義工業化的必然歷史階段，整個世界的情勢會變得愈好，因此，他是傾向於支持帝國主義發展的[41]。但列寧所得到的結論卻非常不同。既然是因為英國擁有殖民地，才使得國內的工人會跟隨「被中產階級收買的領袖們」，而不是跟隨共產黨人，他便看到了殖民帝國中隱藏的板機或導火線。一旦殖民地發生革命，將會使英國國內不幸增加的法則產生作用，隨之國內也會發生革命。因此，殖民地便是引燃烽火的地方。

我不相信這個輔助性假設能夠挽救不幸增加法則，因為經驗就駁斥了這種假設。在一些國家中，例如北歐的民主國家、捷克、加拿大、澳洲、紐西蘭，更不用提美國，民主的干預也保障了工人高水準的生活；殖民地的剝削對這些國家事實上並無影響，或者遙遠到不足以支持這個假設。尤有甚者，若我們將某些「剝削」殖民地的國家，如荷蘭、比利時等，與丹麥、瑞典、挪威這些沒有「剝削」殖民地的國家相比，我們並沒有發現工業工人有從殖民地獲得利益，因為在所有這些國家中，工人階級的情況都非常相像。雖然殖民主義加諸殖民地的痛苦，是文明史上最黑暗的一章之一，但我們不能宣稱：他們的痛苦自馬克思的時代開始愈來愈增加了。恰好相反，種種事物已經有了很大的改進。如果輔助性的假設和原來的理論都是正確的話，我們應該會很清楚地看到不幸的增加。

394

7

如我在前幾章處理馬克思論證的第二和第三步驟一樣，我將以馬克思預言對馬克思主義政黨戰術的實際影響，來說明馬克思預言論證的第一步。

在明顯事實的壓力下，社會民主黨悄悄放棄了不幸強度增加的理論；不過，他們整個戰術仍基於一種假設上，那就是不幸之範圍增加的法則是有效的，工人無產階級在人數上必定會增加。這也是為什麼他們的政策完全建立在代表工人的利益上，同時他們也堅決相信自己是、或不久後會是「大多數人民」的代表[42]。他們未曾懷疑《共產黨宣言》所說的「所有歷史上的運動都是少數人的運動……。無產階級的運動，則是廣大的多數人自覺的獨立運動，也是為謀大多數人利益的運動」。因此，他們懷抱信心等待那一天的到來，相信屆時工業工人的階級意識和階級認定，將使他們在選舉中贏得大多數人的支持。「在最終結果上，究竟是少數的剝削者，還是大多數工人會贏得勝利，這是毋庸置疑的。」他們看不出工業工人並沒有形成大多數，遑論「廣大的多數」了；同時，統計並沒有證明他們在人數上的增加。他們不理解一個民主的工人政黨若要合法存在，就需要與另一政黨妥協或合作，例如代表農人或中產階級的政黨。同時，他們也看不出，若要以代表多數的一黨治理國家，他們必須改變整個政策，不能再完全以工業工人的代表自居。當然，這種改變在他們的政策不可能出現；他們只會天真地斷言（如馬克思所說）：無產階級的政策「會使鄉村生產者在其地區中心城市的知識份子領導下，投靠到工業工人之下，保障他們，成為他們利益的自然信託者……」43

395 共產黨的立場則不同。他們謹守著不幸增加理論，相信一旦工人的暫時中產階級化原因消失後，不僅是不幸強度，而且不幸的範圍也會加大。這種信仰對馬克思所稱，他們政策的「內在矛盾」，提供了相當的貢獻。

這種戰術情境似乎非常簡單。多虧了馬克思的預言，共產黨人確信不幸定會增加。他們也知道黨若不為工人戰鬥，不和他們一起改善其命運，就不能贏得工人的信賴。此兩種根本假設，明顯決定了他們一般戰術的原則。為工人爭取應得的要求，支持他們為麵包和安身之處的永不停止的戰鬥。與他們一起不屈不撓地要求滿足他們的實際要求，不論是經濟的或政治的。如此你將贏得他們的信賴。同時工人將學習到，微小的戰鬥不能改善他們的命運，只有整體的革命才能。因為這些小戰鬥是註定無法成功的。我們從馬克思的理論了解到，資本家根本**無法**妥協，而最終不幸**必定**會增加。這樣一來，工人每天與其敵對者的戰鬥，所帶來唯一——但有價值——的結果是：逐漸增加了他們的階級意識。他們在戰鬥中才能贏得的團結感情，加上一種徹底的了解，了解唯有革命才能拯救他們的命運。當達到這個階段後，就是最後一擊的時刻。

以上便是共產主義據以行動的理論。他們首先支持工人改善其命運的戰鬥。然而，與一切期望和預言相反的是，戰鬥成功了。工人的種種要求得到了同意。顯然地，原因是他們表現得太過溫和。因此，他們要求工人再提出更多的要求。不過，要求再度又被認可了[44]。當不幸漸漸減少時，工人們也變得愈來愈不易被激怒，他們準備為薪資談判，而不願去策劃革命。

於是共產黨人發現，他們的政策必須修正。必須做些事來使不幸增加的法則發生作用。例如殖民地的不安必須被挑起（即使該地沒有成功的革命機會也一樣），為了對抗工人的中產階級化，必須制定各種策略來挑起災難。但這些策略摧毀了工人對他們的信任。除了在實際政治中毫無經驗的人以外，共產黨人損失了許多夥伴。這些人恰好是他們所謂「工人階級 396 的先鋒」；他們默認的原則「當事實變得愈壞，形勢就對他們愈好，因為不幸必定使革命加速」使工人感到懷疑——當這種原則被應用得愈好，工人也就愈發懷疑。因為工人是現實主義者，要得到他們的信賴，就必須改善他們的命運。

這樣一來，就必須再修改政策：一定要為立即改善工人的命運而戰鬥，另一方面又得期待工人的命運愈壞愈好。

基於上述原因，理論的「內在矛盾」產生了最後階段的混淆。這是一種難以知道究竟誰是背叛者的階段；因為背叛可能是一種忠誠的表現，而忠誠也可能是背叛。這是共產黨追隨者的一個特殊階段，不僅因為對他們來說，這（恐怕也是正確的）是唯一以人道為目標的生氣勃勃的運動。但因為這運動是以科學理論做為根據，他們或者必須放棄它，或者放棄自身理智上的統一。同時，也因為他們現在必須學習盲目相信某些權威。最後，他們對合乎理性的論證愈來愈敵視，終至變為一種神祕主義。

苦於致命的內在矛盾而走向覆滅的，似乎不只是資本主義……

注釋

708

注1：三卷《資本論》的唯一英文譯本，將近兩千五百頁。此外還得加上在德國出版的《資本論》三卷以外的其他資料，以《剩餘價值理論》（*Theories of Surplus Value*）名稱出版；這裡面大部分是馬克思打算用於《資本論》中的資料。

注2：見：第十六及十七章所介紹的：為所欲為的資本主義和干涉主義之間的對立（見第十六章注10、第十七章注22、第十八章注9及正文）。

709

關於列寧的說明，見：*H. o. M.*, 561（= *The Teaching of Karl Marx*, 29。粗體為作者所加）有趣的是，列寧和大部分馬克思主義者似乎都沒有理解到自馬克思以後，社會已經改變了。列寧於一九一四年所說的「當代社會」，就好像是馬克思時代的當代社會。然而《共產黨宣言》是一八四八年寫的。

注3：這一段的所有摘引，見：*Capital*, 691。

注4：見：第十九章注3對這些術語的評論。

注5：之所以比較好，因為會危及階級意識的失敗主義精神，將比較不可能發展。

注6：見：*Capital*, 697 ff.。

注7：兩個摘引來自：*Capital*, 698, 706。譯為「稍景氣」的一詞，若更直譯則是「半景氣階段」。我以「超額生產」（excessive production）來代替「過度生產」（over-production），因為馬克思所謂「過度生產」，並不是生產比「現在」所能賣的還要多，而是說生產那麼多的產品，以致賣出去的難度會很快地增加。

注8：如巴克斯所說，見：第十九章注19。

注9：勞動價值理論，當然，是很陳舊了。必須記住的是，我對勞動價值理論的討論，是集中在所謂「客觀價值論」之上；我不打算批評「主觀價值論」（最好將主觀價值論描述為主觀估價的理論，或選擇行為的理論；見：第十四章注14）。韋納爾（J. Viner）善意地告訴我：馬克思和李嘉圖兩人的價值理論之唯一關係，是馬克思誤解了李嘉圖。李嘉圖從未認為每一單位的勞力比每一

單位的資本更具有創造力。

注10：我確實認為馬克思從未懷疑他所謂的「價值」**在某方面**符合市場價格。他說，如果兩個商品生產所需要的平均勞動時間相同的話，那麼此兩種商品的價值就相同。如果其中一個商品是**黃金**，那麼可以視為它的重量就是商品的**價格**，亦即商品的價格由黃金來表示；同時因為貨幣是以黃金為基礎（根據法律），我們便可由之得到一種商品的貨幣價格。

馬克思認為在市場上實際交換的比率，會在價值比率上波動（見：*Capital*, 153，特別是重要的注1）；因此，以貨幣來表示的市場價格，也會在對黃金的價值比率上波動。馬克思有些粗糙地解釋說：「如果將價值的大小變為價格，則……這關係就成為一種交換比率的形式，『其中一個商品就是作為貨幣的功能』（如黃金）。然而，這種比率所代表的，不僅是商品價值的大小，也表示了或多或少的商品價值的漲落，而這些是特殊環境所致。」（見：*Capital*, 79，雙引號為作者所加）換句話說，價格可以變動。「因此……從價值……導衍出價格的可能性，這一點就隱含在價格形式之中。這不是一種缺失；相反地，它指出價格形式對生產方法是非常適用的，**這種生產方法中的規律不過是衆多不規律的平均值**。」我認為，顯然的是，馬克思在此所說的「規律」就是價值，同時他相信「展示其自身」（或「肯定其自身」）的價值，僅是實際市場價格的平均值，實際價格因而會在價值附近上下波動。

我之所以強調這點，是因為它有時會被人否認。例如柯勒在其「導論」（*Capital*, xxv，雙引號為作者所加）中說：「馬克思……常說商品實際上好像有一種傾向，『隨著』暫時的市場波動，用它們的『價值』來互相交換。但他在第七十九頁中明白的說，他不是這個意思；同時在《資本論》第三卷中，他……極明白地說明了價格和『價值』不可避免的分歧。」不過，雖然馬克思確實不認為變動只是「暫時的」，他卻認為商品在做「價值」交換時，有**服從於**市場波動的傾向；因為如同在此柯勒所提到的段落，馬克思並未提及價值和價格之間的任何**分歧**；它只是描述變動與平均。而這個立場在《資本論》第三卷卻不同了（見第九章）；在此，商品的「價值」地位被一個新的範疇，亦即生產成本加上平均剩餘價值率的「生產價格」（production-price）所取代。不過，即使到此，馬克思的思想特性仍保留著，因為這個新的範疇，亦即生產價格，只不過是市場價格之平均調校器。它並不直接決定市場價格，而是將自身表示（就如《資本論》第一卷中的「價值」一樣）為一種平均值，其實際價格即依此而波動或變動。這點從下列段落（*Das Kapital*, III/2, pp.396 f.），可以明顯看出：「市場價格高或低於這些規律的生產價格——不過這些波動是彼此互補的……。在此，規範平均的規則，便由社會的一般現象建立起來了。」同樣地，馬克思也提到「規範性的價格（regulative price）……，即市場依之而擺動的價格」（*Capital*, 399），而下一頁他又談到競爭的影響，說他對「『自然的價格』很感興趣，亦即不是由競爭所規定，而是去規定競爭的價格。」（上述雙引號是作者加上的）撇開「自然的價格」明白指出了馬克思希望找出使市場價格擺動的本質（見：本章注23）不談，我們看到馬克思始終抱持一種觀點，亦即這個本質，不管是價值或生產價格，都展示其自身為市場價格的**平均值**。

另見：*Das Kapital*, III/1, 171 f.。

注11：見上引柯勒同書（xxix），他極優越而明白地表示：馬克思的剩餘價值理論是「他對經濟理論的明顯貢獻」。不過，恩格斯在《資本論》第二卷序言中指出，該理論並不屬於馬克思，馬克思不僅沒有聲稱這理論是他的，而且還談了剩餘價值這觀念的歷史（在其《剩餘價值理論》中；見本章注1）。為了指出李嘉圖和亞當・斯密對剩餘價值理論的貢獻，恩格斯摘引了馬克思的手稿。並冗長地摘引《資本論》所提到的《國家難題的來源與治療》（*The Source and Remedy of the National Difficulties*）這本小冊子（646），以指出除了馬克思所做的勞動與勞動力的分辨外，在此也可找到剩餘價值理論的主要觀念（見：*Das Kapital*, II, xii-xv）。

注12：馬克思稱第一部分為「**必要勞動時間**」，第二部分為「**剩餘勞動時間**」（見：*Capital*, 213 f.）。

注13：見：恩格斯為《資本論》第二卷所作的序言。（*Das Kapital*, II, xxi, f.）

注14：馬克思所導衍出的剩餘價值論，當然與其對「形式的自由」、「形式的正義」等概念的批評密切相關，特別見：第十七章注17及注19。另見下一注解正文。

注15：見：*Capital*, 845。另見：前注解之正文。

注16：見：本章注10及注18之正文。

711

注17：特別見：*Capital*, volume three, chapter X。

注18：此摘引見：*Capital*, 706。從「因此，剩餘人口……」始的內容，摘引在本章注7之正文中。（在「剩餘人口」之前的「相對」一詞，我省略掉了，因為它與當前的內容脈絡不相干，甚至會引起混淆。Everyman 的版本可能印刷有誤，以「過度生產」代替了「剩餘人口」）。我對這段感

興趣，因其與供需問題有關，也與馬克思認為這些必定有一種「背景」（或「本質」）有關。見：本章注10及注20。

注19：就這方面來說，可以一提的是，快速擴大工業化階段的災難（或「早期資本主義」，見：下注36及正文），新近被一種假設所解釋；如果這個解釋能成立的話，就證明馬克思的剝削理論有很多寶貴的東西。我想到的是奠基於歐金（Walter Euken）的兩個純粹貨幣系統的理論（一為黃金系統，另一為信任系統），及其將不同歷史階段中的經濟系統分析為這些純系統的「混合」所用的方法。應用這個方法，米克詩（Leonhard Miksch）新近指出（見：Die Geldordnung der Zukunft, *Zeitschrift für das Gesamte Kreditwesen*, 1949），信任系統會導致**強迫投資**，亦即消費者被迫儲蓄、被迫節約；米克詩說：「但是，由這些強迫投資方式所儲蓄的資本，並不屬於那些被迫節約消費的人，而是屬於企業家。」

如果這種理論證明是可以接受的，則馬克思的分析（而非其種種「法則」及預言）就可獲得相當程度的平反了。因為在馬克思的「剩餘價值」和米克詩的強迫「儲蓄」之間，只有很小的差異，「剩餘價值」在權利上應屬於工人，但卻被資本家據為己有，「強迫儲蓄」則成為企業家的財產，而非被迫儲蓄的人所有。米克詩本人暗示：這些結果清楚解釋了十九世紀的經濟發展（以及社會主義的興起）。

應該注意的是，米克詩的分析，是憑競爭系統中的**不完美因素**，來解釋一些相關的事實（他說「貨幣創造的『經濟獨佔』，具有莫大的力量」），而馬克思則設定一個自由市場，亦即競爭，企圖解釋這些事實。（此外，「消費者」和「工業工人」，當然不能被完全等同）不過，不論這些解釋如何，米克詩描述的那些「令人難以容忍的反社會」事實，卻是存在的；必須稱許馬克思，能夠既不接受這些事實，還盡力地要去解釋它們。

注20：見：本章注10，特別是有關「自然」價格的內容（另見：注18及正文）；有趣的是，在《資本論》第三卷中，離本章注10所摘引的內容不遠之處（見：*Das Kapital*, III/2, 352，粗體為作者所加），馬克思以一種相似的行文，提出下述方法學上的評論：「**如果事物的表象形式，與其本質相契合的話，一切科學就都是多餘的了。**」這當然是純粹的本質主義論。本章注24會指出這種接近形上學的本質主義。

顯然，當馬克思一再重複，尤其在《資本論》第一卷提到價格形式時，他心中存在著「表象的形式」；而本質則是「價值」。見：第十七章注6及正文。

712 注21：見《資本論》：「商品的拜物教特性之祕密。」（pp. 43 ff.）

注22：見：《資本論》（567, 328），馬克思在此結論說：「如果勞動生產力加倍，而必要的勞動和剩餘的勞動比率不變的話……那唯一的結果就是：他們每個就代表以前使用價值（即商品）的兩倍。現在這些使用價值比以前便宜兩倍……。因此可能的是，當勞動生產力提高時，勞動力的價格就降低；並伴隨以**工人生存所需的商品數量穩定的上升**。」

注23：如果生產力或多或少增加了，則黃金公司的生產力可能也會增加，這意味黃金和所有商品一樣，會因為依照勞動時間來評估，而變得比較便宜。黃金是如此，其他商品也是如此，同時，當馬

克思說（見前注）：當工人實質所得的總數增加，這在理論上應也意味著工人在黃金，亦即在貨幣的收入增多。（如此，上注中引用的馬克思在《資本論》的分析〔p. 567〕，提及的「價格」無論如何就不正確了；因為「價格」是表現在黃金的「價值」，同時如果在生產的各方面——包括黃金生產的生產力——是等量增加的話，這些就會是**不變**的。）

注24：馬克思價值理論的奇怪之處在於（依據韋納爾的說法，與英國的古典學派不同），它認為人的勞動，在根本上與自然中其他所有的歷程都不同，例如動物的勞動。這點清楚證明了，馬克思的價值理論是建立在**道德**理論之上，即認為人的痛苦和人的一生歷程是一件根本有別於所有自然歷程的事。我們可以稱這種理論是「**人類勞動的神聖性（holiness of human labor）**」。我並不否認這種理論在道德意義上是對的，也就是說我們應依之行事。不過，我不認為經濟的分析應該奠基在這種道德的、形上學的或宗教的理論之上，尤其當提倡者是不自覺的。在第二十二章中我們會看到，馬克思不是有意識地相信人道主義的道德，也不相信去壓抑這些信仰的人。但他的抽象價值理論，卻是奠基在一種他從未懷疑的道德主義基礎上。這點當然與他的本質主義有關：一切價值和經濟關係的本質，就是人的勞動。

注25：關於干涉主義，見：第十七章注22，及第十八章注9，另見本章注2。

注26：關於**自由的弔詭**對經濟自由的應用，見第十七章注20，在該處提供了更進一步的參考。**自由市場**的問題（在正文中僅提到其在勞動市場中的應用），是極為重要的。將正文中所說的推廣來看，顯然自由市場這概念多少有些矛盾。如果國家不予干涉，則其他半政治性的組織，

如專賣者、信託公司、各種組合團體等，可能起而干涉，因而使自由市場成為一種虛構。另一方面，重要的是必須理解，若不細心地保護自由市場，整個經濟系統就不能為其唯一合理的目的，即**滿足消費者的需要**而服務了。如果消費者不能做選擇；如果他必須接受生產者所提供的產品；如果生產者，不論是私人、國家、或市場部門的生產者，才是市場的主人，而非消費者，那麼情況就會變成：消費者只是一種貨幣供應的服務者，或是替生產者清垃圾的人，而不是為消費者的需要和欲望服務的人。

在此我們清楚面對著社會工程的一個重要問題：市場必須受到控制，然而控制必須不妨礙消費者的自由選擇，同時不能消除生產者必須討好消費者的這個需要。經濟的「計畫」若不具有這種意義，就會具有危險性而趨近極權主義（見：F. A. Von Hayek, *Frredom and the Economic System*）。

713

注27：見：本章注2及正文。

注28：馬克思為了使論證更清晰，用了很多篇幅來分辨機器主要為**擴大**生產而服務，或是主要為**強化**生產而服務的差別。除此以外，我也希望這能改進其論證。

在此，我提供馬克思有關景氣循環及失業的一些比較重要的段落：《共產黨宣言》（29：景氣循環）；《資本論》（120：金融危機＝普遍不景氣）、（624：景氣循環與通貨）、（694：失業）、（698：景氣循環）、（699：依賴失業的景氣循環，及景氣循環的自動作用）、（703-705：相互依賴的景氣循環與失業）、（706：失業）。另見《資本論》第三卷，特別是第十五章，資本剩餘與人口剩餘這節，見《馬克思主義手冊》（516-528：景氣循環與失業）；以及《資本論》二十五章、三十二章（景氣與循環通貨），特別見：德文本《資本論》第三卷第二章。並見：《資本論》第二卷，第十七章注17曾摘引該卷的句子。

注29：見：*Minutes of Evidence, taken before the Secret Committee of the House of Lords appointed to inquire into the causes of Distress, ect.*, 1875，引自：*Das Kapital*, III/1, pp.398 ff。

注30：例如見：席姆金（C. G. F. Simkin）於一九四一及四二年所寫的有關「預算改革」（Budgetary Reform）的兩篇文章（*Economic Record*, Australia, 1941, 1942）（另見第九章注3）。這些文章討論了反循環政策的問題，並簡短報告了瑞典的種種措施。

注31：見：Parkes, *Marxism—A Post Mortem*, especially p. 220, note 6。

注32：摘引自德文本《資本論》（III/2, 354 f.）（雖然「使用價值」一詞更文雅，但我仍譯為「有用的商品」）。

注33：我想到的理論（如韋納爾告訴我的，穆勒也極為接近地採取這個理論）經常為馬克思所提到，雖然他曾努力想講得很模糊，以擺脫它。簡短地說，就是一切資本最終必可化約為薪資，因為「不動的」（或如馬克思所說的「固定不變的」）資本的生產都是以薪資賦予的。用馬克思的話來說：沒有永久資本，只有可變資本。

巴克斯曾極明白和簡單地表達出這一理論（見：前引巴克斯同書第九十七頁）：「所有資本都是可變資本。如果我們設想一種工業，控制了從農場或礦場至最終產品的整個生產歷程，而沒

714

有從外界購買任何機器或原料，在這樣的工業中，其整個生產費用將包括在其薪資項目中。」同時，因為整體上這種經濟系統可以看作這個假設的工業，其中機器（不變資本），永遠由薪資（可變資本）來給付，則整個不變資本就成為可變資本的一部分了。

我並不認為這種我曾經一度相信的論證，能使馬克思所持的立場無效（這是我唯一不同意巴克斯的傑出批評的地方）。理由如下：如果這個假設的工業決定增加機器——不只是替代原機器，或做必要的改進——那麼我們便能看到，這種歷程是馬克思之由**利潤投資**來累積資本的典型歷程。為了評估這種投資的成功性，我們應該考慮在往後的歲月中，其利潤是否會依比例而增加。其所得的新利潤的一部分可再投資，而在這幾年投資的時候（或是被化為不變資本來累積），它們都是由可變資本的形式來給付的。不過一旦投資完成，從此之後，它們就被看作不變資本的一部分，因為它被期望要產生與投資成比例的新利潤。如果沒有產生利潤，利率一定會降低，則我們就會說這是不良投資。因此，利率是一種投資成功與否的評估方式，用來評估新添的不變資本的生產力；雖然它原本是以可變的資本形式給付，但是依馬克思的意思來說，它卻變成了不變資本，並產生了對利潤的影響。

注34：例如見：*Capital* third volume, chapter III（*H. o. M*, 499）：「因此我們看到，雖然利潤率繼續下降，但在整個生產利潤中，有……絕對量的增加。而這種增加可能是漸進的。不僅如此，在資本主義的生產基礎上，撇開暫時性的升降不談，利潤勢必要增加。」

注35：引自：*Capital*, 708。

注36：關於巴克斯的結論，見：*Marxism—A Post Mortem*, p. 10。

在此可以一提的是，在上個世紀那些不幸確實增加的國家中所發生的革命，在某種程度上，印證了馬克思所說的革命是奠基於不幸的理論。不過與馬克思的預言相反，這些國家不是已開發的資本主義國家。它們是農業國家，或資本主義還處在初期階段的國家。巴克斯對此問題列出了一些實質性的解說（見：前引著作四十八頁）。似乎是工業化的進展降低了革命的傾向。這樣一來，便不應將俄國革命解釋為過早成熟的革命（也不是已開發的國家因過度成熟，而產生的革命），而毋寧是資本主義初期的典型不幸、農人不幸、戰爭不幸和失敗者乘機而起的產品。另見上引注19。

715

注37：見：*H. o. M.*, 507。

在這一段注解中（*Das Kapital*, III/1, 219），馬克思反對李嘉圖而認為亞當・斯密是對的。亞當・斯密這一段文字，馬克思可能提過，來自：*Wealth of Nations*, , Everyman edition, vol. II, p. 95）。

馬克思摘引了李嘉圖的一段文字（*Works*, ed. MacCulloch, p. 73 = Ricardo, Everyman edition, p. 78）。不過，還有一段更能代表李嘉圖觀點的文字，在此李嘉圖認為亞當・斯密所描述的作用「不能……影響利潤率」。（*Principles*, 232）。

注38：關於恩格斯，見：*H. o. M.*, 708（= quoted in *Imerialism*, 96）。

注39：關於這種陣線的改變，見：第十九章注31及正文。

注40：見：Lenin, *Imperialism: The Highest Stage of Capitalism*(1917); *H. o. M.*, 708（= *Imperialism*, 97）。

注41：這可能是馬克思對某些令人失望的評論的飾詞（掩飾的並不好），巴克斯在其著作《馬克思主義》中有摘引這些評論。它們是極令人失望的，這些評論使人懷疑馬克思和恩格斯是否真是自由的熱愛者，是否比一般人從他們的著作中所得到的印象更受黑格爾的不負責任和民族主義的影響。

注42：見：*H. o. M.*, 295（= *GA* , Special Volume, 290-1）「越來越多人口變為大多數的無產階級，資本主義的生產方式創造了一種力量……進而被迫去實現這個革命。」關於摘引自《共產黨宣言》的內容，見：*H. o. M.*, 35（*GA* , Series I, vol. vi, 536），至於後面的內容，見：*H. o. M.*, 156。

注43：關於這令人驚異的天真內容，見：*H. o. M.*, 147。

注44：關於這個政策，見：馬克思《對共產黨聯盟講詞》，第十九章注14、注35至注37曾摘引該資料，另見：第十九章注26。更多自該講詞摘引的內容，見*H. o. M.*, 70 f（粗體為作者所加）：「因此，例如庸俗的中產階級目的是購買鐵路與工廠，則工人就必須要求這類鐵路和工廠應由政府沒收而不給補償；因為他們是反動者的財產。如果民主人士提議比例稅，工人就必須主張累進稅率。如果民主人士主張溫和的累進稅率，工人就必須堅持激進的累進稅率，這樣就使大的資本瓦解。如果民主人士提議管制公債，工人就必須要求政府倒閉。**工人的要求決定於民主人士的提議與措施**。」這些是共產黨人的戰術，馬克思向共產黨人說：「戰鬥的口號必須是：『永久的革命！』」

第二十一章

對馬克思預言的評估

397 馬克思的歷史預言所依據的論證是無效的。他要從當時經濟趨勢的觀察，導出預言式的結論，這巧妙的企圖也失敗了；失敗的理由不在其論證的經驗基礎不夠。他對當時社會所做的經濟和社會分析，可能有些不周全，不過撇開這種偏差不談，就其做為一種描述性的分析來說，卻是非常傑出的。馬克思做為一位預言家，失敗的理由完全在於他貧困的歷史定論主義。事實很簡單，即使我們今天似乎觀察到一種歷史的傾向或趨向，我們也很難確定明天是否也會出現相同的現象。

我們必須承認，馬克思正確地看到了許多事情。如果我們只考慮，他預言放任的資本主義不會存在太久，那些認為它會永久存在的人錯了，則我們必須說馬克思是對的。他認為主要是由於「階級鬥爭」，亦即工人的團結，使資本主義轉變成新的經濟系統，這也是對的。不過，我們不可推得太遠，說馬克思預見了干涉主義[1]，只是他使用的名稱是社會主義而已。事實上，他對即將到來的境況一點感覺都沒有。他所謂的「社會主義」迥異於任何干涉主義的形式，甚至與俄國的形式也不相同；因為他強烈相信這迫在眉睫的發展，會減少政府在經濟和政治方面的影響，然而事實上，干涉主義在各地卻增加了。

398 有鑑於我是在批評馬克思，並且在某種程度上稱讚民主逐步完成的干涉主義（特別是第十七章第七節所解釋的制度上的干預），所以我希望大家了解，我極同情馬克思希望國家干預減少的心情。干涉主義最大的危險——特別是直接的干預——是它無疑地會導致國家權力和官僚體系的擴大。大部分干預者不在意這點，或對此視而不見，更增加了這種危險。不過，我相信一旦我們面對它，就有可能控制它。因為這純粹是一種社會技術和社會細部工程學的問題。但重要的是要儘早處理它，因為它對民主形成了一種危險。我們不僅要為安全做計畫，更要為自由計畫，因為唯有自由才能真正保障安全。

不過，讓我們再回到馬克思的預言。在他所宣稱發現的歷史傾向中，有一傾向似乎比其他的傾向更為持久；我指的是生產工具的累積傾向，特別是勞動生產力的提高方面。看來，這種傾向確實仍要持續一段時間，當然，這是在假定我們的文明仍然繼續向前進展的情況下。不過，馬克思不僅認識到這種傾向及其「文明的一面」，也看到隱含在其中的危險。更特別的是，他是最早強調「生產力發展」（在此他看到了「資本的歷史使命和驗證」）以及最具破壞性的信用系統（鼓勵了工業主義的快速崛起，亦即**景氣循環**的到來）之間關係的人之一（雖然也有一些先行者，例如傅立葉[2]）。[3]

馬克思自己的景氣循環理論也許可以解釋如下（在上章第四節曾討論過）：即使自由市場的內在法則確實產生了充分就業的傾向；但同時，每一次趨向充分就業，亦即趨向勞動的短缺，也刺激了發明家和投資者去發明和引進節省勞力的機器，使得失業和不景氣的新浪潮上升。究竟這種理論是否正確，或有多少部分正確，我並不知道。如我在前一章所說的，景氣循環的理論是極困難的論題，我不想在此討論。不過，既然馬克思主張生產力的增加是促成景氣循環的要素之一，而這理論我認為是重要的，所以我或許可以在此提出一些看法，以作支持。

399 下面所列出的這些想法，當然非常不完整；不過，它的根據是：當勞動生產力增加的時候，則至少下面的其中一個發展，或不只一個發展，就一定會開始，並且這發展足以平衡生產力的增加。

（A）投資的增加，亦即這些資本財的生產加強了生產其他商品的力量。（因為這樣會導致更進一步生產力的增加，所以無法**單獨**平衡其影響。）

（B）消費的增加——生活水準提高：

（a）整個人口的生活水準提高

（b）某一部分人的生活水準提高（例如某一階級的生活水準提高）。

（C）勞動時間減少：

（a）每日勞動的時間減少

（b）非工業工人的人口增加，特別是：

（b1）科學家、醫生、藝術家、商人等的增加

（b2）失業工人的增加

（D）生產而未被消費的商品量增加：

（a）消費品被毀壞

（b）資本財未被使用（工廠閒置）

（c）非消費性的商品及非（A）類的財貨增加，如武器

（d）勞力被用來破壞資本財（因此降低了生產力）

我已經列出了這些發展——當然還可以再補充——一直到（C）之（b1）的發展，一般皆被認為是可取的，然而從（C）之（b2）往下，就是一些通常被認為不好的東西，代表了經濟蕭條、軍火的製造及戰爭。

現在明顯的是，雖然（A）是恢復平衡非常重要的項目，但光靠它還不夠，所以其他的一項或多項發展就必須開始。如果沒有制度來保證那些好的發展能達到足以平衡生產力提高的程度，一些不好的發展就會開始；不過所有這些不好的發展中，可能除了軍火的生產外，都會導致（A）項的銳減，如此就使整個情勢更形惡化。

400

我並不認為上述的考慮能「解釋」任何的軍備或戰爭，雖然它們或可用來解釋極權主義國家克服失業的成功。我也不認為它們能夠「解釋」景氣循環，雖然它們或可對這類解釋提供某些貢獻，在這類解釋中，貨幣和信用的問題可能扮演很重要的角色。例如（A）的緊縮可能就是那些原本要用來投資的儲備被庫藏了——這是一個廣受討論且非常重要的因素[4]。同時，馬克思的利潤率降低法則也可能對這種庫藏儲蓄提供一些解釋的線索（如果其法則站

得住腳的話[5]）。我們可以假設在某一時期的迅速累積，可能降低了利潤率，而使投資不前，儲蓄增加，於是（A）便減少。

不過，所有這些仍不足成為景氣循環的理論。景氣循環理論有一個不同的任務，它主要是在解釋，何以像自由市場制度這麼一個有效平衡供需的工具，卻不足以防止不景氣[6]，亦即生產過度或消費不足的發生。換句話說，我們必須證明：市場上的買賣，產生了一個我們不想要的社會影響[7]：景氣循環。馬克思景氣循環理論的著眼點即在於此；這裡所概述的生產力增加之種種結果，充其量只能做為這種理論的補充而已。

關於這些對景氣循環論述的功過，我不擬下評斷。不過，對我來說，即使從當代理論的眼光來看，這些觀點都已過時，但它們仍是極具價值的。實際上，馬克思盡了全力來處理這問題，即為他的成績所在。從當時的情形來看，馬克思的預言已經成真；生產力會持續增加，景氣循環也會繼續，同時其繼續會導致干涉主義的反擊措施，及進一步對自由市場的限制；這個發展與馬克思預言景氣循環必定是導致為所欲為的資本主義崩潰的因素之一相符合。此外，我們還必須再加上一條成功的預言，即工人的結合是此過程中的另一個重要因素。

從以上所列這些重要的、大體上是成功的預言來看，是否可以證成：歷史定論主義是貧困的？如果馬克思的歷史預言哪怕是部分成功了，我們就不應輕率地拋棄他的方法。不過，
401 若是更仔細地審視馬克思的成功，就可看出使他成功的，**沒有一處是歷史定論主義的方法**，

始終是制度分析的方法。因此，不是歷史定論主義，而是典型的制度分析導出了資本家因競爭而被迫提高生產力的結論。馬克思的景氣循環和剩餘人口是建立在制度分析的方法上。甚至連階級鬥爭的理論也是制度性的；它是控制財富和權力分配的機制的一部分，也是這種機制使廣義的集體議價成為可能。在這些分析中，歷史定論主義典型的「歷史發展法則」、階段、時期或傾向，都沒有在其中的任何部分發生作用。另一方面，馬克思更具野心的歷史定論主義結論，其「發展的鐵律」、其「不可跳越的歷史階段」，也沒有一個預言成功。馬克思只有在分析制度及其功能上是成功的。但反過來說，他這些更大的野心和一網打盡的預言，只要還在制度分析的範圍內，便從未失手，惟當他想用這些企圖支持進一步的推導時，其導衍出的結論便無效。實在說來，以馬克思自己的高標準來看，那些範圍籠統的預言，智識水平可說差強人意。它們不但包含了許多一廂情願的想法，也缺乏政治的想像。大致來說，馬克思也分享了進步的工業主義者、當時的「中產階級」之信仰：對進步法則的確信。不過，這種黑格爾、孔德、馬克思、穆勒等天真的歷史定論主義樂觀立場，和柏拉圖、史賓格勒悲觀的歷史定論主義一樣，都是一種迷信。對一位預言家而言，這真是一套糟糕的裝備，因為它必定拘束了他的歷史想像。事實上，在人類事務中，沒有什麼是不可能的，這點必須被視為任何不存偏見的政治觀點原則之一；尤其不能以違反所謂人類進步的傾向、或「人性本質」的法則為理由，來排除任何可能的發展。費雪（H. A. L. Fisher）說：「進步的事實明白寫在歷史的扉頁上；不過，進步不是自然的法則。上一世代所獲得的，也可能在下一世代喪失。」[8]

依照任何事情都是可能的這個原則，指出馬克思的預言可能為真，這也許是有價值的。像十九世紀那種進步的樂觀主義信仰，的確能成為有力的政治力量；它本身就能促成所預言的事件。因此，即使是一個正確的預言，我們也不能過早地將之視為確鑿定論，確信其具有科學特性。因為這很可能更是來自其宗教特性，以及一種宗教力量能夠如何影響人的證 402 明。而馬克思主義中的宗教因素尤其明顯。在最不幸與最墮落的時刻，馬克思的預言鼓舞了工人對其使命的信仰，使他們相信，他們的運動能為全體人類創造一個偉大的未來。回顧一八六四年至一九三〇年所發生的種種事件，我想，若不是馬克思打擊了對社會工程學的探求熱心，在這種預言式的宗教影響下，歐洲可能已經發展出非集體主義式的社會主義了。而俄國和中歐的馬克思主義者為社會工程、為自由所作的周密計畫，可能也已成功，並受到所有開放社會之友的讚佩。不過，這並不足以證實它是科學的預言，它毋寧是宗教運動的結果——來自對人道主義的信仰，加上為了改變這個世界，對我們的理性批判性的運用。

然而事情卻未如此發展。馬克思教條中的預言部分，支配了馬克思主義者的心靈。它把其他一切棄之不顧，放棄了冷靜、批判的判斷力量，摧毀了理性可能改變世界的信仰。馬克思的教義所留下的只是黑格爾的神諭式哲學，而這種哲學在馬克思主義的道具中，卻變成了阻礙開放社會之奮鬥的威脅。

注釋

715

注1：見：第十七章注22，第十八章注9及正文。

注2：恩格斯在《反杜林論》中說，傅立葉（Fourier）很久以前就發現了資本主義生產的「惡性循環」。見：*H. o. M.*, 287。

注3：*H. o. M.*, 527（= *Das Kapital*, III/1, 242）。

注4：見：Parkes, *Marxism—A Post Mortem*, pp.102 ff.。

注5：這是一個我希望保留開放討論的問題。

注6：我的同事席姆金教授和我討論時，曾強調這點。

注7：見：第十四章注11正文，及第十七章注17末尾。

注8：見：H. A. L. Fisher, *History of Europe* (1935), Preface, vol. I, p. vii。第二十五章注27將引用更多這方面的內容。

馬克思的倫理學

第二十二章

歷史定論主義的道德理論

405 馬克思在《資本論》中為自己定下的任務是要發現社會發展的鐵律，而不是要發現對社會工程主義者有用的經濟法則。它既不是要分析經濟條件——這些條件能促成諸如公正價格、財富的平均分配、安全、生產的合理計畫，以及最重要的自由等社會主義目的——也不是企圖分析和澄清這些目標。

不過，雖然馬克思強烈反對烏托邦工程，也反對任何以道德來正當化社會目標的企圖，他的著作卻蘊含著一種倫理學理論，這主要表現在一種對社會制度的道德評價。結果，馬克思之譴責資本主義，根本是一種道德的譴責。**他譴責資本主義的體制**，因為其中所隱含的殘忍不義，與「形式上」的公平與正義結合在一起。他之所以譴責資本主義的體制，無非是因為這個體制驅使剝削者剝削被剝削者，以致雙方的自由都被剝奪。馬克思不是攻擊富有，也不是讚美貧窮。他憎恨資本主義，並不是由於它聚集財富，而是由於它的寡頭特性。他憎恨資本主義，因為在資本主義體制中，財富意味著支配他人的政治力量；勞動力成為一種商品；而這意味著人必須在市場上出賣自己。由於這個體制類似奴役制，所以馬克思憎恨它。

既如此強調社會制度的道德面，馬克思於是強調我們的行為責任，認為我們要對行為在社會上的深遠影響負責——例如那些有助於延長社會上不公正制度的行為。

406 不過，雖然《資本論》事實上大部分都在處理社會倫理學，惟那些倫理觀念並未明示。它們只是暗示性地表現出來，不過其力道並未因此減少，因為其含意是非常明顯的。我相信馬克思之所以避免明白的道德理論，是因為他憎恨說教，他不相信那些宣傳不可喝刺激性飲料，而自己卻喝酒的道德家，因而他也就討厭自己的道德信念被明確地教條化。對他來說，人道與合宜的原則，是理所當然、無須討論的（他在這方面也是樂觀主義者）。他攻擊道德學家，因為他將這些人視為社會秩序的維護者，而他認為這是不道德的。他攻擊自由主義的讚頌者，因為他們自我滿足；因為他們分不清自由和形式上的自由，而後者在社會體系中摧毀了真正的自由。這樣一來，就其言外之意來說，他承認他是愛好自由的；儘管他有其偏見，儘管他在哲學上是全體論，但他絕對不是一個集體主義者，因為他希望國家將會「消逝」。我相信馬克思的信仰，基本上是一種對開放社會的信仰。

馬克思對基督教的態度，與這些信念有密切的關連。事實上，在他的時代中，為資本家的剝削偽善地辯護，正是官方基督教的特徵（他的態度與他同時代的齊克果〔Kiekegaard〕不同；齊克果是基督教倫理學的偉大改革者，他揭示了當時官方基督教的道德是反基督教和反人道主義的一種虛偽[1]）。這種基督教的典型代表是唐森德（J. Townsend）教士，他寫了《論貧窮的法則，一名人類祝福者所作》（*A Dissertation on the Poor Laws, by a Wellwisher of Mankind*）一書，一本毫不掩飾為剝削塗脂抹粉的辯護。馬克思引用其中對剝削的頌揚：「飢餓不僅是一種平和的、沉默的、無間斷的壓力，而且是工業和勞動最自然的動機，它使人全力貢獻自己。」[2]在唐森德的「基督教」世界秩序中，每一件事都（如馬克思觀察的）是靠

407

著使工人階級永遠處於飢餓中，才得以成立。唐森德相信這是人口成長原則的神聖目的，他繼續說道：「窮人都有某種程度的目光短淺、只顧眼前的心態，這似乎是種自然法則；這樣社會中就永遠有一些最具奴隸性的、最卑劣的、最不高貴的人來履行其職責。如此，人的幸福就大大地增加了，而更微妙的事是……讓各人無間斷地自由追求其所適的事情。」這位「微妙的教士諂媚者」（如馬克思所說的）繼續說道：依貧窮的法則，若幫助飢餓的人，就會「摧毀體制的和諧與美、對稱與秩序，而這種體制乃是神與自然在世界上建立的。」

如果這種「基督教」，今天已從地球表面較好的那部分消失了，則馬克思的道德改革是居功厥偉的。我並不是要否認在英國，教會對窮人的態度轉變，是在馬克思發揮影響的很早以前就開始了；不過，馬克思特別影響了歐陸，而社會主義的興起，也加大了英國的改革效果。馬克思對基督教的影響，可以與路德對羅馬教會的影響相比。兩者都具有挑戰性，兩者都使其敵對的陣營有所改革，使其修正和評估其倫理規範。如果說基督教和三十年前相比，如今已走在一條完全不同的道路上，則馬克思的貢獻是不容小覷的。甚至部分是由於馬克思的影響，教會才會傾聽存在主義大師齊克果的呼聲；齊克果在《法官之書》（*Book of the Judge*）[3]中描寫自己的活動時說：「若一個人的任務是為了產出修正性觀念，就只有嚴格、深入地研究現存秩序腐化的那一部分——然後，以極可能局部性的方法，強調其相反的一面。」（他又說：「因為是以這種方式處理，足夠聰明的人就很容易能指出其中的偏見，而來反對修正性的觀念，使得大眾相信它是真理的全部。」）從這個觀點來看，人們或許可以說，早期的馬克思主義在倫理上的嚴格性，強調行為而非只喊口號，也許是我們這個時代最重要的修正性觀念[4]。這點解釋了他在道德上的巨大影響。

在馬克思早期的某些著作中，特別要求人們必須在行為上證明自己。這種態度可以說是他的**「行動主義」（activism）**；在《費爾巴哈論綱》的最後部分，極明白表現出馬克思這方面的論點：「哲學家們只是用不同的方式來解釋世界；然而重要的在於**改變**世界。」[5]還有許多其他章節顯示出同樣的行動主義傾向；特別是當他將社會主義說成「自由的王國」，認為在這王國中，人應該成為「他自己社會環境的主人」時，更是如此。馬克思將社會主義視作一個階段，在此階段中，我們大大地解脫了現在決定我們生活的不合理勢力，而人的理性則能積極地控制人的事務。由這些想法，以及由馬克思一般的道德和感情態度來看，面對**「我們是想做自己命運的主宰者呢？或者是滿足於做自己命運的預言者？」**這樣的選擇，我相信馬克思絕不滿足於做一位先知，而是要做自己命運的主宰者。

不過，如我們已知道的，馬克思這種強烈的行動主義傾向，卻受到他的歷史定論主義所抵制。在歷史定論主義的影響下，他最終只成了一位預言者。他決定認為，至少在資本主義之下，我們必須臣服於「種種無情的法則」與一種事實，那就是我們唯一能做的，只是減輕和縮短「資本主義進化所自然引生的陣痛」[6]。在馬克思的行動主義和歷史定論主義之間，橫有一條巨大的鴻溝。由於他的理論認為我們必須臣服於歷史上純粹不合理的種種勢力，使得這個鴻溝更形擴大。我們企圖用理性計畫未來，馬克思斥責其為烏托邦，認為**理性不足以實現一個更合理的世界**。我相信這種觀點是站不住腳的，而且一定會導向神祕主義。不過我必須承認，為這種鴻溝搭一座橋樑，在理論上似乎是可能的，雖然我並不認為這座橋樑會非常牢靠。這座橋樑的梗概計畫可在馬克思和恩格斯的著作中發現；我將其稱為他們的「歷史定論主義的道德理論」[7]。

馬克思和恩格斯不願承認他們的倫理觀念具有任何終極的和自我證成的意義；他們寧願從理論方面來說明其人道主義的目標；這種理論將他們的倫理觀念解釋為社會環境的反應或產物，並可以描述如下：如果一個社會改革家或一個社會革命家，相信自己是受到憎惡「不義」和愛好「正義」所激勵的，那麼，他多半會淪為幻想的犧牲者（就和其他人，例如為舊秩序辯護的人一樣）。或更嚴格地說，他的「不義」和「正義」的道德觀念，是社會和歷史發展的副產物。不過，它們是一種重要的副產物；因為它們是推動歷史發展的機制之一，而這種發展又推動了道德觀念的發展。要說明這點，我們可以看出至少總是存在兩種「正義」的觀念（或者是兩種「自由」或「平等」的觀念），而這兩種觀念事實上非常不同。一種是統治階級所理解的「正義」，另一種則是受壓迫階級所理解的「正義」。這兩種觀念，當然都是階級處境的產物，但它們同時都在階級鬥爭中扮演重要的角色——它們都必須為雙方提

409

供所需要的道德良心，如此才能進行戰鬥。

這種道德理論可以視為一種歷史定論主義，因為它認為一切道德範疇都是根據歷史處境而來；在倫理學的領域內，我們通常稱它為「**歷史相對主義**」。從這個觀點來看，探問：以這種方式行事是對的嗎？這個問題並不完整。完整的問題應該是：從十五世紀封建的道德來看，以這種方式行事是對的嗎？或以另一種方式說：從十九世紀無產階級的道德來看，以這種方式行事是對的嗎？恩格斯所表述的歷史相對主義如下：「今天對我們宣傳的道德是什麼呢？首先是基督教的封建道德，這是從過去好幾世紀傳遞而來的；這個道德有兩個主要的支流：羅馬的天主教道德和新教的道德，而這兩者又進一步產生支流，那就是天主教耶穌會和東正教的新教，而產生所謂『進步的』道德。沿著這些分支，我們發現了近代中產階級的道德，以及從中產階級道德即將產生的未來無產階級的道德……」[8]

不過這種所謂「歷史相對主義」，並未窮盡馬克思道德理論的歷史定論主義特性。讓我們試問那些主張這種理論的人，例如馬克思本人：你為什麼會做這些事呢？你為什麼會認為，比如接受中產階級人士的賄賂而停止你的革命活動，這是令人不快與厭惡的呢？我不認為馬克思會想回答這類問題；他也許會試圖迴避，聲稱他只是依他想做的去做，或者因為感受到被驅動而不得不做。不過這一切並未觸及到我們想談的問題。無疑地，在馬克思生活的實際決定中，他是依循著一種非常嚴格的道德規範；他也無疑要求他的同志要有高超的道德標準。不管應用到這些事上的名目是什麼，我們所面對的問題是：究竟如何回答這個可能對馬克思提出的疑問：你為什麼會做這些事？例如，你為什麼要幫助被壓迫者？（馬克思自己原本不屬於被壓迫階級，無論出生、成長或他的生活方式都不是）

若被逼到這一步，我想馬克思可能會依下列方式來形成其道德信仰，這也是我所謂他的歷史定論主義的道德理論核心。做為一名社會科學家（他可能會這麼說），我知道我們的道德觀念是階級鬥爭中的武器。做為一名科學家，我可以考慮它而不採用它。但是做為一名科學家，我也發現在這種鬥爭中，我不能置身事外；因為任何態度，即使居高臨下，也意味著以某種立場站在某一方。因此，我的問題便成形了：我要站在那一方呢？而當我已選擇了某一方，這當然也是根據我的道德所下的決定。我必須採用一種道德系統，它必然與我決定支持的階級利益關連在一起。不過，在達成這一基本決定之前，我不採用任何道德系統；我能不受自身階級的道德傳統所影響。但考慮到各種相互競爭的道德系統，這當然是達成任何有意識且合理決定的必要條件。現在，既然一種決定之所以是「道德的」，完全是因為它與某些先前被接受的道德律相關；那麼，我的基本決定就可能完全不是「道德的」。不過，它卻能夠是「**科學的**」決定。因為做為社會科學家，我能夠預見即將發生的事。我能夠預見中產階級階級及其道德系統註定要消失，同時無產階級以及其新的道德系統則註定要得勝。我看到這種發展是不可避免的。只有瘋了才會企圖抗拒這種趨勢，就像企圖抗拒萬有引力是瘋狂

410

的一樣。這就是為什麼我的基本決定是要贊成無產階級及其道德。這個決定僅僅奠基在科學的先見和科學的歷史預言之上。而雖然由於它不是奠基在任何道德系統上，因此並非一種道德抉擇，但這種決定卻會導致我們採用某種特定的道德系統。總結來說，我的基本決定並非如有些人所懷疑的，是一種想幫助被壓迫者的情緒上的決定，而是不去徒勞抗拒社會發展法則的科學而合理的決定。我是做成了這個決定之後，才準備好接受，並充分利用這種道德情操，以做為必將到來的戰鬥之必要武器。在這種方式下，我才採用未來階段的事實，以之做為我的道德標準。也是在這種方式下，我解決了一個明顯的難題，那就是一個更為合理的世界將要到來，且毋須由理性來計畫；因為依據我現在所採用的道德標準，未來的世界必定是更好的世界，因此也是更為合理的世界。同時，我也為我的行動主義和歷史定論主義之間的鴻溝搭成一座橋樑。因為很明顯地，即使我發現了決定社會運轉的自然法則，我也不能一筆勾銷世界演化的自然層面。但我所能做的已夠多了，我能積極地縮短和減輕更好世界到來時的陣痛。

我想，以上所述應會是馬克思的回答，同時這個回答也代表了我所謂「歷史定論主義的道德理論」之最重要的形式。恩格斯曾提及這個理論：「無疑地，包含極多不朽的道德因素，而永遠存在的道德，在現時代內，就是代表推翻現時代的一種道德；這種道德是代表未來的；它是無產階級的道德……依照這個概念，所有社會變動和政治革命的根本原因，

411

並非來自對正義的理解增加；這些根本原因無法從**哲學**中找到，而應當從各種時代的**經濟**中去尋找。對於既存社會制度的不合理和不義日增的理解，只不過是一個徵候而已……」[9]一位現代馬克思主義者的理論也是如此：「馬克思和恩格斯是在合理的社會發展經濟法則上建立社會主義的抱負，而**不是在道德的基礎上證成它**，他們由此聲稱社會主義是歷史的必然性。」[10]這個理論廣泛地為人所相信，不過它很少明白而清晰地表達出來。因此比起粗淺地了解這個理論，批評它是更為重要的。

首先，很明白的是，這個理論在很大程度上，係奠基於做出正確歷史預言的可能性；如果在這點上產生疑問的話——事實上一定會產生疑問——這個理論就會喪失大部分的力量。不過，為了便於分析起見，我先假定歷史的先見（historical foreknowledge）是一個已經確立的事實；同時，我只會規定這種歷史的先見有其限度，例如說未來五百年吧，這種規定即使對最大膽的馬克思歷史定論主義者而言，也不會是一種約束。

現在，讓我們先來檢視歷史定論主義者的道德理論，它主張贊成或反對某一道德系統的基本決定，實際上它自身並非一種道德決定。它不是奠基在任何道德考慮或情操上，而是奠基在科學的歷史預測上。我認為這種主張是站不住腳的。要清楚說明這點，只須揭露隱含在這種基本決定中的行為律令或行為原則就行了。而這個原則就是：採用屬於未來的道德系統！或者，採用那些最有助於使未來實現的道德系統！現在，對我來說，顯而易見的是，即使假定我們知道未來五百年確實是什麼樣子，我們也完全沒必要採用這樣一種原則。我們至少可以想像的是，伏爾泰的某些人道主義的學生，在他預見從一七六四年到，就說一八六四年法國的發展時，可能會對其所展望的前景不甚滿意；可以想像，他會認為這種發展非常不能令人接受，也決定不採納拿破崙三世的道德標準。他可能會說：我要忠於自己的人道主義標準，我要把這些標準教給我的學生；他們也許能在這個階段生存下來，而可能在將來得到勝利。同樣可以想像的是（我現在不打算做更多斷言），今天有某個人，也許的確預見了我們是正朝向奴役的時代走，我們將回到禁制社會，甚至是禽獸時代的牢籠。然而，他可能決定不要採用這種未來的道德標準，而是要盡其所能為人道主義貢獻，希望在不可知的未來中，也許有天終會恢復他所信持的道德。

這一切至少都是可以想像的。它也許不是「最有智慧」的決定。但事實上，無論是歷史的先見，或任何社會學、心理學法則，都不可能排除或避免這種可能性。這也就顯示出，歷史定論主義的道德理論，其首要主張根本站不住腳。我們是否應該接受某種未來的道德，只因為這種道德是屬於未來的？這本身就只是一個道德問題；我們的基本抉擇，並不能從任何有關未來的知識中推衍出來。

我在前幾章中提過「**道德的實證主義**」（特別是黑格爾的），這種理論主張道德標準並不存在，存在的只有一項標準，那就是凡存在的就是合理的跟好的；因此，**強權就是公理**。

412 這種理論的實際景象是這樣的：我們不可能對現狀進行道德批評，因為既存的現狀自身就決定了事物的道德標準。我們所考慮的歷史定論主義的道德理論，也只不過是道德實證主義的另一種形式罷了。因為這種道德理論認為**即將到來的強權就是公理**。在此，未來代替了現在——如此而已。這種理論的實際景象如下：對未來事務做道德批評是不可能的，因為未來的狀態決定了事務的道德標準。「未來」和「現在」之間的差異，當然，只是程度上的。人們可以說未來是從明天開始，也可以說是從五百年或一百年以後開始。**在它們的理論結構中，道德的保守主義、道德的現代主義和道德的未來主義根本沒有兩樣**。在道德情操上來說，在它們之間也沒有什麼好選擇的。如果道德的未來主義者批評站在權力一邊的道德保守主義表現懦弱，那麼，道德的保守主義者也可對道德的未來主義者做出同樣的批評；他們可以說道德的未來主義者是懦夫，因為他們站在即將到來的權力、站在明日的統治者那一邊。

我深信，如果馬克思考慮到這些含意的話，那他就會拒斥歷史定論主義的道德理論了。許多評論和行為證明，歷史定論主義的道德理論並非科學判斷，而是一種道德衝動：希望幫助被壓迫者，希望解放尊嚴掃地的被剝削者和悲慘的工人，是這些促使了他們走向社會主義。我並不懷疑，馬克思學說影響力的祕密正是因為這種道德吸引力。而這種道德吸引力，又因為他事實上從不抽象地宣揚道德，而大大地增強了。他不假裝自己擁有任何權利來宣揚道德。他依自己的標準過活，似乎在問自己：它是否是個非常低的標準呢？正是這種感受，導致他

413

在倫理學的問題中，儘量多做少說，也促使他企圖在預言的社會科學中找出遠比他自身的感受更可靠的道德權威。

的確，在馬克思的實踐倫理學中，自由和平等這類範疇扮演了重要的角色。畢竟他是很嚴肅看待一七八九年法國大革命理想的人士之一。同時，他也見過「自由」這樣的觀念曾被多麼不知恥地扭曲。這是他為什麼不在口號上，而要在行動上宣揚自由的原因。他想要改進社會，而對他來說，改進意味著更多的自由、更多的平等、更多的正義、更多的安全、更高的生活水準，尤其是馬上要給工人**一些**自由，縮短工人的工作日。正因他憎恨虛偽，厭惡侈談這些「崇高理想」，加上他令人驚異的樂觀主義，他對這一切在不久的未來能夠實現之確信，使他不得不露出潛藏於歷史定論主義形式背後的道德信仰。

我認為，如果馬克思看到在道德的未來主義形式下的道德實證主義，蘊含著承認「未來的強權就是公理」的話，他就不會認真維護道德的實證主義了。不過，有一些人並不具有愛好人道的心腸，他們之所以成為道德的未來主義者，純粹因為他們是機會主義者，希望站在勝利的一邊而已。目前，道德的未來主義相當流行。其較深沉以及非機會主義者的基礎，也許是信仰善必定會「終極地」戰勝惡。不過，道德的未來主義者忘了我們無法長命百歲，無法目睹當前的事務「終極的」結果。「歷史將是我們的判斷！」這句話是什麼意思呢？是**成功者**來判斷。對成功和未來強權的崇拜，是許多不承認現在的強權的人的最高標準（他們顯然忘了「現在」是過去的未來）。這一切的基礎，是道德的樂觀主義和道德的懷疑主義之間半調子的調和。要相信一個人的良知似乎是困難的。同時，要抗拒投奔勝利一方的衝動，似乎也是困難的。

這一切嚴厲的批評都與下面的假定一致，那就是認為我們可以預測未來，例如說預測未來五百年吧。不過如果撇開這種完全虛構的假定，那麼歷史定論主義的道德理論就完全喪失其可信性了。而我們必須撇開這種假定。因為並沒有先知式的社會學可以幫助我們選擇道德的系統；我們不能將這樣一種選擇的責任加諸任何人身上，更遑論加諸在「未來」了。

馬克思歷史定論主義的道德理論，當然是他的社會科學方法、他的**社會學決定論**觀點的結果。這種觀點已成為我們今日的時髦了。據說，我們所有的意見，包括我們的道德標準，都是依社會及其歷史狀態而定。它們都是社會或某種特定階級處境下的產物。教育被界定為一種特殊歷程，社會企圖藉此將其文化「加諸」其成員，包括那些「他們據以生活的種種標準[11]」，而「佔優勢的階級所訂的教育理論和實踐的相互依存性」也被強調。同時，科學也是取決於科學工作者的社會階層而定。

這種強調我們的意見依賴於社會的理論，有時稱作**社會學主義**（**sociologism**）。如果強調歷史的依賴，則稱作**歷史主義**（**historism**）（當然，歷史主義不可以與歷史定論主義混淆）。社會學主義和歷史主義，主張科學知識係依社會或依歷史來決定，我們將會在底下兩章分別

414 處理。就社會學主義所建立的道德理論來看，我們可在此加上少許評述。但在仔細討論之前，我希望對這些黑格爾式理論清楚表達我的意見：我相信他們是在用神諭哲學的口號，喋喋不休、亂扯一通而已。

讓我們先考察這種道德的「社會學主義」。不錯，人類與其目的，**在某種意義上**是社會的產物。但同樣真實的是，社會亦是人類與其目的的產物，而且愈來愈是如此。問題的癥結在於：人與社會的關係當中，到底是人的一面較重要？還是社會的一面更重要？哪一個面向應該被強調？

如果我們將社會學主義與跟它相似的「自然主義」觀點做一比較，我們就會更理解社會學主義。「自然主義」認為人及其目的，乃是遺傳和環境的產物。再次地，我們必須承認這是相當真實的。不過同樣十分真實的是，人的環境，卻愈來愈是人和人的目的所造成的產物（在某種程度上，或許同樣也可以說是人的遺傳的產物）。而再次我們又必須問：這兩方面何者更重要呢？何者發生更大的效果呢？如果我們將這些問題用下面較實際的形式來處理，就比較容易回答了：我們，現在的這個世代、我們的心靈、我們的意見，很大部分都是來自我們的父母親，以及他們教養我們的方式的產物。不過，下一世代在某種相似的程度上，將是我們的產物；是我們的行為、我們教養他們的方式的產物。對今日的我們來說，這兩方面哪一個更重要呢？

如果我們嚴肅地考慮這個問題，則我們會發現決定性的關鍵，是我們的心靈與我們的意見，它有很大一部分並非全靠我們的教養而定。如果它們完全依靠我們所受的教養，如果我們不能夠進行自我批評，不能從我們自己看事物的方式、從我們自己的經驗去學習的話，則上一代教養我們的方式，便可決定我們教養下一代的方式。但非常確定的是，情況並非如此。也因此，關於教養下一代的困難問題，我們才能集中能力來批判它，進而採取比上一代更好的方法，來教養我們的下一代。

這種深受社會學主義所強調的情境，可以依照極類似的一種方式來處理。我們的心靈、觀點，從某方面來看可稱為「社會」的產物，其真實性是不值一提的。我們的環境中最重要的一部分是社會環境，特別是思想，它絕大部分是依賴社會交往；而語言，思想的媒介，亦是一種社會現象。但難以否認的是，我們能夠考察思想，可以批評它們，改進它們，進一步更能依照我們已改變、改進的思想，來改變和促進我們的物理環境。我們的社會環境亦復如此。

這一切考慮，都完全獨立於形上學的「自由意志的問題」。即使非決定論者也承認，我
們對遺傳和環境有某種依賴性，特別是社會的影響。另一方面，決定論者也必會同意，我們
415 的觀點和行為並不是完全和單獨地由遺傳、教育和社會影響所決定。他必須承認還有某些其
他因素，例如在人的生活中所累積的較偶然性的經驗，而這些都會產生它們的影響。決定論

或非決定論，就其仍停留在形上學的範圍內來說，並不影響我們的問題。但重點是它們可以超越這個範圍；例如形上學的決定論，可能激起社會學決定論或「社會學主義」。但在這種形式中，其理論將會與經驗相面對。同時，經驗會指出它確實錯了。

舉個與倫理學具有某種相似性的美學領域的例子來說，貝多芬在某種程度上，確實是音樂教育和音樂傳統的**產物**，許多對他感興趣的人，都會為其作品的這一面深受感動。然而，更為重要的是，他也是音樂的**創造者**，從而也是音樂傳統和音樂教育的創造者。我不願與某些形上學的決定論者爭論，他們可能堅持貝多芬寫下的每一小節，都是某種遺傳和環境影響結合在一起所決定的。這種論斷在經驗上完全沒有意義，因為沒有人能實際上用這種方式來「解釋」貝多芬的每一小節。重要的是每個人都承認貝多芬所寫的作品，既不能由前人的作品，也不能由其所生活的社會環境，或者由其重聽、由其傭人為他所燒的食物來解釋；換句話說，不能由任何一組確定的環境影響，或可公開由經驗考察的情境，或我們可能知道的貝多芬的遺傳中的任何事物來解釋。

我並不否認貝多芬的作品中，存在某些有趣的社會學層面。例如大家都知道從小型的交響樂團發展到大型的交響樂團，在某些方面，與政治社會的發展息息相關。交響樂團不再只是王子的私人娛樂，這至少大部分是由於中產階級開始對音樂大感興趣，從而支持交響樂團所致。我願意欣賞任何這類的社會學「解釋」，也承認這是值得進行科學研究的。（畢竟，我自己在本書中就有類似的企圖，例如我對柏拉圖哲學的處理）。

那麼，更精確地說，我所攻擊的是什麼呢？任何要將這方面予以誇張或者普遍化的解釋，
就是我攻擊的對象。如果我們以上述方法來「解釋」貝多芬的交響樂，我們就什麼也沒有解
釋。就像如果我們把貝多芬描述為代表中產階級解放自身的過程，即使這種描述是真的，我
416 們也什麼都沒有解釋。這樣一種功能，完全也能和糟糕的音樂作品相連結（如用來解釋華格
納的音樂）。我們不可能用這種方式，或任何其他方式，來解釋貝多芬的音樂天才。

我想，馬克思自己的觀點，同樣可以用來對社會學決定論做經驗上的駁斥。因為如果我們從其行動主義和歷史定論主義來思考這個理論，並且思考在馬克思的系統中，究竟是行動主義還是歷史定論主義佔優位，則我們就必須說：歷史定論主義的觀點，比較適合保守派的衛道之士，而非革命家甚至改革家。同時，事實上，歷史定論主義乃是帶有保守主義色彩的黑格爾所使用的。馬克思從黑格爾那裡繼承歷史定論主義，最終卻驅逐了他自己的行動主義，這事實證明了一個人在社會鬥爭中所採取的立場，並不總是會決定他在理智上的抉擇。如在馬克思的情況中，他所支持的階級利益的影響，並不見得大過偶然因素，比如前人學說或短視因素的影響。因此，在這個例子中，社會學主義可能可以增進我們對黑格爾的理解，不過在馬克思自身的例子上，則顯示為一個未經證實的概念。同樣的情況是，馬克思低估了他自己的道德理念的意義。因為無疑地，他那宗教般的影響，乃是來自他的道德吸引力，他對資

本主義的批評之所以極具影響力，主要也是因為那是一種道德批評。馬克思指出：一個社會體制竟然會是如此欠缺正義；如果體制是壞的話，則每一個從中得到利益的個人的所謂正義，也只不過是一種可恥的正義、只是偽善而已。因為我們的責任應當要延伸到體制中，要延伸到我們允許其存在的種種制度之中。

正是這種道德的激進主義，說明了馬克思的影響；而且它本身就是一種有希望的事實。這種道德的激進主義仍然是活躍的。使其繼續活躍，以及防止它走向政治的激進主義，乃是我們的任務。「科學的」馬克思主義已經死了；但它對社會的責任感，以及對自由的熱愛，必須永遠活著。

注釋

716 注1：關於齊克果之反擊「官方基督教」，見：*Book of the Judge* (German edn, by H. Gottsched, 1905)。

注2：見：J. Townsend, *A Dissertation on the Poor Laws, by a Wellwisher of Mankind* (1817); quoted in *Capital*, 715。

在《資本論》（p. 711, note 1），馬克思摘引「充滿精神和機智的修道院長伽利安尼」（Abbé Galiani）所說的話，認為伽利安尼也持相同的觀點，他說：「這樣一來，佔居主要事業的人，養育就豐富了。」（見：Galiani, *Della Moneta,* 1803, p.78）。

在威爾斯（H. G. Wells）反對英格（Dean Inge）對西班牙內戰所持的偏見，及傾向法西斯態度的傑出辯論中，可以看出一種事實，那就是即使在西方國家，基督教並未完全脫離為回到封閉社會的反動和壓迫所作的防衛精神（見：H. G. Wells, *The Common Sense of War and Peace* (1940), pp. 38-40）。（引述威爾斯的著作時，我不希望我與他對於聯邦問題所說的話有任何關連，不論是批評性或建設性的，特別是第五十六頁所解釋的，關於充分授權世界委員會的觀念。這種觀念充滿著法西斯主義的危險性。）另一方面，還有一種相反的危險，即是傾向共產主義式的教會。見：第九章注12。

注3：見：前引齊克果所著同書第一七二頁。

注4：不過，齊克果對馬丁路德的批評，也適用於馬克思：「路德的修正性觀念……產生了異教最具詭辯的形式。」（見：前引同書一四七頁。）

注5：見：*H. o. M.*, 231（= Ludwig Feuerbach, 56）。見：第十三章注11及注14。

注6：見：第十三章注14及正文。

注7：見：*The Poverty of Historicism,* section 19。

注8：見：*H. o. M.*, 247 f.（= *GA* , Special Volume, 97）。

注9：關於這些摘引，見：*H. o. M.*, 248, and 279（後一個段落有裁減＝*GA* , Special Volume, 97 and 277）。

注10：見：L. Laurat, *Marxism and Democracy*, p. 16。（粗體為作者所加）

注11：關於此兩摘引，見：*The Churches Survey Their Task* (1937), p. 130，及：A. Loewe, *The Universities in Transformation* (1940), p. 1。至於本章的總結性評論，請見：巴克斯一書批評馬克思主義的最後幾句話。（Parkes, *Marxism-A post Morte*, 1940, p.208）

餘論

第二十三章

知識社會學

從訴諸一種普遍、客觀的真理標準來看，「合理性」（rationality）是非常重要的……。這不僅在「合理性」容易流行的時代如此，即使在較不幸的時代中也是如此；在不幸的時代中，缺乏男子氣概的人沒有力量消滅他們不同意的，所以只能輕視和拒絕「合理性」，將之當作人的夢幻。

——羅素（Bertrand Russell）

419 毋庸置疑，馬克思和恩格斯的歷史定論主義哲學，是他們的時代——一個社會變動的時代具有特色的產物。正如柏拉圖和赫拉克里圖斯的哲學，正如孔德、穆勒、拉馬克和達爾文一樣，這些都是變動的哲學。他們經驗到巨大且極為駭人的可怕印象，由變動的社會環境所造成，銘印於生活於此環境中的心靈之上。柏拉圖對這種處境的回應，是企圖阻止任何變動。比較近代的社會哲學家反應則非常不同，因為他們接受甚至歡迎變動；不過在我看來，這種對變動的愛好，以乎有一點矛盾的情感存在。因為即使他們已放棄了阻止任何變動的希望，然而正如歷史定論主義者試圖去預言變動，他們仍希望把變動置於合理的控制之下。而這也就確實像是企圖去馴服變動。如此一來，對歷史定論主義者而言，變動並沒有完全失掉它的恐怖性。

420 在我們這個變動仍舊急速的時代中，我們甚至發現，這種欲望不僅想去預言變動，而且還想要利用中央集權的大規模計畫來控制它。這些全體論者的觀點（我曾在《歷史定論主義的貧困》中予以批判），代表了柏拉圖和馬克思理論之間的一種調和。柏拉圖的意願是防止變動，而馬克思的理論是認為變動具有不可避免性，兩個理論結合在一起，就產生了一種黑格爾式的「綜合」，那就是主張變動既不能完全防止，變動就至少應是「有計畫的」，並且應由國家來控制，如此就大為擴張了國家的權力。

像這樣的態度，乍看似乎是一種理性主義；它與馬克思「自由王國」的夢想密切關連；

在這一國度中，人首度成為他自己命運的主人。但事實上，它是伴隨著與理性主義截然相反（特別是與人類的理性統一理論相反；見第二十四章）的理論出現的，並與我們這個時代的非理性主義及神祕傾向糾纏在一起。馬克思主義的理論認為，我們的種種意見，包括道德上和科學上的意見，都是由階級利益所決定的；更普遍地說，是由我們時代的社會和歷史情境所決定的。在「知識社會學」或「社會學主義」的名義下，這種理論在最近得到了發展（特別是由謝勒〔M. Scheler〕及曼海姆[1]〕，成為一種科學知識的社會決定論。

知識的社會學認為科學思想，特別是有關社會和政治事務的思想，並不是憑空而來，而是在某種社會條件之下所發展的。它深受無意識或無意識的種種因素所影響。這些因素始終隱藏在思想者視野所及之外，因為，正是這些因素形成了思想者所居的處境，他的**社會居處**。思想者的社會居處決定了他的整個意見和理論系統；對他來說，它們毫無疑問是真的，或不證自明的。它們就像是邏輯上的真，以及毋須一提的真，例如像「所有桌子都是桌子」這句話一樣真實。這便是為什麼他即使做出任何假設，也不會察覺到自己已這麼做了的原因。不過，如果我們將他與某個生活在非常不同的社會居處中的思想家比較，就能清楚看出這一點；因為另一位思想家的想法，也是出自一個顯然毫無疑問的假設系統，只是和前一位非常不同而已。其間的不同，甚至沒有理智的橋樑可以溝通，而兩個系統之間也沒有調和的可能。其間的每一種差異，都是社會所決定了的設定系統，而知識社會學家便將之稱為「**整體意識**

421

形態」(**total ideology**)。

我們可以把知識社會學看作一種黑格爾版本的康德知識論。因為它仍舊站在康德對於我們或可稱為「被動主義」的知識理論（'passivist' theory of knowledge）的批判立場之上。我用這個詞所指的是，一直到休謨的經驗主義理論，粗略說來，理論上都認為：知識是通過感官流入我們的認識中，錯誤的發生，是因為我們干擾了感官所給予的質料，或者是由於在干擾中產生了種種聯想所致；避免錯誤的最佳方法，就是完全保持被動和接受。康德反對這種容器式的知識理論（我通常將它稱作「心靈的「戽斗理論」」），他認為知識不是由感官容器所接受的聚集，不是像收藏在博物館一樣藏在我們的心靈中，知識絕大部分是我們心靈活動的結果[2]；如果我們希望獲得知識，我們就必須主動鼓勵自己去探求、比較、統合與普遍化。我們可以將這種理論稱為「主動主義」的知識理論（'activist' theory of knowledge）。與此相關的是，康德放棄了一種站不住腳的科學理想，即認為科學可以不做任何的預設（下一章將會指出這種理想本身就自我矛盾）。康德非常明白地指出，知識不能無中生有；我們必須先具備預設的系統才能開始工作，而這套預設系統並未經過科學的經驗方法所驗證；這種系統可以稱作「範疇性工具」（categorial apparatus）[3]。康德相信找出一套真實不變的範疇性工具是可能的，而它所代表的，就是我們的理智能力必然不變的架構，亦即人的「理性」。黑格爾放棄了康德這個部分的理論，他反對康德，不相信人的統合性。他認為人的理智能力是不斷變動的，而且是社會遺產的一部分；因此，人的理性發展，必須與其所屬社會的歷史發展，亦即與他所屬國家的歷史發展相符合。黑格爾的這種理論，特別是他認為一切知識和真理都是「相對的」，也就是都受歷史決定，有時被稱作「歷史主義」（與「歷史定論主義」不同，上章已述及）。知識社會學或「社會學主義」明顯與這種理論密切相關，或幾近同一。唯一的差異是，在馬克思的影響下，它會強調：歷史發展不再只會製造出黑格爾那千篇一律的「民族精神」，而是會依個人的社會階級、社會結構或社會居處而有多種不同，有時甚至與國家的「整體意識形態」相對立。

不過，這種理論與黑格爾相似的地方卻遠遠更多。我在前面已說過，依據知識社會學，在不同的整體意識形態之間，不可能搭建起理智的橋樑或調和。不過這種極端的懷疑主義，實際上並不如其所說的那般嚴重。自有一條途徑可以脫離這種困境，且這一途徑與黑格爾消解在他之前哲學史上種種衝突的方法類似。黑格爾，他的精神自由地在其所不同意的哲學漩渦之上保持平衡，將它們統統化約為最高綜合的元素，並將之納入自己的系統。同樣地，知

422

識社會學家認為，知識階級僅是鬆散地置身於社會傳統之內，其「自由平衡的知性」可以避免整體意識形態的陷阱；甚至能夠看清和揭開不同的整體意識形態、其背後的動機以及鼓動它們的種種決定因素。因而，知識社會學相信，最高程度的客觀性，能夠透過自由平衡的知性對於各種隱藏的意識形態，以及它們在無意識中藏身處的分析而達到。通往真正知識的大

路，關鍵似乎就在於揭開無意識的種種假設所在，這就像是一種心理治療，或者一種**社會治療**（**socio-therapy**）。只有那些做過社會分析或對自己做過社會分析，而免於社會的各種情結（complex），亦即免於社會的意識形態者，才能獲得最高綜合的客觀知識。

在前一章處理「庸俗的馬克思主義」時，我提到在某一類近代哲學中，可以觀察出一種意欲揭露我們行動背後動機的傾向。知識社會學就屬於這一類，其他包括心理分析，以及那些揭露對手信念之「無意義」（meaninglessness）的某些哲學[4]，都同屬此類。我相信，這些觀點的流行，就在於它容易被應用，並且能使那些想看透事物，想看透無知者之愚昧的人得到滿足。假若這些觀念不是那麼易於建立起所謂「加強版的獨斷主義」（reinforced dogmatism）[5]（事實上這與「整體意識形態」相當類似），並摧毀一切討論的知性基礎，這種快感倒也無傷大雅。黑格爾主義即是如此宣稱矛盾可被接受，甚至內容豐富、具生產力。不過，矛盾若毋須避免的話，則任何批評和討論就成為不可能了，因為批評永遠包含著指出矛盾，不是批評理論中的矛盾，就是批評理論和某些經驗事實之間的矛盾。心理分析的情況也類似：心理分析家面對反對意見，永遠可以辯稱：它們都是來自於批評者的心理壓抑。至於專究意義的哲學家也只須指出：他們的反對者所持的意見是無意義的，而這將永遠都能成立，因為所謂的「無意義」，可以這樣來定義：任何關於這項理論的檢討都被定義為毫無意義[6]。馬克思主義者也有同樣的態度，慣於用階級偏見來解釋其敵對者的異議；知識社會學者則用反對者的整體意識形態做解釋。此類方法都很容易把握；對那些玩弄這類方法的人而言，也是一種好玩的把戲。不過，他們明顯摧毀了理性討論的基礎，最後勢必走向反理性主義和神祕主義。

儘管有這些危險，我也沒有理由輕易放過玩弄這些方法的把戲。因為，正像心理分析家
423 是最好的心理分析對象一樣[7]，社會分析學家幾乎也以一種難以抗拒的盛情，將其自身應用的方法，應用到自己身上。他們將知識階級描寫成只是鬆散地置身在傳統中，這不就是對他們自身所屬的社會群體的描寫嗎？假定整體意識形態的理論是對的，那麼相信自己的群體能免於偏見、唯獨這個群體具有客觀性，這難道不也是整體意識形態的一部分嗎？而當信持這項理論的人，為了確立自己觀點的客觀性，會無意識地修正理論以欺騙自己，那麼豈不就可以預期，這個理論永遠會被證明為真？那麼，當他們主張藉由社會學的自我分析，可使他們達到更高程度的客觀性，而社會分析也能拋開「整體的意識形態」，我們又怎能當真呢？甚至我們還可質問：這整套理論不正只是該特殊群體的階級利益的表現？這個階級同樣鬆散置身於傳統之中，只是剛好鑲嵌得足夠堅固，可以將黑格爾的語言當作他們的母語。

除了用社會治療排除自身的整體意識形態，知識社會學家在社會治療中的成就究竟有多渺小，只要看他們與黑格爾的關係，就可以明白了。因為他們並不知道自己只是在重覆黑格爾所說的，反而認為自己不僅凌駕於黑格爾之上，而且還看透了他、對他做了社會分析；因

而現在他們可以是從客觀的、更崇高的角度，而非某些特定的社會居處，來看待黑格爾。像這種顯而易見的失敗自我分析，已經足以告訴我們一切。

撇開對他們的嘲笑不談，還有一些更為嚴肅的反對意見。知識社會學不僅是一種自我毀滅、一個社會分析的理想對象，也顯示出它完全無法正確地理解自身的主題，也就是**知識的社會面**，或者說科學方法的社會面。它將科學或知識當作個別的科學家心靈或「意識」中的一種歷程，或是這種歷程的產物。如果從這個方面來考慮，我們所稱的科學客觀性就會變得完全無從理解，甚至不可能理解了；這不僅在階級利益或類似動機足以發生影響的社會或政治科學是如此，在自然科學中亦復如此。任何對自然科學史略知一二的人，都會理解意氣的執著，是科學史上許多爭論的特徵。政治偏見對政治理論的影響，絕不會超過某些自然科學家的偏見對其理性產物的影響。如果科學的客觀性，一如知識社會學理論天真的設定一樣，要建立在個別科學家的公正或客觀性上，我們就只好向科學的客觀性告別。事實上，我們必須比知識社會學有更激烈的懷疑；因為毫無疑問地，我們是自己的成見系統（或者「整體意識形態」）下的犧牲者；我們都會認為許多事物是不證自明，毫無批判地就接受它們，甚至以一種天真、獨斷的確信，認為批評完全沒有必要；而科學家也不例外地受到這個法則的控制，即使他們在自己專精的領域中能夠浮淺地消除一些成見。但他們並沒有用社會分析或任何類似方法來淨化自己；他們沒有嘗試爬到更高的境界，夢想對自己的意識形態的愚昧，進行理解、社會分析和修正。因為將心靈弄得更為「客觀」，不見得就能獲致我們所稱的「科學客觀性」。不，一般我們說的「科學客觀性」建立在另一個基礎上[8]，是一個科學方法的問題。諷刺的是，客觀性跟**科學方法的社會面**有密切的關連，因為科學和科學的客觀性，並非（也無法）來自一個科學家企圖「客觀」，而是來自**許多科學家的或敵或友、協力合作**。科學的客觀性，可以被描述為科學方法的互為主觀性（the intersubjectivity of scientific method）。不過，那些自稱為知識社會學家的人，卻幾乎完全忽略了科學的這種社會面。

就這方面來說，自然科學方法有兩個面向非常重要。它們共同構成了我所稱的「科學方法的公共特性」。第一，是**自由批評**的途徑。一位科學家可以十足自信地提出他的理論，自認為無懈可擊。但這並不必然會對他的同僚造成壓迫，甚至會對其形成一種挑戰。因為他們知道科學的態度意指批判一切的事物，即使是權威也阻止不了他們的批判。第二，科學家試圖避免進行目標不一致的對話（我要提醒讀者，我談的是自然科學，不過現代經濟學的一部分亦可以包括在內）。即便使用不同的母語，他們還是設法嚴肅地用同樣的語言交談。在自然科學中，是藉著承認經驗為他們爭論的仲裁人來達成這個目的。我指的「經驗」是一種具有「公共」特性的經驗，像是觀察或實驗，它與比較「私人」的美學或宗教經驗相反；所謂具有「公共性」的經驗，代表某人所遭遇的問題，每一個人都能重複經驗到。為了避免不一致的問答，科學家試圖以一種能夠付諸檢驗（test），也就是可以被駁斥或印證的形式，來表

425 達他們的理論。

科學的客觀性就建立於此：每一個學過理解和檢驗科學理論的技巧的人，都能重複實驗和自行判斷。儘管如此，還是會有一些人執著於偏頗的、甚至幻想的判斷。這是不可避免的事，不過這還不致於嚴重阻撓各類**社會制度**的運作，這些制度旨在進一步推展科學的客觀性和公正性，例如實驗室、科學期刊、研討會等。科學方法的這個面向，證明了制度的設計如何會使公共控制成為可能，或使公眾的意見得以公開表達（即使限於一群專家的圈子內）。只有當政治權力被用來壓制自由批判，或政治權力不足以維護它時，才會使這些制度的功能受到損害。而這些制度，就是所有科學、技藝、政治發展的根本依據。

為了進一步說明科學方法為人疏忽的這一面向，我們可以探討一種觀念，那就是我們能夠藉由方法，而非結果，來鑑別出科學的特徵。

首先讓我們假設：有一位具有超凡洞察力的人，他以想像或自動書寫的方式寫成了一本書。而在若干年後，由於新近的革命性科學發現，一位從未看過該書的偉大科學家，也寫出了一本一模一樣的書。或者以另一種方式來說，我們假設這個具有超凡洞察力的人「看到」了一本科學的書，由於事實上當時許多相關的發現還未為人所知，該書不可能是由一位科學家寫的。現在問題來了：我們可以說，此位具有超凡洞察力的人寫了一本科學的書嗎？可以想像，如果將這本書呈給當時的頂尖科學家判斷，他們會說：這本書有一部分難以理解，另

426

一部分又充滿幻想；這樣一來，我們只能說這本由超凡洞察力者所寫的書是不科學的，因為它不是出自科學方法。我將把這種與某些科學結果其實一致，但並非出於科學方法的結果，稱作一種「啟示性的科學」。

為了將這個想法應用到科學方法的公共性問題上，讓我們假設魯賓遜在荒島上成功建立了物理、化學實驗室，和天文觀察站等等，並且依據實驗和觀察寫了許多論文。讓我們甚至設定他有可以無限使用的時間，因而成功地建構和描述了科學的系統，與我們現在的科學家所接受的結果實際上如出一轍。就這種魯賓遜科學的特性來說，某些人可能傾向認為那是實在的科學，而非「啟示性的科學」。同時無可置疑地，比起那位具有超凡能力的人所寫的書，因為魯賓遜應用了許多科學方法，他顯然更具有科學性。然而我認為，這種魯賓遜式的科學仍是一種「啟示性」的科學；其中仍缺少了一種科學方法的因素，因而使魯賓遜所達成的事實幾乎只是個偶然或者奇蹟，就像那位具有超凡洞察力的人的成就一樣。原因在於：除了魯賓遜自己以外，沒有別人可以檢驗他的結果，沒有別人可以糾正他的成見，而那些成見卻是他自己獨特的心靈發展所不可避免的結果。沒有人可以幫助他理解：我們所得到的結果隱藏著種種可能性，這些可能性大部分是透過較不相干的研究途徑才被發現的。而他所寫的科學論文，也唯有在企圖**向那些不曾做過同樣實驗的人**解釋的過程中，才能讓他學到什麼是清楚及合理的溝通素養，而這也是科學方法的一部分。在某一點——較不重要的一點——

上，魯賓遜式科學的「啟示」特性表現得格外明顯，這就是魯賓遜發現了他的「個人方程式」（personal equation）（我們必須假定他有此發現），以及會影響到他的天文觀測的、他個人獨特的「反應時間」（reaction-time）。當然，我們可以想像，他也許會發現他的反應時間有所變動，使他進而把它列入考慮。不過如果我們把他發現「反應時間」的方式，與「公共的」科學透過不同觀察者的觀察相比較就會發現——透過兩者結果的矛盾——魯賓遜式科學的「啟示」特性，就顯示出來了。

總結這些考慮，或許可以說，我們所謂「科學的客觀性」，並不是由個別科學家之公正無私就可以得到的東西，它是具有社會或公共特性的科學方法之產物；個別科學家的公正無私，並不是帶來科學客觀性的原因，而更毋寧是科學客觀性落實於社會或制度組織上的結果。

康德和黑格爾都犯了相同的錯誤[9]，那就是認定我們的種種預設，不會被選擇所改變，也無法被經驗所駁斥（因為毫無疑問地，在開始建構系統時，預設是我們主動「生產」經驗所不可或缺的工具）。它們高於或超越檢驗理論所用的科學方法之上，就像是一切思想的基本預設。然而這是一種誇大的說法，誤解了科學中理論和經驗之間的關係。我們這個時代最大的成就之一是，愛因斯坦證明我們可以藉由經驗來質疑和修正我們的預設，即使對於時間
427 和空間也是如此——時間和空間的觀念，曾是一切科學的必要預設，而且屬於科學的「範疇性工具」。這樣一來，在科學方法的光照下，知識社會學對科學的懷疑性攻擊就為之瓦解了。

經驗的方法已經證明它十分能夠照顧自己。

不過它並不能一下子消除我們的一切成見；而只能一個一個來個別擊破。一個典型的例子，同樣是愛因斯坦對我們有關時間的成見的發現。愛因斯坦一開始的出發點並不是為了發現成見；他甚至不是想批評我們的時空概念。他的問題是一個具體的物理學問題，他想重新改寫一套已經瓦解的理論，在這套理論指導下的各種實驗，結果似乎相互矛盾，愛因斯坦和大多數物理學家一樣，明白這代表理論是錯的。而後他發現：如果我們改變一下被人們視為不證自明、因而也從未被人注意的一個點，則困難就迎刃而解了。換句話說，他應用了科學的批判方法、發明並淘汰理論的方法，和嘗試錯誤的試誤方法。不過，這種方法不會使我們放棄一切成見；相反地，只有在消除成見之後，我們才能發現它確實存在。

不過，必須承認的是，在任何特定時刻，我們的科學理論，不僅要依賴當下的種種實驗，也得依賴大家視為理所當然、尚未儆然了悟的成見（雖然應用某些邏輯方法，也許有助於偵測這些成見）。無論如何，從這種外層被遮蓋的情形來看，我們可以說科學是還在學習、還在逐漸剝落其外殼的歷程中。這歷程也許永遠不是圓滿的，不過也沒有固定的欄柵會令它突然停止。原則上，任何設定都能夠被批評。而任何人都可以進行批評的這一點，也就構成了科學的客觀性。

科學成果其實是其發展中某些特定階段的結果，它在科學進展的過程中也很容易被取代，從這個角度來說，科學成果是「相對的」（如果可以用這個詞的話）。但這並不是說**真理**是「相對的」。一個論斷一旦為真，它就永遠為真[10]。科學成果的相對性，僅代表大部分的科學結果都具有假設的特性，亦即對於證據所給出的說法是非結論性的，在任何時候都有被修正的可能。這些想法（在其他地方有更完整的處理[11]）雖然對於社會學家的批評來說是不必要的，但仍可幫助我們進一步理解他們的理論。也有助於釐清我主要的批評，即有關方法的協力合作、互為主觀性及公共性，在科學批判和科學進展中扮演了哪些重要角色。

的確，社會科學在方法上，迄今尚未完全達致這樣的公共性。部分原因是由於黑格爾和亞里士多德在知性上的毀滅性影響，另一部分原因，也許是未能使用具有科學客觀性的社會工具所致。這樣一來，它們就真的只是「整體意識形態」了。或以不同的方式來說，某些社會科學家不能、甚至不願意用一種共同的語言來交談。但其理由並不是階級利益，同時治療他們的方法也不是黑格爾辯證的綜合，更不是自我分析。社會科學唯一能走的途徑，是忘掉一切言語上的爭辯，運用在**所有**科學中都具有相同本質的理論方法做為臂助，腳踏實地面對我們這個時代的實際問題；我指的是嘗試錯誤的「試誤法」，也就是發明實際上能被驗證、能付諸實際檢驗的假設方法。**我們需要一種社會技術，並由細部的社會工程學來驗證它的成果**。

在此所提治療社會科學的藥方，恰好與知識社會學所提的相反。社會學主義相信，並不是由於他們不踏實的特性，而是由於事實上在社會和政治的知識領域中，實際問題和理論問題是那樣深深地糾纏在一起，以致這些科學產生了方法學上的困難。例如我們可在知識社會學的重要著作中看到這點：「政治知識的特殊性，與『嚴格』的知識相反，就在於事實上知識和意志、或理性因子和非理性範圍，本質上就不可分地糾纏在一起。」[12]我們可以如此回應上述說法：「知識」和「意志」在某種意義上，總是難以分拆，但這一事實未必會導致任何危險的混亂。科學家若不具備一種努力、一種興趣，就不會知道任何事情。且在他的努力中，甚至通常還有某種程度的自利心。工程師主要是從實際的觀點來研究研究事物，農夫也一樣。講求實際並不是理論知識的敵人，而是對理論知識一種最有價值的刺激。雖然某些科學家會在某程度上變得超然，但許多例子都證明，科學家並沒有必要總是這麼漠不關心，反倒持續接觸現實、實作，這才是重要的，因為疏忽了實作，他就得付出代價，陷入墨守成規的經院主義。因此，想將非理性主義排除於社會科學之外，方法應是實際運用我們的發現成果，而不是企圖把知識和「意志」分離開來。

與此相反的是，知識社會學希望使社會科學家理解的社會力量和意識形態——它們無意識地圍繞在人的四周——藉此改革社會科學。不過關於成見的主要麻煩是，並沒有一種直接
429 方法可以消除它們。畢竟在消除成見的嘗試上，我們如何能夠知道自己已經有所進展？那些深信自己已袪除成見，然而其實是最具成見的人，不是經常可見嗎？以為社會學、心理學、

人類學或任何其他研究成見的知識，可以幫助我們祛除成見，這想法本身就是大錯特錯的。因為許多從事這些研究的人，就充滿了成見；自我分析不僅不足以幫助我們克服無意識的決定，它甚至會造成更多微妙的自欺。因而我們可以在知識社會學論及自身活動時讀到：「有一種漸增的傾向，就是我們逐漸意識到在無意識中控制我們的種種因素……那些害怕我們對決定因素的知識日漸增加，而可能麻痺我們的抉擇和威脅到『自由』的人，應當可以放心了。因為只有那些不知道最基本的決定因素，而只是在當下、未知的決定因素壓力下行動的人，才真正是被決定的。」[13]這顯然只不過是在重複黑格爾所說的話，而恩格斯又天真地重覆一遍，他說：「自由是對必然的正確鑑定。」[14]這說法就是一種反動性的成見。因為，那些在眾所周知的決定因素——例如政治專制——的壓力下行動的人，會由於擁有了這種知識就得到自由嗎？只有黑格爾才會說出這種天方夜譚。但保存了這種特殊成見的知識社會學，就十分清楚地證明了，我們絕不可能有捷徑來祛除我們的意識形態（一朝為黑格爾學派，永遠為黑格爾學派）。自我分析不足以替代那些建立民主制度所必需的實際行動；也只有民主制度才能保障批判性思想的自由，才能保障科學的進展。

注釋

716 注1：關於曼海姆，請特別見：《意識形態與烏托邦》（*Ideology and Utopia*），此處摘引自一九二九年德文版。「社會居處」和「整體意識形態」兩詞，均出自曼海姆，至於「社會學主義」、「歷史學主義」二詞則於上章提過。「社會居處」的觀念是柏拉圖式的。關於對曼海姆《重建時代中的人與社會》（*Man And Society In An Age of Reconstruction*, 1941）一書的批評，請見：《歷史定論主義的貧困》第二部分，曼海姆的書把歷史定論主義的傾向，與浪漫的、甚至神祕的全體論結合起來。

注2：見：我在〈何謂辯證法〉中的解釋（*What is Dialectic?*, *Mind*, 49, especially p.414; also *Conjectures and Refutations*, especially p.325）。

717 注3：這是曼海姆的用詞（見：*Ideology and Utopia*, 1929, p. 35）。關於「自由地平衡知性」，見：曼海姆同書一二三頁，此語詞係來自韋伯。至於「知識階級鬆散置身於傳統中」的理論，見：同書一二二頁至一三四頁，特別見：一二二頁。

注4：關於後一理論，即「實際」的問題，見：第十一章注51及注52。

注5：見：*What is Dialectic?*（p. 417; *Conjectures and Refutations*, p. 327），及第十二章注33。

注6：魏斯頓（Wisdom）在〈他人的心靈〉（Other Minds, *Mind*, vol. 49, p. 37, note）一文中，提到心理分

析方法和維根斯坦的方法之間的相似性：「從許多類似的來源中，都可能產生一種懷疑，即『我永遠不會知道他人的感受是什麼』。這種過度限定（over-determination）的懷疑徵候，使他們的治療複雜化了。他們的治療就像心理分析（擴大維根斯坦的比喻），在其中，處理就是診斷，診斷就是描述，對徵候的充分描述。」諸如此類（我的看法是，如果是用一般意義下的「知道」一詞，我們當然不會知道他人的感受是什麼。我們只能假設。這樣就解決了所謂的問題。此處所說的懷疑，是一項誤解。而更加錯誤的是企圖用語意分析的方法來排除懷疑）。

注7：心理分析學家所持的觀點，似乎與個體心理學家的觀點相同，而他們也許是對的。見：Freud, *History of the Psycho-Analytic Movemen* (1916), p. 42。佛洛伊德在該頁中對阿德勒的評述如下（這個評述非常適合阿德勒個體心理學的架構，依據該架構，自卑感是非常重要的）：「你以為一生立在你的陰影中，對我是那樣愉快的一件事嗎？」這點提示出阿德勒並未成功地把自己的理論用到他自己身上，至少在那個時候是如此。不過佛洛伊德也一樣：沒有一位心理分析的建立者，其自身被心理分析過。面對這種意見，他們通常回答說他們曾對自己做過心理分析，不過他們從不接受別人也對他們說這種話。實在說來，事情就是這樣。

注8：關於下面對科學客觀性的分析，見：我所著的：*Logik der Forschung*, section 8 (pp. 44 ff.)。

注9：我想對康德學派學者致歉，因為我以黑格爾式的口吻提及他們。

注10：見：第八章注23，第十一章注39第二段。

注11：見：第十一章注34。

注12：見：K. Mennheim, *Ideology and Utopia* (German edn, p. 167)。

注13：關於此兩條摘引的第一個，見：上注同書一六七頁（為了簡明起見，我將「反省」譯為「意識」。），至於第二條摘引，亦請見同書一六六頁。

注14：見：*H. o. M.*, 255（= *GA*, Special Volume, 117-18）：「黑格爾是第一位正確說出自由與必然之間關係的人。對他來說，自由是對必然的正確鑑定。」至於黑格爾自己的觀念形式，見：*Hegel Selections*, 213（= *Werke*, 1832-1887, vi. 310）：「因此，必然之真理，即自由。」「……自我意識的基督教原則——自由」（361 = *WW*, xi, 46）「自由的本質性包含在絕對的必然性中，在達成自我意識時呈現出來（因為其真正性質是自我意識），因而也就實現了它的存在。」（362 = *WW*, xi, 47），等等。

第二十四章

神諭哲學及反理性

430 馬克思是一位理性主義者。和康德、蘇格拉底一樣，他相信人的理性是統合人類的基礎。不過他認為我們的意見是由階級利益所決定的理論，卻加速了這個信仰的瓦解。如同黑格爾認為我們的觀念是由國家的利益和傳統決定一樣，馬克思的理論破壞了對理性的信仰。於是在左、右兩面的夾擊之下，對社會和經濟問題所採的理性主義態度，就難以抵抗來自正面的歷史定論主義預言和神諭的非理性主義的攻擊了。這便是為什麼理性主義與非理性主義之間的衝突，會成為我們這個時代知性上、甚至可能是道德上最重要的問題。

431

1

因為「理性」（reason）和「理性主義」（rationalism）這兩個名詞是含混的，所以有必要稍微解釋一下此處的用法。首先，我是以一種廣泛的意義來使用這兩個名詞[1]；它們不僅涵蓋思想的活動，也包括觀察與實驗。讀者必須將這點放在心上，因為「理性」和「理性主義」常被以一種不同且比較狹隘的意義來使用，也就是做為經驗主義（empiricism），而不是「非理性主義」（irrationalism）的反面。如果是這樣的用法，則理性主義對思想的頌揚，就超過了觀察和實驗，而更應該稱之為「主知主義」。不過，我這裡提及「理性主義」時，總是同時包含「經驗主義」和「主知主義」；就如同科學既會運用實驗，也會運用思想一樣。

其次，我用「理性主義」一詞，大致上是要表現一種態度，即儘可能訴諸理性，亦即清晰的思考和經驗，而非訴諸感情和激情來解決問題。這種解釋當然不是十分令人滿意，因為所有「理性」、「激情」這類詞彙，都是有些模糊的。我們「具有」理性或激情的方式，並不像我們具有某些有形器官，如心臟或頭腦，或具有某種「官能」，例如說話或咬牙切齒的機能一樣。因此為了讓它更精確一點，我們最好從某種實際態度或行為來解釋理性主義。就此，我們可以說，理性主義是一種隨時準備接受批判性論證，並從經驗中來學習的態度。它基本上的態度是承認「**我可能錯，你可能對，透過努力，我們可更進一步接近真理。**」這是一種不輕易放棄藉由論證和仔細觀察這類方式，在許多重要的事情上，人們可以獲致一致看法的希望。即使主張或利益有所衝突，也往往可以討論其中的不同，或經由仲裁，達成基於平等，以及雖非全體、但為大多數人所接受的一種協調。簡言之，理性主義的態度，或我們可以稱之為「講理的態度」，是與科學的態度、與相信合作方能追求真理的信念高度相似的；藉著論證的臂助，我們一定可達成某種類似客觀的東西。

分析這種理性與科學的態度之間的相似性很有意思。在上一章，我嘗試藉科學的魯賓遜故事，來解釋科學方法的社會層面。類似的想法可以證明，理性的態度也有其社會的一面，和天賦或聰明等不同。理性，就像語言一樣，可以說是社會的產物。一個魯賓遜式的個人（幼時即住在孤島），可能聰明到足以掌握許多困難的情境。但他不會發明出語言或者論證的技巧。當然，我們常在心中自我爭論；然而這是因為我們已經學過怎麼和他人討論，更因為我們已學習過如何對事不對人（當然，最後這一點在自我爭論的時候起不了作用）。因而我們可以說，我們擁有理性，正如我們擁有語言，是得自我們與他人的溝通之故。

理性主義者之對事不對人的討論態度，是極為重要的。它給了我們一種觀念：我們必須將每一個溝通對象，都視為論證和合理知識的潛在來源；由此才建立了所謂「人類理性的統一」。

432

從某一觀點來說，我們對「理性」的分析，可以說與黑格爾和黑格爾學派的人士有一點點相似。他們認為理性是一種社會產物，且實際上是社會（例如國家或階級）精神或靈魂的一部分；同時在柏克的影響下，他們強調我們深蒙社會的遺產之恩，且幾乎完全依賴它。不可否認地，我們與他們是有些相似之處，但相異之處也非常明顯。黑格爾與黑格爾學派的人士是集體主義者。他們認為，既然我們的理性得自社會——或特定的社會，如國家——那麼「社會」就是一切，個人則微不足道；或者說個人所具有的價值是來自集體，集體才是真正擁有價值的一方。而我們的立場則不同，我們不假設什麼集體的存在；例如，假使我說我們的理性來自「社會」，我指稱的永遠是來自某些具體的個人——雖然可能是來自一大堆迥異的無名個人——來自與他們在思想上所做的溝通。因此，談及理性（或科學方法）的「社會」理論時，我的意思是一種**人際的**（**inter-personal**）社會理論，而非一種集體主義的理論。當然，傳統賜給我們的東西非常多，也非常重要，但「傳統」一詞同樣也應被分析為具體的人際關係[2]。如此一來，我們就不必再將每一傳統視為神聖不可侵犯，或認為傳統自身就是一種價值。代之而起的態度，是根據傳統對個人影響的情形，來衡量其是有價值的或有害的。如此，我們就能理解到我們每一個人（做為親身例子和批判來說），對於傳統的提升或壓抑，都可提供一些貢獻。

在此，我對理性所持的立場非常不同於大家所熟知的、可追溯至柏拉圖的那種立場；其視理性為一種「能力」，會依個人而在程度上產生很大差異。無疑地，在這種立場下，知性上的秉賦人人不同，而這可能會影響理性的能力，但這種關係並不必然成立。例如聰明的人可能是非常不講理的，他可能會固執己見，只要是別人的話都不想聽。然而，依照我們的觀點，我們的理性不僅得力於他人，我們也永遠不能自認我們的理性能力優於他人、可以自稱權威。從我們的觀點來看，威權主義和理性主義是無法調和的，因為論證本身包括批判以及接受批判的藝術；這是講理的基礎。因此，理性主義根本與當代的柏拉圖夢想南轅北轍，他們夢想要創造一個美麗新世界，其中理性的成長將由某些優越的理性來控制或「計畫」。但
433 理性正如科學，是經由相互批判而成長的。「計畫」的唯一可能，是發展維護批判自由、亦即思想自由的種種制度，值得一提的是，即使柏拉圖的理論屬於威權主義，主張必須在他的監護之下，嚴格控制理性的成長（本書第八章已格外證明了此點），但**他寫作的方式**，卻也

是頌揚從人際面來解釋理性的理論；他早期的對話錄所描述的，絕大多數就是一種在極為理性的精神下所進行的討論。

當我們區分了真正的理性主義，以及假的或冒牌的理性主義，就會更清楚我是怎麼使用「理性主義」這個詞了。我們所謂「真正的理性主義」應該是蘇格拉底的理性主義。他要人覺察到自己的種種限制，在思想上謙虛地承認自己是多麼經常犯錯，並且多麼依賴他人，包括要理解自己常犯錯的這件事。我們必須明白，對於理性不能有過多期望；論證雖然是學習的唯一方法，卻很少能夠真正解決問題——它並不會讓我們把事情看得一清二楚，而只是看得比以前清楚一點。

我所謂「冒牌的理性主義」是指柏拉圖的理性直觀主義。它是一種最不謙遜的信仰，認為人有至高的理性天賦；宣稱自己受到天啟，所知完全確實、且具有權威。根據柏拉圖的說法，意見——即使是在〈蒂邁歐篇〉對話錄中的那種「真正意見」——是「每個人都有的；然而理性（或『理性上的直觀』）就只有神或少數人才具有」[3]。這種威權式的主知主義；這種相信人具有不會犯錯的發現才能或不會犯錯的方法；這種未能分辨一個人的理性能力及他得益於別人的部分；這種冒牌的理性主義經常被稱作「理性主義」，但它與我所稱的理性主義完全相反。

我對理性主義者態度的分析，當然非常不完整，而且我承認有一點含糊；不過對我們的目的來說，這種分析已經足夠了。現在我以同樣的方式來描述非理性主義，同時指出非理性主義者如何為這種態度辯護。

非理性主義的態度，可能依下述途徑來發展。雖然它或許也承認，若要揭開事物的表面，或達到某些非理性的目的，理性和科學可以是很好的工具，但非理性主義者會堅持「人性」主要是非理性的。他們堅稱：人類不只是理性的動物，同時也是缺乏理性的動物。想知道人
434
的非理性，只要看看能夠參與論證的人數就會知道；這便是為何非理性主義者一直認為人是被情緒和激情，而非被理性所操縱的。但是人也不只是理性的動物，因為在人的生活中，真正重要的事情都是超越理性的。即使是少數極度看重理性與科學的科學家，他的態度也是來自於他對理性的熱愛。因此在這些極少數的個案中，決定他們態度的仍是感情，而非理性。除此之外，使這個人成為一位偉大科學家的，也是他的直觀、他對自然事物神祕的洞察力，而不是他的理性。因此，即使是科學家這種明顯屬於理性的活動，理性主義者也無法適當地詮釋它。而基於科學領域已經是特別有利於理性主義的詮釋了，所以可以預期，當理性主義試圖處理人類其他領域的活動時，其失敗會更加顯而易見。隨著非理性主義者繼續他們的論證，更證實了這一判斷的精確。撇開人性的較低層面不談，我們不妨看看人性最高層次的一面，即人類的創造力。真正重要的是那些少數具有創造力的人，是那些創造藝術作品或思想的人，是宗教的建立者，或偉大的政治家。這些少數的傑出個人，使我們能夠瞥及人之偉大。

但是，雖然這些領袖人物知道如何讓理性來為他們的目的服務，他們卻不是理性的人。他們的根埋得更深，深植於其天性及衝動，以及他們所身處的社會。創造完全是非理性的；創造是一種神祕的能力……

2

理性主義與非理性主義的問題爭論已久。雖然希臘哲學毫無疑問是從理性主義起頭，然而即使在它初萌芽時，也存在著神祕主義的心態。如本書第十章所提及的，它思慕已然逝去的部落主義的統一和庇護，這就顯示出在它基本理性的方法中，仍然含有神祕的因素[4]。理性主義與非理性主義的首次公開衝突，是中世紀的士林哲學與神祕主義間的對抗（有趣的是，各地理性主義在羅馬帝國前期繁盛一時，而來自「蠻族」國家的人卻以神祕主義為特色）。在十七、十八、十九世紀，當理性主義、主知主義與「唯物主義」的浪潮升起時，非理性主義者不得不加以留意，並措辭反對。他們指出理性主義的限制，並暴露冒牌理性主義之危險和驕狂的主張（他們沒有將它與我們這裡所稱的理性主義區分開來）。其中的一些批評，尤其是柏克的，一度贏得所有真正的理性主義者的感謝。但現在的浪潮轉向了。而正如康德所
435
說，「深具意義的暗示和寓言……」已經成為今日的時尚；神諭的非理性主義者（尤其是柏

格森和大部分德國哲學家及知識份子）已經習慣將理性主義者視為次等的一群，而加以忽視或強烈反對。對他們來說，理性主義——或他們常稱的「唯物主義者」——尤其是理性主義的科學家，在精神上都是貧乏的，只追求沒有靈性、大部分是機械性的活動[5]，完全不理解人類的命運及其哲學的較深問題。而理性主義者則報之譏嘲，認為非理性主義者只是胡扯廢話。以往從未有過如此徹底的分裂，而隨著哲學家間外交關係的破裂，竟導致國與國間外交關係的破裂，其意義由此可見一斑。

在這場爭論中，我完全站在理性主義這一邊。即使有些時候理性主義者有些過火，我也還是同情它。我認為這一方的過火要無害的多（如果我們不要把柏拉圖冒牌的理性主義混入的話）。在我看來，過度的理性主義唯一可能造成的弊害是：它有時會損壞自己的立場，以致助長了非理性主義的反動。只因為有這種危險，我才會更仔細地考察過度的理性主義的種種主張，而宣揚一種溫和的、自我批判的理性主義，這種理性主義承認自己有某些限制。依上述所說的，我將分辨兩種理性主義的立場：一種是「批判的理性主義」（**critical rationalism**），另一種是「未加批判的理性主義」（**uncritical rationalism**）或「全面性的理性主義」（**comprehensive rationalism**）。（這種分辨與前面所分辨「真的」與「假的」理性主義不同。雖然我認為，除了批判的理性主義之外，很難找到另外一種「真正的」理性主義）

未加批判的或全面性的理性主義，是一種「我不準備接受任何無法以論證或經驗來支持

的東西」的心態。我們也可以下述原則來表示，那就是任何不能為論證或經驗所支持的假設，
都必須拋棄[6]。現在我們可以很容易地看出這種不加批判的理性主義原則，本身就是不一致
的；因為這個主張本身就不能由論證或經驗來支持，這也就代表它自己必須被拋棄（這種情
形與「說謊者弔詭」，即一種斷言自身為假的語句類似[7]）。因此，不批判的理性主義在邏
436 輯上是不能成立的；同時因為一種純邏輯的論證可以證明這點，因此不批判的理性主義就會
被自己所選擇的武器，亦即論證，所擊敗。

這種批評可以擴大。因為任何論證都必須從假設開始，顯然，我們不可能要求所有假設都一定要建立在論證上。許多哲學家主張，我們不應從任何假設開始，無論是具備「充分理由」的假設，或僅僅一小組設定（「範疇」）都不可以，這兩種主張在其形式上都是自我矛盾的，因為它們本身就做了一個龐大的假設：假設從沒有「假設」，或少數「假設」開始，仍可以得出有價值的結果（實在說來，這種避免一切預設的原則，並非如某些人所想的是一種圓滿的計畫（counsel of perfection）.，它只不過是一種說謊者弔詭[8]）。

上述所言有點抽象，但我們可以從一種非正式的途徑，來重述一下它與理性主義問題的關連。理性主義者的態度，其特色就是涉及論證和經驗的重要程度。但單單只有邏輯論證和經驗卻都無法建立理性主義者的態度；因為只有那些準備好要顧及論證和經驗的人，以及已因此採取了這種態度的人，才會被它們打動。也就是說，如果論證或經驗要有效的話，就必

須先採用理性主義者的態度，因此，理性主義的態度不是「建立」在論證和經驗之上（這種想法與是否存有能說服人的理性論證，來支持我們採取理性的態度，兩者是獨立的問題）。基於以上論點，我們的結論必然是：沒有理性論證會對一個不打算採取理性態度的人起任何作用。因此，全面理性主義是站不住腳的。

不過，這代表那些採用理性態度的人之所以採用，乃是因為他早就有意無意、不經推理地接受了某些建議、決定、信仰或行為；這種行為可以稱之為「非理性的」。而不論這種採用是暫時的，或已形成習慣，我們都可將之描述為一種非理性的**「信仰理性」（faith in reason）**。所以理性主義必然不可能是全面性的或自足的。理性主義者常忽略這點，因此往往在非理性主義者找他們的麻煩時，在自己的場子裡被自己搬的石頭給砸了腳。同時，理性主義者的敵人往往也不會放過一件事，那就是人們總是可以拒絕接受論證，無論是所有論證或某些特定論證，且這種態度可以始終一致而不會在邏輯上有任何矛盾。這使他們看到，那
437
些相信理性主義是自足的、可以藉由論證來建立的不批判的理性主義者，他們一定是錯了。在邏輯上，非理性主義要比不批判的理性主義來得更為優越。

那麼，為什麼我們不採用非理性主義呢？許多人一開始是理性主義者，但後來發現竟被全面性的理性主義所擊敗，幻想破滅，遂降服於非理性之下（如果我沒誤解的話，懷海德〔Whitehead〕的情形就是這樣[9]）。不過這樣一種驚恐的行為完全不足取法。雖然不加批判的

和全面性理性主義，在邏輯上都站不住腳，同時一種全面性的非理性主義在邏輯上能自圓其說，但我們仍沒有理由要採取後者。因為還有其他也能站得住腳的態度，特別是批判的理性主義。它承認：理性主義者的基本態度是（至少假設如此）建立在一種信仰的行動，或建立在一種「信仰理性」之上。這樣一來，我們的選擇就是開放的。我們可以選擇某種形式的非理性主義，甚至包括激進的或全面性的非理性主義；我們也可以選擇一種批判的理性主義，這種理性主義坦白承認它自己的限制，以及它的起源是來自一個非理性的決定（這在某種程度上，也是承認了非理性主義的某種優越性）。

3

擺在我們面前的選擇，並不單純是一種知識的事務，或只是一種品味問題。它是一種道德上的決定或抉擇（本書第五章所說的道德抉擇）[10]。因為我們究竟是選擇某種激進形式的非理性主義，或者是選擇對非理性主義作最小讓步的「批判的理性主義」，這個問題會深深影響我們面對他人、以及面對社會生活問題的整個態度。我們已經說過，理性主義與相信人類的統一性密切相關。未被任何一致性規則所限制的非理性主義，可以與任何信仰結合在一起，也包括四海一家的信仰；不過事實上，它也很容易與一種非常不同的信仰結合在一起，

438

特別是容易支持一種浪漫式的信仰，一種所謂的選民理論，將人分為統治者與被統治者，分為天生的主人及天生的奴隸；這就清楚證明了非理性主義與批判的理性主義之間的選擇，其中包含了一種道德的決定。

在本書第五章所看到的，現在又可在我們分析不加批判的理性主義中看到，論證並不能**決定**這樣一種基本的道德決定。不過這並不代表我們的選擇不能依藉任何論證的**幫助**。相反地，當我們面對一種格外抽象的道德決定時，仔細分析種種結果會有莫大的助益；這些結果容易從我們的選擇中產生出來。因為只有透過具體或實際的途徑揣想出這些結果，我們才能真正知道我們的決定是什麼樣子；否則我們只是盲目選擇而已。為了證明這點，我可引蕭伯納《聖女貞德》（*Saint Joan*）的一段話。說話的人是監獄裡的神職人員，他執意要求處死聖女貞德；但當他看到她被綁在火刑柱上時，他崩潰痛哭：「我無意要傷害她。我不知道結果是什麼……。我不知道自己在做什麼……。如果我知道自己在做什麼，我會從他們的手中把她搶過來。你不知道，你沒有想到：當你不知道的時候，光說不練是多麼容易。你用言語讓自己發了狂……。但當你冷靜下來，當你看到你所做的事情以後，當它蒙上你的眼睛、塞住你的鼻孔、撕扯你的心的時候，噢，上帝！我不要看到這幅景象！」在蕭伯納的劇本中，當然還有其他的人，他們完全明白自己的所做所為，然而卻決定那樣去做；同時做了之後也不後悔。有些人不喜歡看到他們的同袍在火刑柱上被燒，有些人則不然。這是非常重要的（許多維多利亞時代的樂觀主義者卻往往忽略了這點），因為它證明了：對決定的結果做理性分析，並不會就讓決定本身變得合理；結果不能決定我們的決定；做決定的始終是我們自己。不過對具體結果的一種分析，以及讓它們在所謂的「想像力」中清晰浮現，就導致了盲目決定和張開眼睛做決定，這兩者的不同；同時，因我們很少使用自己的想像力[11]，所以我們常常只是盲目決定。尤其當被神諭的哲學迷惑時更是如此，若用蕭伯納的話來說，神諭哲學正是最能用文字使我們發狂的東西之一。

對一種道德理論的結果進行理性和想像的分析，與科學方法有某種相似性。因為在科學中，我們同樣不會因為一種抽象理論自身有說服力就接受它，而是會透過實驗，更直接地檢驗那些具體和實際的結果之後，才決定是要接受或拒絕它。然而，這兩者間有一個根本差異。在科學理論中，我們的決定依賴於實驗結果。如果實驗與理論符合，我們便接受該理論，直到我們找到更好的理論為止。如果實驗與理論矛盾，我們便拒絕該理論。但在道德的理論中，我們只能以自己的良心來面對結果。實驗的裁決並不取決於我們，但良心的裁決卻必須取決於我們。

關於對結果的分析能夠影響我們的決定，但不會決定我們的決定，我希望我已將這點表達得足夠清楚。在展示理性主義與非理性主義這兩種我們必須選擇的結果時，我想提醒讀者
439 我確實有所偏袒。在表現這兩種道德抉擇——從許多意義來說，這是倫理學領域中最基本的

抉擇——時，我儘量做到公正，雖然我不隱藏我自己的同情。現在我將陳述我對這兩種選擇結果的想法，對我而言，這個結果極其有力，在它的影響下，我自己已經拒絕非理性主義，並接受對理性的信仰。

首先讓我考察非理性主義的結果。非理性主義堅持：人類行動的主要源泉是情緒和激情，而不是理性。理性主義者可能這樣回答：情形或許是這樣，但我們應儘可能地修正它，我們應該試著在最大程度上使用理性。而非理性主義者又可能回答（如果他們願意紆尊降貴進行討論的話）這種態度是令人絕望地不切實際，完全沒考慮到「人性」的弱點，大多數人的理智是脆弱的，他們依賴的是情緒和激情。

我深信這種對情緒和激情的非理性的強調，最後所導致的必是犯罪。理由之一是：這種屈從於人的非理性、嘲諷人類理性的態度，對於任何爭論的最後仲裁，必然是訴諸暴力與武力。因為當爭論發生，就代表本來具建設性的情緒與激情，諸如虔敬、愛、獻身於共同的使命等，這些原則上本可用來解決爭論的東西，已經被證明是沒用的了。但如果情況是這樣的話，則非理性主義者所能採取的，除了訴諸無建設性的情緒與激情，諸如恐嚇、憎恨、嫉妒，以及暴力之外，還能訴諸什麼呢？這種傾向深受另一種更重要的態度所強化，我認為它也是源於非理性主義，那就是強調人的不平等。

當然，我們不能否認，人和世界上的種種事物一樣，在許多方面是不平等的。這種不平等極為重要，在許多方面也相當可取[12]，這是不容置疑的（大量生產和集體化發展的恐懼，可能會造成一種結果，使人的個性或不平等遭到毀壞，這是我們這個時代的惡夢之一[13]）。不過這些與我們應否（尤其在政治事務上）平等待人或儘可能平等待人，也就是讓人人享有平等權利、要求平等待遇，是兩個不同的問題，同時也和我們是否應該建立這類制度的問題
440 無關。**「法律之前人人平等」並不是一種事實，而是建立在道德決定上的政治要求**[14]；它與「人生而平等」這個可能錯誤的理論無關。我並不是說，採取這種公正的人道主義心態，是決定選擇理性主義的直接結果。不過這種公正傾向是密切與理性主義關連，並且不能排除在理性主義的信條之外的。同時我也不是要說，一個非理性主義者採用一種平等或公正的態度就是前後不一致；即使這樣做不算是一致，他也不是非一致不可的。然而我希望強調的是：事實上，非理性主義者的態度很難不跟反平等主義的態度糾纏在一起。這一事實與它對情緒和激情的強調有關。因為我們不能以同樣的感情對待每一個人。從感情上來說，我們都會把人分成與親近和疏遠的，而將人視為非敵即友，更明顯是一種感情上的劃分；在基督教的十誡中，甚至承認這種劃分，例如「愛你的敵人！」即使是真正信守十誡的好基督徒，也不能感到自己是平等地愛一切人（從他們對「唯物主義者」和「無神論者」的態度可以看出，這類基督徒也不多）。我們不可能「抽象地」愛；我們只能愛那些我們知道的人。因此，即使訴諸我們的愛與同情這類最好的感情，也會傾向把人分成各類不同範疇。如果訴諸更弱些的情緒和

激情，情況就更是如此。我們的「自然」反應會將人分成敵人與朋友；分成屬於我們自己人、我們的情感團體這一群，以及我們之外的那一群；我們將人分成有信仰者和無信仰者；分成愛國者與外國人；分成階級同志與階級敵人；分成統治者與被統治者。

我前面已說過，認為我們的思想和意見依賴於我們的階級情境、我們的國家利益這種理論，必定會導致非理性主義。我現在要強調的是，反過來也是真的。放棄理性主義的態度，不再尊重理性、尊重論證、尊重他人的觀點，轉而強調所謂人性「較深」的層面，一定會導致一種觀點，即人的思想不過是根源於那些非理性的深層，而浮淺地具現在表面的東西。我相信，它也會製造出一種態度，即把人視為思想者這身分來考慮，而非從他的思想考慮。它也一定會產生一種信仰，認為我們是「從我們的血統」、「從我們的民族遺產」、「從我們的階級」來思想的。這種觀點會以一種唯物主義的形式，或以一種較高的精神形式表現出來。我們是「從我們的種族來思想」這個觀念，很可能轉變成選民的觀念，或是蒙受恩寵而「從
441
神的恩典來思考」的靈魂。基於道德上的理由，我拒絕接受這種差異；因為所有這類知性傲慢的觀點，都有一個決定性的相似處，即它們都不從思想本身來評斷一種思想的價值。因而它們就放棄了理性，把人分成敵人與朋友；分成少數分享神之理性以及不分享神之理性的人（如柏拉圖所說的）；分成少數與自己接近、多數與自己不接近的人；分成會用無法轉譯的語言表達我們的情緒和激情的人，以及那些母語和我們不同的人。一旦我們這麼做，政治上

的平等主義便成為不可能。

在政治生活中，這種反平等主義的態度，亦即人有權力凌駕於他人之上的問題，我只能說這是一種犯罪。因為它為一種態度辯護，這種態度認為不同類的人擁有不同的權利；主人有權利奴役奴隸；有些人可以把其他人當作工具；最終，這種態度必定會像柏拉圖的哲學一樣，被用來將謀殺給正當化[15]。

我並沒有忽略一個事實，那就是有些非理性主義者也是愛人類的；且不是任何形式的非理性主義都會導致犯罪。那些宣揚應以愛而非理性來統治世界的人，我認為他們為那些以恨來統治世界的人開了一條路（我相信當蘇格拉底認為不信任或憎惡討論，是與不信任和憎惡人有關時，他多少看出了這一點[16]）。那些不能立即看出這種關連，相信可以由情緒上的愛來進行直接統治的人，並不會促進公正，也不能解決衝突。之所以如此，我們可自一種無害的實驗證明，我們用這實驗來代替那些較嚴重的情況：湯姆喜歡看戲，迪克喜歡跳舞。當迪克為了湯姆的緣故要求去看戲，湯姆卻懇切地堅持去跳舞。愛無法解決這種衝突，愛心越大，衝突也就越大。解決的方式只有兩種；一種是終必訴諸暴力的情緒，另一是訴諸理性，用公正來做理性的協調。說這些不是為了顯示我不理解愛與恨的差異，或是我認為沒有愛的人生更值得活（且我承認基督教的愛的觀念，並不是一種純情緒的方式）。惟我堅持：情緒，即使是愛的情緒，也不能夠替代由理性控制的制度之統治。

442

這當然並不是反對以愛來統治的唯一理由。愛人意味著希望對方幸福（這是聖多瑪斯對於愛的定義）。然而在一切政治的理想中，使人民幸福的理想，也許是最危險的一種。為了使人民理解我們認為能使他們幸福的重要事物，我們必然會嘗試硬將所謂較高的「價值」加諸他們身上；為了拯救他們的靈魂，可能導致烏托邦主義和浪漫主義。我們都確實認為，若生活在美與圓滿的夢幻世界中，人人都會幸福。而且若人人相愛，世間必成天國。但如我已在第九章說的，將世界變為天國的企圖，最終不可避免地都製造了地獄。它必然導致不寬容、導致宗教戰爭，以及用異端審判來拯救人的靈魂。我相信，造成這種情況的原因，是由於對我們的道德責任完全誤解之故。向需要幫助的人伸出援手是我們的責任；但使他人幸福並不是，因為他人是否幸福並不取決於我們，而且這種友善的意向是侵犯他人隱私的。要求以逐步完成的方法來解決問題（與烏托邦相反）的政治主張，必須被視為一種責任，而關心他人幸福的權利，則必須視為親密朋友之間的一種私人特權。在朋友的情況中，或許我們有某種權利將自己的價值加諸他人，例如自己喜好音樂，也勸朋友喜好音樂（我們甚至會覺得有責任為他們開啟我們自認為能促進他們幸福的價值世界）。這種權利是以他們可以不接受為要件而存在的，因為友誼可以終止。然而用政治的方法將我們的價值加諸他人，是非常不同的情況。痛苦、災難、不義，以及如何阻止這些的方法，是公共道德的永久問題，是公眾政策的「議程」（**agenda**）（如邊沁〔**Bentham**〕所說）。「較高的」價值，大多數應被視作「非議程」

443

的，應該令其自由發展。因此我們可以說：幫助你的敵人，幫助那些即使恨你的不幸的人，但只愛你的朋友。

以上只是反對非理性主義的部分論點，而種種結果使我決定採取相反的態度，也就是批判的理性主義。它強調論證和經驗、秉持「我可能錯，你可能對，透過努力，我們可更進一步接近真理」的態度，如前所言，它與科學態度的性質相同。與此關係密切的還有另一個觀念，那就是每個人都容易犯錯，這些錯誤或者會由自己，或者由別人，或者借助別人的批判而被發現。因而這種態度認為：沒有人有資格做自己的裁判，它也提出公正的觀念（這點與上章所分析的「科學客觀性」的觀念息息相關）。這種信仰理性，不只是信仰自己的理性，甚至更信仰他人的理性。因此，一位理性主義者，即使他相信自己知識上優於他人，也不會自詡為權威[17]，因為他理解：就算他的知識優於他人（是否如此，他自己是難以下判斷的），這也只是因為他能從批判中、從他自己和別人的錯誤中學習所致。而這種學習方式，必定需要尊重他人和他人的論證。因此與理性主義密切關連的下一個觀念，就是他人有權被傾聽、也有權維護他的論證。這代表一種對寬容的認可，至少要寬容那些可以寬容別人的人[18]。當一個人採取的態度是先傾聽他人論證，他就不會殺人（當康德把「道德金律」〔Golden Rule〕建立在理性觀念上時，他是對的。實在地說，我們沒有辦法證明任何倫理原則的正確性，甚至沒有辦法像為科學陳述辯護一般地為它辯護。倫理學不是一門科學。但儘管倫理學沒有

「理性科學的基礎」，但科學和理性主義卻有一種倫理的基礎）。此外，公正的觀念必然會產生責任；我們不僅需要聆聽他人的論證，還有責任就我們行為影響他人的部分，提出回應與回答。最後，理性主義必然會承認，需要有一種社會制度來保護批評的自由、思想的自由，以及人的自由。它會建立起某種類似道德義務的東西，以支持這些制度。這就是為什麼理性主義會密切連結於一種在人道精神上，對實際社會工程——當然是細部的社會工程——的政治要求，並要求社會要理性化[19]、要為自由規劃、要由理性來控制；而不是由「科學」、或柏拉圖式的假理性來控制。我們必須借助一種蘇格拉底式的理性，去理解自己的種種限制，進而尊重他人、不脅迫他人——即使在幸福這件事上也一樣。此外，採納理性主義，也代表相信有一種共同溝通的媒介、共通的理性語言。它會對這種語言建立某種道德義務，要求努力維持清晰標準[20]，並維持它做為論證媒介的功能。也就是說，我們要清楚明白地使用這樣的語言，將它當作合理溝通、傳遞重要資訊的工具，而非一種「自我表現」的方法，後者是我們大部分教育家令人厭惡的浪漫口號（這是近代浪漫主義歇斯底里的特徵，結合了與「理性」有關的黑格爾式集體主義，以及過度強調「情緒」的個人主義，它強調語言是自我表現，
444 而非溝通的工具。當然，這兩種態度都是反理性的）。同時它意味著承認，人類是由一種事實來統合的，那就是我們各種不同的母語，只要它是理性的，就可以轉譯成另一種語言。它承認人的理性之統一。

關於理性主義的態度和願意使用所謂「想像力」的態度之間的關係，我們可以稍微再說幾句。有人常認為想像力與情緒密切相關，因此與非理性主義相關，同時又將理性主義視為一種缺乏想像力又枯躁的煩瑣哲學。我不知道這種觀點是否有什麼心理學上的基礎，但我是非常懷疑的。不過，我的興趣在於制度，而非心理學。從制度（以及方法）的觀點來說，理性主義看起來是必須要鼓勵想像力的，因為理性主義需要想像；相反地，非理性主義勢必會傾向不鼓勵它。事實上，理性主義是批判的，而非理性主義必定會趨向獨斷主義（當沒有論證的時候，剩下的就只有完全接受，或全盤否定）。批判精神一直要求某種程度的想像力，而獨斷主義則壓制它。同樣地，我們很難設想科學的探求和技術上的創新與發明，有辦法不運用大量的想像力而達到；在這些領域中，一定要提供某些新的事物（與神諭哲學的領域相反，在那裡只須喋喋不休、永遠重複那些情緒語言的把戲）。至少在實際應用平等主義和公正一事上，想像力所扮演的角色是重要的。理性主義者的基本態度「我可能錯、你可能對」，要求在實踐上，特別是牽涉到與人衝突的時候，要在想像力上真正付出努力。我相信愛與同情有時也可導致同樣的努力。不過，我認為從人性角度來看，我們不大可能與一大群人同悲共喜。同時我也不認為這情況值得追求，因為它終必摧毀我們幫助他人的能力，或是摧毀這類情緒的強度。然而由想像所支持的理性，卻能幫助我們同情理解那些與我們距離遙遠、未曾見過的人，而他們彼此間的關係，就像我們與所愛之人的關係一樣。對我來說，對抽象的

445 全體人類直接產生情感，幾乎是不可能的。只有對某些具體的個人，我們才能愛。但經由思想和想像，我們可隨時幫助那些需要我們幫助的人。

我相信，這些想法證明了理性主義和人道主義的關連是密切的，絕對超過非理性主義與反平等、反人道態度之間的關係。我相信這種結果可以由經驗得到證實。一位理性主義者的態度通常具有一種基本的平等主義和人道主義的展望。相反地，非理性主義在許多情況中，多少都會顯出反人道主義的傾向，雖然它有時也與人道主義關連在一起。但後一種關連在我看來，並非建立在良好的基礎之上。

4

我已試圖分析理性主義和非理性主義會帶來的結果；它們促成了我的決定。我希望重申，這種決定大體上是一種道德決定，是一種認真去看待論證的決定。而這就是兩種觀點之間的差異所在；因為非理性主義也會使用理性，但不具有任何責任感，它可以隨意地運用它或捨棄它。不過我相信，在道德上，正當的態度是承認：我們之所以能將他人和我們自己視為理性，是因為得力於與他人的溝通。

從這種角度來考慮，我對非理性主義的攻擊就是一種道德上的攻擊了。一些知識份子視理性主義為陳腔濫調，讚美中世紀的神祕主義，這些知識份子恐怕沒有盡到對其同胞的責任。他可能只想到他自己，認為他的細膩品味優於我們的「科學時代」和「工業時代」，認為這時代不過是一些沒腦筋的分工、「機械化」、「物質化」，甚至荼毒了人類的思想[21]。不過，這類人只證明了自己無法分辨出近代科學中的道德力量而已。凱勒爾（A. Keller）所說的一段話也許可以代表我所攻擊的這種態度[22]。那是一種典型對科學的浪漫敵意：「我們似乎進入了一個新的世紀，在這個新世紀中，人的靈魂重新獲得他的神祕能力和宗教能力。透過發明新的神話，來防止生活的物質化和機械化。當人必須從事專技人員和汽車司機時，他的心靈就遭到傷害；當他成為詩人和預言家時，心靈才再度甦醒，服從夢想的領導與指揮，這些夢想至少和科學、理智一樣聰穎和可信，但其啟示性和激勵性，則更甚於理智的智慧和科學的計畫。革命的神話是對沒有想像的、平凡的、驕矜自足的中產階級社會和古老的衰頹文化的一種反動，這是人的一場冒險，他失去了一切可靠的憑藉，開始著眼於夢想而非具體事實。」

446

在分析這段話時，我首先要指出（但僅限於此段話），我們應當注意其歷史定論主義及道德未來主義（moral futurism）的特性（「進入新的世紀」，「古老的和衰頹的文化」等）[23]。但比理解這段文字魔術更重要的是，我們要質問它所說的是否為真。我們的靈魂反對我們的生活流於物質化和機械化，是否代表它也否定我們在對抗中世紀流行病和難以言說的飢餓痛苦上，所達成的種種進展呢？做為一個專技人員，心靈就會遭到傷害，是否代表做為農奴或

447

奴隸會更幸福呢？我並不是想忽略純機械化的工作、使人感到毫無意義的苦工、損害創造力的種種工作所造成的嚴重問題，不過唯一實際的希望在於用機器替代這種機械化的苦役，而不是回到奴隸或奴役的時代。馬克思堅持生產力增加是使勞動人性化和勞動日縮短的唯一合理希望，他是對的（此外，我並不認為身為專技人員一定會心靈受傷；我懷疑這些「專技人員」，其中包括偉大的發明家和科學家，其實很享受他們的工作，他們和那些神祕主義者同樣富有冒險精神）。同時，那些相信「夢想的領導和支配」的人，如我們當代的先知、夢想家和領袖們所夢想的，是否「完全像科學計畫和知性智慧一樣可信與聰明呢？」要想更明白理解我們在此所面對的問題，只需要回到「革命的神話」就夠了。革命的神話是浪漫的歇斯底里的典型表現，是部落瓦解和文明壓力所產生的激進主義（如我在本書第十章所描述的）。這種主張以創造神話來代替基督徒責任的「基督教」，是一種部落式的基督教。這種基督教拒絕背負生而為人的十字架。千萬當心這些假先知！他們不自覺地追求的，是失落的部落主義式的統一。他們宣揚所要回歸的封閉社會，是回到洞穴和禽獸的時代[24]。

思考這類浪漫主義對我們的批判可能做何反應，應該會有些幫助。他們很難提出什麼論證，因為「與理性主義者討論這樣深刻的問題是不可能的」，他們最可能的反應是蠻橫的撤退。它申言「沒有重獲神祕能力靈魂的人」與具有此神祕能力靈魂的人，兩者之間是沒有共同語言的。這種反應與心理分析者的反應很像（上章已述及），他們戰勝對方的方式不是經由論證，而是指出對方的壓抑阻止了他們接受心理分析。社會分析家也一樣，他們指出對方的整體意識形態阻止了他們接受知識社會學。我先前說過，對使用這些方法的人來說，這種把戲相當有趣。但在此我們可以更清楚地看見，它必然要將人作不合理的劃分，分為接近我們和不接近我們的人。各種宗教都顯示出這種劃分，不過在回教、基督教或在理性主義者的信仰中，它是比較沒有害處的，因為它們會在每個人身上看出轉變的潛在可能。或許可以說心理分析也是這樣，它在每個人身上看出一種潛在的治療對象（只是要帶來這種轉變的心理分析費用，會是相當嚴重的阻礙）。但當我們討論到知識社會學時，這種劃分的害處就大了。社會分析學家主張：只有某些知識份子能祛除他們的整體意識形態，免於「從他們的階級思考」；因此他放棄人潛在的理性統一這個觀念，將自己的肉體與靈魂交給非理性主義。而當我們討論到這種理論的生物學和自然主義版本，或我們「從血統思想」或「從種族思想」的激烈學說時，情況就更糟了。不過同樣危險——雖然更加幽微——的，是當它裹著宗教神祕主義的外衣出現的時候；這種神祕主義不是詩人或音樂家式的，而是黑格爾式的理智神祕主義。他們告訴自己和其追隨者：由於特別的恩賜，自己的思想具有「神祕的和宗教的能力」，這不是他人所具有的。因此他們主張自己是「因神的恩寵而思想」。這種溫和地暗示有些人未獲神的恩寵、這種對於人類潛在的精神統合性的攻擊，在我看來，就跟他們相信自己是謙卑、虔誠的基督徒，是一樣的虛偽、不敬和反基督教。

與思想上不負責任的、逃到夢幻中的神祕主義相反，也與喋喋不休的神諭哲學者相反，近代科學強化了我們在思想上實際試驗的磨練。科學理論可由其實際結果來試驗。科學家在他自己的領域中，要對他所說的言論負責；你可自他的成果來理解他，因此能將他從假先知中區別開來[25]。能欣賞科學這方面的少數人之一，是基督教哲學家麥克墨雷（J. Macmurray）（我非常不同意他在歷史預言上的觀點，下一章將討論及此），他說：「科學，在其特殊領域之中，應用一種理解的方法，恢復了理論和實際間的破裂。」[26]我相信這正是科學為何在神祕主義者眼中是如此褻瀆的原因，因為他們以神話代替實際。麥克墨雷在另一個地方又說：「科學在它自己的領域裡，是基督教的產物，也是它迄今最適切的表現……它不分國籍、種族或性別，以合作求進步的能力，它預測和控制的能力，是歐洲至今所見中基督教最充分的表現。」我完全同意這種說法，因為我也相信西方文明的理性主義，以及它對人之理性統一、對開放社會的信念，特別是它的科學展望，要歸功於古代蘇格拉底和基督教所相信的四海一家，以及思想上的誠實與責任（常有一種反對科學的道德論證，認為科學成果被用在不好的目的，例如戰爭之上。這種論證是不值得嚴肅考慮的。在太陽之下沒有任何東西不會被誤用，也沒有什麼東西不曾被誤用。即使愛也會被當成謀殺的工具；和平主義同樣會被當作侵略戰爭的武器之一。另一方面，應該對一切國家仇恨和侵略負責的，明顯是非理性主義，而不是理性主義。在十字軍前後，有太多侵略性的宗教戰爭，但我從未看過任何戰爭是為著「科學的」目的，或是由科學家所策動的）。

在麥克墨雷的語句中，我們可以看到，他強調所欣賞的是「在自身特別的研究領域」中的科學。我認為他的這種強調格外具有價值。因為今天常可聽到一種論調，通常與艾丁頓（Eddington）和金斯（Jeans）的神祕主義有關，其認為現代科學與十九世紀的科學相反，因為識得世界的神祕性，已經變得更謙遜了。我相信這種意見是完全搞錯了方向。舉例來說，達爾文和法拉第探索真理時的謙遜，就和任何人一般無異。我也毫不懷疑，他們兩位比剛剛提到的那兩位當代偉大的天文學家還要謙遜。因為我相信，他們在「自身特別的研究領域中」，不會為了證明自己的謙遜，就將活動延伸到哲學的神祕主義領域之中[27]。不過，若就一般而論，現代的科學家可能是變得比較謙遜了，因為科學的進展大部分是由發現錯誤而來的，且一般而言，我們知道的愈多，就愈會理解我們知道的太少（科學的精神即是蘇格拉底的精神[28]）。

449

雖然我主要關注的，是理性主義和非理性主義之間在道德方面的衝突，但我覺得應該稍微觸及這一問題更「哲學性」的面向；不過我想明白指出，我認為這一面向比較不是那麼重要。我要說的是，批判的理性主義者還可以用另一種方式來扭轉局面、反敗為勝。他可以爭論說：非理性主義者宣稱他們為了自己能理解及尊敬世界的神祕性而驕傲（與僅僅揭露世界表象的科學家截然不同）。但事實上，他們根本沒有尊敬與理解，只是以廉價的合理化來滿足自己而已。因為如果不試圖將不合理的合理化，又如何會是神話呢？同時，科學家獻身於發現、一步步探索事物，永遠準備臣服在事實之下，他永遠理解即使是他最顯著的成就，也可能僅僅成為後人的踏腳石；比起可以自由地斷言任何事物，只因為他不用害怕任何實驗來挑戰自己的神祕主義者，究竟誰才對世界的神祕性更加尊敬呢？不過即使擁有這種令人疑惑的自由，神祕主義者仍然只會永無休止地重複同一事物（總是失落的部落樂園神話、對文明的十字架歇斯底里的拒絕）[29]。所有的神祕主義者，就像神祕主義者卡夫卡絕望的描述一樣：「放膽地說吧……不可思議的境界就是不可界議的境界，我們以前就知道它。」[30]非理性主義者不僅企圖將不能合理化的予以合理化，而且對錯倒置。神祕主義者認為特殊的、獨特的、具體的個人，無法用理性方法研究，更遑論是抽象普遍的宇宙萬有。科學可以描述某些景象的一般類型，或個人的一般類型，但它永遠無法窮盡某一景象或某一個人。普遍性和典型，就其做為科學的抽象產物來說，不僅是理性的領域，而且是理性的產物。但是，獨特的個人和獨特的行為與經驗，以及個人與其他個體的關係，永遠無法被理性充分解釋[31]。因此，似乎是個人中的這個屬於非理性的領域，使人際關係變得如此重要。舉例來說，大部分的人會覺得：如果他們本身以及他們的生活，不再是那麼獨一無二，而是各方面都同於某階級的典型，他們的所有行為和經驗都和那一階級的人完全一樣，他們的生活價值就要被摧毀了。在這個意義上，是我們經驗的獨特性，包括獨特的風景、日落到人的表情，使我們的生活具有

450

價值。然而從柏拉圖的時代開始，一切神祕主義的特徵，就是將這種對獨特個人之非理性感受轉移到一個不同的領域中，也就是抽象普遍的領域，它毫無疑問是屬於科學。神祕主義者要轉移的正是這種感受。大家都知道神祕主義的術語：神祕的統合、美的神祕直覺、神祕的愛，這些無一不是從人際關係的領域中借用而來的，特別是從性愛的經驗。同樣不容懷疑的是，神祕主義將這種感受轉移到抽象的領域中，轉移到本質上，轉移到「理型」上。隱藏在這種神祕主義態度背後的，依然是對失落的部落統合的渴望，希望回到酋長式家庭的庇護之下，將這種庇護的極限視為整個世界的極限。維根斯坦說：「將世界感受為一個有限的整體，這是一種神祕的感受。」[32]不過，這種全體論式的、普遍主義式的非理性主義，是一種誤置。「世界」、「整體」與「自然」，這些都是抽象的，都是理性的產物（這點導致了神祕主義哲學家和藝術家的不同。藝術家不將事物合理化，不使用抽象，而是在想像中自行創造具體的個人與獨特的經驗）。總結說來，神祕主義企圖將不合理的合理化，同時在錯誤的途徑中尋求神祕。之所以如此，是由於他夢想著一種集體[33]，夢想著選民的結合，因為他不敢面對困難與實際的任務，但這些任務，是那些理解每一個人自身有其極限的人，所必須面對的。

十九世紀宗教和科學之間的衝突，我認為已經過去了[34]。由於一種不加批判的理性主義本身是不一致的，因此，問題不是知識和信仰之間的選擇，而是兩種信仰之間的選擇。新的問題是：哪一種是正確的信仰、哪一種又是錯誤的信仰？而我試圖證明的是，我們所面對的，是信仰理性與個人，以及信仰人的神祕能力，並藉此將自己歸於集體之中，這兩者之間的選擇。同時，這也是承認人之統一，以及把人分成敵人與朋友、主人與奴隸，這兩種態度之間的選擇。

為了當前目的，我已用了夠多篇幅來解釋「理性主義」和「非理性主義」的差別，我贊成理性主義的動機，和我批評非理性主義和神祕主義的理由。後者是時下最流行的思想，是我們這個時代最幽微的知識疾病。我們毋須過份看重這種疾病，它們只不過是一種表層的皮膚病而已（只有少數科學家例外地免於這種流行的知識病）。但撇開其浮淺不談，這種知性疾病仍有危險性的一面，因為它會影響價值與政治領域中的思想。

451

5

為了證明這種知識疾病的危險，我將批判我們這個時代兩位極具影響力的非理性主義權威。一位是懷海德，他以數學著作出名，並與當代最偉大的理性主義哲學家羅素合作著稱[35]。懷海德自認是一位理性主義者；不過對他影響深遠的黑格爾也是如此。實際上，他是少數自知深受黑格爾（和亞里士多德）影響的新黑格爾學派人士之一[36]。無疑地，由於黑格爾的影響，他不顧康德的極力攻擊，還是勇氣十足地以一種高高在上、輕視論證的態度，建立了堂皇的形上學系統。

現在，我們首先考慮懷海德在他的《歷程與實在》一書中，所提供的少數合理論證的其中之一。他用這個論證來為其思辯的哲學方法辯護（他將這種方法稱作「理性主義」）。他寫道：「人們對思辯哲學有一種反對的意見，認為它的野心過大。而理性主義卻被承認是特殊科學領域中進步的方法。但是這種有限的成功，不應用來鼓勵一種表示事物普遍性質的大架構。人們斷言為這種批評的辯護是不成功的；歐洲思想是被認為是由各種頹廢、無法調和的形上思想混雜在一起的亂糟糟的東西……（**不過**）**若以這種標準來看科學，科學必定也是不成功的**。我們不能像保留十九世紀的笛卡兒哲學一樣，保留十七世紀的物理學……真正的檢驗不是終結，而是進步。」[37]這實是一種很合理，甚至令人信服的論證，但有效嗎？對這一論證的明顯反擊，是物理學有進步，但形上學卻沒有進步。在物理學中，「進步的真正檢驗」，也就是實驗的、實作的檢驗。我們可以說出何以現代物理學勝過十七世紀物理學的理由。現代物理學禁得起許多擊敗舊物理學的實驗檢驗。同時，我們還有一個明顯反對思辯形上學系統的理由，那就是他們所謂的進展，其實純粹只是自身的想像罷了。這種反對是很久以前就有的，它可追溯至培根、休謨與康德。例如關於所謂的形上學進展，我們可在康德的《未來形上學導論》（*Prolegomena*）中讀到這一段話：「毫無疑問，雖然在這個主題上，很早以前有過許多美妙的東西，但許多人一定和我一樣感覺到，今天已經很難再發現一丁點的

452

進步了。不可否認的是，我們發現有人企圖提高形上學的定義，或者用新的拐杖來支援一種站不住腳的證明，以此來修補形上學的破爛被褥，或為形上學提供新的式樣；然而這不是這個世界所需要的。我們已經對形上學的種種論斷感到厭煩。我們需要確定的判準，藉此可將辯證的幻想……自真理分辨開來。」[38]懷海德可能有意識到這種古典而明顯的反對意見，因此他在上面所引的那段話之後寫道：「但是自十六世紀的主要反對開始，直到培根的最後反對是：哲學的思辯是無用的。」因為培根所反對的是這種哲學在實驗和實際上的無用，懷海德在此似乎與我們的論點一樣。但他並沒有繼續下去。他並沒有回應這種反對，以致這種實際無用論已經要摧毀他認為形上學和科學一樣也有進步的論點。相反地，懷海德轉向另一個完全不同，且人盡皆知的問題：「世界上不存在赤裸裸的、自滿自足的事實。」以及一切科學都必須使用思想，因為它必須解釋事實，將事實普遍化。基於這種考慮，他就用這些想法來為他的形上學系統辯護：「因此，要理解眼前赤裸裸的事實，便需要形上學的解釋……」他所說的也許是真的，也許不是。但這與他先前的論證完全是兩回事。不管在科學或哲學中，「真正的檢驗就是……進步」，這是懷海德一開始的說法。但接下來他卻沒有回應康德對形上學的明顯反對。不但如此，懷海德的論證一旦落到普遍與共相的問題，就會游移到（柏拉圖式的）集體主義的道德理論之上：「見解的道德性和見解的普遍性是分不開的。普遍性的善與個人利益之間的對立，只有當個人的利益就是普遍之善時，才可能消除……」[39]

這是理性論證的其中一個例子。不過理性的論證實在很少。懷海德已從黑格爾處學習到如何避開康德的批評，即思辯哲學僅是用一副新拐杖來支援一種站不住腳的證明。這種黑格爾式的方法是很夠用：只要我們把論證和證明一起拋棄，我們就可免除這副拐杖的累贅。黑格爾哲學本來就不進行論證，它只宣示律則。必須承認的是，懷海德與黑格爾相反，他並不佯稱自己提出了終極真理。懷海德不是一位視其哲學為不可爭辯的獨斷哲學家，他甚至強調其哲學的不圓滿性。然而像所有新黑格爾學派一樣，他採用的方法是獨斷論的，他並不論證就建立了其哲學。我們要嘛接受它，要嘛拋棄它，但我們不能討論它（我們確實面對了「赤裸裸的事實」，但不是面對培根式的純粹經驗事實，而是一個人的形上靈感）。為了說明這種「要嘛接受它，要嘛拋棄它」的情態度，我將從《歷程與實在》一書中摘引一段。但我必須提醒讀者，雖然我試圖公正地挑選一段，但沒有讀完《歷程與實在》全書的讀者，不該據以形成任何意見。

453 全書最後的一部分，題為「最後的解釋」，共分為兩章，其一為「理想的對立」（例如「永恆與流變」，大家知道這是從柏拉圖系統來的；我們已以「變動與靜止」為題，處理過這方面的問題），其次是「神與世界」。我自後一章摘引一段。它由兩個句子開頭：「最後的總結只能以一群正反論題來表示，其明顯的矛盾是基於對存在範疇的殊異之忽視。在每一組正反論題中，會有一種意義的轉變，而將對立轉變為對照。」這段引言提供了一種「明顯的自我矛盾」，同時告訴我們這種矛盾是「基於」某種忽視。這似乎意指只要避免忽視，就可避免矛盾。但如何達成這種情況，或更精確地說，作者心中所想的究竟是什麼，卻一字未提。我們只能接受它或拋棄它。現在，我再摘引兩段他的「正反論題」，或「明顯的自我矛盾」，這些也是沒有絲毫論證就被如是陳述：「說神是永恆的、世界是流動的；或說世界是永恆的、神是流動的。——這是同樣的真。說神是一、世界是多；或說世界是一、神是多，也是同樣的真。」[40]我不打算在此批評這種希臘哲學幻想的回響，我們可以實實在在承認此和彼是同樣的「真」。但由於我們已被允諾會看到一個「明顯的自我矛盾」，我應該要知道是何處出現了矛盾。因為對我來說，這個矛盾的出現是不明顯的。自我矛盾應該是：「柏拉圖是快樂的，且柏拉圖是不快樂的」，具有這種「邏輯形式」的語句才能稱作自我矛盾（亦即，用任何適當的名詞代替上述語中的「柏拉圖」和「快樂」的一切句子）。但以下句子則明顯不是矛盾的：「說柏拉圖今天快樂，和說柏拉圖今天不快樂，兩者皆為真」（因為既然柏拉圖已死，則此和彼之「真」實在沒什麼差別）。同時，與此相同形式的語句，也不會是自我矛盾的語句，即使該語句為假也是如此。這只是顯示出我對這種「明顯的自我矛盾」的邏輯面的困惑。而懷海德的全書都給我這種感覺。我不知道作者要傳達的思想是什麼。這可能是我的過錯，而非懷海德的過錯。我不屬於被選擇的一群，很可能很多人都和我一樣。這也就是為什麼我說這本書的方法是非理性的。它把人分為兩部分，一小群是被選擇的人，另一大群是

454

迷失的人。不過像我這種迷失的人，我只能就我所看到的說，新黑格爾學派已不再像康德生動描寫的那樣，是破爛被褥加上新拐杖的組合了；它看起來倒像是斑駁了的舊拐杖。

我將這些問題留給仔細研讀懷海德著作的人，讓他們來決定懷海德的哲學是否通過了它「真正的檢驗」，是否證明它並非如康德所抱怨的形上學系統的停頓，而是有所進步；書中是否提供了評判這種進步的判準。而懷海德用康德對形上學的另一評論來作結，我也會讓同一批人來判斷其適當性。康德說：「就一般形上學和我對其價值的評論來說，我承認我的某些說明，可能在條件或思慮上不夠充分。但我不願隱藏一件事實，那就是我只能厭惡地看待它們，甚至就像憎恨時下流行的看似智慧、實則吹牛的著作一樣。因為我非常滿足於那些被採取的不當途徑；其所採用的方法必然會無窮增加這些愚昧與錯誤；同時，即使完全禁絕這一切幻想的成就，其傷害也不會像這種虛構科學惹人咒詛的繁殖力一樣。」[41]

接著我要在此處理當代非理性主義的第二個例子，是湯恩比的《歷史研究》（*A Study of History*）。我想表明，這是一部極有成就和耐人尋味的著作，我之選擇這本書，是由於它優於我所知的所有當代非理性主義，及所有歷史定論主義者的著作。我無法評斷湯恩比做為一位歷史學家的貢獻。不過與當代的歷史定論主義和非理性主義哲學家相反，他是一位極值得一提，且極具啟發性和挑戰性的歷史學家，至少我對他的理解是如此。他給了我許多富有價值的啟示。我並不認為他在歷史探究領域中犯了非理性的罪名，因為在這一領域中，比較證

455

據是支持或反對歷史解釋，這是個問題，而他毫不猶豫地使用了基本上是理性的論證方法。例如我知道，他針對福音書是否能做為歷史記錄的真實性問題，進行了比較研究，並得到了否定的結果[42]。雖然我不能對他的證據下判斷，但其方法的合理性是毫無問題的。這一點尤其可貴，因為他對正統基督教的普遍同情，使他本來更難為非正統基督教的觀點辯護[43]。我也同意他在著作中表示的許多政治傾向，尤其是他對現代國家主義、部落主義、「復古派」（亦即文化上的反動傾向）的強烈攻擊。

儘管具有這些優點，我還是要說：湯恩比這部不朽的歷史著作是非理性的，原因在於：只有看到這部如此傑出的著作，竟會產生如此有害的結果，我們才能充分體認到非理性的危險之處。

湯恩比的非理性主義表現在幾個不同方面。其中之一是，他屈服於我們這個時代的一種危險風氣，即對論證不夠嚴肅，只關注其表面價值（至少一度如此）而不是把它視為一種使深層的非理性動機和傾向現形的方式。這便是我在上一章批評的那種社會分析的態度，它並不先探求論證自身的有效性，就馬上去尋找其中無意識的動機，以及思想者在社會習慣中的種種抉擇。

在前兩章，我已指出持這種態度的人相當多，尤其是那些根本不論證，和那些論證不值一顧的作者。但如果完全不企圖對嚴肅的論證採取嚴肅的態度，我想，將其稱為非理性主義，諒不為過；甚至即使我們以和他們一樣的態度回報，也是無可厚非。因此，我認為我們完全有權來進行一個社會分析的診斷：湯恩比沒有嚴肅對待嚴肅的論證，這是二十世紀主知主義的代表，這種主知主義對理性感到失望和幻滅，認為我們的社會問題沒有理性的解決辦法，因而遁入宗教的神祕主義之中[44]。

我以湯恩比對馬克思的論述，做為他拒絕嚴肅看待論證的一個例子。我做這個選擇的理由如下：第一，我和讀這本書的讀者都很熟悉這個論題。第二，我同意湯恩比對此論題的大部分實際面向所表達的觀點。他對馬克思政治與歷史影響的主要判斷和我一樣，不過我的結論是以較枯燥的方法獲致；同時，他對馬克思的論述，也確實是顯示出其偉大的歷史直覺的例子。因此，若我反對湯恩比，為馬克思的理性辯護，很難不被視為馬克思的擁護者。但我想提出異議的地方是：湯恩比論述馬克思時（就像他論述每一個人一樣），並不把他視為一個理性的生物、一個能為自己的思想提出論證的人。實在說來，他對馬克思及其理論的處理方式，只顯示了湯恩比著作普遍給人的印象，那就是論證只是一種不重要的表達，人類的歷史是情緒、激情、宗教、非理性的哲學，或者藝術和詩的歷史，與人類科學和理性的歷史沒有什麼關係（在其最初六卷的歷史定論主義研究中，涉及到文明的生活範圍，竟隻字未提伽利略、牛頓、哈維、巴斯德這些人的名字）[45]。

關於湯恩比和我論馬克思相同的地方，讀者可回溯本書第一章，我提到的被揀選的人民和被揀選的階級，以及我在其他地方對馬克思歷史必然性理論的批評，尤其是他的社會革命不可避免論，這些都被湯恩比巧妙地連結在一起。他說：「在馬克思主義中……獨特的猶太思想，就是暴力革命的天啟，因為這是神的決定，所以無可避免，它要將無產階級和少數支配階級所扮演的角色顛倒過來……以便將曾受桎梏的被揀選的人民，從最底層晉升到人世王國的最高位置。馬克思以歷史必然性做為全能的上帝，來代替耶和華、以近代西方世界內部的無產階級，來代替猶太人。無產階級的專政就是彌賽亞的王國。不過這種陳腐的偽裝，遮不住傳統猶太教明顯的天啟內容，它實際上是前期猶太拉比馬克貝恩的猶太教，由這位哲學家經紀人呈現在近代世界中……」[46]如果這段傑出的描述只是一個有趣的類比，則我幾乎沒有什麼好不同意的地方。不過，若將其（或某部分）視為一種嚴肅的研究，我就必須為馬克思辯護：馬克思畢竟寫了《資本論》。即使許多方面已經過時，他還是對社會科學做出了嚴肅且極其重要的貢獻。事實上，湯恩比確實是在進行嚴肅的分析。他相信他的類比和寓言是在嚴肅地評價馬克思，因為在這一段落的附錄中（我只引用了最重要的一部分），他以「馬克思主義、社會主義與基督教」為題，論述了一個他認為可能會遭到馬克思信徒反對的「馬克思哲學的解釋」[47]。而這篇附錄本身，無疑也是對馬克思的嚴肅討論，它在第一段開頭便說：「馬克思主義的提倡者，可能會抗議說……」第二段又說：「對於馬克思主義者在這方面的抗議，我們的回應是……」不過，如果我們仔細審視這些討論，便會發現它隻字未提馬克思主義的合理論證和主張，更遑論詳加檢驗了。我們沒有看到任何一字論及馬克思理論的對錯。附錄中提出的另一個問題，又是歷史起源的老調重談；因為湯恩比想像這些馬克思主義的反對者不會反對一件事，就是馬克思的主張是將一個舊觀念——社會主義——建立在一個新的，亦即合理性的、科學的基礎之上。相反地，他想像他們會「抗議」說（我引湯恩比
457
的話）：「在馬克思哲學的總結上，我們只把馬克思哲學分解為黑格爾哲學、猶太教和基督教，而並未提及馬克思教義最重要的特色……馬克思主義者會告訴我們：社會主義是馬克思主義的生活本質；**社會主義是馬克思系統中原創性的因素，它無法追溯到黑格爾、猶太教、基督教，或任何其他馬克思主義之前的源頭**。」這就是湯恩比強塞到馬克思信徒口中的抗議，儘管任何讀過《共產黨宣言》的馬克思主義者，不會不知道馬克思本人早在一八四七年就分辨過七或八種「馬克思主義以前」的社會主義源頭，其中有些還被他貼上了「宗教社會主義」或「基督教社會主義」的標籤。馬克思從未夢想是他發現了社會主義，只不過聲稱是他將社會主義理性化，或如恩格斯所形容的，是他將一個烏托邦的概念發展成科學[48]。然而，湯恩比忽視了這一切。他寫道：「企圖在這些陣線上答覆馬克思主義的抗辯，我們就應承認社會主義所持之人性和建設性的理想，以及這種理想在馬克思主義的『意識形態』中所顯示的重要性；不過，我們不能接受**馬克思主義者認為社會主義是馬克思的原始發現**。我們要指出：有一種基督教的社會主義，在馬克思的社會主義以前就被宣揚和實現；同時當我們轉向攻擊

的一方時……我們應該堅持，馬克思的社會主義是自基督教的傳統延伸出來的……」我當然不否認這種延伸，且顯然所有馬克思主義者都可輕鬆承認這點，而絲毫不必犧牲他的信念；因為馬克思主義者的信念，並不是將馬克思視為一個充滿人道和建設性理想的人，而是視他為一位科學家，用純理性的方法證明社會主義必將到來，且是以什麼方式到來。

那麼，我自問，湯恩比在討論馬克思主義時，從未討論到它理性的主張，這要如何解釋呢？我認為唯一的解釋是：馬克思信徒的理性主張對湯恩比來說，是毫無意義的。他唯一的興趣是馬克思主義如何以宗教的姿態興起。我完全不否認馬克思主義有其宗教特性。不過完全以歷史源流及其環境來探討宗教和哲學的這種方法，也就是我前幾章所描述的**歷史主義**（與歷史定論主義不同）的態度，即使退一步說，也是相當偏頗的。這種方法有多麼容易產生出非理性主義，從湯恩比疏忽（即使不是輕視）人類生活中之重要領域——我們所描述的理性領域——就足以看出來。

在評估馬克思的影響一事上，湯恩比最終做出以下結論：「歷史的裁決可能是：對基督
458 教社會良心的重新喚醒，便是馬克思偉大的正面貢獻之一。」[49]我對這種評價沒有太多意見，讀者也許記得我曾強調馬克思對基督教的道德影響[50]。不過我並不認為湯恩比在做出最終評判時，有充分慮及馬克思偉大的道德觀念，即被剝削者應自尋解放，而不是等待剝削者仁慈的布施；不過，在這方面，當然只是意見的不同；我絕不會想去挑戰湯恩比保持自己意見的

權利，我認為這樣才是公正的。不過我應該提醒大家注意他所說的「歷史的結果可能」這句話，其蘊含著歷史定論主義的道德理論，甚至是道德的未來主義[51]。因為我堅持：我們不能、也不應規避對這類與我們自身休戚相關的抉擇。同時，如果我們不做出裁決的話，歷史也不會替我們裁決。

我們談了許多湯恩比對馬克思的論述。至於他的歷史主義或歷史相對主義這類更普遍的問題，我們可以說，他對此是相當自覺的，雖然他並未將其闡述為一種歷史決定**一切**思想的普遍原則，而只是做為**歷史**思想上的一種限定性原則。因為他解釋自己所秉持的是：「一切歷史思想都不可避免地關連於他所處的特殊時空環境，這個公理是研究歷史的出發點……這是人性的一種法則，沒有任何天才可以例外。」[52]這種歷史學主義與知識社會學的相似之處，是非常明顯的；所謂「思想者所處的時空環境」，顯然不外乎就是他的「歷史居處」，而這與知識社會學所描述的「社會居處」也是一樣。假如它們有任何差異，也只會是因為湯恩比將「人性法則」侷限在歷史思想的解釋上。這對我來說其實是有點奇怪的，也或許這只是他無心插柳的結果。因為「沒有天才能夠例外的人性法則」，卻只適用於歷史思想，而不適用於一般思想，這種限制本身就是不大可能的。

這種歷史主義或社會學主義中所包含的，還有一種更不可否認、但也更為通俗的真理要點，前兩章已討論過，在此我就不再重覆。不過既然談到批評，或許我們不妨指出：上述湯

459

恩比的斷言，若不限於歷史思想的範圍內，就不會是個「公理」，因為它會自我矛盾（這可以說是另一種形式的「說謊者詭論」[53]，因為若說沒有任何天才能夠脫離其社會居處的風氣，則這句話本身，顯然也不過是表達了一種說話者本身社會居處的風氣，亦即表達一種相對的觀點）。這項批評不僅具有邏輯形式的意義。因為它指出歷史主義或歷史分析可以應用到歷史主義自身之上，且這可以是一種處理觀念的方式——處理被理性論證批評**之後**的觀念。由於歷史主義也被如此批判，我現在願意冒著歷史分析診斷的危險，而說歷史主義是我們這個時代略顯過時、然而相當典型的思想產品；或更精確地說，它是我們這個時代社會學退步的典型例子，是對干涉主義、理性化時代、工業合作的一種典型反應。這個時代也許比歷史上的任何時代都需要將理性的方法實際應用到社會問題上。不能符合這種要求的社會科學，就會傾向自我防衛，極力攻擊科學在這類問題上的應用。總結我的歷史分析診斷，我要冒昧地說：湯恩比的歷史主義，是一種天啟式的非理性主義；它來自對理性的失望，試圖逃避到過去和未來的預言之中[54]。而除了歷史主義之外，一切都不過是歷史的產物。

湯恩比著作的許多內容都證實了這個診斷。其中一個例子，是他強調另一世界之於行動的優越性，足以影響這個世界的進程。例如他提及穆罕默德「悲劇性世俗的成功」時，說在這位先知面前顯現的行動機會，是一種「他的精神終必屈服的挑戰。他接受了……。他放棄了高貴榮耀的先知角色，而滿足於莊嚴的、成功的世俗政治家角色。」（換句話說，穆罕默德屈服於耶穌所抗拒的誘惑之下）因此，耶穌會創始者羅耀拉，因為由一位兵士轉變為聖人，就得到了湯恩比的讚賞[55]。然而有人也許會問：難道羅耀拉就沒有成為傑出的政治家？（不過如果這是耶穌會的問題，情況就非常不同了：因為它的政治領導方式是十足屬於另一世界的）為了避免誤解，我希望明白表示，我自己是將許多聖徒視為高於大部分、或幾乎所有我知道的政治家的，因為政治的成功一般不會引起我的注意。我之所以引用這一段，只是做為我的歷史診斷的證明：這位現代歷史先知的歷史主義，不過是一種逃避的哲學。

在書中許多地方，都可以明顯看出湯恩比的非理性主義。例如在攻擊理性主義的寬容概念上，他用「高貴」這類範疇來反對「低賤」，而不用論證來申述這種反對。而他把在理性基礎上「消極地」避免暴力，和另一世界的真正非暴力加以對比，則暗示這兩者都代表了：「兩種意義……正相反的情況」[56]。下面是我想到的另一段：「最低層次的非暴力實踐，不過是一種對暴力的……犬儒式幻滅，沒有什麼高貴和建設性……從以前就**令人厭煩作嘔**……這種無益於世道、惡名昭彰的非暴力例子，是西方世界從十七世紀以來……一直到現在的宗教寬容。」我們實在禁不住要用湯恩比自己的話來回敬他，我們要問：這種對西方民主宗教寬容的訓誨式攻擊，除了是一種對理性之犬儒式幻滅外，有表示出任何更高貴和更建設性的東西嗎？它是否是那曾經存在、不幸到今日依然存在的惡名昭彰的反理性風尚呢？它是不是從黑格爾迄今，一直令人作嘔地被實踐著？

我對湯恩比的歷史分析，當然不是一種嚴肅的批評。它只是一種不友善的報復，是以其人之道還治其人之身。我的基本批判是在迴然不同的戰線上，如果由於淺涉歷史主義，而使得這種廉價方法更加流行，則我真心感到抱歉。

我不希望被誤解。我對宗教的神祕主義沒有敵意（我只對好戰的反理性主義者之主知主義有敵意）；如果有人企圖壓迫它，我會第一個起身反擊。我並不是在宣揚宗教的不寬容。但我主張信仰理性，主張理性主義、人道主義或人文主義，它們和任何宗教信念一樣，都有改善人類事務的權利，尤其是國際犯罪的控制以及和平的建立。湯恩比說：「人文主義者竭盡全力……希望使人類事務在人的控制之下。然而……除非在一種超人的、又包含人類部分的統合架構內，否則人類的統合是難以建立的……；但當代西方的人文主義學派，卻詭異而毫無道理地想在塵世的基礎上，建立一座上達天堂的巴別塔（Tower of Babel）……」[57]如果我對他的理解沒有錯的話，湯氏是認為人文主義者根本不可能將國際事務置於人類理性的控制下。他訴諸柏格森的權威[58]，主張只有歸順於超人的整體，才能拯救我們。他更主張：沒有任何理性的途徑——他稱為「現世的途徑」（terrestrial road）——能夠廢棄部落式的民族主義。我並不介意他將人文主義者對理性的信仰稱為「現世的」，畢竟理性政治的原則，本來就是
461 認為不可能在人間建立天堂[59]。不過，人文主義的種種行為，已經證明它同樣是一種信念。我雖然和大多數人文主義者一樣，相信基督教所提倡的神的父愛，對於建立人的互愛有很大

貢獻，但我也相信，那些破壞信仰理性的人，對這目標不會有多大的貢獻。

注釋

718

注1：我在此所使用的「理性主義」一詞，是相對於「非理性主義」，而不是「經驗主義」。卡納普於一九二八年出版的《世界的邏輯結構》（*Der Logische Aufan der Welt*）中說：「在現代意義中，『理性主義』一詞，現在常常意謂……**與非理性主義相反**。」（p. 260）依此途徑使用「理性主義」，我並不是要暗示另一種使用方法，即做為經驗主義的反面是較不重要的。相反地，我相信這種相反的特性，是哲學中最有趣的問題之一。不過，我不打算在此處理這個問題；同時，我認為要描述與經驗主義相反者，最好使用另一詞彙如「主知主義」或「理性直觀主義」，以替代具有笛卡兒意味的（the Cartesian sense）「理性主義」。在此我要說的是，我並不**定義**「理性」或「理性主義」這些詞；我是用它們當作一種標示，同時要注意，並沒有什麼東西是依賴於這些用詞。見：第十一章，特別是注50。（論及康德的地方，見第十二章注56及正文。）

注2：（補註）這是我在我的講詞〈邁向一個理性的傳統理論〉中企圖做的。見：*The Rationalist Annual*, 1949, pp.36 ff.。已收入《猜想與反駁》，一〇二頁以下。

注3：見：Plato, *Timaeus* 51e。（也見第十一章注33的交叉引用）

注4：見：第十章，特別是注38至注41及正文。

在畢達哥拉斯、巴門尼德、赫拉克里圖斯和柏拉圖的思想中，神祕主義和理性主義的因素是混雜在一起的。特別是柏拉圖，雖然他一再強調「理性」，但他在其哲學中所加入的非理性因素幾乎驅走了他承自蘇格拉底的理性部分。這使得新柏拉圖主義者可將其神祕主義建立在柏拉圖身上；同時，後來的大部分神祕主義，均可回溯到這些源頭。

也許是偶然，但值得注意的是，有一種文化邊界，存在西歐和中歐的一些區域，這些區域恰巧位於未受奧古斯都的羅馬帝國控制的地區附近，因而自然未受羅馬和平及羅馬文明的薰陶。在這些「蠻族」地區，雖然沒有發明神祕主義，卻特別受神祕主義的影響。像克萊爾瓦克（Bernard of Clairvaux）的神祕主義，在德國就獲得極大的成功；艾克哈特（Eckhart）及其學派和鮑墨（Boehme），後來也在德國發展了這方面的神祕主義。

後來，斯賓諾沙（Spinoza）企圖將笛卡兒的主知主義與神祕傾向結合在一起，重新發現了一種神祕的理性直觀的理論；儘管康德強烈反對，卻產生了康德以後的「唯心主義」的興起，這些人便是費希特、謝林和黑格爾。如第十二章所簡短指出的，一切近代的非理性主義，都可回溯至黑格爾（另請見：本章注6、注29至注32及注58，第十一章注32、注33）。

719

注5：關於「機械性的活動」，見：本章注21及注22。

注6：我用「拋棄」這字眼，是因為要囊括下列的觀點：（1）這假設是錯的；（2）雖然有時也許偶然為真，但是不科學（或不能成立）；（3）它從維根斯坦《邏輯哲學論叢》的觀點來看，是「沒有意義的」或「無意義的」。見：第十二章注12，本章注8之（二）。為了連接下一節對「批判的理性主義」和「未加批判的理性主義」的區分，可以一提的是，唐・斯哥德（**Duns Scotus**）及康德的學說，可以被解釋為「批判的」理性主義（我指的是他們關於「意志優位」的理論，這或會被解釋為非理性決定居於最優位）。

注7：在此注和下一注解中，將評論一下弔詭，特別是「說謊者弔詭」。在開始評論之前，須知所謂「語意的」、「邏輯的」弔詭，可說已不再只是邏輯學家的遊戲。它們不僅已被證明對數學發展很重要，在其他思想領域的重要性也日漸上升。這類弔詭和自由的弔詭這類問題有著無庸置疑的關係；我們已經看到「自由的弔詭」在政治哲學中的重大意義（見：第十七章注20，第七章注4與注6）。在此注解之（四）中，將簡短證明各種「統治的弔詭」（**paradox of sovereignty**）（見：第七章注6及正文）與「說謊者弔詭」很相似。我在此不對那些解決這類弔詭的當代方法下任何評論，因為那會超出本書的範圍。

（一）我們可用許多方式來表現「說謊者弔詭」。其中之一如下：我們假設某人有一天說：「我今天所說的話都是假的。」同時他整天都沒有說其他的話。現在我們問自己：他所說的是否為真？這就是我們所要探求的。如果我們以假定他所說的是真開始，則必會得到結論是他的話是假的，若我們假設他所說的是假，則又會得到他所說的是真的結論。

（二）弔詭有時稱作「矛盾」。不過，這也許有點錯誤。通常所謂的矛盾，在邏輯上必定為假，例如說「柏拉圖昨天是快樂的，且柏拉圖昨天是不快樂的。」**我們說此句為假並不會有什麼困難，但我們不可能毫無困難地判定一個弔詭是真或假**。

（三）然而有一些陳述，它們與弔詭關連密切，但更嚴格地說，它們只不過是自我矛盾。例如「一切陳述都是假的」，如果認定此句為真，則這個陳述結論即是假的。然而若設定其為假，則就脫離困難了；因為這種設定僅會導致一種結果，即並非所有的陳述為假。或換句話說，有某些陳述，至少有一個為真。這種結果是沒有什麼害處的；因為它並不意味著我們原來的陳述也是為真的其中之一（這並不意味著我們在事實上能建構一種**免於弔詭**的語言，在這種語言中可以形成「一切陳述為假」，或「一切陳述為真」這類句子）。

雖然事實上「一切陳述為假」這個句子，並非一個真正的弔詭，適切地說，它是「某種形式的說謊者弔詭」，因為它與說謊者弔詭明顯相似。古希臘克里特的艾比曼尼底斯（Epimenides the Cretan）說的「所有克里特人永遠說謊」這個句子，就相當於「某種形式的說謊者弔詭」，它是一種矛盾，而非一種弔詭。（見：下一注解，及注54和正文）

（四）我現在簡短指出「說謊者弔詭」和各種「統治的弔詭」之間的相似性，例如這個原則：最聰明的人、最好的人或大多數人應該負責統治。（見：第七章注7及正文）

蘭福特（C. H. Langford）曾以不同方式來描述說謊者弔詭，其中之一如下：我們設想A與B所說的兩句話：

A說：「B所說的是真的。」

B說：「A所說的是假的。」

應用上面所描述的方法，我們不難相信這些句子是弔詭。現在我們考慮下面的兩個句子，第一句為最聰明的人應該負責統治的原則：

（A）原則說：在（B）之下，最聰明的人所說的，應該為一種法則。

（B）最聰明的人說：在（A）之下原則所說的，不應該為一種法則。

注8：（一）避免一切預設的原則，其意義仍屬本章注7之（三）中所說的「某種形式的說謊者詭論」，因此也是自相矛盾的。如果我們這樣描述，則不難看出這一點：一位哲學家未經論證，就假設了這個原則：「凡是未經過論證就加以肯定的原則，是不被容許的。」很明顯，如果我們認定此原則為真，則依照它所說的，我們必須結論說，它是不被容許的原則（相反的假定則不會導致任何困難）。「圓滿的計畫」這一評論，通常是指胡賽爾對這種原則的批評。萊爾德（J. Laird）於一九三六年出版的《當代哲學》（*Current Philosophy*）第一二二頁中，談到這個原則：「它是胡賽爾哲學的主要內容。其成功性相當令人懷疑，因為其中仍舊潛藏著預設。」我同意這種說法；不過我不太同意下一個評論：「……避免一切預設，同樣也是在做圓滿的計畫，在這個偶然的世界中，這是不切實際的。」另見：第二十五章注5。

（二）我們可考慮一些其他的「原則」；這些原則也是本章注7之（三）的「某種形式的說謊

721

者詭論」，因此是自相矛盾的。（a）從社會哲學的觀點來看，下面的「社會學主義原則」（與「歷史主義原則」類似）相當有趣。它們的形成方式如下：「沒有任何陳述是絕對為真的，而且所有的陳述不可避免地與它們創始者的社會環境相關。」顯然，我們不需任何更動就可將注7之（三）的內容應用於此。因為如果我們假定這樣一種原則為真，結果會顯示它並不是真的，只不過是「與提出者的社會或歷史環境相關」罷了。見：本章注53及正文。

（b）在維根斯坦的《邏輯哲學論叢》中，可以發現這方面的一些例子。其中之一是維根斯坦的命題（第十一章注46曾充分摘引）：「真命題的整體是……自然科學的整體。」因為這個命題並不屬於自然科學（而是屬於後設科學〔Meta-science〕，亦即談論科學的理論），因此得出斷定自己不為真的結論，而自相矛盾。

更且，這個命題明顯破壞了維根斯坦自己的原則（*Tractatus*, p. 57）：「沒有任何命題能談論其自身……」

（補註）：但即使是我上引的原則（簡稱為「W」），也會轉變成說謊者詭論的形式，並斷定其自身為假（因此，它不能——如維根斯坦所相信的——等同於、或概括、或代替「類型的整體理論」〔the whole theory of types〕。這是羅素的理論，旨在避免他所發現的種種詭論。羅素將這些看似命題的表述分為三類：真命題、假命題，以及無意義的表式或假命題）。因而維根斯坦的W原則，可整理重述如下：

（W+）任何包含涉及自身之表述（特別是看來像一個命題之表述）——不論是包含其自身之名

稱，或包含其自身所屬的單獨可變的類型——均不是命題（而是沒有意義的假命題）。

現在讓我們設定W+為真。然後讓我們思考一件事，W+本身是一個表述，而且它涉及到一切的表述，它不會是一個命題，因此它自然不能為真。

因此，假定它為真是不能成立的，W+不能為真。不過它也不必然為假。因為無論是假定其為假，或假定其為無意義（或沒有意義）的表述，都不會給我們帶來立即的困難。

維根斯坦下面的這句話，可能是在表示他自己也看到了這點（p. 189，另見：第十一章注51之（一）：「我的命題是這樣說明的：理解我的人，終會承認它們是無意義的……」我們可以猜測他傾向於將W+視為沒有意義，而不將其視為假的。但我認為它不是無意義，而是假的。或更精確地說，我相信在每種形構的語言中（例如哥德爾〔Goedel〕不確定的表述語言），都包含談及自身表述的方法，而且我們也對這些表述的集合加以命名，諸如「命題」、「非命題」。**像W+這類對表述的形構，斷言自身的無意義，就不再是無意義或純粹的詭論，而是自我矛盾的了**；它將會是有意義的表述，因為它宣稱某一類的所有表述都不是命題（不是一個完整建構的式子）；而這樣一種斷定，或為真或為假，但不是沒有意義的。因為「成為」（或「不成為」）一個形式完整的命題，乃是「表述」的一種性質。例如：「所有的表述都是沒有意義的」，將是自相矛盾，而不是真正的詭論；同樣，若我們將「表述x是無意義的」中的x以這一表述之名代之，情況也是一樣。我們將芬德萊（J. N Flndlay）的觀念修改一下，可以寫成：

由代替變元所獲致的表述，如以下表述：「由代替變元所獲致的表述x，這個表述所引用的名稱，並不是一個陳述」。引用的這個表數的名稱，並不是一個陳述。上面所說的，又是一個自相矛盾的陳述（如果兩次都用「是假的陳述」來替代「不是一個陳述」，我們便得出了說謊者詭論；如果寫成「是一個無法論證得出的陳述」，則我們便得到芬德萊所寫的葛德爾式的陳述）。

總結說來，與我們最初的印象正好相反；我們發現一種認為自身沒有意義的語句，並非沒有意義，而是假的，因為「沒有意義」與「假的」是兩個截然不同的賓詞，並不會引起詭論。因此維根斯坦的理論，並不像他所相信的，是沒有意義的，而是假的（或更精確地說，是自相矛盾）。

（三）有些邏輯實證論者認為可將語言的表述分為三部分：（1）真的陳述、（2）假的陳述、（3）沒有意義的表述（或者更好的說法：不具完整陳述形式的表述）。這種想法多少是很「自然」的。同時，因為有了「無意義的」這個賓詞，則詭論和形上學系統同時都被消除掉了。下面說明可以指出這種三分法是不夠的。

總部的反情報官有三個信箱，分別為（1）「總部信箱」，（2）「敵人信箱」（使敵人的間諜可以出入），（3）「廢紙信箱」。在十二點之前，送入的情報依下述三種類型分送信箱：（1）真的，（2）假的，（3）沒有意義的。

主管人員一時倒也沒什麼分送的困難（其中自然數論一類是真的陳述，或者邏輯的陳述，例如以L表示：「從一組真的陳述中，不能有效導衍出假的陳述。」）但恰好在十二點前到達的一封情報M，卻使他有點困擾，因M寫成：「從所有放進或要放進『總部信箱』的陳述中，不能有效導衍出『0＝1』的陳述。」首先，總部反情報官員對於要不要將M放入信箱（2）中有些猶豫。不過因為他理解，如果放進（2），M就會提供敵人有價值的真情報；他終於決定將M放進第（1）號信箱中。

不過這又犯了很大的錯誤，因為總部的符號邏輯學家（邏輯專家？），在計算和將總部信箱的內容形式化後，得到了一組陳述，這組陳述包含對自身一致性的肯定；而這點根據葛德爾對於可判定性的第二定理，出現了一種矛盾。因此，「0＝1」事實上可以從總部所預設的真情報演繹出來。

要解決這個困難，就得承認一種事實，那就是將陳述分作三種類型的主張是有缺陷的，至少在日常語言是如此。同時，我們從塔斯基的真理之理論中可以看到，沒有確切的信箱數目可以供我們分類。我們又發現「不屬於完全建構的式子」之「沒有意義」，絕不是「無意義的談論」之「表式」，也就是說絕不是「只是一堆無意義語詞，雖然它們可能假裝具有很深的意義」。而毋寧是顯示了形上學這方面的本來特性，這正是邏輯實證論的主要主張。

注9：似乎是這種與「歸納問題」有關的困難，使懷海德忽略了其在《歷程與實在》中的論證，見：本章注33到注37。

注10：這是道德的決定，而非僅僅是「私人品味」的問題，因為它不是私人事務，而是會影響到他人和他人的生活。（關於美的鑑賞和道德問題間的對立，見：第五章注6正文及第九章注10至注11）。若說「博學者」是那些未面對這些決定的人的知識顧問，則我們所面對的這個決定是非

常重要的。

注11：基督教基本上不訴諸抽象的空談，而是藉由想像，並具體描述人的苦難。我相信這或許是基督教最大的力量。

注12：在道德決定上，康德是偉大的平等主義者，但他也強調人類不平等這一事實的若干好處。他將人們性格與意見的多變與獨立性，視為道德和物質進展的主要條件。

注13：這裡提及的是赫胥黎的《美麗新世界》（*Brave New World*）。

注14：關於事實與決定（或要求）之間的分辨，見：第四章注5及正文。至於「政治要求的語言」（或羅素〔L. J. Russell〕意義下的「建議」）之問題，見：第六章注41至注43及正文。

我認為：所有人天生在理智上是平等，這理論是假的；不過，因為諸如波爾（Niels Bohr）等人認為個人間的差異完全是環境導致，而又沒有足夠的實驗資料來判定這個問題，所以真正能說的大概只有「這理論可能是假的」。

注15：見：柏拉圖〈政治家篇〉中的一段，摘引在第九章注12及正文中。這方面的另一段內容在〈國家篇〉（409e-410a）。柏拉圖談到「**一名好的法官……因為有一顆好靈魂的人是好的**」（409b & c）之後，繼續說：「……那麼你要不要在你的城邦裡為我們已經說過的這種醫術以及與其相關的實施正義之術制定法律呢？這些技藝關心的是那些生來就體格健全的公民的身體和靈魂，而對那些體格不健全的人，比如說身體有缺陷，那就讓他們去死，而那些有著邪惡的靈魂而又不可救藥的人是一定要處死的。」——「是的，……這樣做對他們個人來說是再好不過了，對城

邦也是一件大好事。」（409e, f）

注16：見：第八章注58及第十章注28。

注17：威爾斯就是一個例子，他有一本著作，書名醒目：《成熟的人不需要領袖》（*Grown Men Do Not Need Leaders*）。該書第一章名為「戰爭與和平的常識」（The Common Sense of War and Peace），見：第二十二章注2。

注18：關於這方面的問題，以及關於寬容之詭論，見：第七章注4。

注19：「世界」不是合理的，但科學的任務就在使其合理。「社會」不是合理的，但社會工程的任務就在使其合理（這當然不是說它應該「指導」社會和世界，也不是說中央集權和集體主義的「計畫」是可取的）。日常的語言不是合理的，但使其合理是我們的任務，或至少要使其達到清晰的標準。我們可將此態度的特徵描述為「實用的理性主義」，它與不批判的理性主義及非理性主義之間的關係，正如批判的理性主義與後兩者的關係一樣。因為不批判的理性主義可能認為世界是合理的，而科學的任務在於發現這種合理性，非理性主義者則可能堅持這個世界根本就是不合理的，應完全由我們的情感、情緒或理性直觀來經驗，而非由科學的方法著手。與此相反地，實用的理性主義可能承認世界是不合理的，但是我們應儘可能使世界臣屬或服從理性。用卡納普的話來說，我們可以將我所謂「實用的理性主義」描述為「渴望將各方面都弄清楚，但又承認人生有許多事情永遠無法完全理解，或無法完全以理性來處理的一種心態」。

注20：關於我們語言的清晰性之標準問題，見：上一注解及第十二章注30。

注21：例如湯恩比在《歷史研究》就曾攻擊勞動分工與工業化（vol. 1, pp. 2 ff.）；他抱怨「工業系統將其威信壓在西方世界的『知識勞動者』身上……，當他們企圖將各類物質組合成『成品』或『半成品』時，又得依賴分工……」（p. 4）他論及物理科學的期刊時說：「那些期刊是工業系統依勞動分工所產生的一些『書的形式』，是工廠從各種原料大量『機械性』生產的結果。」（p. 2，雙引號為作者所加）。湯恩比強調黑格爾學派的狄爾泰（Dilthey）所說的話（p. 3, note 2），認為精神科學至少要脫離這些方法（湯恩比引用狄爾泰的話：「在精神科學中的實際範疇……與自然科學中的範疇沒有一處是相同的。」）

我認為湯恩比對科學領域中的勞動分工的詮釋，與狄爾泰企圖在自然科學的方法和社會科學的方法之間劃出一道鴻溝，兩者是一樣錯誤。湯恩比所稱的勞動分工，更應描述為合作與相互批判。見：第二十三章注8；本章注26及正文摘引的麥克墨雷對科學合作的批評。（關於湯恩比的反理性主義，見：第十一章注61）

注22：見：Adolf Keller, *Church and State on the European Continent*（Beckly Social Service Lecture, 1936）。我會注意這方面的內容，要感謝韋波（L. Webb）先生。

注23：關於道德實證主義之一的道德未來主義問題，見：第二十二章，特別是注9及正文。我希望讀者注意一事，那就是與當前的風潮相反（見：第十一章注51），我試圖嚴肅看待凱勒爾的評論，而不跟實證論者一樣，視其為無意義而棄之不顧。

注24：見：第十章注7及正文，第十一章注61。

725

注25：見：〈馬太福音〉第七章十五節：「你們要防備假先知；他們到你們這裡來，外面披著羊皮，裡面卻是殘暴的狼。憑著他們的果子，就可認出他們來。」

注26：此兩節引自：J. Macmurray, *The Clue to History* (1938), pp. 86 and 192。至於我不同意麥克墨雷的部分，見：第二十五章注16及正文。

注27：見：L. S. Stebbing, *Philosophy and Physicists*。及我在〈何謂辯證法〉一文中，對金斯的黑格爾主義的簡短評論（*Mind*, 1940, 49, p. 420; now in *Conjectures and Refutations*, p. 330）。

注28：見：第七章注8至注12及正文。

注29：見：第十章，特別是末尾部分，亦即注59至注71及正文（另特別見：在注59中提及麥克塔加特的部分）。見：緒論的注解；第十一章注33及第十二章注36；本章注4、注6及注58。另見維根斯坦堅持認為將世界冥想或感受成一有限的整體，乃是一種神祕的感受（摘引在本章注32中）。

赫胥黎在《灰色的尊貴》（*Grey Eminence*）一書中，討論了神祕主義及其在政治中所扮演的角色。這之所以令人感到興趣，主要是因為作者似乎不理解他自己那神祕的政治家約瑟夫神父，就已明白駁斥了此書的主要論點。其論點是這樣的：在神祕中的訓練，是使人獲得絕對堅定的道德與宗教基礎唯一的教育方式，而這是影響公眾政策的人所必需的。不過他自己的故事卻證明：約瑟夫神父雖然具有這種訓練，卻未能克服那些擁權者通常面對的誘惑；他無法抵抗絕對的權力所帶來的絕對腐化。也就是說，作者所冗長討論的唯一歷史證據，否定了他的論旨，而這件事似乎並不令他煩心。

注30：見：F. Kafka, *The Great Wall of China*（English transl. by E. Muir, 1933）。

注31：見：本章注19。

注32：見：維根斯坦的《邏輯哲學論叢》：「奧祕不是世界中的事物狀況如何，而是世界的存有。在永恆形相下去觀照世界，意思就是說觀照世界為整體——一個有限的整體。感覺到世界為有限的整體，就是奧祕。」（p. 187）我們可以看到，維根斯坦的神祕主義是典型的全體論。他在同書中說：「……的確，有不可言喻者。它們顯示它們自己。它們就是奧祕。」見：Carnap, *Logical Syntax of Language*, 1937。同書第三一四頁中的批評另見：第二十五章注25，本章注29。

注33：例如見：第十章注40、注41。布魯赫爾（H. Blueher）的一段話可以顯示這種哲學的部落傾向和神祕傾向：「基督教義顯然是貴族式的教義，不受道德約束，且無法傳授。他們由外表來辨識彼此，是社會中一群彼此相識的人，**同時除了他們自己之外，沒有人理解他們**，他們成為一種祕密聯盟。此外，在基督教中的那種愛，徒使異教徒的廟堂生輝；但它與猶太人所創的愛人類或愛你的鄰居，卻沒有什麼關係。」（見：Kolnai, *The War against the West*, p. 74，粗體為作者所加）另一個例子出自索羅門（E. Von Salomon）的著作《法外之徒》（*The Outlaws*），摘引在第十二章注90：「**我們一下就認出了對方**，雖然我們來自神聖羅馬帝國各地，遇見了種種衝突與危險。」（p. 240，粗體為作者所加）

注34：這評論不具任何歷史定論主義的意義。我並不是要預言這類衝突在未來的發展中無足輕重。我

只是說，我們知道現在這個問題並不存在，或至少與**罪惡的宗教**，如與我們所面對的極權主義與種族主義相比，是沒有多大意義的。

注35：我所指的是羅素與懷海德合著的《數學原理》（*Principia Mathcmatica*）。懷海德在《歷程與實在》說：「導論中的討論，實際上是羅素的貢獻，在第二版更全部都是如此。」（p. 10, note 1）

注36：見：懷海德在《歷程與實在》第十四頁中提到的黑格爾（其中還提到很多其他哲學家，包括柏拉圖與亞里士多德。）

注37：見：懷海德同書第十八頁。

注38：見：Kant, *Prolegomena*, Appendix（*Works*, ed. by Cassirer, vol. IV, 132 f）。關於譯語「破爛的被褥」，見：卡洛斯所譯《康德的未來形上學導論》之英文版（1902 and 1912, p. iv）。

注39：見：Whitehead, *Process and Reality*, pp.20 f.。關於次一節所描述的「要嘛接受，要嘛放棄」的態度問題，見：第十一章注53。

注40：見：上引懷海德同書第四九二頁。另兩個正反論題是：「說世界存於上帝中為真，正如說上帝

726

存於世界中為真一樣……說上帝創造了世界為真，正如說世界創造了上帝為真一樣。」這是德國神祕主義者薛夫勒（Scheffler）（Angelus Silesius）的翻版，薛夫勒說：「我與上帝一樣偉大，上帝與我一樣渺小，我不能沒有上帝，上帝也不能沒有我。」

至於我在這一節中後半部分的評論，亦即我不知道作者希望傳達的是什麼，我可以說當我寫下這些的時候，是極不願意的。以「我不知道」來批評，可以說是一種非常廉價，但也深具危險

性的東西。我寫下這些，只是因為雖然我盡了最大的努力，但今日的實際情況仍是如此。

注41：見：康德於一七六六年四月八日寫給孟德爾頌（Mendelssohn）的信（*Works*, ed. by Cassirer, vol. IX, 56 f.）。

注42：見：Toynbee, *A Study of History*, vol. VI, 536 f.。

注43：湯恩比說：「傳統的衛道之士，會視我們的研究為一種對福音書中的基督故事之史實，所做的攻擊。」（*op. cit.*, 537）他又認為上帝透過詩與真理來顯示祂自己（p. 538）；依據他的理論，上帝「在民謠中顯示祂自己」。

注44：如果我們嘗試將湯恩比的方法用在他自己身上，則我們可以問他計畫出版的十三卷歷史研究，是否如同現在正要出版的劍橋歷史研究那般精卓。是否包含了他在已出版的《歷史研究》第一卷第四頁中說的「巨大的渠道、橋樑、塘水壩、車船、戰艦、摩天大樓」。我們又可問：他的這部力作不也是在製造一部他所謂的「時間機器」，以便逃入過去之中？（特別見湯恩比的中世紀精神，第十一章注61曾有簡短討論。請見：本章注54）

注45：除了最初六卷以外，我還未看到其他各卷。愛因斯坦是少數被提到的科學家之一。

注46：同上引書，卷二，一七八頁。

注47：同上引書，卷五，五八一頁以下（粗體為作者所加）。關於正文中提到湯恩比對馬克思主義理論的疏忽，特別是《共產黨宣言》的問題，可以一提的是，他在這一卷第一七九頁注5中說：「布爾什維克或俄國社會民主黨的多數派，於一九一八

年三月自己重新命名為『俄國共產黨』（對一八七一年的巴黎公社表示敬意）。」在同卷五八二頁注1中，可以發現類似的評論。

然而，湯恩比所說的並不正確，名稱的更改主要是關係到下列事實，即列寧所說的：「馬克思和恩格斯自稱是共產黨。」也與《共產黨宣言》有關。這個名稱的更改，是列寧於一九一七年四月向黨的會議所提出的。（見：*H. o. M.*, 783, 787）

注48：見：Engels, *Socialism: Utopian and Scientific*（見第十三章注9）。關於馬克思共產主義的兩種歷史根源（柏拉圖，或許還有畢達哥拉斯），特別見：第五章注29，第四章注30，第六章注34至注36，及第十三章注3與注8及正文。

727

注49：見：Toynbee, *op. cit.*, vol. V, 587。

注50：見：第二十二章，特別是注1至注4正文，與該章末尾部分。

注51：這個段落不是孤立的。湯恩比常表示他尊重「歷史的裁決」，一件與他的理論一致的事實是：「基督教聲稱……上帝已將他自己顯示在歷史中。」下一章將討論這種巴特所謂的「新教理論」（Neo-Protestant doctrine）（特別見：該章注12）。

關於湯恩比論述馬克思的問題，值得一提的是，他的整個方法都受到馬克思主義的強烈影響。他在《歷史研究》中說：「馬克思理論的某些方面，即使在拒絕馬克思主義教條的人民中，也變得流行起來了。」（*op. cit.*, vol. I, p. 41, note 3）這個說法特別涉及到「無產階級」一詞。不過，其傳達的意義比使用這個字面的意義更多。

注52：見：Toynbee, *op. cit.*, vol. III, 476。內容要回到卷一第一部分「歷史思想的相對性」（下一章將討論歷史思想的「相對性」問題）。薛吉維克（H. Sidgwick）的《哲學的範圍與關係》（*Philosophy—Its Scope and Relations*[1902], Lecture IX, especially pp. 180 f），則精采地批判了歷史相對主義。

注53：因為如果**一切**思想都「無可避免要相對於」歷史的處境，亦即思想不是「絕對正確」的（亦即不是真的），則這說法本身顯然也是相對的，不是真的。因此「不可避免的人性自然法則」也不可能為真了。見：本章注8之（二，a）。

注54：關於湯恩比逃回過去的問題，見：本章注44，及第十一章注61（或湯恩比的中世紀精神）。湯恩比本人精采地批判了古語主義，我十分同意他對民族主義者企圖恢復古代語言，尤其是恢復那些在巴勒斯坦的古代語言的攻擊（vol. VI, 65 f）。不過他對工業主義的攻擊，似乎仍是有著思古之幽情（見：本章注21）關於他的逃向未來，最好的證據是他在《歷史研究》第十二部分中所提出的預言：**未來西方文明的展望**。

注55：湯恩比談到「伊斯蘭教的創立者，悲劇性的俗世成就」。見：上引同書卷三第四七二頁。至於其談到耶穌教會創始者羅耀拉的問題，見：上引同書卷三第二七〇、四六六頁。

注56：見：上引同書卷五第五九〇頁。次一摘引引自同書第五八八頁。

注57：見：上引同書卷六第十三頁。

注58：見：上引同書卷六第十二頁。所引用者，見：Bergson, *Two Sources of Morality and Religion*。下面引的這段，在其脈絡中非常有趣：「基督徒相信——**且歷史的研究也證明**——由上帝統治

的超人類的國度，人們唯有歸順此國度為其子民，才可能達到博愛，其他的路都是行不通的。」（vol. V, 585，粗體為作者所加）歷史研究如何能證明這樣一種主張呢？宣稱能夠證明它，這是不是要負很大的責任呢？

關於柏格森在《道德與宗教的兩個根源》中所說的：每一種創造性思想均有一種非理性或直觀的元素，這說法我是十分同意的。不過，在理性的科學思想中，也可發現這種元素。理性的思想並不是非直觀的；它毋寧是去驗證與檢驗直觀（與任憑直觀馳騁相反）。將其應用到創造開放社會這個問題上，我承認：人都像蘇格拉底那樣會受直觀所鼓舞，但雖然我承認這個事實，我依然相信唯有從**合理性**來看，才能區別出誰是在為開放社會奠基，誰是在阻礙開放社會的進展。後者如柏拉圖，也是由直觀所鼓舞的，然而他的直觀卻未受理性的檢驗（理性一詞，是按本章所使用的意義）。另見：緒論的註解。

注59：見：第十八章注4。

結論

第二十五章

歷史有意義嗎？

1

465 在接近本書的尾聲時，我希望再次提醒讀者，本書的目的不在作成一本歷史定論主義的通史；它們只是這部歷史的旁註，相當私人性的註記。此外，與這有關的是，它們也構成了社會和政治哲學的一種批判性導論；因為歷史定論主義是一種社會的、政治的、道德的（或者非道德的）哲學。從我們的文明開始以來，它們一直具有極大的影響力。因此，不討論社會、政治和道德的基本問題，是不可能評論歷史定論主義的歷史的。不過這種討論，不管承認與否，必然包含一種強烈的個人因素。但這並不意謂本書中的大部分純是一種意見；在少數表達對於道德和政治問題的個人性建議或抉擇的地方，我總是儘可能讓其中的「個人性特質」（personal character）顯而易見。它還意味著，比起所謂的科學性論著，其主題的選取在大得多的程度上，取決於個人性的選擇。

然而，這種差異是某種程度上的問題。即使一門科學，也不只是「一堆事實」。它至少是一種收集，因此要仰賴收集者的興趣、仰賴某種觀點。在科學中，觀點通常是由一種科學理論所決定；也就是說，我們從無盡的事實和事實的無盡面向中所選出的東西之所以引起
466 我們的興趣，是因為它們或多或少與我們預先接受的科學理論有關。科學方法中的某派哲學

家根據這些考慮下結論說，科學總是在循環論證[1]。如艾丁頓（Eddington）說的：我們發現自己永遠在追逐自己的尾巴，因為我們所得到的事實經驗，不過是來自我們早已放入的理論容器。不過這是一種站不住腳的論點。雖然科學通常確是選擇那些與預先接受的理論有關的事實，但並不是說它所選擇的都是那些印證並重複理論的東西，科學的方法毋寧是在探求一些能駁斥該理論的事實。檢查我們是否不能發現其中的瑕疵，這就是我們所稱的對理論的驗證。不過，雖然我們是照著理論在蒐集事實，且如果理論能通過這些驗證，這些事實才確能印證理論，但它們絕不只是理論的空洞重複。唯有要推翻理論的實驗不成功時，它們才是印證了理論，而屬於有利於理論的明證。因此我認為，推翻一種理論的可能性，或可否證性（falsifiability），構成了驗證的可能性，並因此構成了一種理論的科學特性；事實上，所有理論的驗證都是企圖要從理論預測的結果，去尋找否證實據（falsifications），這也為科學方法提供了一條線索[2]。科學史證明了這種科學方法的觀點；科學史的發展顯示出，科學的理論常被實驗推翻，而理論的推翻是科學進展之輪。我們不能贊成科學是循環的這種主張。

不過這種主張中仍有一點是真的，那就是一切有關事實的科學描述都具有高度的選擇性；它們總是根據理論來選擇。這種情形若以探照燈來比擬會更清楚（我通常稱作科學的探照燈理論，以與「心靈的戽斗理論」對比[3]）。燈的位置、我們讓它所朝的方向、燈光的強度、色彩等等，決定了探照燈可以讓什麼被看見。當然它也大大仰賴於被照的事物自身。同樣的，一種科學的描述也相當依賴我們所持的觀點和興趣，而這些又與我們希望驗證的理論或假設密切相關，儘管它也依賴於我們所描述的種種事實。理論或假設確實可以被描述為一種觀點的結晶。因為如果我們企圖構建我們的觀點，則這種構建行為將做為一種規則而被稱為所謂的「實用假說」（working hypothesis）；也就是說，這種假設是一種暫時的設定，它的功能是在幫助我們選擇和處理事實。不過我們應該明白，在此意義下，沒有任何理論或假設 467 不是「實用假說」。因為沒有一種理論是終極的理論；每一種理論都是在幫助我們選擇和處理事實。一切科學描述都具有選擇的特性，這確然在某種意義上是「相對的」；不過這僅僅意味著，如果我們的觀點有所差異，我們就可以提供另一種描述。這或許也影響到我們對於描述的真確性的**信念**；不過它並不會影響描述的真假問題；「真理」在這種意義下並非「相對的」[4]。

大致說來，描述之所以為選擇性的，是由於這個世界中事實的可能層面無窮無盡並且變化不已。為了描述這無限豐富的世界，我們只有依自己的取向，用有限的語言來描述。因此只要我們願意就可描述：我們的描述永遠是不完整的，只不過是一種選擇，只不過是一小部分被呈現給描述的事實。這證明，要避免一種有選擇性的觀點，不僅是不可能的，而且也是完全不可欲求的（undesirable）；因為如果能這樣做的話，我們所獲得的並不是更「客觀」的描述，而只會是一堆互不關連的陳述。反之，具有一種觀點，當然是不可避免的；天真地企圖避免一種觀點，那只會導致自我欺騙，未加批判地使用一種無意識的觀點[5]。這種說法絕對是真的，尤其是在**歷史描述**（**historical description**）中更見真切，如叔本華所說，歷史中有「無限的題材」[6]。因此在歷史上，正如在科學中一樣，我們無可避免要有一種觀點。若相信能予以避免，則必然會導向自欺以及批判性關注的缺失。當然這並不意謂我們可隨意否證任何事物，或輕易獲得真理。對於事實的任何特定歷史描述，不論其真假決斷如何困難，總還是單純的要嘛為真，或者為假。

這樣一來，歷史的立場就與自然科學，例如物理學相類似了。然而，如果我們將在歷史中某一「觀點」所扮演的角色和在物理學中某一「觀點」所扮演的角色做比較，就會發現兩者有很大的差異。我們知道提供「觀點」的物理學理論通常可由新的事實來鑑定。在歷史學中，情況就不是這樣簡單了。

2

讓我們較仔細地考慮一下理論在物理學這類自然科學中所扮演的角色。在此，理論有幾種相互關聯的任務。它們幫助統合科學，幫助說明和預測事件。關於解釋和預測的問題，我也許可引我自己的著作所說的話：「對某一事件給予**因果的說明**，意謂演繹地導出一個陳述語句（稱作**預測**〔**prognosis**〕）以描述該事件，這演繹是以某些**普遍法則**〔**universal law**〕加上一些稱作**原始條件**〔**initial conditions**〕的具體語句為前提。例如一條線只能綁一磅，現在它斷了，我們說是因為它負荷了兩磅的重量，這樣我們就給了它因果說明。如果我們分析這種因果性說明，就發現有兩種不同的構成因素在其中：（1）我們對自然的普遍法則的特性設定了某種假設；在上述情況中，也許是：『當某條線所受的張力，超過某種最大限度的張力時，它就會斷。』（2）關於實際上的特殊事件，我們設定了某種特殊的陳述語句（原始條件）；在上述例子中，可有兩個陳述語句：『這一條線最大的張力是一磅』；『綁在這條線上的物件的重量超過兩磅』。這樣我們就有兩種不同的陳述語句，合在一起就有一個完整的因果說明，即：（1）**具有自然法則特性的全稱陳述語句**，（2）**涉及到特殊情況的特稱陳述語句，亦即涉及到原始條件的陳述語句**。從（1）之全稱法則，並藉原始條件之助，我們可導衍出下述特稱的陳述（3）：『這條線將會斷。』我們也可將結論（3）稱作特殊的**預測**。原始條件（或更嚴格地說，由之所描述的種種情況）在實際上，通常當作事件之因，而預測（或者由預測所描述之事件）為果。例如我們說將兩磅東西綁在只能綁一磅重的線上，是該線斷的原因」[7]。

根據這一因果解釋的分析，我們可以看到好幾件事情。其一，我們不能以絕對的方式來談因和果，而是應該說一事件為另一事件的因，後者做為前者的後果乃是相對於特定普遍法則而言。這些普遍的法則常常是如此顯而易見（如在我們所舉的例子中一樣），以至我們常常視之為理所當然，而並未意識到使用了它。其二，我們使用一種理論來「**預測**」某事件，這實為用該理論來「**說明**」此事件的另一面向而已。同時因為我們將所預測的事件與實際已觀察到的事件比較，以驗證一種理論，我們的分析也就顯示出一種理論如何能被**驗證**。我們使用某一項理論，目的是否為了解釋、或預測、或驗證，是有賴於我們的興趣，以及有賴於我們設定或假定了何種命題。

因此在所謂理論的或**一般的科學中**（如物理學、生物學、社會學等），我們最感興趣的是普遍法則或假設。我們希望知道它們是否為真，同時因為我們無法直接肯定它們為真，就只好採用淘汰假的選項的方法。我們對特定事件的興趣，例如對原始條件和預測所描述的特定實驗的興趣，多少會受到限制；我們之對它有興趣，主要是將它當作達成某種目的的手段，藉由這些手段，我們可以來驗證普遍的法則；而普遍的法則本身才是我們感興趣的，它能統合我們的知識。

在應用科學的情況中，我們的興趣則不同。對於應用物理學以建造橋樑的工程師來說，其最興趣的是預測：由原始條件所描述的某一類橋樑是否能承受特定的重量。對他來說，普遍的法則做為達到某種目的的手段，是理所當然的。

這樣一來，純粹和應用的一般科學，興趣是各不相同的，一在驗證普遍的假設，另一在預測特殊的事件。不過還有另一種興趣，那就是對某一具體或特殊事件的解釋。例如我們若想解釋某場車禍，我們通常會在無形中設定一些極為顯而易見的普遍法則（例如骨頭會在某種拉力下斷裂，或機車以某種方式衝撞人體就足以導致骨頭斷裂等），而後感興趣的是原始條件，或那些與普遍法則相結合而說明該事件的原因。因此，我們經常會設定某些假設性的原始條件，然後再進一步尋找能證明這些假設的原始條件之真假的證據。這也就是說，我們再演繹出一些可觀察的新預測，使新預測面對觀察得到的事實，而來驗證這些特定的假設（藉某些其他的、通常是同樣顯而易見的普遍法則之臂助）。

我們很少會不得不為這類解釋當中的普遍法則擔心。除非我們看到一些奇特的事物，如意外的化學反應。如果這樣的事件導致新假設的形成和驗證，則它之所以令人感興趣，主要是基於某些一般科學的觀點。不過一般的情況是，如果我們是對特殊事件以及它們的解釋發生興趣，我們就會將所需的普遍法則視作當然。

現在，我們可以將這種對特殊事件及其解釋感興趣的科學，稱為「**歷史科學**」（**historical sciences**），以別於一般科學（generalizing sciences）。

這種關於歷史的觀點清楚證明，何以許多歷史及歷史方法的學習者堅持，他們感興趣的是特殊的歷史事件，而非普遍的歷史法則。因為從我們的觀點來看，根本沒有所謂的歷史法則。一般化（generalization）是另一陣營的興趣，它與歷史陣營對特殊事件及其因果解釋的興趣極為不同。那些對法則感興趣的人，必須轉向一般科學（例如社會學的研究）。我們的觀點也明白地顯示出，何以歷史常被描述為「過去實際所發生的事件」。這種描述指出歷史學習者的特殊興趣所在，與一般科學的學習者相反，不過隨後我們會對此有所批評。同時，我們的觀點，也說明了何以在歷史中較之其他一般科學更要面對「題材無限」這問題。因為在一般科學中，普遍的法則或理論不但引出一種「統合」，同時也產生一種「觀點」；每一種一般科學，都會自行衍生出自己的問題、自己的興趣重心和探討的焦點、自己的邏輯結構和表現方式等。然而在史學中，我們卻沒有這種統合性的理論；或者說其使用的普遍法則只被視為當然，引不起絲毫興趣，因此也無法將某種秩序引入題材中。例如若我們解釋波蘭在一七七二年首次被瓜分，是由於其不能抵抗俄、普、奧的聯合力量，則我們是在無形中設定了某種顯而易見的法則，如：「如果兩國軍隊裝備和領導相同，另一在人數上極佔優勢，則人數上佔劣勢的一方將永無獲勝的可能」（我們在此是否說「永無」或「幾乎不」，對我們的目的來說，沒有多大的差別）。這種法則可以描述為軍力的社會學法則；但對社會學的學習者來說，這個法則未免過於顯而易見，他們根本不會把它當作一個嚴肅的問題，也根本不會引起他們的注意。如果我們解釋凱撒決心渡過盧比孔河（Rubicon）是由於他的野心和精力，則我們是在使用一些連心理學家都難以注意到的心理學通則（事實上，大部分的歷史解釋無形中都在使用我在本書第十四章所說的「**情境邏輯**」，而不太使用那些顯而易見的社會學和心理學的法則；也就是：除了描述個人興趣、目的及其他情境因素——如個人所關心資訊——的原始條件外，歷史解釋無形中還設定了一個顯而易見的通則，即理智健全的人通常會依理性行事）。

3

因此，我們看到歷史解釋所使用的普遍法則，無法提供具有選擇性和統合力的原則，
471 也無法提供專為歷史而有的「觀點」。如果我們將歷史限定為某種事物的歷史（a history of something），例如權力政治史、經濟關係史、科技史或數學史，則從非常狹窄的意義來說，它可以提供這樣的觀點。但通常我們需要進一步的選擇性原則和觀點，而這也是興趣的焦點所在。這些觀點，有些是由我們所預想的觀念所提供，這些觀念在某些方面又很類似普遍的法則，我們舉幾個例子，例如「偉人」之性格、「民族性」或道德觀念、經濟條件等，均是歷史中很重要的觀念。重要的是，我們應知道許多「歷史的理論」（或許最好稱其為「準理論」），在性質上與科學理論是非常不同的。因為在歷史中（其中包括歷史性的自然科學，如歷史性的地理學），我們所能使用的種種事實，常受到極大的限制，而不能任我們重複或據以實行。同時它們是在預想的觀點之下收集的；所謂歷史的「資料」，只不過是記錄那些

在興趣上覺得值得記錄的事實，因此通常歷史資料所包含的事實，僅是那些合於預想理論的事實。同時，如果沒有進一步的事實可資運用，則對這理論或其後的任何理論，通常也就無法加以驗證了。前面我們提到科學的理論曾被不當地賦以循環的罪名，現在這罪名倒是可以加在這種無法驗證的歷史理論上。我將把這種與科學理論不同的歷史理論，稱作「**一般性詮釋」（general interpretation）**。

詮釋是重要的，因為它們代表一種觀點。不過，我們已知道觀點是不可避免的，而且在歷史中可以被驗證，也因而具有科學特性的理論，卻是少之又少。因此我們絕不能以為一般性詮釋只要合於既存的記錄，就是得到了印證；因為我們必須記住歷史解釋的循環性，事實上，總會有一些其他的詮釋亦符合同樣的記錄（這些理論可能還是互不相容的），而我們又無法獲得新的資料來做出像物理學上的關鍵性實驗一樣的驗證[8]。歷史學家常常看不到與自己不同的其他詮釋也合於同樣的事實；不過，只要我們看看即使在物理學中，雖有大量更多更可靠的事實，但仍不斷需要那些能在相互競爭的理論中做抉擇的關鍵實驗（比如有關日蝕的實驗，即是要在牛頓和愛因斯坦的重力理論之間做出抉擇），那麼我們就會放棄認為任何一組特定的歷史記錄只能有一種詮釋的天真想法。

當然，這並不意味著所有詮釋均具有同等的價值。第一，通常總會有一些詮釋不符合已被接受的記錄；第二，有些詮釋若要避免遭到記錄的否證，就必須附加一些可靠的輔助性假設；而有一些詮釋無法跟某些事實相連接，另一些詮釋卻可以，並予以「解釋」。因此即使在歷史詮釋的領域內，也或許有著相當可觀的進步空間。尤有甚者，在多少具有普遍性的「觀點」之間，以及在上述諸特定或獨特的歷史假設之間（這些假設在歷史事件的解釋中，所扮演的角色是假設的原始條件，而非普遍法則），還可能有各種居間的階段。這些假設有時也可獲得相當良好的驗證，可以與科學理論相提並論。而這些特定的假設當中，有些又很像具有普遍性的「準理論」——我在上面將它稱為「詮釋」；因此可將之歸類為「特定的詮釋」。因為有利於這類特定詮釋的證據，正如有利於某些普遍「觀點」的證據一樣，僅僅足夠形成一個循環。例如，我們的權威所提供的那些有關特定事件的材料，可能只能符合特定的詮釋。而對這些事件的特定詮釋，大部分是循環的，因為這些特定詮釋原來就被用來擇取事實，所以事實必定符合這些詮釋。但若我們對此類材料所作的詮釋可以大大逸出權威所接納的範圍（例如我們對柏拉圖著作的詮釋，就是這種情形），則我們的詮釋的特質就或許跟科學假設有了一些相似之處。不過，基本上說來，我們應該記住的是，若有某論證支持某一詮釋，而該詮釋又十分容易應用，能夠解釋我們所知的一切，則這種論證的可信度就殊為可疑；因為只有我們能找出反例，我們才能驗證某一理論（這點幾乎被所有稱讚「揭露真相的哲學」〔unveiling philosophy〕的人，特別是被心理、社會和歷史的分析者所疏忽；他們常受好逸惡勞的誘惑，以為可將理論應用到各方面）。

473

我已說過，各種詮釋可能是互不相容的；不過只要我們僅僅將它們當作觀點的結晶，它們就不再是如此。例如認為人持續進步（朝向開放社會或其他目的）的詮釋，就與認為人持續後退或退化的詮釋互不相容。不過視人類歷史為一種進步史的「觀點」，不必然與視人類歷史為一種退化史的「觀點」互不相容；這就是說，我們可以寫一部人類朝自由進步的歷史（包括如為反奴役而戰鬥的故事），也可寫一部有關人類退化和壓迫的歷史（或許包括如白人對有色人種的壓迫之類的）；這兩種歷史毋須彼此衝突；甚至從不同角度看同一景象所產生的這兩種歷史，還可以互補。這種考慮是相當重要的。因為每一時代都有自己的困擾和問題，也有自己的興趣和觀點，因此每一代也都有權利依他自己的方式來重新詮釋歷史，以與前代互為補充。究竟說來，我們是因為對歷史有興趣，或因為想從歷史中學到一些有助於我們自己的問題的東西，才研究歷史[9]。不過，如果在一種基於客觀性而無法適用的觀念影響之下，我們躊躇於以自己的觀點提出歷史的問題，則歷史就無法達到上述兩種目的了。我們不必以為將自己的觀點有意和批判性地應用到問題上，會比另一類天真地相信自己並不提供詮釋的人所寫的歷史還差，這類人相信自己已做到客觀，能使「過去實際所發生的事件」如實地呈現出來（這是我何以相信，這部書中許多我自認為是個人主觀的評論，仍有很好的理由可以成立；因為它們與歷史的方法是相一致的）。重要的是要理解自己的評論所依據的觀點、並隨時保持批判的態度，這也就是說，要儘可能避免在呈現事實時，產生無意識的、缺乏批判性的偏見。在其他所有方面，詮釋都必須為自身而言說；詮釋內容的豐富、釐清歷史事實的能力，以及其題材之令人感興趣、釐清時代問題的能力等等，均屬於歷史詮釋的優點。

總而言之，我們不可能有一種「如其實際所發生者的過去」的歷史；我們只能做歷史的詮釋，而且沒有一種歷史詮釋是最終的詮釋；每一時代都有權架構他們自己的詮釋，而且也有責任這樣做；因為我們確是迫切需要答案。我們要知道我們的問題如何與過去關連在一起，要知道沿著什麼樣的途徑，才能朝向我們所感受到的和我們自己擇為使命的解脫。是由於上述這些需要，才產生歷史的詮釋；但如果不是用理性和公正的方法來回答，就會產生歷史定論主義的解釋：在這些需要的壓力下，歷史定論主義者捨棄了底下這個理性的問題：「我們所要選擇的最迫切的問題是什麼呢？它們是如何產生的呢？要依什麼樣的途徑來解決它們呢？」而代之以一非理性的、表面上看似在追求事實的問題：「我們正在走的是哪一條路呢？在本質上，歷史註定要我們扮演哪一部分角色呢？」

然而，我拒絕歷史定論主義者有權利依其自身的方式來詮釋歷史，是正當的嗎？我不是已宣稱任何人都有這種權利嗎？我對這問題的答覆是：歷史定論主義者的詮釋是一種很特殊的詮釋。我們需要、有理由要求乃至勢必要採用的詮釋，是如我所說的，像探照燈那樣的解釋。讓這種解釋來探詢過去；也希望透過其反射，來照亮現在。歷史定論主義的解釋與上述解釋相反，若將其比為探照燈，它是直接向我們自己照射的。它讓我們難以看到我們周遭的事物，並且使我們的行動癱瘓。為了說明這種比喻，我們可以說歷史定論主義者不承認是我們自己在選擇和處理歷史事實，反而認為是「歷史本身」或「人類的歷史」，透過其內在的法則，決定了我們的種種問題，決定了我們的未來，甚至決定了我們的觀點。歷史定論主義者不承認歷史的詮釋源自我們當前所面臨的實際問題和抉擇；反倒相信，我們有一種對歷史做出詮釋的欲望，並在此中表現出深邃的直觀，藉由冥思歷史，我們可發現人類命運的祕密和本質。歷史定論主義企圖要發現人類註定要走之路；企圖要發現「歷史的線索」（如麥克墨雷所稱的）或「歷史的意義」。

4

不過，是否存在這樣一條線索呢？在**歷史中真的有意義存在嗎**？

我不願在此進入對何謂「意義」的意義的問題。我假設大部分的人都十分明白，當他們說到「歷史的意義」或「人生的意義或目的」時，其所指為何[10]。在這種意義下，以這種意義來問歷史的意義是什麼，我要回答說：「**歷史沒有意義**」。

為了說明這種意見的理由，我首先必須稍微談談人們問到歷史是否有意義時，他們心中所認為的這個「歷史」。到現在為止，我在說及「歷史」時，似乎都認為它不需要任何解釋。

但現在不可能了；因為我就要說明，**大部分人所謂的那種歷史根本就不存在**；這至少也是我宣稱歷史沒有意義的理由之一。

大部分人是如何使用「歷史」一詞呢？（此「歷史」的意思，是像我們在說某一部書是「**關於**」歐洲的歷史，這種意義下的歷史；而不是像一般人說，這「**是**」一部歐洲的歷史，那種意義下的歷史）。他們在學校和大學中學習「歷史」。他們閱讀有關「歷史」的書。在以「世界史」或「人類史」為題的著作中，他們看到「歷史」處理的到底是什麼，他們也習慣於將「歷
475 史」視為大致上還算確定的事實的系列。他們相信，這些事實構成了人類的歷史。

不過我們已看到，事實的領域是無窮的，因此就必須有選擇。例如說，我們可按照我們的興趣，來撰寫關於藝術的歷史、語言的歷史、飲食習慣的歷史或傷寒熱的歷史（見秦瑟〔**Zinsser**〕著的《老鼠、蝨子與歷史》〔*Rats, Lice, and History*〕）。當然，其中沒有一部「是」人類的歷史（就算將它們全部合在一起也不是）。當人們談到人類史時，他們心中所想的毋寧是埃及人、巴比倫人、波斯人、馬其頓人、羅馬帝國等等直到我們當前。換句話說，他們談到**人類的歷史**時，實際上他們所意指的，以及他們在學校所學習到的，是**政治權力的歷史**。

實際上根本沒有人類的歷史，有的只是人類生活各個無數面向的歷史；政治權力的歷史只是其中之一。政治權力的歷史被抬高成為世界史。但是我認為這樣做是冒犯了各種正當的人類觀念。再沒有比將盜用公款的歷史、強盜的歷史、毒害人的歷史視為人類史更糟糕的事

476 了。因為**政治權力的歷史，只不過是國際犯罪和集體屠殺的歷史**（當然包括一些試圖壓制國際犯罪和集體屠殺的歷史）。在學校中教的就是這種歷史，其中還有一些罪大惡極的罪犯被頌揚成為歷史的英雄。

不過，難道真的不存在一種做為人類的確實歷史（a concrete history of mankind）的普遍歷史嗎？確實並不存在。我相信這必然會是每一位人道主義者、特別是每一位基督徒的答覆。如果有一種確實的人類歷史的話，它應該是所有人的歷史。它務必是包含全人類的希望、奮鬥和痛苦的歷史。因為，沒有人比其他人更重要。很明顯的，這種確實的歷史是無法寫成的。我們必定要抽象、省略，要有所選擇。但是依此方式，我們會寫成許多歷史；而其中之一就是被宣傳成人類歷史的國際犯罪和集體屠殺的歷史。

然而，為什麼僅僅是政治權力的歷史，而非宗教史或詩歌史之類的歷史，被當作人類的歷史呢？這有好幾方面的理由。其中一項理由是權力影響我們每個人，詩歌只影響少數人。另一個理由是人傾向於崇拜權力。無可懷疑的是，權力崇拜乃是人最壞的偶像崇拜之一；這是洞穴時代的遺物，人的奴性的流毒。權力崇拜來自人的恐懼，是人應該輕視的一種情緒。第三個理由是，由於擁有權力的人想得到別人的崇拜，並且可以強制人們這麼做。許多歷史學家就是在皇帝、將軍、獨裁者的淫威之下來撰寫歷史。

我知道這些觀點，會遭到各方面的強烈反對，包括為基督教辯護的人都會反對；因為即使在新約中很難找到證據，但神在歷史中顯現其自身，歷史是有意義的，其意義正是神的目的，這些仍被視作基督教教義的一部分。因此歷史定論主義就成為了宗教的一個必要元素。然而我不承認這點。我認為這種觀點純是偶像崇拜和迷信，不僅從理性主義或人文主義的觀點來看是如此，從基督教自身的觀點來看，也是如此。

在這種有神論的歷史定論主義背後，到底隱藏了什麼呢？在黑格爾，就是將歷史——政治史——當作一個舞台，或者當作莎士比亞式的漫長戲劇；而觀眾則將「偉大的歷史人格」或抽象意義的人類，視作劇中的英雄。然後他們問：「是誰寫了這個劇本呢？」當他們回答是「神」寫了這個劇本，他們就自以為是做了虔敬的答覆。然而這根本就是錯誤的；這純粹是一種對神的褻瀆，因為這戲劇並不是神所寫的（他們當然也知道這點），而是在將軍、獨裁者的淫威下，由歷史教授們所寫的。

我並不否認從基督教的觀點詮釋歷史，跟與從任何其他觀點來詮釋具有同樣的正當性；而且確實應該強調的是，我們西方人的種種目標和目的，諸如人道主義、自由、平等，都深受基督教的影響。然而，在對待人類爭取自由的歷史時，唯一理性的、同時也是基督教的態度是，唯有我們自己理當對它負責；我們應對自己如何度過此生負責，是我們的良知、而非世俗性的成就，方能對我們自己做裁決。認為神在歷史中顯示祂自己、顯示祂的判決，此種理論就和將世間成敗視作我們行動的最終判準一樣；它也和認為歷史將會裁決一切，亦即

477 「未來的強權就是公理」的理論一樣；它也和我所講的「道德的未來主義」一樣[11]。認為神是在通常所說的歷史中顯示祂自己，在國際犯罪和集體屠殺史中顯現祂自己，這確然是對神的褻瀆；因為真正在人的生活領域內所發生的事，是未曾被這種殘忍和幼稚的行為所觸及的。無數被遺忘者的生活，那許許多多默默無聞的個人；他們的憂愁和歡樂，他們的痛苦與死亡，才是各世代的人類所經驗的真實內容。如果這些可以被歷史述說，那麼我當然就不應該說神在其中判決是對神的一種褻瀆。不過，我們還沒有、也不可能有這樣一種歷史。一切現存的歷史，偉人的歷史和權力的歷史，充其量只是一種膚淺的鬧劇而已；這是由強權在真實世界背後演出的一場喜歌劇（可與荷馬的奧林帕斯諸神在人類爭鬥背後演出的喜歌劇相類比）。我們最糟糕的偶像崇拜之一，崇拜權力和成就，使我們誤以為這就是人生的真相。在這種不僅是人為而且是人偽造的「歷史」中，竟有些基督徒膽敢說在其中看到了神的意旨！當人將瑣屑的歷史解釋歸於神時，他們竟敢說知道和理解神將要做什麼！神學家卡爾・巴特在其《認信》中說：「相反地，我們首應承認……我們說到『神』的時候，我們所想和所知道的一切，並未接近神或理解神……。我們有的只是自己想的、自己造的偶像，不論是『精神』、『命運』或『觀念』的偶像。」（與這種態度相符合的是，巴特批評基督新教主張神在歷史中啟示，是「不能承認的」，他認為這是對基督尊貴的一種冒犯）[12]。然而從基督教的觀點來看，上述的企圖不僅是一種自大，更是一種反基督的態度。因為基督教告訴我們，世間的成敗並不是決定性的。「耶穌基督是犧牲在羅馬總督派拉多的手下」，我再引用巴特的一段話：「派拉多如何有受到使徒信條的影響?我們可立即回答，那只是時間問題。」因此這人的成功，代表了某一時期的歷史權力，也純粹只是一種技術性的角色，藉以指出那些事件是在什麼時候發生而已。那些事件是什麼呢?他們與政治權力的成功無關，與歷史「無關」。他們甚至不是猶太人反羅馬統治者不成功的、非暴力的民族主義革命（甘地式的革命）之歷史。這些事件只不過是指出一個人的受難。巴特堅持「受難」一詞，不僅指耶穌的殉難，並且指他整個的一生：「耶穌受難。因此祂不是統治。不是勝利。他沒有成功……祂沒有達成任何事，除了……祂的十字架。祂與其子民和信徒的關係，也可說是這種情形。」[13] 我引用巴特的著作，旨在指出他所持不僅是我的「理性主義」和「人道主義」者的觀點；且這個觀點指出，崇拜歷史的成功，是與基督教精神不相容的。基督教所關心的，不是具有權威的羅馬統治者的歷史業績，用齊克果的話來說，是「少數漁夫給了這個世界一些東西」[14]。然而，一切對歷史的有神論詮釋，無一不是企圖在歷史的記錄，亦即在權力的歷史、歷史的成功中，來見證神的意志的顯現。

對這種「神在歷史中顯現的理論」之攻擊，有些人可能會作這樣的答辯：基督在殉難後成功了，由於這種成功，說明基督生前在人世間未成功的生活，終於對人類顯示了最偉大的精神勝利；由於這種成功，祂的教義成果證實了其自身，並證明了其正當性，也因此證實了預言：「最後者將為最先者，最先者將為最後者」。換句話說，透過歷史中基督教會的成功，上帝的意志顯現了。不過這是一種極危險的防衛陣線。認為教會在世俗界的成功就是證成基督教的論證，實際上清楚地揭示出了信仰的缺失。早期基督教是不做這種鼓勵的（他們相信必須以良心來裁決權力，而不是以權力來裁決良心[15]）。那些認為基督教成功的歷史顯示了神的意志的人，應該捫心自問，這種成功是否真是基督教精神的成功；是否相較於教會的獲勝，當教會受迫害的時候，這種精神就是並未獲勝？哪一種教會更具這種純潔的精神呢？是殉道者的教會，還是勝利的宗教裁判所教會？

似乎有許多承認上述觀點的人，堅持基督教是給溫順的人帶來信息，卻又相信這是一種歷史定論主義的信息。這種觀點的顯著例子是麥克墨雷，他在《歷史的線索》一書中，發現基督教義的本質是一種歷史性的預言，而基督教的創立者是「人性」辯證法則的發現者。他認為依據這個法則[16]，政治的歷史必然會產生「社會主義的大同世界，人性的基本法則不會毀壞……溫順的人將長駐於世界」。然而這種以確定性替代希望的歷史定論主義，必然會導致道德上的未來主義。「法則不會毀壞」，因此我們可以確定地說，基於這種心理基礎，不論我們做什麼，都會產生相同的結果；即使是法西斯主義，最後也會產生大同世界；所以最後的結果不是依賴我們的道德抉擇，在此事上，我們不必為自己的責任擔心。如果我們被告知可以藉科學的根據來**確定**「最後者將是最先者，最先者將是最後者」，則這不是以歷史預

479 言代替良心，又是什麼呢？這理論難道不是愈來愈逼近下面的這種訓誡嗎（實在違反原作者的旨趣）？這種告誡說：「要明智啊！記住基督教創立者告訴你的，因為他是關於人性的偉大的心理學家，是歷史的大先知。及時跳上溫順者的列車吧！因為依據人性不變的科學法則，這是走向天堂最快的途徑！」這種歷史線索蘊含著對成功的崇拜；它意味著溫順的人是對的，因為他們將在得勝的一邊。它將馬克思主義，特別是我所描述的馬克思歷史定論主義的道德理論轉換成人性心理學和宗教預言的語言。這種歷史定論主義式的解釋，意味著基督教最偉大的成就在於它的創始者是一位黑格爾的先輩，一位公認的、超凡的先輩。

我堅持不可崇拜成功，成功不可做為我們的判決，我們不可為成功所迷惑；我更要指出我的這種態度，與我所認為的基督教的真正教義相符；但我希望這些觀點不致被誤解。這些觀點不是要支持我在上一章所批評的「彼岸世界」之態度[17]。基督教是否屬於彼岸世界，我並不知道，但基督教確實告訴我們，證明人的信仰之唯一途徑是，給予那些需要的人實際的（或世間的）幫助。這種態度實可與另一種態度結合，這另一種態度即對俗世的成功持保留甚且輕蔑的態度，所謂俗世的成功指的是決心盡一切可能來獲致權力、榮耀、財富等，不是為了歷史的公正，而是為了他們自己。

齊克果對黑格爾的批評，有力地支持了上述一些觀點，特別是支持了歷史定論主義與基督教的不相容性。雖然齊克果沒有完全自他所吸收的黑格爾的傳統中解放出來[18]，但很少有人會比他更理解黑格爾歷史定論主義的意義。齊克果寫道：「在黑格爾以前，有些歷史學家試圖解釋歷史……。上帝要是看到這些企圖，也只有微笑而已。然而上帝並沒有大聲笑出來，因為這些人還是懷有人道的、誠懇的誠意。但是黑格爾啊！我要用荷馬的筆調，神是如何大笑不已啊！……這樣一位可惡的小教授，只是透過任何事物和所有事物所具的必然性來看事情！現在竟拉動著他的手風琴要來訴說整個故事：聽啊！奧林匹克的諸神！」[19]接下去，齊克果又引到無神論者叔本華對黑格爾的攻擊：「讀叔本華的著作，給了我難以言喻的喜悅。他所說的完全是真的；因此為德國人的權利盡了責任，他做到了唯有德國人才做得到的直率。」[20]不過齊克果自己的說法，也跟叔本華一樣直率；因為他繼續說黑格爾主義（他稱作「精神的最大腐敗」），是「一切放縱形式中最令人厭惡的一種」；「自大得令人嘔吐」；「理智上耽於逸樂」；「無恥的敗壞景象」等。

的確，我們的理智和我們的倫理教育，也是敗壞的。它因對浮華的欣賞而敗壞，人云亦云地看待事物，卻捨棄了批判式的鑑賞。它為歷史舞台華麗的浪漫觀念所敗壞，我們是這個舞台上的演員；我們被教導要迎合觀眾來演出。

那些名聲與命運的倫理學，仍舊建立在傳統權力史的浪漫觀念上，而維繫教育系統的道德，則立基於可回溯至赫拉克里圖斯式的浪漫的部落主義道德的經典之上，這一切都使得讓人學習如何比照他人來健全地評估自身價值的教育，被弄得一團糟！這種教育系統的最終

481 基礎是權力崇拜。個人主義和利他主義的清醒結合[21]——亦即「真正重要的是個人，但並非捨我其誰」這一觀念已被拋棄，取而代之的是自我中心主義與集體主義理所當然的結合。亦即，自我的重要性、自我的情緒生活與「自我表現」，被浪漫式地誇大了；與此並生的是，「個人人格」與團體和集體之間，產生了緊張的狀態。它取代其他個體、取代了他人，亦不承認合理的人際關係。這種態度的裝備是「支配他人，否則就順服他人」；不是做一個偉人，做一個駕馭命運和博取名聲的英雄（赫拉克里圖斯說「名聲與墮落並至」），就是將自己投入「群眾」，交給領袖，為集體的更高使命犧牲自己。在這種過份強調自我和集體之間的緊張中，有一種神經質的、歇斯底里的因素。我是毫不懷疑這種斯底里和對文明壓力的反動，是訴諸英雄崇拜倫理學、以及支配和臣服的倫理學之強烈情感訴求的祕密[22]。歸根結底地說，這裡存在一種真實的困難。很顯然（如我們在第九章和第二十四章所看到的），政治家應將自己限定在對抗邪惡一事上，而不是為諸如幸福之類「積極的」或「較高的」價值而奮鬥；而教師原則上處在另一種不同的位置。教師雖不應將自己的「較高」價值強制灌輸給學生，但確實應試圖激發學生對那些較高價值的興趣。他應該關注學生的靈魂（當蘇格拉底告訴他的朋友們，要關注自己的靈魂，他確是做到了關注他們的靈魂）。因此在教育中，確實有某種浪漫或美學的因素在其中，這些不應進入政治領域。但是即使這些在理論上是真的，也很難適用於我們的教育系統。因為在學生和老師之間必須先有一種友誼的關係（我們在第二十四章曾強調這種關係），在其中的雙方始終都自由自主（蘇格拉底選擇他的同伴，他的同伴也選擇了蘇格拉底）。我們的學校由於學生數量過多，而使得這一切成為不可能。這樣一來，企圖灌輸較高的價值不僅不會成功，而且我們必須說，這會導向傷害，導向某種遠比其理想目標更加具體而公開的事物。不可傷害被負託給我們的人，這應如在醫療領域中一樣，成為教育的一個根本原則。「不可傷害」（也因此，「為了使青年獨立，讓他們能為自己做選擇，應給青年最迫切需要的」），應成為我們教育系統最有價值的目的，雖然這目的聽來謙遜，但要真的實現卻有點遙遠。然而今日教育卻把「較高的」目的當成一種時尚，諸如「人格的充分發展」，這根本是一種典型的浪漫式並且毫無意義的說法。

由於上述浪漫觀念的影響，個人主義仍被認為等同於自我中心主義（柏拉圖就是如此），而利他主義也被等同於集體主義（以團體的自我中心主義替代個人的自我中心主義）。但是這妨礙了我們清晰勾勒出主要問題，這問題就是：如何在與他人的關係中，對自己的重要性做出理智的評估。今天的教育使大家感到，我們應追求超越我們個人以外的一些目的；我們應找出獻身的目標，於是結論是，這類目標必是集體性的、具有歷史使命的。因此我們被告以應該犧牲，同時宣稱這樣做會得到很好的報償。這種教育說我們應做犧牲，但可同時獲得榮譽與名聲。我們將成為歷史舞台的「主角」與「英雄」；這樣小小的冒險就可得到大大的報酬。這是在那個只有一小撮人被考慮而普通人民則被置若罔聞的時期，所顯露出來的令人懷疑的道德；這是有機會進入歷史教科書的那些政治和知識貴族階級的道德。它不可能是那些贊成正義和平等主義者的道德；因為歷史的名聲不可能是公正的，它只有極少數的人才能獲得。無數的人——他們和那些少數人一樣有價值、甚至更有價值，卻總是被遺忘！

也許應該承認的是，赫拉克里圖斯的倫理學認為較高的報酬只有後裔子孫才能得到，這較之那些教我們要在現世索取報酬的倫理學略勝一籌。不過這也不是我們所需要的倫理學。我們需要一種藐視成功與報酬的倫理學。這種倫理學不需要誰來發明。它不是新事物。基督教就曾教導這種倫理學，至少在早期是如此。今天我們這個時代，工業上和科學上的合作，又再度教導這種倫理學。幸運的是，浪漫的歷史定論主義者那追求名聲的道德，似乎已逐漸式微。「沒沒無名的士兵」（the unknown soldier）就展現了它。我們已開始意識到，犧牲的意義毋寧更應該是沒沒無名的。我們的倫理教育必須切合時宜。我們必須被教導去做自己的工作；去為此工作本身而犧牲奉獻，而不是為報酬或避免斥責（至於我們需要鼓勵、希望、讚美、甚至斥責，這些是另一回事）。我們必須在工作中來確證自身，而不是從一種虛構的「歷史意義」去證明自己。

我主張歷史沒有意義。不過這種主張並不意謂我們所能做的只是拋棄政治權力的歷史，或將之視為一種殘忍的玩笑。因為我們可以詮釋歷史，並同時關注我們嘗試在這個時代予以解答的權力政治問題。我們可以從為開放社會奮鬥的角度來解釋政治權力史，可以從為理性統治、正義、自由、平等以及控制國際犯罪的奮鬥等角度來解釋它。雖然歷史沒有目的，但我們可將自己的這些目的放在歷史中；**雖然歷史沒有意義，但我們可以賦予它意義**。

我們在此再次面對的，又是一個自然和約定的問題[23]。自然和歷史都不能告訴我們應該如何做。種種事實，不論是自然的或歷史的事實，都不能為我們做抉擇；它們不能決定我們所要選擇的種種目的。是我們自己把目的和意義放進自然和歷史中。人不是平等的；但我們可下決心為平等的權利而奮鬥。諸如國家一類的人類制度並不是合理的，但我們可下決心為使它們更合理而奮鬥。我們本身和我們的日常語言，總體說來毋寧是情緒的、而非理性的，但我們可試著使之更為合理一點，可訓練自己把語言當作理性溝通的工具，而非浪漫的教育家所謂自我表現的工具[24]）。歷史自身（我指的是權力政治的歷史，不是指不存在的人類發展史）沒有目的和意義，但我們可決定給它目的和意義。我們可使其為開放的社會而奮鬥、為打擊開放社會的敵人而奮鬥，因而使它具有目的和意義（那些站在角落的人，永遠依帕累托的忠告，維護他們的人道主義情操）；我們也可依此來對歷史做出解釋。最後，我們也可以同樣的方式來決定什麼應是我們的「人生追求」，以此設定我們的目的[25]。

我相信這種將事實和決定（或抉擇）分開的二元論[26]，是很根本的。事實並沒有意義，
483 只有透過我們的決定，它們才有意義。歷史定論主義只是許多逾越這種二元論的嘗試中的一種；它來自恐懼，因為它怯於承認：即使對那些我們所選擇的標準，我們也負有最後的責任。

不過我認為這樣的一種企圖，正好代表著通常所說的一種迷信。因為它認定在沒有播種的地方，也能有收穫；它試圖說服我們，只要隨著歷史的步子走，一切自能平平坦坦，毋須我們做出重要的決定；它試圖將我們的責任轉移到歷史上，從而轉移到超越我們之外的邪惡權力的遊戲中；它試圖將我們的行動奠基在這些權力的隱祕意圖之上，而這些意圖卻只能以一種神祕的啟示和直觀向我們顯示；它就這樣將我們的行動和命運，置諸某種受算命天宮圖和夢想所鼓舞，而在籤筒中選擇其幸運號碼的人的道德水平上[27]。就像賭博一樣，歷史定論主義是來自於對我們行動的合理性與責任的絕望。它是一種低賤的希望和信仰，企圖以一種來自假科學，假的星象學、人性學，和歷史命運學等的確定性，來代替我們從道德熱情、從藐視成敗中所生的希望和信仰。

我斷言，歷史定論主義不僅在理性上站立不住，它也與任何宣揚良知之重要宗教相衝突。因為這樣的宗教對歷史的態度，必定與理性主義者的態度一致，它強調我們對自己的行動應負最大的責任，對我們的行動在歷史上所造成的影響亦應負最大的責任。的確，我們需要希望；沒有希望地行動與生活，是超出我們力量之外的。然而我們並不貪婪，我們毋需太多的賜與。我們不需要確定性。特別是，宗教不應當被視為夢想和渴望完滿的替代品。宗教既不是籤筒中的彩券，也不是保險公司的保險單。宗教中所包含的歷史定論主義因素，是一種偶象崇拜和迷信的因素。

這種強調事實與決定的二元論，也決定了我們對諸如「進步」觀念的態度。如果我們以為歷史是進步的，或我們註定是進步的話，則我們所犯的錯誤，就像相信在歷史中可發現意義，而毋須我們給它意義一樣，犯了同樣的錯誤。因為進步趨向某種目的，趨向所謂人類的我們的目的。「歷史」不能做到這點；只有我們人類個體才能做到；藉著維護和加強那些自由與進步所依賴的民主制度，我們方可做到這點。當我們更充分理解進步有賴於我們自己的警醒、努力、目的概念的清晰、以及對各種目的做選擇的現實主義作風[28]，我們的進步就會更上層樓。

我們不要做預言家，我們必須為自己的命運作主。必須盡力學習去做我們所能做的，並且努力找出我們的錯誤。當我們不再抱持權力的歷史將為我們做裁決的觀念，當我們不再擔心歷史是否將判明我們的正當性，那麼有一天我們也許能成功地控制權力。依照這樣的途徑，我們或許甚至可反過來證立歷史。歷史需要我們來做這種證成！

注釋

728

注1：所謂約定論者（conventionalist），如朋加萊、杜罕（P. Duhem），特別是最近的艾丁頓等人，請見：第五章注17。

注2：見：*The Logic of Scientific Discovery*。

注3：在第二十三章中曾提及「心靈的戽斗理論」（關於「科學的探照燈理論」，請見：我的講詞〈邁向一個理性的傳統理論〉〔Towards a Rational Theory of Tradition〕。有人也許會主張「科學的探照燈理論」強調康德學說中站得住腳的部分。若回想一下我們所用的比喻，我們可以說，康德的錯誤在於他認為探照燈自身無法改良；他並未發現某些探照燈（理論）不能照明事實，而有些卻可以照得很清楚。這就是我們為什麼放棄某些探照燈，並得到進步的原因。

注4：見：第八章注23。

注5：關於避免一切預設的問題，請見：胡賽爾的批評，見第二十四章，注8之（一）及正文。康培茲曾在不同的陣線上批評一種以為可以避免一切預設（或觀點）的觀念。（見：*Weltanschauungslehre*, I, 1905, pp. 33 and 35。我的翻譯也許比較自由。）康培茲的批評直接指向極端的經驗論者（而非胡賽爾）。他說：「一種對事實的哲學或科學的態度，永遠是一種思想的態度，並非有如牛隻一樣只是領受事實，亦非如畫家一樣只觀照事實，也非如空想家般被事實

淹沒。因此我們必須假設，哲學家不以事實是什麼為滿足；他還要去思考它們……所以，很顯然地，在佯裝回到直接事實或與資料的哲學激進主義背後，永遠隱藏著一種不加批判就接受傳統的理論。即使是這些激進者，在面對事實時，也必定會萌生一些思想。不過因為他們沒有意識到它們，以致他們自認只是承認事實，這使我們別無選擇，只有認定他們的思想是……不加批判的。」（見：同作者對「詮釋」所做的評論，收於：*Interpretation in Erkenntnis*, vol. 7, pp. 225 ff）。

注6：見：叔本華對歷史的批評（*Parerga*, etc, vol. II, ch. XIX, §283; *Works*, second German edition, vol. VI, p.480）。

注7：（一）就我所知，在此正文中所展示的因果理論，最早是在我所著的德文版《探究的邏輯》中出現。所摘引的內容出自該書第二十六頁（即現在的英譯《科學發現之邏輯》第五十九頁）。在翻譯本中少了原來的括弧，但括弧中的數目和四段簡短內容，則是加上去的，其部分原因是為了使有點濃縮的內容比較容易理解，另一部分原因則是讓我得以增加一種觀點（在最後兩個括弧中），該觀點在我寫書時還未清晰見及。此即塔斯基所謂的「語意學」（例如見：*Grundlegung der Wissenschaftlichen Semantik, in Actes du Congres International Philosophique*, vol. III, Paris, 1937, pp. 1 f., and R. Carnap, *Introduction to Semantics*, 1942）。由於塔斯基對語意學基礎所作的開展，我不再躊躇於使用「因」、「果」概念（我在一開始寫作時仍躊躇不定）。因為運用塔斯基的真理概念，藉著語意的定義，這些語詞便可以被定義，如同下述：事件A是事件B

的原因，且事件B是事件A之結果，若且除非存在一種語言，在其中我們能形成三種命題u、a、b，u是真正的全稱法則，a描述A，b描述B，且b是u與a之邏輯結果（此處的「事件」或「事實」，可依我所著的《探究的邏輯》第四十七頁，《科學發現之邏輯》第八十八頁所稱的「事件」，用語意學方法來定義：一事件E為某類可轉譯之單稱述句的共同指謂）。

（二）在此我們可以附加一些關於因果問題的意見。亞里士多德的原因概念，是典型的本質主義（即他的形式因、質料因、動力因。在此，我們對目的因不感興趣，雖然我的評論也一樣適合評論其目的因）；它的問題是解釋運動或變化，將其解釋為事物含藏的結構。在培根、笛卡兒、洛克、甚至牛頓對這個問題的觀點中，甚至還有本質主義的論調。不過笛卡兒的理論為新的觀點打開了一條路，他看到了有形物體在空間的廣延，或幾何的形狀中的本質，他從這點得出結論，那就是物體彼此產生作用的唯一途徑是透過推動（push）；一種移動的物體**必然**自其場所推動另一物體，因為兩者都被廣延（extended），因此不能同時充滿在同一場所中。由之，**果必然跟隨因而來，同時一切有形事物之真正原因的解釋，必須藉由推動來說明**。牛頓仍然如此假設。他以之來說明萬有引力，當然他是用拉引而非推動的觀念。沒有一個知曉哲學的人會視它為令人滿意的解釋，但它在物理學中仍具影響力，而以一種厭惡各種「一定距離內的運動」形式出現。柏克萊（Berkeley）是第一位批評內在的本質者，不論是以此解釋牛頓的引力，或是解釋笛卡兒推動的理論，他都加以批判；他主張科學應該是**描述**，而非藉著本質或必然的連結來**說明**。這種理論成為實證主義的特徵之一，但若採用我們對因果說明的理論，則柏克萊的理論就離題了；因為這樣一來，這種描述就得包括全稱的假設、原始條件、和邏輯的演繹。關於因果的理論，休謨也許是最具貢獻的人（塞克斯特〔Sextu Empiricus〕和卡查理〔Al-Gazzali〕，以及其他人，是休謨某部分看法的先驅）；他指出在事件A與事件B之間，我們不可能知道任何必然的連結（一種與笛卡兒相反的觀點）。一切我們所可能知道的是某種事件A（或相似於A的事件），目前一直伴隨著某種事件B（或相似於B之事件）出現。事實上，我們只知道這些事件是連結的。不過，因為我們不知道它們是否為一種必然的連結，所以我們只能說它過去是如此連結的。我們的理論充分承認休謨的這種批判。不過仍有不同之處：（1）它明白提出不論何時何地，A之後都隨著B的**全稱假設**；（2）假定此全稱假設為真的話，它斷言A為B之原因這陳述為真。換句話說，休謨只看到事件A與B之自身，而未能發現兩者之間有任何因果連結或必要連結。不過我們加上了另一個東西，即全稱法則：根據這個法則，我們可以提出因果連結，甚至必然的因果連結。例如我們可以界定：**事件B以因果的關係與事件A連結（或必然的連結）**，若且除非A是B的原因（以上述語意定義來說）——至於一種全稱法則之真的問題，我們可以說有無數的全稱法則，我們在日常生活中從未對其真產生疑問；同樣地，有無數的因果例子，我們在日常生活中也從未對其「必然的因果連結」產生疑問。但從科學方法的觀點來看，立場就會有所不同。因為我們永遠無法理性地證實建立科學的法則之為真，我們所能做的只是嚴格驗證它們，減少其中的錯誤（這也許是拙著《科學發現之邏輯》一書的主要論點）。這樣一來，所有的科學法則，永遠都具有一種假設的性質，它們都是假設。因此在結果上，任何有關特殊的因果連結之描述，仍都具有同樣的假設性質。從科學的意義來說，我們不能確定A是B的原因，正是因為我們不能確定知道全稱的假設在實際上是否為真，不論如何檢驗都是如此。然而，我們發現：只要相應的全稱假設愈得到驗證和印證，A為B的原因這項特定假設，就愈能讓人接受（關於我的印證理論，見拙作《科學發現之邏輯》第十章及新附錄九，特別是第二七五頁，它對印證句子的時間係數和指數進行了討論）。

（三）關於我在此所提的歷史解釋理論（正文中所鋪展的，下面會進一步討論），我希望對懷特（Morton G. White）所寫的一篇文章進行一些批評。這篇文章的題目是「歷史解釋」（Historical Explanation）（published in *Mind*, vol. 52, 1943, pp.212 ff）。作者接受我原先在《探究的邏輯》一書中所發展的因果解釋的分析。（他錯誤地將這種理論歸於韓波爾〔C. G. Hempel〕於一九四二年在《哲學》期刊上發表的一篇文章；但是，請先見：韓波爾於一九三七年八月在《德國文學》〔*Deutsche Literaturzeitung*〕對我的書所做的書評，見三二○頁至三二四頁）。在找出我們一般所謂「解釋」的共通點之後，懷特問：什麼是歷史的解釋？為了回答這個問題，他指出了生物學解釋的特性（與物理學的解釋相反），這即是在解釋的普遍法則中，出現了**特殊的生物學詞彙**。他結論說：所以歷史的解釋，就是出現了**特殊的歷史詞彙**的解釋。他又進一步發現：那些讓歷史詞彙出現的法則，最好稱為社會學的法則。因為其中的詞彙實際上具有社會的特性，而非歷史的特性。因此，他終於不得不將「歷史的解釋」與「社會學的解釋」給等同起來。

對我來說，這種觀點顯然忽略了我們在正文中所描述的歷史學和通則化的科學之間的差異，以及它們的特殊問題和方法。同時，我可以說，關於歷史方法的討論，早就顯示出一種事實，那就是歷史的興趣在於特殊的事件，而非一般的法則。我可以想到的有阿克頓爵士於一八五八年所寫的反巴克爾（Buckle）的文章（*Historical Essays and Studies*, 1908）。同時，韋伯與梅葉之間的爭論（見 Weber, *Gesammelte Aufsaetze Zur Wissenschaftslehre*, 1922, pp. 215 ff）。像梅葉一樣，韋伯一直正確地強調歷史的興趣在於**單獨的事件**，而非普遍的法則，同時又認為歷史所感興趣的是**因果解釋**。然而這正確的觀點，卻使他一再反對因果解釋必然要使用普遍法則這一觀點（例如見上引同書第八頁）。我認為：我們在正文中所鋪展的歷史解釋消除了這種困難，同時說明了這種困難是何以發生的。

731

注8：約定主義者，特別是杜罕，曾攻擊認為在物理學中可做出關鍵性實驗的理論（見：本章注1）。不過杜罕的著作是在愛因斯坦、在艾丁頓所做的關鍵性日蝕觀察前；甚至是在魯末爾（Lummer）和普林斯海（Pringsheim）的實驗之前，他們藉否證雷萊（Rayleigh）及金斯的公式，因而導出量子論。

注9：梅葉及其批評者韋伯都承認，歷史取決於我們的興趣。梅葉說（*Zur Theorie Und Methodik der Geschichte*, 1902, p. 37）：「事實的選擇要取決於當代的歷史興趣……」韋伯說（*Ges. Aufsaetze*, 1922, p. 259）：「我們的……興趣，將會決定文化的價值層面，而文化的價值面又決定了……歷史。」韋伯跟隨李卡爾特（Rickert），反覆堅持我們的興趣會反過來依我們的價值觀念而定：他在這點上當然沒有錯。不過，這在方法學分析上並未加入任何新東西。無論如何，這些作者

沒有一人做出革命性的結論，那就是既然一切歷史是依我們的興趣而定，則理論上就會有**許多種歷史，而不會只有「一種歷史」**——一種講述人類「曾發生的」發展故事。

關於對歷史的兩種相反詮釋，見：第十一章注61。

注10：關於拒絕討論這種「意義之意義」（如歐格登〔Ogden〕和李查茲〔Richards〕），甚至「意義之多種意義」（如康培茲）的問題。請見：第十一章，特別是注26、注47、注50和注51。另見：本章注25。

注11：關於道德的未來主義問題，請見：第二十二章。

注12：見：K. Barth, *Credo* (1936), p. 12。關於巴特反對「上帝在歷史中啟示的基督新教理論」，見：上述同書第一四二頁。另見這種理論的黑格爾源頭，摘引在第十二章注49正文中。並請見：第二十四章注51。關於次一摘引，見：上引巴特同書第七十九頁。

補注：關於我評論基督教的故事並非「一個不成功的……民族主義革命的故事」之問題，我現在傾向於相信情形可能正是如此。見：R. Eisler, *Jesus Basileus*。不過，無論從哪方面來說，它都不是一個講述俗世成功的故事。

注13：見：上引巴特同書第七十六頁。

注14：見：齊克果一八五四年的日記；以及一九〇五年他的德文版《法官之書》，第一三五頁。

注15：見：第十一章注57及正文。

注16：見：Macmurray, *The Clue to History* (1938; p.237)，結論部分。

注17：特別見：第二十四章注55及正文。

注18：齊克果在哥本哈根大學受教育時，正是強烈、甚至具有某種攻擊性的黑格爾主義盛行的時期。神學家馬丁遜（Theologian Martensen）尤其具影響力。（關於這種攻擊性的態度，可參考哥本哈根研究院〔Copenhagen Academy〕對叔本華一八四〇年《論道德的基礎》〔*Foundations of Morals*〕書中那篇了不起的文章之攻擊，其時叔本華在德國仍不太為人所知，而這個事件，極可能使齊克果接觸到叔本華）。

注19：見：齊克果一八五三年的日記。另見：德文版《法官之書》，第一二九頁，正文中出自此書的內容，不是很嚴格的翻譯。

齊克果不只是唯一反對黑格爾歷史定論主義的基督教思想家，巴特也反對黑格爾的歷史定論主義（見：本章注12）。一位大力稱讚黑格爾哲學（即使不是黑格爾哲學的信徒）的基督教哲學家福斯特（M. B. Foster），在其《柏拉圖與黑格爾的政治哲學》（*The Political Philosophies of Plato and Hegel*）的末尾篇幅中，極為有趣地批評了黑格爾對歷史目的論的解釋。如果我對他的理解正確的話，他的主要論點是這樣的：黑格爾用目的來解釋歷史，而沒有看到各階段本身的目的，只將它們視為帶來最後目的的工具。但黑格爾的錯誤，在於他認定歷史的諸現象或階段，是趨向目的之工具，它們是可見的、可述說的、可與現象自身區分開來的。好比目的可與行動分開、道德可與戲劇分開（假使我們錯以為戲劇的唯一目的就只是傳達某種道德）。根據這種假設，福斯特認為黑格爾未能理解創造者、工具製造者、技術專家或柏拉圖的「造物主」作品之間的差異。福斯特又寫道（pp. 201-3）：「……一系列的創造品，可被理解為一種發展……而毋須對於目的有明晰的概念……例如在一個時期中的繪畫，可以理解為是從其先前時期發展而來的，不必一定要將它視為是趨向完美或某個目的……至於政治史……同樣可以理解為一種發展，而不必解釋為一種目的論的過程。——然而黑格爾卻一直無法洞識這種創造的意義。」其後，福斯特又寫道（p. 204，有些粗體為作者所加）：「黑格爾把它視為一種宗教意象的匱乏，而持此符號的人，肯定其為上帝的計畫，卻又否定這個計畫是可知的……否認上帝的計畫莫測高深，無疑是一種不適當的表示，不過，這種匱乏的真理表達，不是因為上帝的計畫是可知的，而是上帝這個創造者並不是柏拉圖的造物主，**祂是不按計畫工作的**。」我認為這一批評極為精采，即使藝術品的創造，在非常不同的意義上，可能是依照「計畫」進行的（雖然並非依照目的）。因為這種嘗試，就好比是要理解這作品的柏拉圖式理念一樣——在心靈之耳或眼前的完美原型，畫家或音樂家努力摹擬（見：第八章注25至注26，第九章注9）。

注20：關於齊克果提到叔本華攻擊黑格爾的問題，請見：第十二章注13及正文，與結論。後面所摘引的內容，引自齊克果同書第一百三十四頁（齊克果後來在注解中的「腐敗」一詞之前，插入「泛神論者」）。

注21：見：第六章，特別是注26及正文。

注22：關於黑格爾的統治與服從之倫理學問題，見：第十一章注25。至於英雄崇拜的倫理學，請見：

第十二章，特別是注75及正文。

注23：見：第五章，特別見：注5及正文。

注24：我們可用許多方法「表達我們自己」，而不傳達任何事物。關於我們使用語言的目的是理性溝通，以及需要維持語言清晰的問題，請見：第二十四章注19及注20，與十二章注30。

注25：這種有關「人生意義」問題的觀點，可與維根斯坦《邏輯哲學論叢》中所說的「人生意義」（sense of life）的問題對照（p. 187）。他說：「當這個問題不再被提出時，人生問題就解決了。——（一個人在長久的疑惑之後，人生的意義變得清晰起來，人生的意義豈非就在其中嗎？）」關於維根斯坦的神祕主義，請見：第二十四章注32。至於在此所建議的歷史解釋，見：第十一章注61之（一），及本章注27。

注26：例如見：第五章注5，與第二十四章注19。

我們可以說，事實的世界自身是完整的（因為每一種決定都可被解釋為一種事實）。因此，我們永遠不可能**推翻**「只有事實」的一元論主張。不過，具有不可推翻的特性，並不是什麼了不起的事，例如唯心主義也是無法推翻的。

注27：歷史定論主義的動機之一，似乎是歷史定論主義者除了他們所允許的兩條路之外，看不到第三種選擇存在：他們以為這個世界要嘛由一個至高的權力，由「本質性的命運」、黑格爾的「理性」來統治，要嘛就只是由機遇、非理性、碰運氣來統治。然而，**還有第三種可能性**：那就是我們可以將理性引進其中（見：第二十四章注19）。雖然世界本身並不會進步，但透過個人或合作，

我們可能進步。

費雪在其大著《歐洲史》第一卷第七頁中，明白表示出第三種可能性（其中部分內容摘引在第二十一章注8）：「一種思想上的激動……否定了我。比我更聰明、更有學問的人，在歷史中洞察到一種計畫、一種韻律、一種預先決定的形態。我看不到這些和諧。我只看到一個接一個的波浪出現，只看到一件偉大的事實：**因為歷史事件是獨特的，所以沒有什麼通則**。這是對歷史學家唯一安全的規則。歷史學家應該理解……，偶然的和不可預知的事實所扮演的角色。」他繼續寫道（粗體中的內容可參考第十三章注13）：「這並非一種犬儒主義和絕望的理論。**進步的事實明明白白地寫在歷史上；然而進步不是自然的法則**。上一世代所獲得的基礎，下一世代可能就會喪失。」

最後三句明白表示出我所稱的「第三種可能性」，這種可能性是對我們的責任的信仰，一切都須依靠我們自己。有趣的是，湯恩比在《歷史研究》中（vol. V, 414），將費雪的話解釋為「當代西方對全能的機遇之信仰」。這點充分顯示出這位歷史定論主義者的態度，他無能看出這三種可能性。同時這也解釋了何以他試圖自「全能的機遇」逃到歷史背後「全能的**權力**」，亦即歷史定論主義的信仰中（見：第十一章注61）。

我也許可更充分地摘引湯恩比對費雪的評論（湯恩比摘引的內容，一直至「不可預知」為止），他說：「這精采的內容，不能不視為一個學者的自誇；因為作者是一位自由主義者，他正在形成一種將自由主義理論變為行動的綱領……這種相信全能機遇的現代西方信仰，產生自十九世紀的基督教時期，其時事物仍與西方密切相隨，依據自由放任的政策與時俱進……」（至於為何要相信進步，相信我們要為這進步負責，就必須信仰全能的機遇，或必然會產生自由放任的政策，這些湯恩比都沒有解釋）

注28：所謂我們選擇自身目的之「唯實論」，我的意思是，我們應該選擇在合理時間內可以實現的目的，避免遙遙無期的、曖昧的烏托邦理想，除非這些理想有更當下的目的，且其自身是值得的。見：第九章的細部社會工程原理。

本書第一部分最後定稿於一九四二年十月完成，第二部分於一九四三年二月完成。

附錄

事實、標準與眞理：再評相對主義（一九六一年）

485 當代哲學的主要病症是知識和道德的相對主義，而後者又多少以前者為基礎。這裡所謂的相對主義——你可以稱之為懷疑論（skepticism）——簡單地說，就是認為在競爭的理論之間的選擇是任意的。因為客觀真理並不存在；即使存在，也沒有任何理論可以自稱為客觀真理，或比其他理論更接近客觀真理；如果同一個問題有兩個或更多的理論，我們便沒有辦法判定其優劣。

在這篇附錄裡[1]，我首先要推薦塔斯基（A. Tarski）的真理觀（見：本書索引關於塔斯基的部分），加上我自己的趨近真理的理論，我想應該可以使當代的病症大有起色；當然，其他藥方也是必須的，例如我在別處談到的知識無權威說[2]。其次，我更要證明，在規範標準的領域（特別是道德和政治領域）裡的情境，多少類似於事實領域的情境（見：第十二節以下）。

1 眞理

486 若干相對主義的論證源自以下使懷疑論者自信滿滿的問題：什麼是真理？他們確信這個問題不會有答案。但是這個彼拉多式的問題可以簡單而合理地回答如下（雖然很難滿足他們）：任何主張、命題、陳述、或信念之所以為真，若且唯若它們對應（correspond）於事實。

但是，所謂一個陳述符合於事實，究竟是什麼意思呢？雖然對懷疑論者或相對主義者而言，這個問題可能和第一個問題一樣無法回答；但是我們還是認為它是有答案的。這個答案並不難，我們知道，每一位法官在審判時，都假定證人曉得所謂的真（與事實相符）到底是什麼意思。事實上，這問題幾乎是多餘的。

因為，塔斯基已經告訴我們，這個問題**指涉或論及**的，是陳述和事實，以及陳述與事實之間的某種對應關係，所以它的解答必定也是**指涉或論及**陳述、事實，以及陳述與事實間的某種關係。舉個例子說明：

> 「史密斯在十點十五分之後不久走進當舖」，這個陳述為真，若且唯若史密斯在十點十五分之後不久走進當舖。

這段話給我們的第一個印象是它的煩瑣。不過，先不管它們多麼煩瑣，如果我們再看一次這段話，就會發現：（一）它指涉一個陳述，並且（二）指涉一些事實；（三）提到使得所指涉的陳述符合所指涉的事實的明顯條件。

有人認為以上的段落太瑣細而簡單而言之無物，但是他們要記得，既然每個人都知道何謂真，何謂與事實相符，那麼這個問題本來就是多餘的了。

487

我們再舉個例子以有助於說明前述觀念是正確的。

某個證人的證詞「史密斯在十點十五分之後不久走進當舖」為真，若且唯若史密斯在十點十五分之後不久走進當舖。

顯然，這段話同樣十分煩瑣，但是它充分說明要把「……是真的」這個述詞應用在證人的任何證詞時必備的條件。

或許有人要認為，把第二個例子修改成底下的句子也許比較好：

證人的證詞「我看見史密斯在十點十五分之後不久走進當舖」為真，若且唯若證人看見史密斯在十點十五分之後不久走進當舖。

前後比照一下，我們發現，第二個例子是提到關於史密斯及其行為的陳述若要為真的條件，而第三個例子則是說，證人的陳述和他的行為（他看見）若要為真的條件。但這是兩個例子之間的差異也僅止於此；兩者都提到它們的不同陳述若要為真應該有什麼條件。

通常所謂「**拿出證據來**」，就是目擊者只說出他們**實際看到的**。如是遵守規則，法官才方便判定證詞真偽。因此，若從**探求和判定**真理的角度來看，或許可以說，第三例比第二例好一點。

不過，我們的目的基本上是們要區分：（一）討論我們在說到「真」或「與事實相符」時是什麼意思（屬於真理的邏輯或存有學問題），以及（二）探討或判定真偽（屬於知識論或方法學的問題）。所以就後者而言，第三例並沒有優於第二例的地方，兩者都說出一個陳述若要為真的條件。

因此，兩者都以同樣的方式回答了這個問題：「什麼是真理？」雖然它們都只是以間接的方式提出**某個陳述若要為真應該具備的條件**。

2 判準

知道所謂「真」的意思，或一個陳述在什麼條件下可以稱之為真，並不等於擁有決定某個陳述真偽的方法或**判準**（criteria）；把這點區分清楚是很重要的。

我提到的這個區分具有普遍性；我們會看到，它對於相對主義的評估相當重要。

舉例來說，我們可能知道「好肉」和「腐肉」這兩個詞的意思，但是在某些情況下，有時可能難以區分：關於「好肉」的「好」，我們其實沒有依據的**判準**。同樣的，每個醫生多少都知道「肺結核」的意思，但並不是每次都能確診。即使目前有若干檢驗儀器可以作為判準或判斷的工具；但是六十年前顯然沒有這類判準或工具供醫生使用，可是當時的醫生仍然知道「肺病是起因於某種微生物」這句話的意思。

大家都知道，如果我們有個判準或明確的決定方法，則許多事物就可能更明確而精準。因此，有人因為渴望得到精確，遂提出判準的要求。同時，如果我們可以得到它們，那麼這個要求倒也合理。

但是，如果認為在決定肺結核的判準出現前，「某人患了肺結核」這句話是無意義的，這就犯了錯誤。此外，認為在沒有鑑別肉的好壞的判準以前，「肉變壞了」這句話也是無意義的；而在沒有測謊器之前，我們不曉得「某人蓄意說謊」這話的意思，甚至還要排除這個「可能性」，因為根本沒有可能性可言；或者說當我們說某個陳述為真時，我們根本不知道自己在說什麼，諸如此類的說法都犯了同樣的錯誤。

因而，主張說在沒有判準或可靠的檢驗工具之前，「肺結核」、「說謊」、「真」等字眼都是無意義的，這種看法確實是有問題的。的確，「肺結核」或「謊言」的檢驗工具，是在我們早就了解（或許是大略了解）何謂「肺結核」和「謊言」之後才發明出來的。

當然，在開發肺結核病的檢驗工具的過程中，我們對該疾病會有更深的了解，甚至可以說，在新知識的影響下，「肺結核」一詞的意義有所改變；而在它的判準建立之後，該詞的意義已經不同於以前。有些人甚且還要說，「肺結核」現在已可根據其判準來定義。但是，這些都無法改變一個事實，即使我們以前對於肺結核的了解比較少，但是當時的確是有所意指的。況且，時至今日，仍然很少有疾病是有判準或明確定義的，更遑論什麼可靠的判準（不過，這些判準既然不可靠，我們最好不要稱它們為「判準」）。

我們或許沒有判準可以判定一張鈔票是不是真鈔，但如果發現有兩張一英鎊的鈔票居然
489 號碼相同的，那麼即使在缺乏判準的情況下，我們仍可肯定其中至少有一張是假鈔；雖然缺乏判準，但這個判斷顯然還不致於無意義。

總而言之，認為要首先建立語詞的正確用法的判準，才能決定它的意義，這理論是錯誤的：實際上，我們從來沒有這種判準。

3 判準哲學

我們剛才批駁的觀點，也就是認為必須先有判準才能有意義地談論（肺結核、說謊、或存在、或意義、或真理），它其實是許多哲學或隱或顯的基礎。這類哲學我們統稱為「判準哲學」。

因為判準哲學的基本要求往往無法實現，所以，採用判準哲學，在許多時候都會導致失

望、並且導致相對主義或懷疑論。

我相信，許多人認為「什麼是真理」這個問題無法回答，主要是因為他們要求有一個真理的判準。**但是，缺乏真理的判準，並不等於真理概念無意義，就像缺少健康的判準並不會使「健康」這個概念無意義。生病的人即使沒有健康的判準，他仍然會追求健康；一個犯錯的人即使沒有真理的判準，他也仍然會追求真理**。

這兩種人也許只是要追求健康和真理，而不太煩惱這些語詞的意義；他們覺得就他們的目的而言，他們的理解已經夠了。

塔基斯對於「真理」問題的研究的直接結論，就是以下的邏輯定理（theorem）：**不可能有一般性的真理判準存在**（除了貧乏的人工語言系統以外）。

這個結論可以確切地建立，而且它的建立要使用到「和事實對應」的真理觀。這個結論相當有趣，在哲學上也非常重要（尤其是相較於知識的權威論）[3]。但這個結論的建立，得力於一個觀念（一個真理觀），而我們並沒有關於它的判準。所以，如果我們採納判準哲學不合理的要求，認為在認真使用某個概念之前必須先有關於它的判準，那麼，我們就無法得到在哲學上這麼重要的邏輯結論。

附帶一提，上述「我們不會有一般性的真理判準」是直接推論自另一個重要的結論（是塔斯基把自己的真理理論和哥德爾〔Gödel〕的不可判定性定理〔undecidability theorem〕結合而得到的）：即使在相對狹義的數論或大量使用算術的科學裡，也不可能有一般性的真理判準。至於不一定要使用算術的非數學領域，就更是如此了。

4 可謬論

以上證明了，時下流行的懷疑論和相對主義不僅是錯的，而且也是過時的；他們奠基於一種邏輯的混淆，把一個語詞的意思和正確使用該詞的判準混為一談。不過，用以釐清這個混淆的工具，卻也存在了將近三十年了。

儘管如此，在懷疑論和相對主義裡仍然有個真理核心，那就是：不會有一般性的真理判準存在。但是這不等於說競爭理論之間的選擇是任意的。它只不過是說，我們的選擇往往會犯錯，會遺漏真理或達不到真理；我們無法擁有確定性（certainty）的知識（即使是具有高度可靠性的知識亦然，我在許多地方都談過，例如《猜想與反駁》第十章）；我們是有可能犯錯的（fallible）。

就是我們所知，這是再平凡不過的真理。在人類的研究領域中，極少數能夠免於人類的可謬性（fallibility）。昔日認為基礎堅實或確定的知識，後來都可能變成不大正確（意即為偽的）而需要修正。

有個令人特別印象深刻的例子，是重水和重氫的發現（氘，尤列〔Harold C. Urey〕於一九三一年首度分離出來）。在這個發現之前，化學領域中最確定而沒有異議的，莫過於我
491 們對水（H_2O）及組成它的化學元素的知識。水甚至還曾被用作公克的「操作性」定義，作為「絕對」公制裡的質量標準單位；進而成為實驗物理學的基本度量單位之一。這顯示我們對於水的知識被人們深信不疑，甚而以它作為所有其他物理量的基礎。但在重水發現之後，我們才了解，原先視為純化合物的水，其實是化學上無法分辨、卻在物理上完全不同的混合物的大雜燴，有不同的密度、沸點和凝固點，雖然有截然不同的現象，「水」仍被視為標準的基礎。

這個歷史事件相當典型；我們從中認識到，我們無法預知科學知識中的哪個部分有一天會失敗。因此，堅信科學的確定性和科學的權威，只不過是一廂情願的想法：**科學是有可能犯錯的，因為科學不外乎人性**。

但是知識的可謬性（fallibility），或主張所有知識都是臆測，並不能用來支持懷疑論或相對主義。雖然我們會犯錯，或者指導我們避免犯錯的真理判準並不存在，我們仍然無法推論說選擇是任意或非理性的：也不意味著我們無法學習、無法趨近真理，或者說我們的知識無法成長。

5 可謬論與知識的成長

「可謬論」（fallibilism）在此指的是主張或承認我們都可能犯錯，並且認為追求確定性（或只是要求高度的或然性）是錯誤的要求。不過，這並不蘊含說探求真理是錯誤的；相反的，「犯錯」這個觀念正蘊含著真理的觀念，它是我們的標準，雖然或許尚未獲致。它意味著雖然我們探尋真理甚或發現了真理（我相信有許多情況確是如此），但是永遠無法確定是否發現了它。錯誤的可能性永遠存在著；雖然在某些邏輯和數學的證明中，人們或許認為這個可能性極其微小。

不過，可謬論根本不必然導致懷疑論或相對主義的結論。所有關於人類可謬性的歷史事件（包括所有已知的顛倒正義的事件），都是人類知識進展的例證，考慮到這點，以上的論點就更清楚了。每個錯誤的發現，都會促成知識的重大進展。正如杜加爾（Roger Martin du Gard）在《讓・包華》（*Jean Barois*）裡所說的：「如果我們知道在該處找不到真理，這也是一種收穫。」

例如，重水的發現雖然使我們知道過去錯了，但是這不僅是知識上的進展，更與其他進展結合，促成許多更長遠的進展。**因而，我們可以從自己的錯誤中學習。**

這個基本的洞見，確是一切知識論和方法學的基礎。因為它指引我們如何更有系統地學習，如何進展得更快（未必要從科技的立場來看，因為對於個別的真理探索者而言，如何加速個人的進步才是最重要的）。這個指引很簡單，那就是：**我們必須找出我們的錯誤**；換句話說：**我們必須盡力批判我們自己的理論**。

似乎，唯有批判才是我們偵測錯誤的正途；藉由批判，我們才能有系統地從錯誤中學習。

6 趨近眞理

在上面的論述中，最重要的觀念正是知識的成長——趨近真理。直覺上，這個觀念和真理的觀念同樣清楚。一個陳述若符合事實，則該陳述為真；同樣的，若一個陳述比另一個更貼近事實，那麼它就更趨近真理。

不過，這個觀念在直覺上雖然很清楚，而且一般人或科學家也不會懷疑它的正當性，但是，就如同真理的觀念一樣，仍有一些哲學家抨擊說它是不正當的，例如最近的蒯因（W. V. Quine）[4]。因此附帶一提，我把塔斯基的兩個分析結合起來以後，最近已經有辦法以塔斯基的純粹邏輯語彙去定義「趨近真理」的觀念。（我只是把真理和內容這兩個觀念結合，得到一個陳述「A」的「真實內容」（truth-content）的觀念，也就是說所有推論自「A」的真陳述，以及它的「假內容」（falsity content），它大抵上可以定義為全部的內容減去「真內容」。於是我們可以說，陳述「A」比另一個陳述「B」更趨近真理，若且唯若它的「真內容」增加，而「假內容」沒有跟著增加；見：拙著《猜想與反駁》第十章。）因此，我們沒有任何理由懷疑「趨近真理」或知識進展的觀念。同時，我們雖然總是在犯錯，但在許多情況中（尤其是在兩個理論之間抉擇的關鍵性驗證中），對於是否更趨近真理是，我們心裡有個很清楚的觀念。

我想大家應該都了解，陳述「A」比陳述「B」更接近真理，以及每個陳述非真即偽而沒有第三種可能，這兩個觀念並不衝突。它只是解釋一個事實：一個假的陳述裡或許有許多真的東西。如果我說：「現在三點半了，我趕不上三點三十五分的車子。」那麼我的話可能有誤，因為三點三十五分的車子仍然趕得上（因為那班車剛好誤點了四分鐘）。但是我的陳述裡還是有許多真實的部分（真實的訊息）；而且雖然我還可以補充說「除非三點三十五分的那班車誤點了」，以增加它的真實內容（我的陳述也可能是錯的，因為現在是三點二十八分而不是三點半，但是即使如此，該陳述裡仍然有許多真實的東西）。

一個像克卜勒（Kepler）那樣精確描述行星的軌道的理論，可以說包含了許多真實訊息，即使它是個假理論，因為偏離克卜勒的橢圓軌道的現象的確發生過。牛頓的理論（雖然今日我們可說它是個假的理論）也包含驚人的真實訊息——比克卜普勒的理論猶有過之。因而，牛頓的理論比克普勒的更接近真理。但這並不意味著它就是真理：它可能更接近真理，同時卻又是個假的理論。

7 絕對主義

哲學上的絕對主義（absolutism）這個觀念讓許多人感到厭惡，這是其來有自的。因為它往往伴隨著獨斷而權威的主張，宣稱自己擁有真理或真理的判準。

不過，還有另一種形式的絕對主義，也就是可謬論的絕對主義：它只是主張說，我們的錯誤至少都是絕對的錯誤，意思是說，如果一個理論偏離了真理，它就是假的，即使它犯的錯誤沒有另一個理論那麼明顯。因而，「真理」和「欠缺真理」這兩個觀念，可以代表可謬論者的絕對標準。這種絕對主義就完全沒有任何權威主義的污點；而在嚴肅的批判性討論中，它的助益也很大。當然，根據**「沒有任何事物可免於批判」**的原則，它也可以接受批判。只是在我看來，目前要批判關於真理的（邏輯）理論以及趨近真理的理論，並不太可能成功。

8 知識的根源

「事事都可批判」這個原則（包括它本身），對知識的根源問題提供了簡易的答案。我在其他地方也討論過（見《猜想與反駁》導論）。答案是這樣的：任何「根源」，不管是傳統、
494 理性、想像、觀察或其他任何根源，都可以承認或應用；但是，**沒有任何根源擁有權威**。

這種否定知識根源的權威性，使得知識根源的角色不同於古今所有知識論設想的角色；但是這卻是我們的批判性和可謬論的態度之一：我們歡迎每個根源，只是沒有任何陳述可免於批判，不論它的根源是什麼。尤其是傳統，被理性主義者（例如笛卡兒）和經驗主義者（例如培根）排斥的根源，我們也接受它是重要的根源之一，因為我們所學習到的，絕大部分是來自傳統（長者、學校和書籍等等）。所以我認為反傳統主義（anti-traditionalism）是無益而應該予以拒絕。但是，把傳統視為權威的傳統主義（traditionalism）也不足取，不是因為它無益，而是因為它是錯誤的，如同其他把知識的某個根源（例如知性直觀或感官直覺等）當作真理的權威、保證或判準的知識論一樣。

9 批判的方法可能成立嗎？

但是如果我們真的否認任何特定的知識根源具有權威，我們如何對於理論進行批判呢？所有批判不是都要從若干假定開始嗎？**批判的有效性不是要取決於那些假定是否真實嗎**？如果批判本身是無效的，那麼批判某個理論還有什麼價值？但是若要建立它的有效性，不是一定要先確立或證成它的假定嗎？而那些假定的建立或證成不正是每個人企圖去做的（雖然往往徒勞無功），而我現在卻宣布為不可能的事嗎？但是如果它不可能，那麼（有效的）批判豈不也是不可能？

我想這一連串的問題或反對使得許多人無法接受我們主張的（暫時性的）觀點。因為上述問題使一般人傾向於認為，從邏輯上來看，批判的方法和其他方法並沒有什麼不同：因為它的操作不能沒有假定，所以必須建立或證成那些假定；但是，我們整個的論證就在於我們無法建立或證成任何事物為確定的甚或可能的，而只能安於經得起批判的理論。

這些反駁顯然極為嚴厲。它們指出「沒有任何事物能夠免於批判」這個原則的重要性；即使批判的方法本身都不例外。

495 因而，這些反駁對我的立場形成有趣而重要的批判。但這個批判本身也可以再被批判，而且我們可以推翻掉它。

首先，即使我們承認一切批判都要以某個假定為起點，這並不意味著有效的批判必須先建立或證成這些假定。因為有時候這些假定正是該批判所要攻擊的理論的一部分（我們稱之為「內在性批判」〔immanent criticism〕）。這些假定雖不屬於被批判的理論，卻是普遍被接受的觀點；這時候批判就是指出被批判的理論和公認的（辯護者卻不知道的）觀點互相矛盾。這種批判即使不成功，也還是很有價值的；因為它使得替該理論辯護的人質疑公認的觀點，進而導致重大的發現（狄拉克〔Dirac〕的反粒子理論〔theory of anti-particles〕的歷史就是個有趣的例子）。

或者，這些假定可能就是競爭理論的本性（這種情況下的批判可以稱為「超越性批判」〔transcendent criticism〕而有別於「內在性批判」）。例如：這些假定可能是若干可以單獨批判和驗證的假設或臆測。在這種情況下，批判就等於是設計某些關鍵性的試驗，以在這些競爭理論之間做出取捨。

這些例子指出，那些反對我的批判理論的人，其實是依據一個站不住腳的獨斷觀點，也就是批判若要有效，就得依據若干已經建立或證成的假定。

此外，即使批判不是有效，它也可能是重要的而有啟發性的，甚至成果豐碩的。用來反駁某個批判是無效的論證，可能使得我們對於該理論有新的看法，也可以拿來作為支持該理論的（暫時性）論證；如此一來，我們就可以說它有批判性的論證的支持。

一般說來，理論的有效批判，是要指出理論沒辦法解決它要解決的問題。若從這個角度來看，則批判就未必要依賴任何特殊的假定（亦即它可以是「內在性批判」）；即使批判是出於和討論中的理論無關的假設（即「超越性的」假設）。

10 決定

由我們剛才闡述的觀點來看，理論往往是無法被建立或證成的；雖然它們可以有若干批判性論證予以支持，但這種支持也絕不是決定性的。所以，我們就得時常下決定，判斷這些批判性論證是否足以使我們**暫時**接受某個理論，或換句話說，經過批判性的討論之後，某個理論是否比其他競爭理論更為可取。

在這個意義下，**「決定」（或「抉擇」）**遂納入了批判方法中。但它永遠只是個暫時的決定，隨時要接受批判。

但是我們這裡的「決定」不同於某些非理性主義、反理性主義或存在主義哲學家所謂的「決定」或「冒險」。這些哲學家可能深受上述「沒有預設就不可能批判」的論證影響，而開展出一種理論，認為我們所有的學說都是奠基於某種根本的決定——某種「冒險」。因為沒有任何預設，沒有預先採取某個根本的立場，我們就無從「認知」，而這根本的立場又不是奠基於任何知識，所以，這必定是一種「決定」、「冒險」、閉著眼睛做出的「決定」或「冒險」。或者說是一種選擇——不過是重大的、覆水難收的選擇，我們做這種選擇時，是盲目或本能的、或是碰運氣、或是托上帝的福。

在上一節，我們駁斥了若干反對批判的意見，證明非理性主義者對於「決定」的態度是相當誇張而戲劇化的產品。不可否認的，我們每個人都必須做決定；但除非我們是決定不願服從論證和理性、不願從錯誤中學習、不肯傾聽批評者的看法，否則我們的決定就未必是最終的決定。甚至，決定認真去考慮批判，也不是最終的決定（唯有決定不做任何非理性的冒險，我們才能說理性主義犯了二十四章所說的那種無法自身完足的缺憾）。

我相信，這個知識的批判理論有助於釐清一切知識理論的重大問題。這個問題就是：為什麼我們的知識既豐富又貧乏？我們是如何從無知的泥沼裡一步步爬出來的？我們憑藉的是臆測，並且透過批判來改進我們的臆測。

11　社會及政治問題

上述的知識理論，在我看來，對於評估我們當代深受威權主義宗教沒落影響的社會情

497 境有重大的成果。威權主義宗教的沒落導致相對主義和虛無主義的盛行：導致一切信仰的沒落，就連對於理性的信仰，亦即對於人類自身的信仰，也跟著式微了。

但是根據我們這裡闡述的論證，並沒有理由作這種絕望的結論。相對主義和虛無主義（甚至存在主義）的論證，完全是根據錯誤的推論。這就洩漏出他們其實還是接受理性，只是沒有能力正確使用它。用他們自己的術語來說，他們無法了解「人的情境」、尤其是人在知識和道德上的成長能力。

我現在從尼采《不合時宜的沉思》（*Tracts Against the Times*）裡引述一段（第三節論叔本華的部分），作為這種誤解的例子。它來自對知識論的情境了解不夠，遂導出絕望的結論。

> 籠罩著叔本華的第一種危險是：孤立。第二種危險是：對於尋找真理絕望。後者經常伴隨著以康德哲學為起點的人；也就是說，如果他是個有血有肉的人、活生生的人，能感受痛苦、懷抱熱望，而不僅是一具嘎嘎作響的自動機械、一具只會思考和計算的機器，那麼他就會有這種危險。……雖然我到處都聽到，在一切思想的領域中，新的革命已經開始了（歸功於康德的貢獻），卻無法相信它真的到來……。但是，如果有一天康德的影響增大，我們會發現，一種到處蔓延的、毀滅性的懷疑主義和相對主義正要成形；這時，唯有最積極而高貴的心靈……才不會感受到對於真理絕望的衝擊。克萊斯特

（Heinrich von Kleist）就是感受到這種衝擊的例子……他用感人的筆調寫道：「最近，我熟知了康德的哲學。不怕讓你們同我一樣驚駭、痛苦，我要告訴你們一種思想：我們絕對無法確定，我們信以為真理的東西，究竟是真理，或只是我們自己的感覺。如果是後者，那麼我們這輩子得到的真理，在我們死後什麼也不是；而我們創造和追求在身後留下來的事物的所有努力，也都會徒勞無功。——如果這個尖銳的思想沒有刺痛你的心，那麼請你不要嘲笑那些靈魂深處被刺傷的人。我至高而唯一的目標已經墮入塵土，我已一無所有了。」

我同意尼采所說的，克萊斯特的話語的確很感人。我也同意他認為康德的「不可能得到任何關於物自身的知識」的學說很率直，雖然和康德的本意相左；因為康德認為科學是可能的，尋找真理也是可能的。（由於他覺得有必要解釋先驗的自然科學的存在的弔詭，使得康德採取了主觀主義的立場，這確實讓克萊斯特感到震驚）。此外，克萊斯特的絕望有一部分是來自一個過度樂觀的信仰的瓦解，也就是相信有個簡單的真理判準存在（例如自明性）。但是不論這種哲學性的絕望是怎麼來的，它都是咎由自取。雖然真理不會自我開顯（像笛卡兒或培根所想的那樣），也無法獲致確定性，但是人類的知識處境還不至於陷入絕望的境地。相反的，情況是相當令人振奮的：我們正肩負著逐步認識一個艱鉅的任務，也就是認識美麗世界和我們自己，雖然我們時常犯錯，卻也發現到，我們的理解力足以執行這個任務，這正是我們最大膽的夢想所渴求的。我們確實不斷地從錯誤中學習，以試誤法學習；同時，我們也認識到自己的有限——就如同登山一般，越爬越高，眼前的風景也會是不曾見過的；在山腳時，我們對它一無所知，但在攀登的過程中，它的面貌就逐一顯現了。

所以，儘管我們無法「確知」任何確定性知識，但我們仍然可以「學習」，我們的知識仍然可以「成長」。正因為我們能學習，我們就沒有理由對理性絕望；同時，既然我們永遠無法「確知」，我們就不該對知識的成長感到驕傲或自滿。

有人或許要說，這種新的認知方式太抽象而深奧，無法取代沒落的威權主義宗教。這也許是真的，但是我們不要低估知識和以及識份子的力量；到處宣傳相對主義、虛無主義以及對於人類理智的絕望的，正是知識份子（海耶克稱為「觀念的二手商人」）；我們沒有理由不相信，有些知識份子（更開明的知識份子）有一天會捎來福音，告訴我們虛無主義者的庸人自擾的確是無的放矢。

12　事實與標準的二元論

在本書中，我談到**事實與決定的二元論**，我也依據羅素（L. J. Russell）的看法（見第五章注5（3）），指出這種二元論可以說是命題（propositions）和提案（proposals）的二元論。這個術語法有個好處，它可以提醒我們，不論是陳述事實的命題，或是提出策略（包括政策的原理、原則或標準）的提案，都可以公開理性討論。此外，在討論某個提案之後所做的決定（例如決定採取某個行為原則）仍然只是暫時的；而且這決定在許多方面都類似於是否（在最有把握的假設下）接受某個陳述事實的命題的決定。

但是，兩者間仍有個重要的區別。因為，建議採納某個政策或標準，它的討論以及決定採行，可以說就是在「創造」該政策或標準；然而，一個假設的提出，它的討論以及最後決定採行（或接受某個命題），卻不能說是在「創造」一個事實。我想這就是為什麼我認為「決定」一詞可以用來表現接受政策或標準以及接受事實之間的對比。但是，無疑的，如果我說的是**「事實與政策的二元論」**或**「事實與標準的二元論」**，而不是「事實與決定的二元論」，那應該會更清楚一點。

除了術語的不同外，重要的是這種不可化約的二元論本身：不論是什麼事實，也不論是什麼標準（例如政策的原則）是什麼，當務之急就是要把兩者區分清楚，並且清楚認識到標準為何不能化約為事實。

500

13 提案和命題

因此，標準和事實間有一種決定性的不對稱關係：當我們決定接受某個提案時（至少是暫時的），我們就創造了對應的標準（至少也是暫時的）；但是，從接受某個命題的決定中，我們並沒有創造對應的事實。

另一個不對稱的關係是：標準總是**屬於**事實，而事實則要由標準來**評價**；這種關係是不可逆轉的。

每當我們面對一件事實——尤其是面對我們能予以改變的事實時，我們總會問它是否符合某個標準。但我們要了解，這並不等於在問我們是否喜歡它。因為我們雖然時常可以依自己的好惡採取各種標準，而且我們的好惡也會影響我們是否採納提議的標準；但是，除了所採納的標準外，通常還有其他可能的標準沒有被採納，而這些標準就有可能對事實進行論斷和評價。這證明了評價的關係（依據所採納或排斥的標準去評價某個事實），在邏輯上，完全不同於個人的心理關係（這是一種事實，不是標準），完全不同於個人是否喜歡某個存疑的事實或。此外，我們的好惡，就像其他的事實一樣，也是可以被評價的事實。

同樣的，某個人或某個社會接納或排斥了某個標準，這件事實就其為事實來看，也有別於被接納或排斥的標準區分。同時，前者既然是個事實（可以改變的事實），那麼它也就可以被若干（其他的）標準加以論斷或評價。

上述理由，就是為什麼事實和標準、提議和命題必須清楚而斷然地區分。然而一旦劃分畛域，我們不僅能看出事實與標準之間的差異，更能看出它們的相似處。

首先，對於提議與命題，我們都能夠討論、批判它們，並且做成決定。其次，它們都各有其規制性觀念（**regulative idea**）。在事實的領域中，規制性觀念是「述句或命題與事實相符」的觀念，換句話說，就是真理的觀念；而在標準或提議的領域中，規制性觀念有各種描述方式，也有各種名稱，例如「對」或「善」等。我們可以說某個提案是對的（或錯的）、是好的（或壞的），意思是指它符合（或不符合）某些我們已決定採行的標準。但我們也可說某個標準是對的（或錯的）、是好的（或不好的）、是有效的（或無效的）、是高的（或低的）標準，意思是指這個提案應該（或不應該）被接受。因此，我們必須承認，「對」或「善」的規制性觀念，在邏輯上的處境遠比「符合事實」的觀念更不清楚。

本書已經指出，這是個邏輯上的困難，無法以宗教性的標準系統去解決。神或其他權威，命令我去做某事，這個事實並不保證該命令是對的。決定是否接受權威的標準、判定它（在道德上）的善惡的人是我自己。神唯有在其命令是善的時候，祂才是善的；只因為是神的命令，就說它是善的，這是個嚴重的錯誤——事實上是不道德地採納威權主義；除非我們自己

501

先做了決定（自己負責）：神只能命令我們做對的或善的事。

這就是康德的「自律」（autonomy）觀念，與「他律」（heteronomy）觀念正好相反。

絕對的「對」或「善」之類規制性觀念，在邏輯上的地位不同於絕對的「真」的規制性觀念，這個難題無法訴諸權威甚或宗教權威去解決。我們必須承認它們之間的差異。如上所述，這個差異使得我們在某個意義下以提議、討論和採納「創造」了我們的標準。

雖然如此，我們仍然可以把「絕對的真」（符合事實）的觀念當作「標準」領域的一種模式，因為如此一來，我們就更能了解：既然我們能在事實的領域中「**尋找**」絕對真的命題，或至少更接近真的命題，那麼，我們同樣也可以在標準的領域中「**尋找**」絕對正確的或有效的提案，至少，「尋找」更好的、或更有效的提案。

但是，如果把「**尋找**」說成「**判定**」，那就錯了。因為，雖然我們可以追尋絕對正確或有效的提案，但我們永遠無法確認自己是否找到了它們；因為，**絕對正確的判準**顯然不存在——比絕對真理的判準更不可能成立。幸福的極大化**也許**曾經被當作一種判準。另一方面，雖然我認為「不幸的極小化」是功利主義若干觀念的改良，卻從不建議以它作為一種判準。我也提議說，幸福的極大化的原則應該由個人去努力，而不幸的極小化的原則才是公共政策的課題。（但這並不意味著所有公共政策都取決於「不幸的極小化」的計算。我很同意那些批判我的人的觀點，他們說，如果最小不幸的原則被拿來當作「判準」，那麼會產生極為荒謬的結果；但願他們也把這個論點用在其他道德判準上。）

不過，雖然我們沒有「絕對正確」的判準，但是仍然可以在這個領域裡獲致進步，正如在事實的領域裡不斷發現新的事實一樣。例如說，殘忍總是不好的，我們應該盡可能避免；又如「己所不欲勿施於人」的金科玉律雖是個好標準，但是如果能夠再加上「己欲立而立人」那就會更好；這些例子都是我們在標準的領域裡基本而極為重要的發現。

我們可以說，這些發現都是無中生有地創造了「標準」；正如在發現事實的領域裡一樣，我們必須不斷提昇自己。我們能夠學習；我們能夠從錯誤和批判中學習；我們不僅能在「事實」領域裡學習，也同樣能夠在「標準」領域裡學習；這是個不可思議的事實。

14 兩者皆非不等於兩者皆是

一旦我們接受了絕對的真理理論，我們就能回答一個古老而嚴肅、卻又是虛假的論證；這個論證也被用來支持知識和價值的相對主義，因為真的事實和有效的標準兩者之間有著類比的關係。這種虛假的論證認為：我們看到別人的觀念和信仰和我們的相差甚遠，我們憑什麼認定自己的才是對呢？這個問題，贊諾芬在兩千五百年前的哀歌裡說（Diel-Kranz, B, 16, 15）：

衣索匹亞人說他們的神皮膚是黑的，鼻子是扁的；色雷斯人說他們的神是藍眼睛、紅頭髮的。……可是假如牛、（馬）和獅子有手，並且能夠像人一樣用手作畫和塑像的話，它們就會各自照著自己的模樣，馬畫出和塑出馬的神像，獅子畫出和塑出獅形的神像了。（按：引文中譯見：《古希臘羅馬哲學資料選輯》。）

所以，我們每個人都是從自己的觀點、傳統和教養，去看待他的神和他的世界；沒有任何人能免於這種主觀的偏見。

上述論證有各種方式的發展；持這種看法的人辯說，我們的種族、民族性、歷史背景、歷史環境、階級利益、社會處境、乃至我們的語言、個人的知識背景等，都是我們在追求客觀性時難以克服（或幾乎無去克服）的障礙。

我們承認，這種說法是有事實的根據，而且的確是沒有人能免於偏見。然而，我們卻不必接受這個論證或它的相對主義結論。首先，我們可以透過批判性思考，尤其是傾聽別人的批評，逐步克服這種偏見。贊諾芬由於他自己的上述看法，使得他在看事情時的偏見少一點。其次，如果不同文化背景的人願意傾聽彼此的意見、彼此相互學習，願意更接近真理，那麼他們的討論必定更加成果豐碩。這個事實證明，文化和語言上的障礙雖然存在，卻不是無法克服的。

因而，我們從贊諾芬的發現中得到的最大收益是：拋棄自負的態度，接受批判吧。不過，同樣重要的是，不要把贊諾芬的看法弄錯了，他是要我們迎向批判，而不是墮入相對主義。如果有兩組人意見不同，意思是其中有一組人的意見錯了，甚至兩者都錯；這是批判主義的
503 觀點。那並不是像相對主義者所說的，兩者可能都對。兩者都錯是有可能的；但是，如果有人說兩者皆非就等於兩者皆是，那就只是在玩文字遊戲或隱喻遊戲了。

學會自我批判，想到別人可能是對的，或者比我們更正確，這是個大進步。不過，其中有個大陷阱要注意：我們可能會因此認為，別人和我們都對。這個態度表面上看來也許是謙虛而且懂得自我批判，但其實既不是謙虛也不是自我批判；因為，很可能我們自己和別人都弄錯了。所以，自我批判不可拿來作為懶惰和接受相對主義的藉口。正如兩者皆非並不能得出任何個正確的答案一樣，在爭論中兩方皆有誤，並不能推論出兩方都對。

15 作爲知識根源的「經驗」和「直覺」

在「標準」和「事實」的領域中，我們都能從自己的錯誤中學習，從批判中學習，這是個根本的重要事實。但是，單憑批判就夠了嗎？我們難道不必訴諸經驗和直覺（尤其是「標

準」的領域）的權威嗎？

在事實的領域中，我們不僅批判自己的理論，更藉由實驗和觀察的「經驗」進行批判。雖然哲學家們，特別是經驗論的哲學家們，把感官知覺（尤其是視覺）描述為可以提供我們確定與料（data）的知識根源，而我們的經驗就由這些與料組成；但是，以為我們能訴諸所謂經驗的「權威」這類東西的主張，我認為是個嚴重的錯誤。我認為它整個看法都錯了。因為，即使是我們的實驗和觀察經驗也不是由「與料」組成。它的組成其實是一整個臆測的網路，包括若干猜想、預期和假設，再加上盤根錯節的既有的、傳統的、科學及非科學的傳說和偏見。根本沒有純粹的實驗或觀察經驗這種東西，沒有任何經驗不含有預期和理論。根本沒有所謂純粹的「與料」，也沒有任何經驗上既存的「知識根源」作為我們的批判基礎。無論是日常生活或科學的經驗，都讓人想起王爾德（Oscar Wilde）在《溫夫人的扇子》（*Lady Windermere's Fan*）第三幕所要說的：

鄧比：每個人犯了錯，都自稱是經驗。

格瑞安：什麼錯誤都不該犯的。

鄧比：要沒有錯誤，人生就太無聊了！

（按：引文中譯見：《溫夫人的扇子》，余光中譯。）

人生若沒有錯誤，確實會變得很無聊。但是從錯誤中學習，也是撒母耳・詹森博士（Dr. Samuel Johnson）著名的笑話「希望戰勝經驗」裡的「經驗」隱含的意思（按：出自：James Boswell, *Life of Samuel Johnson*, 1791）；或者是金恩（C. C. King）所說的：「但是英國將領學到的……『只是學校裡的笨蛋的經驗』。」（*Story of British Army*, 1897, p. 112）

於是，「經驗」的一般意思至少比較符合我所說的「科學的經驗」和「日常經驗知識」的特性，而不像經驗論哲學家的傳統分析。它也比較接近「**empeiria**」（字源是「**peiraō**」，嘗試、試驗、檢驗的意思）、「**experientia**」和「**experimentem**」的原意。但是，這並不是要從日常語言或字源去構成論證，我只是要展示我對於經驗結構的邏輯分析。根據分析，經驗（尤其是科學的經驗）經常是錯誤臆測、試驗和並且從錯誤中學習的結果。這個意義下的經驗既不是「知識的根源」，也不具任何權威性。

所以，訴諸經驗的批判並不是權威性的。這種批判並不是要把可疑的結果拿來和確證的結果、或是我們「知覺的證據」（或「既存的證據」）做對比；它是要把可疑的結果拿來和若干可能同樣可疑、但暫時被視為沒問題的東西相比，雖然它們任何時刻都可能受到新的懷疑，以及某些隱約的感覺或猜想的挑戰，例如說到某個可能導致新發現的實驗。

我覺得，習得有關「標準」的知識的情境似乎和它完全類似。

對這種知識，哲學家也同樣尋找它們的權威性根源，而且找到根源主要有二：痛苦和快樂的感覺，或者是對於是非善惡的道德感或道德直觀（類似於探討事實知識的知識論裡的知覺）；或者說，它是一種「實踐理性」（類似於探討事實知識的知識論裡的「純粹理性」或「知性直觀」的能力）。對於這些道德知識的權威根源是全部存在或部分存在，這些哲學家迄今仍爭論不休。

我認為這是個假問題。重點不在於這些能力是否「存在」——那是個含混而可疑的心理學問題——真正的重點是，它們是否可以成為我們知識的權威根源，提供我們建構的「與料」或明確的起點，或至少可作為我們進行批判的確定參考架構。我否認我們擁有任何這類的權威根源，不論是關於事實或是標準的知識的知識論；我也不認為我們需要任何這種確定的參考架構。

我們如何習得標準呢？在這個領域裡，我們究竟如何從錯誤中學習？首先，我們學習模仿他人（以試誤法），進而學著把行為標準當作是由固定的、「既存的」規則組成的；接著，我們發現自己犯了錯（還是試誤法），例如我們傷害了某人；於是，我們可能由此學到「己所不欲，勿施於人」；但我們隨即又發現，我們對某人的態度、背景知識、他的目標、他的標準，可能判斷錯了；於是，我們又從錯誤中學到，除了「己所不欲，勿施於人」之外，還有其他規則值得我們注意。

眾所周知，「同情」和「想像」這類東西在這個發展裡可能扮演重要的角色；但是它們絕不是什麼知識的權威根源，事實知識的領域裡的其他根源也一樣。即使是關於是非對錯的直觀之類的東西，也在這個發展裡扮演要角。因為，今天我們可能確定我們是對的，但是到了明天，我們可能就知道錯了。

「直觀論」（Intuitionism）是個哲學學派，它告訴我們，我們擁有若干「知性直觀」的能力，使我們得以「看到」真理；所以，凡是看起來是真的東西，那就必定為真。這是關於若干知識權威根源的理論。而反直觀論者通常會否認這種知識根源的存在，卻又宣稱有其他根源，例如感官知覺。在我看來，雙方面都錯了。理由有二：第一，我認為的確有一種類似知性直觀的東西，使我們很有自信地覺得看到了真理（反直觀論者不承認這點）；第二，我認為這種知性直觀雖然從某方面來說是不可或缺的，卻經常以最危險的方式誤導我們。所以，一般說來，當我們自信看到真理時，其實是沒有；我們必須從錯誤中學習到：這種直覺並不可靠。

那麼，我們要信任什麼？接受什麼呢？答案是：不論我們接受的是什麼，我們都只是暫時地信任；我們應當謹記，我們至多只是擁有部分的真理（或正義），而且一定會有錯誤或判斷錯誤，不論是「事實」的領域或「標準」的領域。其次，唯有歷盡多次的想像、錯誤、試驗、以及懷疑和批判之後，我們所得到的直覺才是暫時可信任的。

讀者會看出來，這種形式的「反直觀主義」（有些人也許還是要稱之為「直觀論」）和昔日的反直觀主義極為不同；而且，這理論中有個基本成分，那就是認為：我們可能（也許永遠）欠缺某個絕對真理或絕對正義的標準；不論是在意見或行動上皆是如此。

有人也許要反對說，不論我對倫理知識和倫理經驗之性質的觀點是否合理，它們仍舊是「相對主義」或「主觀主義」的觀點。因為它們並沒有「確立」任何絕對的道德標準，至多只是提出，絕對標準的觀念是個規制性觀念，有助於那些渴望學習和追尋真的、有效的或善的道德標準的人。我的答覆是，即使是「確立」了絕對的標準或倫理規範的系統（例如純粹邏輯的方法），那也無濟於事。因為即使我們用邏輯證明了某個絕對標準或倫理規範系統的有效性，進而向某人證明他應該怎麼做；但他可能仍然無動於衷，或是回答道：「我對你的『應然』或道德規範一點興趣都沒有！你的邏輯證明，或者說，你的高等數學，也同樣是索然無味。」於是，即使是邏輯的證明，也無法改變基本的情境：只有那些準備認真考慮此事，想從其中學到一些東西的人，才會被倫理的（或其他）論證所打動。你沒有辦法用論證去強迫別人要認真看待論證或尊重他們自己的理性。

16　事實與標準的二元論以及自由主義的觀念

我認為，事實與標準的二元論，是自由主義傳統的基礎之一。因為這個傳統的一個主要部分是承認世界的確存在著不平等，而且決心要幫助它的受害者。這意味著，在事實和標準之間存在著一個衝突或至少是個鴻溝。事實可能並不符合正義的（或有效的、真的）標準——尤其是那些墨守成規地接受若干正義規範的政治和社會事實。

換句話說，自由主義以事實和標準的二元論為基礎的意思是，它認為人必須不斷尋找更好的標準，尤其是在政治和立法的領域。

但是，若干相對主義者卻反對這種二元論；他們的論證如下：

（一）接受某個提案（因而接受某個標準），是個社會的、政治的或歷史的事實。

（二）如果一個被接受的標準，由另一個還沒有被接受的標準來評判，進而發現前者有缺陷，則這個判斷（不論是誰做的），同樣是個社會的、政治的或歷史的事實。

（三）如果這個判斷後來成為社會或政治運動的基礎，這也是個歷史事實。

（四）如果這個運動成功了，舊的標準被新的標準修正或取代，那麼這也是個歷史事實。

（五）這些相對主義者或道德的實證主義者於是說：所以，我們永遠不必超越事實的領域，只要我們把它們劃入社會的、政治的或歷史的事實就行了：根本沒有所謂事實和標準的二元論。

我認為（五）的結論是錯誤的。我同意（一）到（四）的真實性，但是不能從這些前提推論出（五）的結論。我反對（五）的理由很簡單：對於上述意圖改革某個既有標準的社會運動，我們永遠都能夠問道：這種發展會更好還是更壞？這個問題一旦提出，就重新開啟了事實和標準間的鴻溝，那道一元論者從（一）到（四）的論證意圖填補的鴻溝。

我們可以由上述正確推論出：一元論的立場（把事實等同標準的哲學）是危險的；因為即使它沒有把標準等同於既存的事實，沒有把當前的強權等同於公理，它也勢必要走向把未來的強權等同於公理的道路。因為一元論不再容許我們質問某個改革運動對錯與否（更好或更壞）？除非敵對的運動最後成功了，建立的標準成為社會的、政治的或歷史的事實，否則我們根本沒有權利質問。

換句話說，這種企圖「超越」事實和標準的二元論、進而建立一元論系統、只要一個「事實的世界」的哲學，是把標準等同於既存的強權或未來的強權；它會走向本書於二十二章所描述和討論的道德的實證主義或道德的歷史定論主義。

17 再論黑格爾

508

我談到黑格爾的那一章遭致許多人的批評。大部分的批評是我無去接受的，因為它們沒有回答我對於黑格爾最主要的抨擊：相較於康德（直到現在，我還是覺得把兩人的名字相提並論是冒犯了康德），他的哲學在知識和思想的誠實上，顯示出極大的墮落；他的哲學論證不值得認真考慮：他的哲學是造成海登（Konrad Heiden）所謂「知識的不誠實時代」的重要因素，也為當代的**「知識份子的背叛」**（la trahison des clercs）（我是在影射〔Julien Benda〕的好書）鋪路，助長了兩次世界大戰的爆發。

讀者應該記得，我把本書視為大戰期間的心血結晶；我確實認為，黑格爾及其信徒應當為在德國發生的許多事負責；我覺得，作為一個哲學家，我有責任讓大家知道，這個哲學是個偽哲學。

本書寫作的年代，或許可以解釋為什麼我樂觀假設（受叔本華影響），戰爭的種種事實會暴露知識份子玩弄的把戲（例如相對主義）的本來面目；並且相信這些文字幽靈終將消失。

我確實是太樂觀了。的確，大多數的批評家似乎仍然把某種相對主義視為理所當然，以致於無法相信我真的是很認真地在駁斥相對主義。

我承認我犯了若干事實上的錯誤。哈佛大學的羅德曼先生（H. N. Rodman）告訴我，我在那一章裡提到的「兩年」有誤，應該是「四年」才對；他也指出我在該章還犯了一些比較嚴重的歷史錯誤，而且我所描述的黑格爾的心理動機，在他看來，並沒有足夠的歷史證據。

雖然比我更好的歷史學家也可能犯這些錯誤，但我還是很懊悔。不過真正重要的是，這些錯誤足以影響我對於黑格爾哲學及其影響的評價嗎？我自己的回答是：不會。我對黑格爾的評斷是基於他的哲學而不是他的生平。事實上，我倒是很驚訝，我對於迄今不屑一顧的哲學半開玩笑的抨擊，竟然會使那些嚴肅的哲學家惱怒不已？在黑格爾這章裡，我儘量以一種詼諧的風格來表現這點，以暴露該哲學的荒謬；對於這個哲學，我只能以一種混雜著輕蔑和厭惡的心情來看它。

這些都在我的書裡清楚表達出來。而且我也說過，對於一位我厭惡其作品的哲學家，我
509 既無法也不願意把時間無止盡地在深究他個人的歷史上[5]。事實上，我寫黑格爾時的態度，是假定沒有什麼人會認真看待他。這態度看在黑格爾派的批評家眼裡當然很不是滋味；但是，我仍然希望我的讀者中有人能體會其中笑謔的意味。

不過，這些都是沒有那麼重要；重要的是，我對黑格爾哲學的態度是否有足夠的理由辯護。對於這個問題，我想在此提出一些我的看法。

我想，大多數的黑格爾信徒都會承認，理性主義哲學的基本目的和動機之一，就是要取代並「超越」康德提出的「事實和標準的二元論」，這個二元論也是自由主義和社會改革的哲學基礎。

超越事實與標準的二元論，正是黑格爾的**同一哲學**最重要的目標：把理想等同於現實，把公理等同於強權。所有的標準都是歷史性的：都是歷史的事實，都是理性發展各個階段中的歷史事實，這種理性發展同時也就是理想和現實的發展。除了「事實」之外，別無任何事物；而且，某些社會或歷史的事實，同時也就是「標準」。

黑格爾的論證，基本上就如我在上一節所陳述（和批判）的那樣——雖然他用一種很特別的方式，把它表現得很含混、模糊而曖昧。此外，我認為這種同一哲學（除了少數進步主義者的建議，和同情進步革新運動的溫和表現之外），是使德國自由義運動沒落的要角。在康德哲學主義影響下，這個自由主義運動孕育了若干重要的自由主義思想家，例如席勒（Schiller）和洪博特（Wilhelm von Humboldt），以及一些重要的著作，如洪博特的《論國家權力的限定》（*Essay towards the Determination of the Powers of the State*）。

這就是我對黑格爾哲學第一個基本的控訴。第二個控訴和第一個有密切關係；即黑格爾的同一哲學助長了歷史定論主義，也助長了強權即是公理的觀念，鼓舞了極權主義的思想方式。

第三個控訴則是，黑格爾的論證（我承認他的敏銳巧妙；雖然不比任何偉大的哲學家更精明），充滿了邏輯的錯誤和詭計，他的表現造作而虛偽；這破壞了且貶低了知識份子的責任和誠實的傳統標準。它也助長了極權主義哲學的興起，更嚴重的是，它導致後人對於極權主義喪失了知識上的抵抗能力。

這些是我對黑格爾最主要的反對意見，我相信在第十二章已經說得相當清楚了。的確，我在基本論點（把事實等同於標準的同一哲學）的分析，並沒有原先預想的那麼清晰；所以我想在附錄彌補這點。

18 結論

再度結束本書時，和往常一樣，我仍然自覺到它不夠完整。部分原因是篇幅所限，再擴充下去，我認為會超過我的專業範圍。另外則是由於我個人也容易犯錯；當然，我也是個可謬論者。

但是，我雖然很清楚自己很容易犯錯，甚至底下要說的話也都受到它的影響，我仍然要說：可謬論能提供社會哲學家許多寶貴的東西。我們一方面認識到，人類思想的特質主要是批判性的、革命性的：我們從錯誤中學習，而不是由於與料的累積。另一方面又認識到，幾乎所有思想的問題和（非權威性的）根源都是來自傳統，而我們所批判的，也幾乎都是傳統。藉由這兩點，批判的（進步的）可謬論就提供了一個我們迫切需要的觀點，足以去評估傳統以及革命性的思想。更重要的是，它告訴我們，思想的角色是透過批判性的討論而非暴力或戰爭去完成革命。西方偉大的理性主義傳統是以我們的「筆」而不是「劍」去戰鬥的。這就是為什麼我們西方文明基本上是多元文明；以及為什麼一元社會的目標代表著自由的死亡：思想的自由沒有了，追求真理的自由沒有了，人的尊嚴和理性也會灰飛煙滅。

評註史瓦茨雪德論馬克思的著作（一九六五年）

在我寫完這本書後幾年，我讀到了史瓦茨雪德（Leopold Schwarzschild）論馬克思的著作：《紅色的普魯士人》（*The Red Prussian*, translated by Margaret Wing: London, 1948）。在我看來，
511 史瓦茨雪德對馬克思不但不同情，甚且有敵意，他對馬克思往往不假辭色。不過，雖然這本書不是公平地對待馬克思，但它裡面有一些資料，尤其是馬克思和恩格斯的通信，顯示出馬克思並不如本書所描寫的那樣人道主義、那樣愛好自由。史瓦茨雪德認為，無產階級在馬克思心中，主要是作為實現他個人野心的工具。雖然這有點超乎證據的支持程度，但是我們得承認，這個證據本身對於馬克思會有嚴重的打擊。

注釋

注1：我非常感謝威廉・巴特萊博士犀利的批評。他的意見不僅有助於本書第二十四章的修正，更促使我在附錄中作了重要的更動。

注2：見：'On the Sources of Knowledge and of Ignorance', in the Introduction of *Conjectures and Refutations*。另見：*op. cit.*, chapter 10; *The Logic of Scientific Discovery*。

注3：關於知識的權威（或反可謬論）理論的描述和批判，見：The Introduction of *Conjectures and Refutations*, sections, v, vi, x ff.。

注4：見：W. V. Quine, *Word and Object*, 1959, p. 23。

注5：見：本書〈緒論〉及〈修訂版序〉。

—桂冠版代譯序—

論「理性與開放的社會」

莊文瑞

一、波普早年的政治思想

「開放社會大師」（Master of the Open Society）卡爾・波普，是奧裔英籍思想家，一九〇二年七月二十八日生於奧地利維也納。，現年八十二歲，雖已自英國倫敦政經學院退休，但仍孜孜矻矻於學術思想的鑽研，並於該學院兼邏輯與科學方法學的講座

波普出身書香門第，思想啟蒙甚早，整個童年均浸潤於哲學、歷史思想與音樂藝術中；十歲時，即透過好友昂特（Arthur Arndt）的解釋，開始接觸馬克思主義和達爾文主義。一九一四年第一次世界大戰爆發，波普目睹戰爭的殘酷、生民的塗炭，使他對於極權主義、種族主義等褊狹觀念種下深惡痛絕的心理，也逐漸對各種意見、學說採取批判的態度。

一九一九年大戰剛剛結束，奧地利青年狂飆似的瘋迷馬克思主義，甚至波普都曾自謂是馬克思主義的信徒。但就在他十七歲的前夕，波普的家鄉維也納發生一件意外事件；一群赤手空拳的社會主義青年和共黨勞工，在示威遊行當中慘遭射殺，波普目睹許多年輕的生命平白遭到殺戮，心靈震顫，才首度幡然醒覺。「當時我對警察的暴行，對自己的行止，俱痛感震驚和悲憤。」因為，波普自覺身為一名馬克思主義者，至少原則上該對這幕悲劇負一部分責任。馬克思主義的理論要求階級鬥爭要要尖銳化，要更激烈，認為鬥爭的白熱化有助於社會主義的加速來臨；而主張革命不怕犧牲的理由更是堂皇，因為資本主義在日常生活中對個人的謀殺，遠比社會主義整個革命過程中的犧牲還來得多。波普遂自問：這樣子的計算，有什麼合理的依據呢？此後，波普開始以批判的心態研讀馬克思，更從中發現，馬克思主義所相信的「社會主義之來臨乃是歷史不可避免的發展」，根本是歷史主義的想法，實際上毫無充分根據；而討論後期資本主義（**Spätkapitalismus**）、下層建築等概念，亦同樣沒有根據。

真正存在的是具體的個人，是個人的歡樂和憂愁。波普從一向信持的個人主義中瞭解到，真正重要的是：正義、公道應當普遍存在於個人與個人之間。所謂「人類」、「階級」等概念，卻是抽象且空洞的；也許它們在某些理論的脈絡裡相當重要，但有時卻極為危險。比如說，馬克思主義為了一個抽象的人性，堂而皇之地犧牲了個人——在階級鬥爭中，劣等的人只好認命，上等的人必為社會革命的選民；那麼「人類」究竟是什麼呢？社會中固然有利益的衝突，但是，使這些衝突更趨尖銳，是否就能走向一個較佳的社會，卻是非常值得懷疑的事。

這些早期的批判，使波普唾棄了馬克思主義。但他對社會主義仍存著幾許迷惘與幻想，直到波普三十歲時才深刻地反省社會主義與「自由」能否相容的問題。在此之前，波普堅信「社會主義是倫理學上的公設」，認為強迫貧民與富人組成僵硬的社會秩序，既不公平亦不道德。現在，波普體認到制度化的社會主義（**institutionalized socialism**）不唯使國家過於笨拙，且令官僚力量過於龐大；「社會主義」若是指「生產工具的社會化或國家化」，則顯然不是矯治社會罪惡的方法，反倒是對個人自由的一大威脅。因而，波普喟歎道：「任何一種簡單的公式都會誤導人！」以簡單的公式作為信仰，來抹煞個人的自由，無異是抹煞個人的一切。

二、開放社會的特徵

一九三四年，波普出版《探究的邏輯》（*Logik der Forschung*；後來英譯為《科學發現的邏輯》〔*The Logic of Scientific Discovery*〕，於一九五九年出版），開始邁入學院生涯。由於波普是猶太後裔，當他獲悉希特勒即將入侵奧地利時，他就離開了淪入法西斯政權的故鄉，遠適英倫講學。一九三五年秋天，波普背離獨裁的故國，到達英國，「發現自己終能較自由地呼吸，就好像猛然打開窗戶那樣；『開放社會』一詞就是得自於這種經驗」。

一九三八年三月時，波普已轉往紐西蘭講學，聞悉希特勒入侵了奧地利，波普遂決定出版批判法西斯主義和馬克思主義的兩部著作：《開放社會及其敵人》和《歷史定論主義的貧困》。

然而，什麼是開放社會的特徵？波普指出兩點，第一、自由討論與理性批評：尤其是對政府的政策是否明智，自由地提出討論、合理地加以批判，應為社會所容許，且亦應對政治有實際的影響。第二、社會制度的存在，應是為了自由，保護窮人和弱者。

先從第二點看，國家的法律和社會制度不僅要保護人民免於暴力的侵犯，也當要保護人民免受經濟權力的濫用所害。經濟權力的濫用，自工業革命以來即到處氾濫，實有改進的必要。但波普不贊同馬克思的以暴易暴，他認為馬克思低估政治的潛在力量，只會以「形式的自由」（formal freedom）嘲譏民主政治，卻不見民主政治對制度改革的貢獻。因此，波普強調社會改革中「政治制度」所扮演的核心角色。他指出，「誰」來統治並不是最重要的問題，更重要的是「如何」來統治。「該由誰來統治」這個古老的問題，從柏拉圖到馬克思，一直被以為是政治理論的核心問題，波普深悉「權力使人腐化」的道理，因而他更強調「如何統治」的治本問題。他發展出一套「細部社會工程學」，主張採取溫和步驟，以漸進方式逐步改革社會制度的缺陷。畢竟「最大多數的最大幸福」，只是一個虛擬的理想，社會所當積極進行的是「將災禍化減到最小」（minimize suffering）。比如貧富懸殊的弊病，就非得從社會的經濟制度改革不可；建立保護經濟上的弱者，以對抗經濟上的強者的社會制度，像稅制的改革即其一例。若僅靠暴力革命，不唯不能解決問題，反會併發許多嚴重問題。

然而，制度的改革又包含自由討論與合理批評的存在與實際影響，這就涉及第一個特徵。社會良知、知性的誠實（intellectual honesty）、輿論的正義，都當在政府的政策錯誤或偏向時，形成強大的反對力量來實際影響政府。波普曾舉美國越戰的例子說明這種情形：「一個歷經數載的戰爭，政府竟在輿論的壓力下，承認這是一個重大錯誤，並儘早予以中止。」的確，美國的轉變很快，無論是生活時尚、思想、信念，都如浪花之湧現，潮落即逝。但是，「開放社會的不安定，正因為它們必須暴露於批判性的討論中；反之，獨裁專制或烏托邦之較為穩定，只因它們經常陷於靜態的僵化。」

貧困固然是一大罪惡，而貧富懸殊更是大不公正的邪惡。然而，比貧富懸殊的對比更形重要的，是自由與缺乏自由的對比——「新階級」與「集中營」的對比。波普一向反對暴力，反對相信武力的法西斯主義或新左派，正因他的親身經驗，予他的思想一份強勁力量。他肯定自由討論與理性批評，且這類討論和批評實際影響社會運作，乃是民主政治的最大優點。而法西斯主義與一些主張革命的馬克思主義者的「反智」（anti-intellectuals），卻根本不信賴人的自由和理性，認為在討論之前一定得先同意他們對社會的看法，對革命先有共同的主張，這是封閉的心態，也是獨裁的霸道；實際上蘊涵著：要排斥開放的社會，否定個人的自由，一旦得勢即會採行高壓政治的哲學。自由的權界，本是現實政治裡的一個難題；但唯有肯定自由、激揚理性，方能扭轉這種「反智」的悲劇和災禍，不致使自由淪為邪惡的獨裁專制之藉口。災禍，特別是人為的災禍，經常源於錯誤的學說，由此我們更該認清自由討論與理性批評的重要性。

三、開放的社會：理想與現實

開放社會預設力量的多元化和機會的普遍平等，這大部分都能具現於西方民主憲政中，然而，現實的政治實體是否展示出「開放的社會」實際存在了呢？抑或還待建立？波普認為，「開放社會」既是現實、亦是理想。所謂「開放」（openness），有多種不同的程度；一個民主社會，也許比另一個民主社會更成熟、更進化、更開放。其好壞程度依其歷史背景、文化傳統、政治制度、教育方法等幾個因素而定，但最重要的因素，是那些使制度靈活運作的「人」。不過，民主與獨裁畢竟不同；生活於民主政治的「人」，當能透過「制度」來爭取政權，而無須藉由暴力，亦即不必經過流血而得以更換政府。這就是民主的特徵。然而，即使在民主政治逐步改革制度中，要走向極其開放且多元化的社會，仍需一段長遠的路途。那是一段漸進的學習過程，途中經常會有挫折的逆流，亟需社會各個成員的共同努力。而在避免暴力傾軋、破壞既得成果之下，這種努力的必要條件仍是自由討論與理性批評；亦即在「我可能錯，你可對，經過努力，我們也許可更接近真理」的方式下，逐步地走向更開放、更完美的社會。

值得深慮的是，理性的心態並不易為人普遍遵奉，社會上很少有人能徹首徹尾的理性；試看社會中充滿的各類「迷思」（myths），各種直覺的概念、模糊的信念，以及形形色色自我矛盾、卻又武斷夸示的理念，豈非顯示「理性」之不足為恃？「理性」之敵不過「強權」（force or power）？波普認為，我們只能在「理性」與「強權」之間做一個選擇。唯有理性才是我們避免使用暴力的唯一選擇；況且，能避免使用強權或是暴力，卻不加以避免，不唯是知性的罪惡，更是道德上的邪惡。

波普批評馬克思主義者認為所有的論證，都只是隱藏著某些社會利益，或是把社會利益「合理化」，乃是標準的不再信任理性。但馬克思主義又不像法西斯主義的「反智」，反而是以一套極為銳利且嚴酷的思辨理論作為根基；因而它是「過度知性化，且以辯證統括一切的學說」，實際上仍是反智主義且非理性的。人一旦放棄理性，訴諸強權，捲入暴力，就會更深陷暴力而不可自拔。暴力革命將會反噬革命份子，進而動搖其原初理想；最後殘餘下來的，就只是一些懂得如何苟活偷生、殘害異己的暴力專家而已。因此「左派革命的一個確定後果，經常是批評的自由和反對力量的喪失」；而「自由一旦喪失，也就喪失了一切」；反對力量一旦不容存在，亦就淪為極權專制了。

唯有民主政治、開放的社會，才能提供我們矯治罪惡的機會。一旦我們經由暴力革命摧毀了民主社會的秩序，我們就唯有蒙受革命帶來的重大惡果，而新的社會秩序更亟待建立，在其中，我們依然同樣無法取消社會的罪惡、不公和壓制。波普向來信奉個人的自由，他可說比任何人都厭惡官僚權力和官方的傲慢自大；但他仍是肯定「政府是一必要的惡」（government is a necessary evil）。完全的無政府實際上是不可能的，更令人懊惱的現實是：民族愈多，政府也就愈多。唯有肯定自由，肯定理性的優位，才能使我們在政府與人民之間、在人與人之間，求得一實際合理的根本解決，而毋須滲入暴力或強權的毒素。因此波普說：「在我們的時代裡，人性很容易為暴力所摧折；我們所要求的是，努力開創一個更加明理的社會（a more sensible society），使我們基本的衝突，能於其中以一種愈來愈合乎理性的方式獲得解決。」

所謂「更加明理」，顯示實際上並沒有真正明理的社會；但是我們總會覺得有比現存的社會稍微「更加明理的社會」，這就是現實上的需要，而非烏托邦的理想。因此，我們應當透過「制度」的逐步改革，運用「人」的理性力量，積極地開創更明理、更開放的社會；而這正是波普「細部社會工程」說的立論重心，理想與現實在這種漸進的、批判的改革過程中，即有了巧妙的結合。

四、批判的理性主義

波普於《科學發現的邏輯》和《猜想與反駁》二書中，發展出一套科學理論的研究程序，被稱為「批判的理性主義」（critical rationalism），有時亦稱為「方法學上的否證主義」（Methodological Falsificationism）或「可謬論」（Fallibilism）。其原始精神來自蘇格拉底「我知道我一無所知」的思想謙虛（intellectual modesty）；蘇格拉底亦曾說：政治家應當對自己的無知認識得更清楚，因為肩負的重責大任不同於一般。波普接納這份思想謙虛，更開拓出理性批判的精神。

大體上，波普認為科學的理論系統並不是確定、終極的知識，而是大膽的假設；是透過嚴格的批判過程，不斷地在改進——甚或完全遭到淘汰——的假說。在此種由企圖解決問題，提出大膽假設，設計嚴格實驗以驗證（test）假設，從而否證原初的假設，再度提出新的假說等……一連串不斷的批判發展過程中，人是會犯錯的（man is fallible），但我們更能從錯誤中學習，進而以更好、更完美的假設性理論去取代老舊的理論。科學知識就在這種批判過程中不斷革命、不斷進步；「有更多的科學革命，就會有更好的科學理論」，這是科學知識成長的法則。無論是波普，或是孔恩（Thomas Kuhn）的研究，都指出這項法則。

然而，這種知識的革命、思想的革命、或科學「典範」（paradigms）的革命，跟馬克思主義「不斷革命」（permanent revolution）的戰爭口號，完全是兩回事。換句話說，思想的或科學的革命，不能一成不變地轉移到政治革命上。思想的革命猶如「適者生存」、「自然淘汰」的生存競爭；假設性理論一旦經不起批判，無法說明新發現的事實或觀察，就如適應不佳一樣，甚至被視為錯誤的理論，而遭到淘汰。新的假設或新的理論系統，將會以凱旋的姿態出現；亦將再經歷同樣的批判過程，其生命之久暫，端視其是否經得起嚴厲的考驗。人類的科技發展，就在這種批判、淘汰的過程中進步，開創出人類的文明。將這套理論應用到政治、社會中，並非就是主張革命，用更新的政府來淘汰舊有的政治制度；這種應用是一重大的誤解。

首先我們必須認清這套理論（科學革命說）的真精神與真正的意涵；才能看出將它應用到政治社會中的邏輯結論。在理性批判的討論過程中，必要條件是理性的開放心態與自由討論；所要淘汰的是錯誤或不完整的假設性理論，而無須涉及其原著者或持相反理論的對手本身。這種論事不論人，讓思想學說或理論系統相互攻錯、交相辯駁的批判法，是人類文明的成就，使我們得以認清理論的錯誤，並譴責其為假、為非，卻毋須譴責那些開創或支持它們的人。換句話說，理性批判的討論，「是一種容許我們的假設性理論代替我們去死的方法」；相反地，不容批判而只須狂熱或狂信的方法，卻是把人當成殉道者，把人變成理論的試金石；

一旦假設性理論有錯誤，人和理論就當一併消滅。後者是援引暴力於生存競爭中，是以暴易暴的野蠻方法，亦是不符人性、不合情理的方式。前者才是理性批判或思想革命在政治社會上的真精神，亦是正確應用的邏輯結論。

在政治社會領域中，我們同樣有許多觀念和理論。對於具有革命性的社會理念或理論，我們當以更慎重、更縝密的方式去批評討論它們。因為理論的開創係為了解決社會問題，祛除社會罪惡，故而要設法以批判的方式釐清理論可能的嚴重後果，然後再依此來評估它的價值；絕不當僅依個人的喜惡斷然付諸實行，或決然捨棄不顧。理性批判尊重的是論證、推理和經驗的考察，唯有經過批判過程來加以評價，方能在最後做出人文的抉擇（a human decision）。這種抉擇的依據是人類對理性的信任，也唯有透過自由討論與理性批判的批判過程，達到這種知性上、道德上都成熟完滿的抉擇，人類才能避免暴力的蹂躪。

五、結論

波普的理性主義是人道主義的展現，信任每個人都具有合理的統一性，每一個人都有其價值。它比非理性主義的只選擇「少數菁英」，更能契合人道主義的精神。每個個人固然在許多方面都天生不平等，但這並不影響我來要求「讓每個人有平等的對待，使每個人有平等的權利」。所謂「法律之前人人平等」，並不是自然的事實，而是基於道德抉擇的政治要求。波普的理性主義，正是基於這種道德抉擇，呼籲人類唾棄暴力，共同開創更合理、自由、開放的社會。

（一九八四年）

＊＊＊

附記：除了上文提到的著作外，波普尚於一九七二年，將一九六〇年代所發表的系列論文，蒐編為《客觀的知識：一種進化式的研究》（*Objective Knowledge: An Evolutionary Approach*）一書，提出著名的「三個世界理論」（Theory of the Three Worlds），形成多元的世界觀，進一步使他的思想體系更為嚴密。一九七四年，波普與諾貝爾醫學獎得主、神經生理學家艾克力斯（John C. Eccles），以對話的方式，完成《自我與頭腦》（*Self and Its Brain*）鉅著，針對心物問題提出解決的方法和成果。一九八二年，波普歡度八十歲生日時，更出版《開放的宇宙》（*Open Universe: An Argument for Indeterminism*; 1982），及《科學發現的邏輯附論》（*Postscript to the Logic of Scientific Discovery*），繼《開放社會及其敵人》否定人文世界（歷史、社會）的決定論之後，進而全盤否定物理世界（自然宇宙）中的決定論。此外，波普於一九七九年還將早年《探究的邏輯》之德文手稿，整理出兩大冊在德國出版，書名《知識理論的兩個基本問題》（*Die beiden Grundprobleme der Erkenntnistheorie*）。

—桂冠本修訂版序—

卡爾・波普的細部社會工程學說

莊文瑞

在《開放社會及其敵人》和《歷史定論主義的貧困》二書中，卡爾・波普為反對「烏托邦社會工程」，提出並且建立了「細部社會工程」作為其政治社會哲學的核心主張。這項主張涉及政治權力分配的問題，也就是在政府內外各團體間，如何建立權力制衡的政治制度的問題。同時，這項主張更是社會重建的主要原理之一；亦即在引進新的社會制度、汰除舊的社會制度時，可資遵循的一項重要原則。也因此，釐清波普這項主張，乃是理解與應用波普的政治社會思想的必要工作。

細觀波普論述這項細部社會工程學說的脈絡，我們可粗分如下三個步驟。首先，為了透顯「人治主義」和「制度主義」的對立，波普對傳統政治學以「人治主義」為討論核心，提出了嚴厲批評，駁斥其背後所隱藏的絕對權力觀是一種謬誤的觀點，指出個人的政治權力不可能不受限制，從而暴露「人治主義」不能作為政治思想的討論核心。其次，對於政治、社會制度的看法，波普先區分出歷史主義和社會工程學的不同心態（研究取徑），再說明社會工程和某種歷史主義的結合，導致了烏托邦工程的出現；這是為了防制壞政府而思全面改革，希望藉由一勞永逸的方式來解決所有政治社會問題的錯誤方法。而波普的細部社會工程之主張，就是從批判烏托邦社會工程的錯誤與不合理，而逐步發展出來的一種溫和的漸進改革的學說。

底下即依波普這三個論述的步驟，來鋪陳其重要的政治思想。

政治上的人治主義與制度主義

波普在《開放社會及其敵人》書中指出，傳統的政治哲學經常誤入歧途，將「誰該統治國家？」（who shall rule the state?）的問題視為政治理論的核心，從而跳過許多重要的問題。遠自柏拉圖對「哲人王」的追求，到馬克思提出「工人階級」成為歷史主人的嚮往，整個西方政治思想的發展，在某種程度上都陷溺於上面這個貧乏的問題裡；縱使有些制度主義的觀點，也都是以人治主義（personalism）為前提，替「『誰』該統治國家」提出輔助性的制度措施，希冀假借制度來鞏固某一個人、某一氏族、或某一階級的長期統治。例如柏拉圖《理想國》中所論析的教育制度，就是典型的例子。

不過，無論是何種形式的人治主義，都會發生所謂「繼承人的問題」。況且，相信「誰該統治國家」是政治的根本核心問題人，無意中已默認政治權力本質上是不受限制的。

針對後一問題，也就是絕對的政治權力觀，波普認為可以用最簡單的事實予以反駁：只要一個人不能積聚足夠的力量來支配其他一切人，他就必須依賴他人的幫助；即使是最具權力的獨裁者，也要依賴他的祕密警察、親信和刑吏等。這些依賴關係，明白指出政治權力不論多大，都不是毫無限制的。實際上，政治權力仍是多元與多樣化的。獨裁者之能夠進行全面的政治與社會控制，經常是由於他能對某些政治權力（權力團體）讓步，透過對這些力量的安撫和利用，來遂行他的統治。所以在政治權力的理論上，還有一個更為根本的、真正的問題，那就是：我們是否要致力尋求一種制度來控制統治者，使其權力制衡於其他權力？同時，這個問題也可對「繼承人的問題」提出某種解決。因為「用制度來控制統治者」，除了預設政府並不永遠為善或聰明之外，並不需要更多的假定。而這個預設，可說是任何從事政治思考的人都會承認的事實。於是，我們由此可以走向另一個新的思考起點。政治的統治者既然並非永遠為善或聰明，我們即有權利質問：是否政治思想從一開始就該避免涉及壞政府的可能性？是否我們不該防範壞的政府，而只期望好的政府？經由這種反省，在處理政治問題上，我們可有一新的研究取徑（approach），用一個新的問題來取代傳統政治哲學中「誰該統治國家」的貧乏問題；這個新的問題可以表述如下：「我們如何來建構一些政治制度，使能阻止壞的或無能的統治者做出更多的傷害？」

這個新問題的提出，不唯可以駁斥任何形式的人治主義，同時對單純的制度主義也可有實際的矯正。因為權力制衡的制度，「就像要塞一樣，必須善加設計與配置適當人員」。即如民主制衡的制度，雖能為政治制度的改革提供架構，使得不用暴力改革制度成為可能，也使我們可透過理性來設計新制度、汰換舊制度；但是，民主並不能提供理性以改善人民的智識和道德水平，民主制度中的制度，也不會自我改善，這些改善的問題永遠要由「人」來負責，而非由「制度」來負責。所以，單純的制度主義仍無法完滿解決政治問題。不過，再反觀回來，正猶如當前的問題經常是屬於「人」的問題，建造未來則必然是「制度」的問題；換句話說，任何長期的政治都得依賴制度，制度的建立才能避免人亡政息的危險。

歷史主義與社會工程學的研究取徑

對於制度的建立定論，或者更根本地說，對於制度的研究取徑，基本上可有兩種不同的態度。一是歷史定論主義的態度，一是社會工程學的態度。

所謂歷史定論主義，在波普是指一種研究社會科學的取徑，「這種研究取徑以歷史預測為目標，並且認為只要發現歷史演進背後所隱藏的『律動』（rhythms）、『形式』（patterns）、『制度』（laws）、或『趨向』（trends），就可以實現這個目標。」所以，歷史定論主義的研究取徑或態度，是由政治、社會制度的歷史的觀點來看待制度，即考察制度的起源、發展和在現在與未來的重要性。例如，有人會主張，這些制度起源於特定的設計或計劃，是為達到神的特定目的。有人也許宣稱，這些制度沒有任何明確的目的，不過是人的某些本能和情緒的直接表現。更有人會認為：這些制度曾充做某些特定目的的手段，不過在事過境遷後，早已失去特性了。根本的癥結就在於，歷史定論主義者相信，只有先決定了歷史行程之後，才可能有合理的政治行動；唯有從歷史考察明瞭了制度在歷史行程中的角色和功能，才能依據歷史的未來趨向，來建立「合於重要的歷史趨向」之政治、社會制度。

但是，社會工程學的研究取徑或態度，則無多大興趣過問歷史趨向或人類命運的問題。社會工程師相信人是自己命運的主人，認為我們能依照自己的目的，來影響或改變人類歷史，正如我們改變了地球的面貌一樣；他不相信這些目的是由歷史背景或歷史趨向所加諸我們，而是由我們自己選擇、甚至創造的，猶如我們創造了新思想、新藝術品、新機器一樣。所以社會工程師認為，政治學的科學基礎，是由我們依照自己的願望和目的，來建構成改變各種社會制度所必需的事實知識所構成。因為這些知識將告訴我們，如何按照經驗和理性所計劃的步驟（例如累進稅率），去追求所欲達到的目的（財富分配更平均）。職此，社會工程師將政治、社會制度的建立，設想為類似「社會技術」的東西，就像科學家之視工廠或機械的設計，是屬「機械技術」一樣。

因此，社會工程師或技術專家，不會斷言制度「就是」達成目的的方法或工具，而是理性地將制度「當作」達成某些目的的方法；作為一位技術專家，他完全從適當性、有效性和簡易性來評估制度。反之，歷史定論主義者則企圖發現制度的起源與命運，以斷定這些制度在歷史發展中所演的「真正角色」。

其次，歷史定論主義和社會工程學這兩種態度，有時會發生特殊的結合。按照波普的考察，其中最早的、也可能是最具影響力的例子，是柏拉圖的政治哲學。他認為柏拉圖的政治哲學，實結合了許多明顯的技術因素作為前景，而以典型的歷史定論主義為其背景，「這種結合是許多社會和政治哲學家的代表，造成了各種後所謂的『烏托邦系統』（utopian systems）」；因為他們都採用某些制度性的方法來達成其目的，而這種目的卻是由其歷史定論主義的企圖所先行決定的。

歷史定論主義與社會工程學相結合，形成「烏托邦社會工程」，不但與不信任社會工程學的歷史主義（如馬克思駁斥烏托邦主義時，即反對任何形式的社會工程）相駁勘，更與波普亟力主張的「細部社會工程」相對立。

底下將比較這兩種社會工程學的研究取徑，藉以呈現波普所主張的「細部社會工程學」

的重要論點。

細部社會工程與烏托邦社會工程

從方法學上考察，烏托邦社會工程的研究取徑可描述如下：「凡是合理的行動，一定要有某種目的；而行動的合理程度即反映在其有意味、不斷的追求該目的，並依此目的來決定其方法。因此，如我們要想合理地行動，選定目的乃是首要任務；並且，我們還必須慎重決定真正的或最終的目的，與那些過渡的或部分的目的區分開來；後者實際上只是達到最終目的的手段或步驟而已。……應用到政治活動領域上，這些原則要求我們在採取任何實際的行動之前，必須先決定最終的政治目的或理想的國家。唯有決定了最終目的（至少決定其大綱），亦即在我們有了所要追求的某種社會的藍圖之後，我們才能考慮實現這藍圖的最佳途徑與方法，才能擬定實際行動的方案。」至於細部社會工程的研究取徑，基本上是認為：「執政者不一定要先有一套社會藍圖，也不一定望人類有一天會實現理想的國家，會在世上獲得幸福與完美。但他了解，即使完美可以獲得，也是極其遙遠的事；他也了解，世世代代的人都有一種要求，這種要求或許不至於要使人幸（因為我們沒有任何能夠保證人幸福的制度），而是要求不要使人陷入可以避免的不幸。……因此，細部工程師將會計對如何打擊社會之最大罪惡的方法加以探討，而不會針對如何爭取社會之最大稱善的方法去探求。」

這兩種研究取徑的差異，不單是字面上的差異；在波普看來，這是兩種方法之間的差異。後者是改進人類命運的合理方法，可以逐步獲致真正的成功；而前者的方法一旦付諸實行，卻很可能造成人類無法承擔的苦難，容易形成使用暴力代替理性的後果；而一旦到這種地步，便明顯地是「革命」（revolution）與「改革」（reform）的對立了。

為了對這兩種研究取徑進一步比較，俾顯立波普本身的主張，底下將再分從三個側面來加以評述。

（一）邏輯上的理由：未來的不可預測性

烏托邦社會工程試圖從歷史的行程來決定目的，或可說是藉由歷史預言來設計一套理想社會的藍圖，這在理性上是不可能的事。從邏輯上來說明，我們只要指出社會世界不斷發展、變動不居、新的事件亦不斷突現，對於社會與政治的未來，原則上是無法預測的（**unpredictable in principle**），即可加以駁斥。因為這種「不可預測性」，至少具有二層意義，可用來反駁上述的企圖。

第一、一般科學上所做的預測都是受條件限制的預測（conditioned prediction），而非類似烏托邦工程的無條件限制的歷史預言（unconditional historical prophecies）。波普認為，科學的法則和預測，就像是禁限令（prohibition）一樣，禁止某些事物出現，否則就形成否證（falsification），預測亦即遭到推翻。然而，歷史預言或烏托邦的社會藍圖卻非如此，它是無條件限制的，也是無法否證的，基本上就不具科學的特性。而如果說它不需要科學的特性，只要提供建議方案（proposal），則要面面俱到地兼顧社會發展的各個側面，要在錯綜複雜的社會變遷中，裁定何者是最終目的、理想藍圖，根本就不可能有可資憑藉的標準，因為這個標準亦不可避免地仍在社會發展和變遷之中。因而，不論這個社會藍圖是否可行，邏輯上即沒有理由判定它是對歷史做了最正確的預測，無法肯定它就是最終目的或最佳的理想。

第二、這種不可預測還有一層意思，是指人的行為或社會行動經常會在社會中造成意想不到的，無法預見的、甚至是人們不想要的後果。同樣的，社會、政治制度的建立和變遷過程中，一些無法逆料的結果都會不斷出現。然而一旦這些惡果出現，烏托邦工程師為補救藍圖的可行，就會再設置些補救措施，而這些措施卻是原計畫之外的設計，也就是「非計畫的計畫」（un-planned plan）。意外的結果愈多，採行這些權宜計劃的可能就愈大；最後，烏托邦工程師很可能被迫做出許多不是他原先意圖想做的事。

基於這兩項考察，可以說烏托邦工程的藍圖理論或社會目的觀，在邏輯上是站不住腳的。反觀細部的社會工程，波普的主張是在條件限制的科學預測範圍內，來進行合理的設計，目的是在「要求不要使人陷入可以避免的不幸」，也就是要有系統地預防不幸、不義與戰爭等社會罪惡。這種以十分具體的，且可實現的目的，來為一些暫時的手段之正當加以辯護的看法，迴避了社會藍圖和「非計畫的計畫」之困境。因為，「如果理想非常遙遠，就很難說所採取的步驟是朝向理想或遠離理想」，或者說，「目的」隨時會改變的話，我們就很難考察所採行的設計究竟是在實現目的或與目的脫節。所以在社會工程學上，唯有具體可實現的目的能適當地為所採行的手段來辯護；而這也是細部社會工程之漸進改革，在科學知識和經驗範圍內，進行其理性設計之為合理的理由所在。

（二）方法學上的理由：社會實驗的可能性

上面從邏輯推論上對烏托邦工程的批判，並非主張理想永不可能實現（這不是有效的批判），而是要指出，社會生活範圍的變動極為廣大，我們的經驗或科學知識能力有限，實際的後果既無法逆料，而我們又要對社會做全盤的合理計劃，則這種合理性並沒有足夠的經驗或事實知識可以保證。從方法學上來考察，這也就是將社會當作一個整體來重建，亦即採取「全體論」的立場來討論社會重建原則。由於社會重建有賴實際的經驗知識，而這種經驗知識唯有實驗能夠提供，因此烏托邦工程在把實驗方法應用到社會時，就會從全體論的立場來要求做大規模的社會實驗。理由是，若將實驗侷限於一個工廠、村落或行政區等，就無法獲得是藍圖所迫切需要的實際經驗；更重要的是，實驗若在類似實驗室的條件下進行，例如在孤立的村落中進行，而我們想知道的卻是正常社會狀況下的社會運作，則這種實驗就殊無價值。

然而，這種社會實驗所採方法學上的全體論，卻是可爭議的。首先，如果所謂的全體（whole），指的是「某一事物的各個層面及所有屬性」集合而成的「整體」（totality），包括各成素（或成員）間的所有關係，則這種「整體」意義下的「全體」，不可能做為實驗的對象。因為科學研究或實驗，必定得選擇事物的某些特定層面來研究或實驗不可。「我們不可能去描述整個世界，或是整個自然界；事實上，即使對於最小的整體，我們也無法做如此的描述，因為一切描述必然都是具有選擇性的。」同樣地，我們不可能對「整體」社會做描述或觀察，更遑論實驗。其次，如果「全體」指的是「事物的某種特性或層面」，則此意義下的「整體」是科學研究的對象，如「完形心理學」（Gestalt Psychology）的研究即屬之。不過，烏托邦工程並不願接受這種意義下的「全體」社會，因為他們過度強調社會互賴關係，不認為這種實驗是「正常社會狀況下的社會運作」。而一旦他們願意接受這類社會實驗，也就不再成為烏托邦工程了。

至於波普的細部社會工程，基本上是採取方法學上的個體論（methodological

individualism）立場，主張有關社會的經驗知識，或社會實驗的有效步驟，必須從個別的個人或制度來著眼。他主張「一次改變一個社會制度」的工程學，因為只有在這種方式下，我們才真正能學到如何使新制度調適於其他制度的結構中，如何調整這些制度使能照我們的意向去運作。縱使有較大規模的或大型的社會實驗、政治改革，也唯有在我們先由細部方法獲得大量細節經驗之後才能使用，猶如機器或工廠的設計，必得在機械工程師有足夠的無數次細部改進結果之後，才能進行。

因此，波普這種方法學上的斟酌和批評，重點不在實驗規模的大小，而是要指出烏托邦工程在方法學上的全體論之錯誤，並肯定即使是大規模的社會實驗，也必須以個體論為基礎，以細部實驗的經驗知識成果為基礎。

此外，波普還有一項重要理由，使他反對全體論的社會實驗觀，而強調細部社會工程的重要性；那就是「整體」的社會實驗使人對固定的社會藍圖產生危險的執著，一切心力皆投注於實驗的成功，一切犧牲皆在所不計，所有這些，對社會實驗的合理或科學價值不唯無所貢獻，更容易造成威權統治（authoritarian rule），甚至極權主義，對人民造成大不幸。而這也就涉及採取烏托邦工程和細部社會工程在研究心態上的問題。

（三）研究心態上的理由：威權主義批判的理性主義

由於烏托邦社會工程是對社會做全面的改革，是社會重建的龐大事業，勢必對許多人形成相當大的不便，而且也要費相當長的時間。從廣大的面來說，造成不便將引致對措施不滿的批評，而烏托邦工程師為改革而努力，勢必要壓制一些不合理的言論，這種壓制不合理言論亦將成為他工作中的一部分；而在聽不進更多怨聲時，勢必也將壓制合理的批評。如此一來，這種壓制批評的威權統治，將面臨類似於「仁慈的與專制君主如何找到同樣仁慈的繼承人」的難題，很難發現自己的施政效果是否與藍圖所設定的善目的相一致，因為威權主義終將使人不敢批評。

再從時間的長遠來看，烏托邦的建設，使社會工程師終其一生也無法見其實現，而後繼者若不追求相同目的或理想，則人民所付出的代價勢將付諸流水。唯有這套社會藍圖直到理想完成時還是工作的基礎，否則烏托邦工程便要破滅。但由於時間的長遠，其間在政治上、智識上都將有許多變革，在社會領域也會有許多新實驗和經驗上的革命，各種觀念和理想會隨之改變；當初設計藍圖的人民或工程心目中的理想國，在後繼者心中很可能不以為然。如此，先建立一套最終的政治目的或理想社會藍圖，便屬徒勞而無益的了。

再者，烏托邦工程（統治者或統治階層）若強力進行威權統治或極權獨裁，俾使社會藍圖的理想實現，那就不但造成災難和不幸，更深遠的影響是進行所謂「制度性控制」（institutional control），試圖用制度化的方法去控制人為因素，將改造人類社會的計劃，擴大而企圖去改造人類。如此，烏托邦社會工程將演變成「如何有系統地控制人的衝動，使其全力朝向正確的戰略據點，然後來左右整個過程，使人們朝其所想要達到的方向去走」；這也就是要「塑造」（mould）人類，以便使人們適應於新社會的計劃。而這樣子的結果，通常只會造成人間地獄：人類為自己的同類準備的地獄。二次大戰期間，納粹統治者之毒殺猶太人、維護條頓種族之純粹性等，即屬此例。

因此，烏托邦工程與細部工程在心態上的區別，主要在於是否審慎和謙虛，是否能防患未然，是否能不墮入威權主義而容許批評討論。細部社會工程的態度即以批判的理性主義（critical rationalism）為核心，主張逐步的漸進改革，容許重複的實驗與不斷的調整；又因為目的是具體可見的，使執政者能夠察見自身的錯誤，不容易自圓其說或強辭奪理。更重要的是，使執政者和人民都很容易「從錯誤中學習」，而且「隨時準備從錯誤中學習」，從交互的批評和自我批判中成長。因而這種細部社會工程，是以審慎、謙虛的態度來進行，是以自我批判為基礎，縱有始未及的後果，或原先設計之外的惡果出現；人們也都容易經由理性的批判討論來加以調整和彌補錯失。換言之，對於可以避免的不幸和災難，可以迅速地加以避免，從而得到社會實驗所需的經驗知識，為進一步的改革提供合理基礎。

正由於社會行動無法在複雜的社會變遷中，產生如所預期的結果，所以批判的理性主義之心態，或隨時準備從錯誤中學習的態度，也就在社會工程學上愈發顯得重要。事實上，許多成功的社會實驗或政治改革，都是在這種合理的心態下以細部工程來運行的；譬如，引進新的保險制度，新的賦稅或新的刑罰改革等，乃至於日常的新店開幕的成功，也都是在這種細部實驗、細部工程的合理心態下進行的。更擴而言之，幾乎一切關於社會運作的知識，都是根據這種合理的細部實驗所得到的經驗。

基於上面的論述，可知波普的細部社會工程，原是用來解決政治問題中有關「政治權力」（political power）的問題。波普從制度的側面來反駁人治政治，並由人與制度的雙面考察，將原先的政治問題，轉化為政治的社會問題，希冀由社會的角度，而非單由陝隘的政治角度，來謀求解決。他這套細部社會工程學，是社會重建的政治哲學，基本：即否定了民主有固定的理想形態之看法。不過，它也不否定人去追求崇高的理想，反倒是要鼓舞人們去學習更理想、更美好、更合理性的生活方式，只是在學習過程中，在方法和態度上，要更具批判性、更加審慎，俾能防患於未然，避免嚴重的錯誤和惡果。

最後，有一點必須澄清。國內外不乏一些論者認為，波普這套細部社會工程學說必須預設民主制度才有效；或者說是在類似英美民主或開放的社會裡才有效，若是到了第三世界的國家，這套溫和漸近的改革學說就成了空論。不過，這種想法乃屬似是而非的錯誤斷定。首先要澄清的是，民主或極權（獨裁）是政治體制層次的問題，而社會工程（不論是烏托邦或細部的社會工程）則非只限於此一層次的問題。透過細部社會工程的漸進改革，也許較難促使極權體制轉變為民主體制，但卻不能完全否定這種可能性。其次，波普早已指出，即使是在極權體制的國家，像列寧最初掌權時的蘇聯，也是一些細部工程措施（列寧所謂「新經濟政策」），令其經濟和社會得以復甦。因此，細部社會工程學說跟民主或極權體制並沒有必要的關聯，反倒是應當說：不論何種政治體制，若要取得最有利的社會重建（改革）成果，細部社會工程都是最可資憑藉的原則。

桂冠版謝辭

在漫長的翻譯過程中，我們首先要感謝桂冠圖書公司負責人賴先生；他的熱誠，使本書的譯校工作順利進行，桂冠的長年投資和執著，更使本書得以順利付梓出版。

其次，本書原有張尚德先生依據第二版所做的翻譯，使我們在翻譯時獲益不淺，也參酌甚多，當然亦不乏掠美之處，我們在此向他致上由衷的謝意。

張旺山和鄭東光兩位先生，對本書的譯校協力甚大；桂冠編輯同仁的幫助完成索引工作，我們也都一併在此致謝。

最後，謹向關愛我們的師長、家人和朋友，敬致我們的謝忱。

本書的出版，張尚德先生的原譯稿是最大的動力，沒有他熱心費時完成初稿工作，可能就沒有今天完整的中譯本出現。

江金太、林正弘、黃天成、陳曉林、錢永祥、張明貴諸先生，提供我們許多有關本書中譯稿的寶貴意見，並幫助我們解決不少困難。

臺大政治系胡佛教授、哲學系郭博文教授、心理系楊國樞教授的鼓勵與關心，益增我們出版本書的信心。在此謹向他們表達最虔敬的謝忱！

莊文瑞、李英明　誌於臺北木柵

（一九八四年）

國家圖書館出版品預行編目資料

開放社會及其敵人（下冊）／卡爾・波普（Karl R. Popper）著／莊文瑞、李英明譯 . – 初版 . -- 臺北市：商周出版：家庭傳媒城邦分公司發行，民 109.04
面；　公分
譯自：The Open Society and Its Enemies
ISBN 978-986-477-（全套：平裝）

開放社會及其敵人（下冊）

原著書名／The Open Society and Its Enemies
作　　者／卡爾・波普（Karl R. Popper）
譯　　者／莊文瑞、李英明
企畫選書／林宏濤
責任編輯／林宏濤、梁燕樵

版　　權／黃淑敏、林心紅
行銷業務／莊英傑、周丹蘋、黃崇華、周佑潔
總 經 理／彭之琬
事業群總經理／黃淑貞
發 行 人／何飛鵬
法律顧問／元禾法律事務所　王子文律師
出　　版／商周出版
臺北市中山區民生東路二段 141 號 9 樓
電話：(02) 2500-7008　傳真：(02) 2500-7759
E-mail：bwp.service@cite.com.tw
發　　行／英屬蓋曼群島商家庭傳媒股份有限公司城邦分公司
臺北市中山區民生東路二段 141 號 2 樓
書虫客服專線：(02)2500-7718；(02)2500-7719
24 小時傳真專線：(02)2500-1990；(02)2500-1991
服務時間：週一至週五上午 09:30-12:00；下午 13:30-17:00
劃撥帳號：19863813　戶名：書虫股份有限公司
E-mail：service@readingclub.com.tw
歡迎光臨城邦讀書花園 網址：www.cite.com.tw
香港發行所／城邦（香港）出版集團有限公司
香港灣仔駱克道 193 號東超商業中心 1 樓
電話：(852) 25086231　傳真：(852) 25789337
E-mail：hkcite@biznetvigator.com
馬新發行所／城邦（馬新）出版集團 Cité (M) Sdn. Bhd.
41, Jalan Radin Anum, Bandar Baru Sri Petaling,
57000 Kuala Lumpur, Malaysia.
電話：(603) 90578822　傳真：(603) 90576622
E-mail：cite@cite.com.my

封面設計／兒日
排　　版／辰皓國際出版製作有限公司
印　　刷／韋懋實業有限公司
經 銷 商／聯合發行股份有限公司
電話：(02) 2917-8022 傳真：(02) 2911-0053
地址：新北市 231 新店區寶橋路 235 巷 6 弄 6 號 2 樓

■ 2020 年（民 109）4 月初版 1 刷
■ 2023 年（民 112）12 月初版 2.3 刷
Printed in Taiwan
定價／ 1400 元（上下冊不分售）
ORIGINAL TITLE: The Open Society and Its Enemies
Author: Karl R. Popper

廣　告　回
北區郵政管理登記
台北廣字第000791
郵資已付，免貼郵

104台北市民生東路二段141號2樓

英屬蓋曼群島商家庭傳媒股份有限公司　城邦分公司

請沿虛線對摺，謝謝！

書號：BK7091　**書名：**開放社會及其敵人　**編碼：**

請於此處用膠水黏貼

讀者回函卡

感謝您購買我們出版的書籍！請費心填寫此回函卡，我們將不定期寄上城邦集團最新的出版訊息。

不定期好禮相贈！
立即加入：商周出版 Facebook 粉絲團

姓名：________________ 性別：☐男 ☐女

生日：西元________年________月________日

地址：________________

聯絡電話：________________ 傳真：________________

E-mail ：

學歷：☐ 1. 小學 ☐ 2. 國中 ☐ 3. 高中 ☐ 4. 大學 ☐ 5. 研究所以上

職業：☐ 1. 學生 ☐ 2. 軍公教 ☐ 3. 服務 ☐ 4. 金融 ☐ 5. 製造 ☐ 6. 資訊
☐ 7. 傳播 ☐ 8. 自由業 ☐ 9. 農漁牧 ☐ 10. 家管 ☐ 11. 退休
☐ 12. 其他________________

您從何種方式得知本書消息？

☐ 1. 書店 ☐ 2. 網路 ☐ 3. 報紙 ☐ 4. 雜誌 ☐ 5. 廣播 ☐ 6. 電視
☐ 7. 親友推薦 ☐ 8. 其他________________

您通常以何種方式購書？

☐ 1. 書店 ☐ 2. 網路 ☐ 3. 傳真訂購 ☐ 4. 郵局劃撥 ☐ 5. 其他________

您喜歡閱讀那些類別的書籍？

☐ 1. 財經商業 ☐ 2. 自然科學 ☐ 3. 歷史 ☐ 4. 法律 ☐ 5. 文學
☐ 6. 休閒旅遊 ☐ 7. 小說 ☐ 8. 人物傳記 ☐ 9. 生活、勵志 ☐ 10. 其他

對我們的建議：________________
____
____

請於此處用膠水黏貼